Philipp Anton Mende

∞

Widerstand

Warum zwischen linker und rechter Politik
eine Schlacht der Gene wütet

Bibliografische Information der Deutschen Nationalbibliothek:
Die Deutsche Nationalbibliothek verzeichnet diese Publikation in der Deutschen Nationalbibliografie; detaillierte bibliografische Daten sind im Internet über http://dnb.d-nb.de abrufbar.

Copyright © 2020 Philipp Anton Mende
1. Auflage 2020
Alle Rechte vorbehalten
Herstellung und Verlag:
BoD – Books on Demand, Norderstedt

ISBN: 9-783752-674088

www.philippantonmende.de

Philipp Anton Mende

∞

Widerstand

Warum zwischen linker und rechter Politik
eine Schlacht der Gene wütet

Weitere bisher erschie- nene Bücher von Philipp Anton Mende sind der Ge- dichtband *»Lyrik über alles und nichts«* (2014) sowie die Sachbücher *»Die Nihilismus-Party. Eine Achterbahnfahrt im Licht des Nichts«* (2015) und *»Ge- schosse wider den Einheits- brei. Politisch unkorrekte Gedanken zur Hirnwäsche weiter Tei- le einer Nation«* (2016/17).

Für Xue und Zoe

Inhalt

1. Einführung ---10

**2. Die Schlacht der Gene –
Wie der Einfluss von Reproduktionsstrategien
mit politischen Ideologien zusammenhängt**

2.1 Grundlegendes ---22

2.1.1 Die r/K-Selektionstheorie ---22
2.1.2 K und die Menschheit ---33
2.1.3 Bindungsstörung/Stress und die Folgen ---38
2.1.4 Kritik an der Evolutionspsychologie ---42

2.2 Die Genetik hinter der Politik ---47

2.2.1 Der Einfluss der Amygdala und
des anterioren, zingulären Cortex ---47
2.2.2 Der Einfluss des präfrontalen Cortex ---63
2.2.3 Epigenetik ---78
2.2.4 Rechte und linke Theorie ---82
2.2.5 Eine dritte Psychologie ---86

**2.3 r und K im politischen Diskurs oder:
links versus rechts** ---91

2.3.1 Geburtenkontrolle: Abtreibung und »Pille« ---97
2.3.2 Sexuelle versus ökonomische Freiheit ---101
2.3.3 Radikaler Feminismus ---105
2.3.4 Alleinerziehende Mütter ---109
2.3.5 Geschlechtsreife ---114
2.3.6 Ergebnisungleichheit ---118
2.3.7 Einwanderung ---125
2.3.8 Wohlfahrtsstaat versus Rechtsstaat
mit privater Wohltätigkeit ---152

3. Widerstand – Einige aktuelle Schlachtbeispiele --------------------------**163**

3.1 Staunen mit Blac-K Panther---164
3.2 St-r-ategische Gesellschaftsklempnerei oder:
   Die EU--183
3.3 Europa und Mig-r-ation--196
3.4 Der postmode-r-nistische Kreuzzug der Linken----------------------------215
3.5 Inbegriff einer r-Strategie oder:
   Der globale Migrationspakt---235

4. Literaturverzeichnis

4.1 Monographien--273
4.2 Studien/wissenschaftliche Essays--279

»Denn: Viel Wissen, viel Ärger, wer das Wissen mehrt,
der mehrt die Sorge.«

Ekklesiastes 1:18

»Die Leute lassen sich so lange am besten manipulieren,
wie sie am wenigsten wissen.«

Edward O. Wilson

1. Einführung

Sie glauben, Sie wüssten, warum Sie politisch ticken, wie Sie ticken? Warum Sie Ihren politischen Gegner nicht ausstehen können oder Politiker X »die Stange halten«, während Sie Politiker Y am liebsten untergehen sehen würden? Sie denken, Ihre politische Einstellung rühre von Ihrer Erziehung? Ihrem Umfeld? Ihrer Bildung? Ihren Gefühlen? Ihrer Vernunft?

Das mag alles zutreffen. Dennoch ist das nur die halbe Wahrheit. Ein vollständiges Bild soll die in diesem Buch vorgestellte Theorie ermöglichen. Sie werden sich vielleicht fragen, warum Sie von dieser Theorie im Zusammenhang mit Politik mit sehr hoher Wahrscheinlichkeit noch nie etwas gehört haben. Die Antwort darauf ist nicht einfach. Ein Grund könnte sicherlich darin liegen, dass sie einem wissenschaftlichen Teilgebiet entstammt, den viele Menschen aus Furcht davor, reflexartig in eine bestimmte politische Ecke gestellt zu werden, vermeiden. Lieber ignorieren. Umgehen. Oder maximal hinsichtlich »harmloser« Begebenheiten akzeptieren.

Die Rede ist von der Genetik. Man erinnere sich beispielsweise nur an die enorme und langanhaltende Kontroverse um Thilo Sarrazins 2010 erschienenes Buch *Deutschland schafft sich ab* (das weder hinsichtlich der wissenschaftlichen Faktenlage noch hinsichtlich diverser Lösungsvorschläge sonderlich viel Neues geboten hätte, um es vorsichtig zu formulieren). Noch bevor das Buch erschien (geschweige denn gelesen wurde), waren sich viele Menschen darüber einig, dass die enthaltenen Thesen entweder »blanker Unsinn«, »unwissenschaftlich«, »sozialdarwinistisch«, »hasserfüllt« oder Ähnliches seien, viele andere Menschen hingegen tendierten in ihrer Betrachtung zum genauen Gegenteil.

Warum?

Auch, nachdem das Buch gelesen wurde, blieben die Fronten verhärtet. Welche Studien, Zahlen und Belege Sarrazin auch anführte, an den bis dato vorherrschenden politischen Ansichten der Leser hatte sich kaum etwas verändert. Im Gegenteil, sie wurden eher noch zementiert. Und wieder lautet die Frage: Warum?

Es handelt sich dabei natürlich nur um ein exemplarisches Beispiel von unzähligen. Wir konnten und können am Beispiel Sarrazins ein gesellschaftspolitisches Verhalten erkennen, das sich quer durchs Internet und den darin existierenden sozialen Plattformen zieht. Ob in diversen Facebook-Chroniken oder öffentlichen Kommentarspalten, ob in seitenlangen Diskussionssträngen unter Amazon-Kundenbewertungen, YouTube-Videos oder auf Twitter: Der allgemeine Tenor lautet verstärkt, *Social Media* vergifte die Gesellschaft, einander bekriegende Stämme würden digital aufeinander losgehen und so weiter. Tatsächlich befinden wir uns womöglich nur einmal mehr an einem selektionsbedingten Wendepunkt, der sich in der Geschichte der Menschheit zyklisch zu vollziehen scheint und von daher selbstverständlich auch vor *Social Media* stattfand beziehungsweise ohne. *Social Media* **beschleunigt** höchstens den Prozess.

Gerne können wir dieses Phänomen anhand eines Experiments auf die Probe stellen. Als Grundlage für das Experiment dient hierbei eine Meinungsverschiedenheit zweier *User*, wie sie sich erstens tatsächlich und zweitens täglich hundert- und tausendfach in den Weiten des Internets manifestiert.

Wir beginnen bei diesem Experiment mit einem Zitat des Wirtschaftsnobelpreisträgers Friedrich August von Hayek (1899-1992), das **Person A** auf einer »sozialen Plattform« zur Disposition stellte. Es lautet:

»Wir verdanken den Amerikanern eine große Bereicherung der Sprache durch den bezeichnenden Ausdruck weasel-word. So wie das kleine Raubtier, das auch wir Wiesel nennen, angeblich aus einem Ei allen Inhalt heraussaugen kann, ohne dass man dies nachher der leeren Schale anmerkt, so sind die Wiesel-Wörter jene, die, wenn man sie einem Wort hinzufügt, dieses Wort jedes Inhalts und jeder Bedeutung berauben. Ich glaube, das Wiesel-Wort par excellence ist das Wort sozial. Was es eigentlich heißt, weiß niemand. Wahr ist nur, dass eine soziale Marktwirtschaft keine Marktwirtschaft, ein sozialer Rechtsstaat kein Rechtsstaat, ein soziales Gewissen kein Gewissen, soziale Gerechtigkeit keine Gerechtigkeit – und ich fürchte auch, soziale Demokratie keine Demokratie ist.«[1]

Je nachdem, lieber Leser, wo Sie sich politisch verorten, empfinden Sie diese Worte nun wahrscheinlich (oder zumindest in der Tendenz) entweder als falsch, abstoßend, »kalt« oder aber als richtig, einleuchtend und rational.

Person B, die zur ersten Fraktion zählte, entgegnete daraufhin – nicht ohne den in der Regel emotional-sarkastischen Unterton –, Leute wie Hayek seien »asozial«, arbeiteten mit »Tricks«, um ihre »gewissenlose Ideologie« zu verbreiten. Leute wie er glaubten ungeheuerlicherweise, dass »absolute Freiheit« wichtiger sei als das Überleben, ein Mindestmaß an Wohlstand und an Sicherheit. Wenn jemand auf der Straße verhungere, sei er eben selbst schuld, dass er nicht schlau genug war, sein Leben auf die Reihe zu kriegen, und keiner sei ihm zu irgendetwas verpflichtet, schon gar nicht die Gesellschaft. Aber – Achtung Sarkasmus – zumindest schränke niemand seine Grund- und Freiheitsrechte ein. Er habe auch das »Recht zu krepieren«, und niemand dürfe ihn zu irgendetwas zwingen. Das sei Hayek – in wenigen Sätzen erklärt.

Auch hier gehe ich davon aus, dass Sie dieser Entgegnung nun tendenziell oder vollumfänglich beipflichten oder aber sich erneut in Ihrer Denkweise provoziert oder herausgefordert fühlen.

Genau dies war in besagter Online-Diskussion bei Person A der Fall. Letztere glaubte nun, Person B mit einer Art »Fakten-Tsunami« in die Flucht schlagen zu können. Auf die teilweise ebenfalls von Emotionen getriebene Anklage, Person B sei ein ignoranter Sozialist und habe – »*wie unter Sozialisten üblich*« – keine Ahnung von Hayek geschweige denn je ein Werk von ihm gelesen, begann Person A seine lange Entgegnung mit dem Hinweis darauf, dass Menschen, die das Leben eines verhungernden Obdachlosen retten können, die »moralische Pflicht« besäßen, dies auch zu tun. Es gebe aber keinen Grund, weshalb sich der Staat dabei einmischen müsse. Im Gegenteil: Erzwungene Solidarität sei keine Solidarität. Handlungen könnten nur dann einen ethischen Wert haben, wenn sie freiwillig erfolgen. Freie Marktwirtschaft sei zum

---

[1] Hayek (2004), S. 61 f.

Großteil schlichtweg evidenz- und wissenschaftsbasierte Wirtschaftspolitik, wobei Wirtschaftsliberalismus und Humanismus Hand in Hand gingen und der Grund dafür in der exorbitanten Menge an Wohlstand liege, die zerstört beziehungsweise Armut, die verursacht würde durch

- viel zu hohe Steuern, (Sozial-)Abgaben und Staatsquoten,
- zu hohe Staatsausgaben und Staatsschulden,
- Überregulierung und Bürokratie,
- nicht ausreichend gerechtfertigte Verbote und Vorschriften,
- Quoten, Subventionen, Eingriffe in die freie Preisbildung und sonstige wirtschaftliche Interventionen.

Person A verwies vor diesem Kontext auf den weltweit vorhandenen, sehr starken Zusammenhang zwischen Wohlstand, Lebensqualität und hohen Werten beim *Human Development Index* (HDI)[2] einerseits und wirtschaftlicher Freiheit (gemessen durch Steuer- und Abgabenbelastung, Freiheit des Unternehmertums, Schutz von Privateigentum, Freiheit und Offenheit von Märkten, Regulierungsdichte, Freiheit des Handels) andererseits.

Abbildung 1: [3]

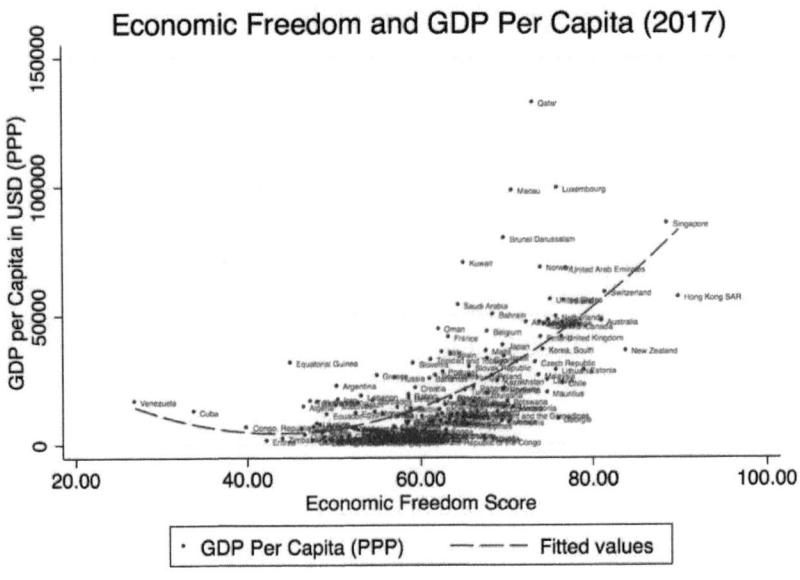

---

[2] Wikipedia, *Human Development Index*, URL: https://tinyurl.com/6qr2oal, Abruf am 06.04.2019.
[3] Bildquelle: Liberal.hr, URL: https://tinyurl.com/y6tzdyt5, Abruf am 06.04.2019.

Genauso stark sei – unter Verweis auf den *Heritage Economic Freedeom Index* [4] – der Zusammenhang zwischen Armut, Elend und wirtschaftlicher Unfreiheit. Auch grafisch ließe er sich darstellen (siehe Abbildung 1). Der HDI, so Person A weiter, sei ein Wohlstandsindikator, der Lebenserwartung, Bildungsniveau und Pro-Kopf-Einkommen zusammenfasse. Ein Land mit überdurchschnittlicher wirtschaftlicher Freiheit habe fast garantiert auch einen überdurchschnittlichen HDI (siehe Abbildung 2). Person A verwies darauf, dass die Rate extremer Armut in den am wenigsten freien Ländern bei 41,5 % liege, jedoch nur bei 2,7 % unter den freiesten Volkswirtschaften.

Abbildung 2: [5]

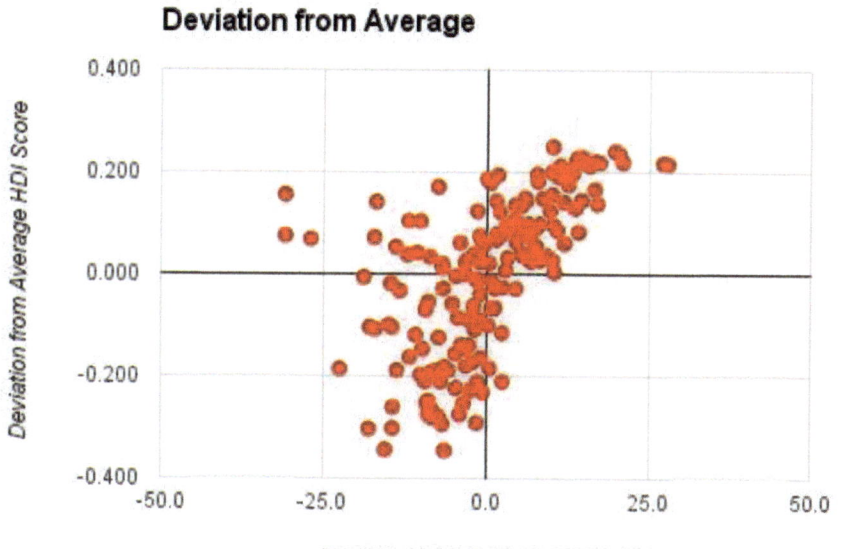

Die Rate der »moderaten Armut« liege beim Quartil der wirtschaftlich unfreiesten Länder bei 57,4 %, im Quartil der wirtschaftlich freiesten Länder dagegen bei 3,6 %. Damit zusammen hänge, dass die Lebenserwartung in Ländern mit größerer wirtschaftlicher Freiheit deutlich höher sei als in Ländern mit geringer wirtschaftlicher Freiheit. Im Quartil der Länder mit der geringsten wirtschaftlichen Freiheit liege die Lebenserwartung bei 60,7 Jahren, im Quartil der wirtschaftlich freiesten Länder dagegen bei 79,4 Jahren. Die Lebenserwartung sei also in wirtschaftlich freieren Ländern

---

[4] The Heritage Foundation, Index of Economic Freedom, URL: https://www.heritage.org/index/ranking, Abruf am 06.04.2019.
[5] Bildquelle: YouthDebates, URL: https://tinyurl.com/y6o4q26y, Abruf am 06.04.2019.

fast 20 Jahre höher als in wirtschaftlich unfreien Ländern. Es gebe ferner kein einziges Land auf der Welt, das ein hohes Maß an wirtschaftlicher Freiheit habe und trotzdem arm sei. Freie Volkswirtschaften seien gesunde und wohlhabende Volkswirtschaften.[6]

Gleichzeitig würden die wirtschaftlich unfreiesten Länder der Welt (beispielsweise Nordkorea, Venezuela, die Republik Kongo oder Zimbabwe) allesamt in Armut und Elend versinken. Person A sagte ferner, »Linke« würden »klassisch Liberalen« oder »Libertären« gern »soziale Kälte« und Gleichgültigkeit gegenüber Armen vorwerfen, dabei verhielte es sich in Wahrheit genau umgekehrt: Wenige Dinge seien sozial verheerender als wirtschaftsfeindliche Politik, hohe Steuern, Überregulierung und zentralstaatliche Steuerung, wobei gerade arme Bevölkerungsschichten am meisten von freier Marktwirtschaft profitierten. Auch hierbei verwies Person A auf den Umstand, es gebe zahlreiche Studien darüber, bei welcher Staatsquote der Wohlstand in der Bevölkerung am stärksten zunehme und die Armut am stärksten zurückgehe. Ergebnis: Die optimale Staatsquote liege zwischen 15 und 29 Prozent.[7]

In Deutschland liegt die Staatsquote (bei sehr gutem Willen) mittlerweile schon bei 45 Prozent, also um das Doppelte zu hoch. Damit haben wir ein Pro-Kopf-BIP von 48.000 USD. Zum Vergleich ein paar andere Staatsquoten und Pro-Kopf-BIPs:

- 31 % / 128.000 USD in Katar,
- 19 % / 90.000 USD in Singapur,
- 28 % / 69.000 USD in Irland,
- 36 % / 57.000 USD in den USA und
- 33 % / 63.000 USD in der Schweiz.

Leider sei laut Person A im deutschsprachigen Raum die Tatsache kaum bekannt, dass Steuern Wohlstand nicht nur umverteilen, sondern ihn auch zerstören. Das liege zum einen an den Fehlanreizen, die Besteuerung von Arbeit mit sich bringe und zum anderen an der Ineffizienz staatlicher Bürokratie und staatlicher Entscheidungsprozesse. Immer wenn der Staat einen Euro durch Besteuerung einnehme und damit etwas machen wolle, komme am Zielort nur noch ein Bruchteil davon an, zum Beispiel 40 Cent. Der Rest sei volkswirtschaftlicher Totalverlust, quasi wie im Klo heruntergespült.

Durch niedrigere Steuern und Abgaben könnten wir alle (auch Geringverdiener) schon längst viel wohlhabender sein als jetzt, genau wie die Menschen in anderen Ländern mit deutlich niedrigerer Staatsquote. Auch das kanadische *Fraser Institute* messe seit Jahren das Ausmaß der wirtschaftlichen Freiheit in fast allen Ländern der Welt. Wenn man diesen *Economic Freedom Score* eines Landes in Zusammenhang mit dem

---

[6] Mitchell, Matthew D.: *What Can Government Do To Create Jobs?*, in: Mercatus Center – George Mason University, 01.02.2012, URL: https://tinyurl.com/y5vakqho, Abruf am 06.04.2019.
[7] Facebook (mit Übersicht zu den entsprechenden Quellen von *usgovernmentspending.com*): *Unbiased America*, 25.09.2017, URL: https://tinyurl.com/yx9rmgp2, Abruf am 07.04.2019.

durchschnittlichen Pro-Kopf-Einkommen setze, falle auf, dass Menschen im wirtschaftlich freiesten Viertel der Länder durchschnittlich siebenmal so viel wie Menschen im wirtschaftlich unfreiesten Viertel der Länder verdienten. Wirtschaftliche Freiheit mache wohlhabend.

Unter Verweis auf das *Fraser Institute* [8] fragte Person A, ob sich denn nun aber alles die Reichen in die Tasche stecken würden oder ob es den Armen in wirtschaftlich freien Ländern ebenfalls besser gehe? Entschieden Letzteres: Das durchschnittliche Einkommen der ärmsten 10 Prozent sei in den wirtschaftlich freiesten Ländern sogar 10 Mal höher als in den wirtschaftlich unfreiesten. Die Ärmsten profitierten also sogar überproportional von wirtschaftlicher Freiheit. Gerade zur Bekämpfung von Armut und Elend gebe es kein besseres Mittel als die freie Marktwirtschaft.

Nun könne man als wissenschaftlich gebildeter Mensch natürlich immer *»Korrelation beweist keine Kausalität«* einwenden. Es gibt aber zahlreiche, tiefergehende Studien[9], die den Kausalzusammenhang belegen und tatsächlich wirtschaftliche Freiheit als Ursache von Wohlstand beziehungsweise wirtschaftliche Unfreiheit als Ursache von Armut nachweisen. Abschließend, so Person A, gebe es denselben Zusammenhang im Übrigen nicht nur im internationalen Vergleich, sondern auch innerhalb von Ländern.

Zum Beispiel vergleiche die lesenswerte und von der *Cambridge University* veröffentlichte Studie *Economic Freedom and Growth Across German Districts* [10] alle deutschen Landkreise miteinander und finde ebenfalls einen starken und robusten Zusammenhang zwischen wirtschaftlicher Freiheit, Einkommen und Wirtschaftswachstum. Die Effekte seien enorm. Wenn beispielsweise wirtschaftlich unfreie Landkreise wie Herne, Oberhausen oder Südwestpfalz einfach nur die Wirtschaftspolitik der wirtschaftlich freiesten deutschen Landkreise (wie zum Beispiel Rosenheim) übernehmen würden, könnte dort alleine dadurch das Pro-Kopf-Einkommen langfristig um 80 bis 110 Prozent steigen.

So weit, so gut.

Wenn Sie nun nach alledem glauben, Person B habe sich von dieser Entgegnung auch nur im Entferntesten beeindruckt gezeigt, liegen Sie falsch. Wer weiß, vielleicht verhält es sich bei Ihnen ebenso. Vielleicht sehen Sie die Sache aber auch genauso wie Person A oder zumindest ähnlich. Natürlich wurde die gesamte Debatte noch über mehrere Tage und mit vielen Beiträgen fortgesetzt, wobei man sich allerdings nicht einen Schritt aufeinander zubewegte und letztlich voller Verachtung für den jeweils anderen von dannen zog. Die passivere Person B, die auf die nachprüfbaren respektive evidenzbasierten, langen Beiträge von Person A weitestgehend mit Emotionen reagierte, war sich ihrer Überzeugung am Ende, und das ist weder Zufall noch Einzelfall, noch sicherer als zu Beginn der Debatte.

Eine Theorie, warum dem so ist, besteht im sogenannten *Backfire effect*, der auf Basis

---

[8] Fraser Institute, *Economic Freedom* (2018), URL: https://tinyurl.com/yylek5mz, Abruf am 07.04.2019.
[9] Dawson (2003); Faria et al. (2009).
[10] Spruk & Keseljevic (2017).

mehrerer Studien[11] besagt, dass sich (politische) Überzeugungen angesichts von Gegenbelegen oder -beweisen nicht ändern, sondern sie **stattdessen noch stärker verinnerlicht werden**. In einigen psychologischen Tests wurde der Effekt experimentell demonstriert, wobei man den Probanden Daten präsentierte, die entweder ihre bestehenden Vorurteile verstärkten oder ihnen entgegenwirkten. In den meisten Fällen konnte gezeigt werden, dass Menschen ihr Vertrauen in ihre frühere Position unabhängig von den Beweisen, denen sie ausgesetzt waren, erhöhten. Man könnte vor diesem Kontext, ausgehend von den Studien zum *Backfire effect*, beispielsweise sogar soweit gehen und behaupten, dass Sie online niemals einen Streit gewinnen können. Beginnen Sie damit, Fakten und Zahlen, Hyperlinks und Zitate ins Feld zu führen, bekräftigen Sie Ihren Gegner tatsächlich noch in seiner Position und machen ihn diesbezüglich noch sicherer als vor Beginn der Debatte. Dasselbe ist auch umgekehrt der Fall. Der Effekt verstärkt Sie beide mit hoher Wahrscheinlichkeit noch tiefer in Ihren ursprünglichen Positionen.[12]

Aber warum ist das so?

Einige Psychologen denken, dass es eine evolutionäre Erklärung dafür gibt. Unsere Vorfahren verbrachten mehr Zeit damit, ihre Aufmerksamkeit auf negative Reize (Stimuli) zu richten beziehungsweise über jene nachzudenken, da es die schlechten Dinge waren, die eine Reaktion erforderten. Diejenigen, die negative Reize nicht adressierten, konnten langfristig nicht überleben.[13]

Diese Erklärung ist allerdings etwas dürftig. Eine umfassendere soll dieses Buch bieten. In vielen Artikeln, Büchern und Vorträgen werden sowohl sozioökonomische als auch moralische Verhaltensweisen und sich daraus ergebene Probleme oder Missstände scharf attackiert und benannt.[14] Als Wurzeln dieser Probleme und Missstände werden nach meinem Empfinden allerdings stets dieselben (unzureichenden) Gründe angeführt, die ich oben bereits andeutete: Erziehung, Umfeld, Bildung, Propaganda, Indoktrination und so weiter. Sicherlich mögen all diese Begebenheiten bei einer Analyse ihre Berechtigung haben. Dennoch stellen sie nur Symptome, Mosaiksteinchen, **Resultate** einer tieferliegenden Wurzel dar. So zumindest laut der Theorie der hier vorliegenden Arbeit.

Die übergeordnete These besteht darin, dass es ein im politischen Sinne »linkes« und »rechtes« Gehirn gibt, das jeweils mit biologischen Prozessen und evolutionär gewachsenen Entwicklungskapazitäten übereinstimmt.

Letztere wiederum wurden in der Geschichte der Biologie gut bis sehr gut dokumentiert und beschrieben, darüber hinaus, wie zu zeigen sein wird, ebenso in anderen

---

[11] Nyhan & Reifler (2010); Wood & Porter (2018).
[12] McRaney, David: *The Backfire Effect*, in: You are not so smart, 10.06.2011, URL: https://tinyurl.com/y4frx3f5, Abruf am 07.04.2019.
[13] Ebenda.
[14] Ich selbst falle darunter, schrieb ich mit meinem Buch *Geschosse wider den Einheitsbrei. Politisch unkorrekte Gedanken zur Hirnwäsche weiter Teile einer Nation* (Grevenbroich 2017) eine in mehreren Teilen wütende Anklageschrift.

neurowissenschaftlichen Disziplinen, insbesondere der Psychologie und Physiologie.

Das Fundament für diese These bildet eine Theorie, die in der Wissenschaft als **r/K-Selektionstheorie** bekannt und nicht neu ist. Mit ihr wird keineswegs Unfehlbarkeit postuliert – das ist die Aufgabe des Glaubens beziehungsweise der Religionen und postmodernistischen Ersatzreligionen –, im schlimmsten Falle handelt es sich bei ihr um eine ausgezeichnete Analogie, im besten Falle bietet die Theorie jedoch eine sichere Erklärung für die politische Realität sowie den sich daraus ergebenen, politischen Diskurs.

Im Hauptteil *(2. Die Schlacht der Gene)* wird es zunächst *(2.1)* darum gehen, **grundlegende Begrifflichkeiten** und Komponenten dieser Theorie vorzustellen und zu erklären, welche für ein allgemeines Verständnis beziehungsweise das Nachvollziehen der oben genannten These unabdingbar sind.

Im darauffolgenden Abschnitt *(2.2 Die Genetik hinter der Politik)* wird detailliert auf grundlegende **physiologische Unterschiede** zwischen den beiden Gehirnen eingegangen. Der emeritierte österreichische Professor für Physiologie, Dr. Helmut Hinghofer-Szalkay, definiert die physiologische Forschung als Untersuchung von Lebensvorgängen, *»unter besonderer Beachtung optimaler Funktionsweisen. Sie stellt Fragen zur Homöostase, das heißt die Stabilisierung bestimmter Zustandsvariablen im Organismus; zur Resilienz, das heißt Belastbarkeit bei plötzlichen Herausforderungen; oder zur Adaptation, das heißt, wie Anpassung an sich ändernde Umgebungsbedingungen erfolgt. Der Fachbereich ist untergliedert in Subdisziplinen, die sich an definierten Funktionen von Zellen, Geweben, Organen und Organismen orientieren – zum Beispiel Transportvorgänge, Säure-Basen-Haushalt, Wärmeregulation, Orientierung et cetera. Eine klassische Unterscheidung ist die in vegetative (Atmung, Kreislauf, Verdauung und so weiter) und animalische Physiologie (Sinnesleistungen, Nervensystem, Bewegung und so weiter). Andere Kriterien zentrieren sich um Aspekte wie Genetik, Molekularbiologie, Organfunktion et cetera.*

Ein Schlüsselbegriff der Physiologie ist der **des Systems**: *Ein organisiertes Ganzes, das Funktionen erfüllt, das seine Bestandteile getrennt voneinander nicht erfüllen können. Ein physiologisches System ist anpassungsfähig, hat einen Stoffwechsel, und verfügt über zusätzliche Attribute, die man dem Phänomen Leben insgesamt zuschreibt.«* [15]

Vor diesem Hintergrund werden, daran anknüpfend, im nächsten Abschnitt *(2.3 Das genetische Schlachtfeld der Politik oder: links und rechts)* **soziale beziehungsweise sozioökonomische Themenbereiche** aufgegriffen, die seit jeher politischen Sprengstoff in sich bergen. Dabei wird sich zeigen, dass die Gründe und der Ursprung für den niemals endenden Konflikt zwischen »links« und »rechts« **in erster Linie** nicht etwa in der jeweiligen Umwelt, Erziehung und Bildung zu verorten sind. Stattdessen sind jene (wichtige) Einflüsse **das natürliche und direkte Ergebnis** eines evolutionsbiologischen und -psychologischen, genetischen Selektionsprozesses.

---

[15] Hinghofer-Szalkay: *Was ist Physiologie?*, in: Physiologie, URL: http://physiologie.cc/I.0.htm, Abruf am 16.03.2019.

Abschließend, nach dem Hauptteil, werde ich im letzten Block *(3. Widerstand – Einige aktuelle Schlachtbeispiele)* anhand von fünf weiteren brisanten sowie gesellschaftsrelevanten Begebenheiten auf kritische Weise verdeutlichen, wie sich die Theorie **in unserem aktuellen Alltag** in praxi manifestiert.

Historisch betrachtet, geht die Unterscheidung zwischen politisch »links« und »rechts« auf die Sitzordnung der französischen Abgeordnetenkammer aus dem Jahre 1814 zurück.

Dabei saßen, vom Präsidenten aus gesehen, auf der linken Seite diejenigen Parteien, die sowohl politische als auch gesellschaftliche Veränderungen anstrebten. Auf der rechten Seite hingegen befanden sich diejenigen Parteien, welche die bestehenden Verhältnisse erhalten (»konservieren«) wollten, weshalb sie heute auch »Konservative« genannt werden.

Im heutigen Sinne ist diese Unterteilung freilich nicht mehr zeitgemäß, zumal es mittlerweile eher umgekehrt ist: »Rechte« (in Deutschland) wollen die bestehenden Verhältnisse stärker verändern als »Linke«. Meines Erachtens ist es sinnvoller, die beiden Positionen heutzutage nicht an den Wunsch des Erhalts beziehungsweise Nicht-Erhalts des bestehenden politischen Systems zu koppeln, sondern an deren unterschiedliche Agenda, Werte und Überzeugungen.

So wollen »Rechte« beispielsweise nicht grundsätzlich das bestehende System erhalten oder **konservieren, sondern traditionelle Werte und Normen**, beispielsweise ein größeres Maß an individueller Freiheit, welche als wichtiger erachtet wird als eine »soziale Gleichheit«, welche wiederum »Linke« als wichtiger empfinden. Das Anerkennen einer natürlichen Ungleichheit der Menschen und daraus hervorgehenden, natürlichen Hierarchien ist für »Rechte« tendenziell etwas Selbstverständliches, Normales und Wünschenswertes[16], aber auch Faktoren wie ökonomischer Wettbewerb (freie Marktwirtschaft), Disziplin, Autorität, geregelte Umgangsformen und das Nationale können, wie wir sehen werden, typischerweise mit »rechten« Werten assoziiert werden. Dagegen neigen »Linke« eher dazu, die »Freiheit der Allgemeinheit« über der individuellen anzusiedeln. Mit linken Werten werden allgemeinhin Faktoren wie »soziale Gleichheit« beziehungsweise Egalitarismus[17], Formlosigkeit, Spontaneität und das Internationale verbunden. Selbst auf der Homepage der *Bundeszentrale für politische Bildung* heißt es:

»Als linke Werte gelten danach: Gleichheit, Gerechtigkeit, Nähe, Wärme, Formlosigkeit, das ‚Du‘, Spontaneität, das Internationale und Kosmopolitische. Ihnen stehen als rechte Werte gegenüber: Betonung der Unterschiede, Autorität, Distanz, geregelte Umgangsformen, das ‚Sie‘, Disziplin, das Nationale. In der Wirtschaft sind linke Werte: staatliche Planung, öffentliche Kontrolle, rechte Werte: Privatwirtschaft und Wettbewerb. Freiheit verstehen Linke zuerst als Freiheit von Not. Der Staat soll sich um soziale Sicherheit und Geborgenheit kümmern. Rechte verstehen Freiheit umge-

---

[16] Goldthorpe (1985), S. 156; Bobbio & Cameron (1996), S. 51-62.
[17] Bobbio & Cameron (1996), S. 37; Thompson (1997), S. 4; Smith & Tatalovich (2003), S. 30; Ball (2005), S. 614.

kehrt zuerst als Freiheit von staatlicher Gängelung und staatlichem Zwang. Sie schätzen Anstrengung, Risikobereitschaft, Eigenaktivität. Das zentrale linke Anliegen ist Solidarität mit den Schwächeren.« [18]

Sie werden in diesem Buch nichts von einer »politischen Mitte« lesen, stattdessen sehr häufig das Wort »tendenziell«. Das hat den Grund, dass selbst diejenigen oder auch diejenigen, die sich offiziell einer angeblichen »Mitte« zuordnen (ein Trick, um Wählerstimmen auf beiden Seiten zu erhalten), **tendenziell** mehr zum »linken« oder »rechten« Spektrum neigen – in unserer aktuellen politischen Landschaft sogar stärker denn je. Auch eine »Mitte«, ja, selbst ein König in der Mitte würde letztlich nach einer gefällten Entscheidung oder Anordnung (tendenziell oder vollständig) entweder die »linke« oder die »rechte« Seite zufrieden(er) stellen.

Des Weiteren betone ich, dass ich von »links« und »rechts« beziehungsweise »Linken« und »Rechten« **im Allgemeinen** sprechen werde, was **nicht** bedeutet, dass sich demnach **generell jeder einzelne** Betroffene so oder so verhält. Natürlich mag es diverse Zwischenstufen, Abstufungen und graduelle Schattierungen geben. Für das Große und Ganze beziehungsweise ein allgemeines Verständnis hinsichtlich des zu untersuchenden Phänomens spielen sie jedoch keine Rolle, weshalb fortan auch auf die eben diese Nicht-Generalisierung implizierenden Anführungszeichen der beiden Begriffe (links und rechts) verzichtet wird.

Linke sind wesentlich häufiger »atheistisch« als Rechte[19] und berufen sich – auch nach eigenen Erfahrungen – beim Thema Religion gerne auf Naturwissenschaften. Charles Darwin (1809–1882) und seine Evolutionstheorie kommen ihnen bei Fragen des menschlichen Ursprungs sehr gelegen, sofern es um klassisch-religiöse Debatten geht. So gesehen sollten sie mit den evolutionspsychologischen Ausführungen und den davon abgeleiteten Schlussfolgerungen in diesem Buch keine Probleme haben. Oder anders: Da Ihnen darwinistische Prinzipien begegnen werden, die leicht angewendet werden können, um das Verhalten nichtmenschlicher Tiere auf menschliches Verhalten zu übertragen beziehungsweise letzteres zu erklären, während gleichzeitig akzeptiert wird, wie Darwin argumentierte und wie nachfolgende genetische Beweise belegt haben, dass der Mensch von einem gemeinsamen Vorfahren mit dem Schimpansen abstammt und im Wesentlichen eine Form eines hochentwickelten Affen ist, sollten die bevorstehenden Ausführungen völlig unproblematisch sein.

Nach Abschluss der Lektüre werden Sie verstehen, warum Linke wieder und wieder davon sprachen, sprechen und sprechen werden, dass der Sozialismus, der »demokratische Sozialismus« oder sonst eine sozialistische Variation »nur noch nicht richtig umgesetzt wurde«, obwohl er in sämtlichen Ländern – quer über den gesamten Globus verstreut – unabhängig voneinander auf desaströse Weise scheitert(e) sowie menschliche Katastrophen unfassbaren Ausmaßes nach sich zog und zieht. (Um ge-

---

[18] Bundeszentrale für politische Bildung (nach Thurich): *Rechts-Links-Schema*, URL: https://tinyurl.com/nazbmbn, Abruf am 16.03.2019.
[19] Mende (2018/19), S. 300-308.

nau zu sein, scheiterte er seit 1917 vierundachtzigmal, zieht man Venezuela augenblicklich als das jüngste Beispiel heran.[20] Sie werden verstehen, warum wieder und wieder der »Kapitalismus« (also Vertragsfreiheit + freier Wettbewerb) für die unter Garantie folgenden Probleme sozialistischer, »sozialdemokratischer« und anders schattierter, vermeintlich »sozialer« Gesetzgebung als Sündenbock herangezogen wird oder besser: herangezogen werden muss, und warum diesbezüglich jede Aufklärungsarbeit weitestgehend sinnlos war, ist und sein wird. Der Grund: Menschen müssten, so die These, gegen ihre eigene genetische Veranlagung handeln – ein Ding der Unmöglichkeit.

Nach Abschluss der Lektüre werden darüber hinaus zwei weitere Begebenheiten evident sein. Zum einen werden Sie nachvollziehen können, dass der permanente **Widerstand** unter Menschen – und der Aufruf dazu – einen genetisch bedingten und damit natürlichen Ist-Zustand (auch) innerhalb unserer Spezies markiert. Zum anderen werden Sie begreifen, warum politische Debatten letzten Endes Zeitverschwendung beziehungsweise sinnlos sind. Diese Erkenntnis wiederum kann zwar unglaublich befreiende Wirkung haben, bedeutet allerdings nicht automatisch, Widerstand grundsätzlich zu vermeiden. Jedenfalls nicht, sofern man nicht tatenlos mit ansehen möchte, wie sich Katastrophen unterschiedlicher Art erst anbahnen, einnisten und schließlich vollends entfalten.

---

[20] Laut Wikipedia bezeichneten sich in diesem Zeitraum 61 Staaten selbst als sozialistisch. Addiert man alle Regime, die sich seit 1917 über weitreichende Verstaatlichungen der Wirtschaft und/oder Bodenreformen und die entsprechende Ideologie als sozialistisch/kommunistisch identifizieren lassen, kommt man (bisher) auf mindestens 84, höchstens auf 116. Vergleiche Wikipedia: *List of socialist states*, URL: https://tinyurl.com/ooc6efa, Abruf am 16.03.2019.

Je hsyterischer weite Teile einer Gesellschaft auf bestimmte Themen reagieren, umso wichtiger wird es, diese Themen unaufgeregt anzugehen.

2. Die Schlacht der Gene – Wie der Einfluss von Reproduktionsstrategien mit politischen Ideologien zusammenhängt

2.1 Grundlegendes

2.1.1 Die r/K-Selektionstheorie

Die sogenannte r/K-Selektionstheorie (auch: das r-K-Modell) bietet eine Erklärung für die Ursprünge politischer Ideologien. Sie geht im Wesentlichen auf die Arbeiten der amerikanischen Ökologen und Biologen Prof. Dr. Robert MacArthur (1930-1972) sowie Prof. Dr. Edward Osborne Wilson zurück[21], wurde aber, wie zu zeigen sein wird, auch von einer Vielzahl weiterer Wissenschaftler aufgegriffen, empirisch untersucht und verfeinert. Sie ist Teil der Evolutionspsychologie, welche, als Forschungszweig der Psychologie, wiederum eng mit der **Soziobiologie** verbunden ist.[22]

Der Anthropologe Dr. Edward Dutton geht einen Schritt weiter und beschreibt die Soziobiologie *»effektiv als das, was heute allgemein als* **Evolutionspsychologie** *bezeichnet wird.«*[23]

Die Evolutionspsychologie bildet laut Dutton einen Ansatz, menschliches Verhalten aus einer evolutionären Perspektive zu verstehen. Befürworter argumentieren, dass menschliches Verhalten verstanden werden kann, indem entwickelte Anpassungen an das Umfeld der Vorfahren untersucht werden, und dass Verhaltensweisen, die allen Kulturen gemeinsam sind, wahrscheinlich psychologische Anpassungen widerspiegeln. Bestimmte psychologische Anpassungen stellten einen evolutionären Vorteil dar, die Anpassungen breiteten sich aus, und dementsprechend sind heute nur diejenigen am Leben, die von Menschen mit diesen Anpassungen abstammen. Natürlich waren einige psychologische Anpassungen weniger vorteilhaft als andere oder nur in bestimmten Umgebungen beziehungsweise nur in bestimmten Zeiträumen vorteilhaft, so dass es bei psychologischen Anpassungen eine gewisse Populationsvarianz gibt.

Evolutionspsychologen argumentieren, dass Menschen am besten als fortgeschrittene Affen verstanden werden können, dass das menschliche Gehirn ein der Evolution unterworfenes physisches Organ ist; dass die menschliche Natur angeboren ist und dass das menschliche Verhalten ein Produkt dieser angeborenen menschlichen Natur ist, welches auf eine gegebene Umgebung reagiert. Eine Vielzahl von Beweisen wurde für diese Perspektive vorgelegt.[24] Wie wir sehen werden, erklären evolutionspsychologische Erklärungen im Vergleich zu rein ökologischen beziehungsweise umweltbe-

---

[21] MacArthur & Wilson (1967).
[22] Schacter et al. (2007), S. 26 f.
[23] Dutton (2019), S. 10.
[24] Wilson (1980).

dingten Ansätzen am meisten, lassen weniger Fragen unbeantwortet, und gründen sich in Wissenschaft und Logik. Die alternativen Ansätze, die sich allesamt aus Formen respektive Unterkategorien des Konstruktivismus rekrutieren, lassen (zu viele) Fragen offen und erklären weniger.[25]

Im Allgemeinen könne hierbei eine Reihe von Problemen mit allen konstruktivistischen Theorien hervorgehoben werden.[26] Am offensichtlichsten ist, dass sie alle von kulturellem oder ökologisch-umweltbezogenem Determinismus untermauert sind. Ein Beispiel: Wenn man sich auf Dr. Frederik Barth[27] (1928-2016) konzentriert, der gemeinhin als Hauptvertreter der *konstruktivistischen Instrumentalisten* gilt, und fragt, warum eine ethnische Gruppe eine kulturelle Praxis übernommen hat und deren Nachbar eine andere, so lautet seine Antwort, dass sie jeweils eine andere Geschichte haben.

»Geschichte« wiederum dreht sich um das Verhalten einer Kultur innerhalb eines festgelegten Zeitraums. Wenn wir also die Frage stellen, warum die beiden Gruppen unterschiedliche Geschichten haben, muss die Antwort lauten, dass sie unterschiedliche Kulturen haben; und sie wiederum haben unterschiedliche Kulturen, weil sie unterschiedliche Geschichten haben. Am Ende stehen wir vor einer zirkulären Argumentation, die nur gelöst werden kann, indem zum Beispiel Geschichte an sich »verdinglicht« wird und alsdann verschiedene Geschichten so konzipiert werden, dass sie quasi wie Blitzschläge vom Himmel fallen und in verschiedenen Kulturen landen. Es zeigt sich hierbei eine Parallele zur Debatte um die Auswirkungen des durchschnittlichen IQ innerhalb eines Landes. Diejenigen, die den durchschnittlichen, sozioökonomischen Erfolg oder Misserfolg nicht mit dem IQ in Verbindung bringen (wollen), argumentieren beispielsweise, Erfolg (oder Verhaltensweisen) gründe sich auf »kulturelle« beziehungsweise »historisch gewachsene« Gepflogenheiten. Das ist zwar richtig, klammert aber die Tatsache aus, dass eine Kultur oder Geschichte logischerweise aus dem geistigen Fundament seiner Kulturschaffenden hervorgehen. Beispielsweise waren ein Automobil, ein zweistöckiges Haus oder Menschenrechte nicht einfach »da«,

---

[25] Dutton (2019), S. 10 f. In Kapitel 4.4 stellt Dutton die konstruktivistischen Ansätze und deren Probleme der Reihe nach und detailliert vor: Hierbei analysiert er die *Instrumentalists* (z.B. Fredrik Barth), die *Rational Choice Theorists* (z.B. Michael Banton) sowie die *Modernists*, die sich wiederum in vier Schulen aufteilen lassen, nämlich die *Social Constructivists* (z.B. Benedict Anderson), die *Economic Constructivists* (z.B. Ernest Gellner), die *Political-Ideological Constructivists* (z.B. Anthony Giddens) und schließlich die *Marxists* (z.B. Eric Hobsbawm).
[26] Dutton (2019), S. 50 ff.
[27] Für Barth (1969) ist eine ethnische Gruppe eine soziale Organisation, die sich auf eine gemeinsame Kultur stütze, wobei »Kultur« »Lebensweise« bedeute. Sie habe symbolische soziale Grenzen und das Ausmaß, in dem es diese Grenzen beibehält, sei eine Funktion von Umgebungsvariablen. Die Faktoren, die eine ethnische Gruppe von einer anderen unterscheiden, seien im Wesentlichen willkürlich und die Gruppen werden in Krisenzeiten von ihren Führern mobilisiert. Dieses Modell weise laut Dutton selbst aus Sicht anderer Subjektivisten eine Reihe von Nachteilen auf. Am offensichtlichsten möge es zwar die Identifikation in Stammesgruppen erklären, in denen Mitglieder einem Spaltungs-Fusions-Modell folgen, bei dem sie sich häufig spalten und neue Gruppen bilden, allerdings funktioniere es nicht in Nationen, in denen ein Gefühl ethnischer Identität länger besteht.

sondern basierten auf notwendigerweise **voraus**gehenden Ideen, die jemand gehabt und konkretisiert haben musste.

Darüber hinaus gibt es eine starke empirische Argumentation gegen den kulturellen Determinismus. »Kultur« bezieht sich aus anthropologischer Sicht auf die Lebensweise einer Gruppe. Es wurde gezeigt, dass genetische Faktoren signifikante Unterschiede in der Lebensweise von Individuen vorhersagen. Zum Beispiel hat sich gezeigt, dass Intelligenz sehr stark mit Vererbung korreliert (0,8). Intelligenz wiederum sagt ein Bildungsniveau von 0,5, ein Einkommen von 0,3 und eine Schulleistung von 0,7 voraus.[28] (In der Statistik bezieht sich eine Korrelation auf eine Beziehung zwischen zwei Variablen und dem Grad ihrer Stärke. **Wenn demnach die Korrelation 1 wäre, passen die beiden Dinge immer zusammen und wenn sie -1 wäre, dann tun sie es nie.** Normalerweise liegen die Korrelationen zwischen 0 und 1. Eine 0,7-Korrelation ist also stark und bedeutet, dass die beiden Variablen häufig zusammengehören.)

Intelligenz ist zudem ein Prädiktor für Gesundheit und Langlebigkeit. Auf nationaler Ebene hat sich gezeigt, dass Intelligenz Entitäten wie Religiosität, Kriminalität, Fruchtbarkeit und politisches Linkstum negativ, hingegen Wohlstand, Gesundheit, das durchschnittliche Bildungsniveau, Hygiene und sogar Glück positiv prognostiziert.[29] Tatsächlich hat die Forschung regionale Unterschiede in der Prävalenz verschiedener Formen spezifischer Gene herausgestellt und gezeigt, dass diese regionale Unterschiede in der Kultur betreffen. Wie wir später sehen werden, gibt es eine genetische Grundlage für die Angst vor sozialer Ausgrenzung.

Die konstruktivistischen Theorien werfen darüber hinaus sehr viele Fragen auf. Um ein Beispiel herauszugreifen: Woher kommt »Nationalismus«, wenn er konstruiert ist? Sicherlich wurde er nicht aus dem Nichts erfunden, wie nichts im luftleeren Raum erfunden wird. Dementsprechend muss der ethnische Nationalismus eine Verbindung zu einer alten Vergangenheit haben, die für eine Form des Primordialismus[30] spricht. Wenn, wie Barth argumentiert, die Elemente der ethnischen Identität im Wesentlichen willkürlich sind, warum sind sie dann kulturübergreifend relativ ähnlich? Wenn eine (politische) Elite den Massen den Nationalismus aufzwingt, warum tritt er dann manchmal in Form einer Massenbewegung gegen die Elite auf? Auch wenn er in der Tat von denen (an)geführt wird, die die neue Elite werden wollen, sind sie nicht unbedingt die Elite in jeder Hinsicht, sondern im engsten Sinne. Ist es überhaupt nicht möglich, dass die Elite gemeinsame Motive mit den Massen hat und sich nicht nur durch Geld, sondern durch das Wohl ihrer ethnischen Gruppe motivieren lässt? Und, was am wichtigsten ist, wie kann ein kulturdeterministisches Modell die Extreme der Selbstaufopferung erklären, welche die Menschen dazu bringen können, sich für das

---

[28] Jensen (1981).
[29] Lynn & Vanhanen (2012).
[30] Dutton spricht von *primordialism*. Im Deutschen verwendet man neben *Primordialismus* (»von der ersten Ordnung her«) auch die Begriffe *Primordialität* (lat. uranfänglich, urweltlich) sowie »*ursprüngliche Bindung*« oder »*primordiale Bindung*«.

Wohl ihrer ethnischen Gruppe einzusetzen, was den Einsatz des eigenen Lebens einschließt (zum Beispiel anonym in ein fremdes Land einzufallen), der zu keinem offensichtlichen, wirtschaftlichen Nutzen für ihre Familien führt?

Sicherlich, eine Möglichkeit könnte darin bestehen, dass sie einer »Gehirnwäsche« unterzogen wurden. Dies wirft jedoch die Frage auf, warum selbst soziale Tiere für relativ weit verwandte Mitglieder ihrer Gruppe ihr Leben lassen. Wenn man annimmt, dass wir eng mit dem Schimpansen verwandt sind[31], ist eine Theorie unkomplizierter, wenn sie sowohl das Verhalten des Schimpansen als auch des Menschen erklären kann. Es ist höchst unwahrscheinlich, dass Schimpansen sich gegenseitig auf komplexe Weise einer Gehirnwäsche unterziehen können, da ihnen die Fähigkeit zum Sprechen fehlt. Wenn die Nation nur ein Konstrukt ist, das den Massen aufgezwungen wird, warum scheitert es dann, wenn ein Land multiethnisch ist? Diese Länder tendieren dazu, sich in separate ethnische Gemeinschaften zu balkanisieren, die sich oft als unterschiedlich in Bezug auf Blut und Abstammung verstehen.[32] Dementsprechend neigen multiethnische Gesellschaften dazu, einen ethnischen Kern zu haben, während andere ethnische Gruppen mehr vom Identitätsgefühl des Landes entfernt sind. In multiethnischen Staaten, in denen die verschiedenen Gruppen auffällig unterschiedlichen Rassen angehören, verläuft diese Aufteilung in der Tat nach rassistischen Gesichtspunkten, wie der finnische Professor Dr. Tatu Vanhanen (1929-2015) ausführlich gezeigt hat (mehr dazu später).

Dieser kurze Einblick in die **Problematik des Konstruktivismus** soll einerseits die sich in diesem Buch auf die Evolutionspsychologie (beziehungsweise Soziobiologie) gründende Argumentation klar davon abgrenzen, andererseits vorwegnehmen, dass es sich bei dem evolutionspsychologischen Ansatz um den meines Erachtens sowohl wissenschaftlicheren als auch logischeren handelt. (Bisherige) Kritik an der Evolutionspsychologie kann, wie wir auch noch sehen werden, zufriedenstellend entkräftet werden.

Es handelt sich bei der r/K-Selektionstheorie um eine nützliche und etablierte Heuristik, die – neben den uns in diesem Buch vor allem interessierenden Fortpflanzungsstrategien und deren Folgen – häufig auch zur Erforschung lebensgeschichtlicher Merkmale und sogar auf dem Gebiet der menschlichen Verhaltensökologie verwendet wird.[33]

Die Theorie bleibt nützlich und aktuell, auch trotz des Umstandes, dass sie bei der Untersuchung von Fortpflan-zungsstrategien und Merkmalen von Organismen mitunter durch fallspezifischere Theorien ersetzt wurde, zumal das gesamte Untersu-

---

[31] Wilson (1980), u.a. S. 265 ff; Elango et al. (2006).
[32] Vanhanen (2012). Vanhanen zeigt in dieser Arbeit, dass das Ausmaß ethnischer Konflikte (definiert auf einer Skala bis hin zu schwerwiegenden ethnischen Massakern) mit dem Ausmaß ethnischer Heterogenität (definiert als Unterschiede in sichtbarer Rasse, Sprache oder Stamm und Religion) korreliert, wenn andere Variablen berücksichtigt werden wie zum Beispiel die sozioökonomische Entwicklungsebene sowie das Level der Demokratie.
[33] Kelley (1987), S. 64.

chungsfeld von Merkmalen verschiedener Lebensgeschichten zu einer immens komplexen Disziplin geworden ist.[34]

Dies ist auf die Notwendigkeit zurückzuführen, die Unterschiede zwischen konkurrierenden Selektionsbelastungen und ihre einzigartigen Auswirkungen innerhalb jeder einzelnen Population und Umgebung anzugehen. Zwar treten an die Stelle des r/K-Modells zunehmend demographische Modelle, die für ihren dichteunabhängigen Ansatz bekannt sind und sich auf die extrinsische Mortalität konzentrieren, doch beziehen diese Modelle viele ökologische Merkmale ein, die durch r- und K-Selektion erfasst wurden und werden, wie dichteabhängige Bevölkerungsregulierung, Verfügbarkeit von Ressourcen und Umweltschwankungen.

Das »r« steht für die (maximale) »reproductive **r**ate« oder auch »**r**ate of reproduction« (Reproduktionsrate) eines Lebewesens, während sich das »K« von dem deutschen Begriff »**K**apazitätsgrenze« (capacity limit) ableitet.

Nicht nur in den Vereinigten Staaten von Amerika bestehen die politisch-ideologischen Hauptvertreter aus den heute konservativen *Republicans* (auch *Conservatives* genannt) einerseits und den liberalen[35] *Democrats* (auch *Liberals* genannt) andererseits. Diese Einteilung lässt sich im Wesentlichen auf den gesamten »Westen« (inklusive Israel) übertragen. Überall existiert dieselbe politische Spanne, ob es sich in Kanada nun um die *Conservative Party*, die *Liberal Party* und die *New Democratic Party* (NDP), in England um *Conservatives* und die *Labour Party* oder in Israel um die nationalkonservative *Likud* und die sozialistische *haAwoda* handelt. Blickt man nach Deutschland, so stellen wir zwar fest, dass sich die im Bundestag bestehende Parteienlandschaft gegenwärtig (2019) durch sechs Fraktionen kennzeichnet, doch lässt sich auch hier die grundsätzliche Einteilung in tendenziell eher bis sehr konservativ (rechts) einerseits sowie sozialdemokratisch/sozialistisch (links) andererseits vornehmen. Es ist kein Zufall, dass sich das gut dokumentierte »Links-Rechts-Spektrum« universell – wie »r« und »K« – durch alle westlichen Gesellschaften des Planeten zieht.

Die r/K-Selektionstheorie bietet einen wissenschaftlichen Ansatz, viele, wenn nicht gar die meisten politisch konnotierten Verhaltensweisen unter Menschen und Tieren (besser) nachvollziehen beziehungsweise verstehen zu können. Sie erlaubt uns, sowohl zivilisatorische als auch kulturelle Entwicklungen – Krieg, Frieden, politisches Gebaren et cetera – vor dem Hintergrund natürlich entstandener **Fortpflanzungs- beziehungsweise Reproduktionsstrategien** zu begreifen, genauer: sie aus einer biologischen, hormonellen, epigenetischen und genetischen Perspektive nachzuvollziehen, die das Potenzial in sich trägt, Gesellschaftsentwicklungen auf völlig neue Art

---

[34] Die sogenannte *»Life-history-Theorie«* widerlegt die r/K-Selektionstheorie zwar nicht, hat sie aber hinsichtlich der ökologischen Interpretation weitestgehend ersetzt. Dennoch baut sie auf r/K-Prinzipien auf, vergleiche unter anderem Reznick et al. (2002).

[35] Dem amerikanischen »liberal« entspricht im Deutschen am ehesten der Begriff »sozialdemokratisch«, wobei die politische Bandbreite hierbei bis »sozialistisch« gereicht. Mit dem ursprünglichen oder auch klassischen Liberalismus hat das amerikanische »liberal« im heutigen Kontext kaum bis gar nichts (mehr) zu tun.

und Weise verstehen zu können. Dabei wird deutlich werden, dass **die beiden politischen Hauptideologien lediglich intellektuelle Auswüchse von vornehmlich zwei Reproduktionsstrategien** sind, welche im Bereich der Evolutions- und Soziobiologie seit Jahrzehnten beschrieben werden.

Wie wir aus dem Biologie-Grundkurs noch wissen, bestehen wir aus Desoxyribonukleinsäure (DNS), welche in sich die gesamte Erbinformation lebender Zellen und Organismen (Genom) vereint. Jede genetische Komponente strebt danach, sich zu reproduzieren. Sie haben beispielsweise Mandeln, die Sie vor Bakterien und Viren schützen. Tun die Mandeln das, weil sie besonders nett sind? Kaum. Sie tun es, um uns möglichst gesund zu halten, damit wir wiederum kontinuierlich »jagen«, essen, trinken und uns fortpflanzen können, um somit weitere Mandeln erschaffen zu können. Es gibt schier unzählige solcher Beispiele, die alle darauf hinauslaufen, dass wir bestimmte genetische Komponenten (besser) zu reproduzieren imstande sind. Die Perspektive mag vielleicht etwas seltsam anmuten, dennoch ist sie für den weiteren Verlauf von grundlegender Bedeutung.

Stellen wir uns wie eine Art große Maschine für unsere Körperteile vor, um neue Körperteile zu erschaffen. Die Lunge möchte eine neue Lunge machen, der Nasenflügel einen neuen Nasenflügel und so weiter; jedes Körperteil wird uns, so gut es geht, bei der Möglichmachung behilflich sein.

Jahrzehntelang wurden von Biologen zwei große Reproduktionsstrategien identifiziert, welche sich sowohl in den mitunter anerkanntesten Lehrbüchern[36], sehr geachteten, wissenschaftlichen Zeitschriften[37] und neueren Studien[38] wiederfinden lassen als auch in beinahe allen größeren Biologieseminaren gelehrt werden, zumindest in den USA. Sie, die Biologen, haben erkannt, dass in der Natur zwei unterschiedliche Psychologien existieren.

Diese beiden Psychologien wiederum führen jeweils die Organismen, die sie dazu bringen, Verhaltensweisen zu verfolgen, die am wahrscheinlichsten zum Überleben und zur Fortpflanzung führen.

Sie werden zwar als Reproduktionsstrategien bezeichnet, sind tatsächlich aber **tief verwurzelte Psychologien** (daher der Begriff Evolutionspsychologie), welche bestimmen, wie ein Organismus die Welt betrachtet, wie er seine Mitmenschen sieht und wie er sich auf seinem Weg durch das Leben verhält. Die Studie dieser Psychologien wird in der Regel kurzerhand als r/K-Selektionstheorie bezeichnet.

---

[36] Ricklefs & Miller (1999), S. 658-676.
[37] Molet et al. (2008).
[38] Garcia et al. (2010). Diese Studie ist nur ein Beispiel dafür, wie »r« und »K« heutzutage als Abkürzung verwendet werden, um den Unterschied zwischen der Notwendigkeit zu beschreiben, sich entweder auf die Produktion einer kleinen Anzahl von Qualitätsnachwuchs zu konzentrieren, oder der Fähigkeit, mehr Mühe in die Verbreitung von großen Mengen an Nachkommen zu produzieren: »*In r-ausgewählten Umgebungen (...), (wo die Fähigkeit, sich öfters zu paaren und mehr Nachkommen hervorzubringen, bevorzugt wird), wird erwartet, dass die Häufigkeit von 7R+-Genotypen ansteigt.*«

Die **r-Strategie** impliziert eine **Anpassung an exzessiv vorhandene Ressourcen**. Wer unbegrenzt über Nahrung verfügt, möchte tendenziell so viele Nachkommen wie möglich haben, da man nur schwerlich verhungert. Man denke beispielsweise an Kaninchen, die sich auf Wiesen aufhalten, deren Gras sich schwerlich erschöpft. (Gleichzeitig ist dadurch die Notwendigkeit des Wettbewerbs weniger bis gar nicht gegeben, im Gegenteil: Wer in den Wettbewerb mit Artgenossen träte, riskierte unnötige Verletzungen oder gar den Tod.) Von daher stellt die r-Strategie bezüglich Nachwuchs **Quantität über Qualität**. Betroffen sind davon hauptsächlich Beutetiere: Kaninchen, Mäuse, Wild, Insekten, Eidechsen et cetera. Teichfrösche legen bis zu 10.000 Eier, aus denen Kaulquappen hervorgehen. Allerdings sind ihnen diese herzlich egal (bei Hunger werden sie sogar verspeist). Anders ausgedrückt: Sie »investieren« nicht in ihre Nachkommen, sondern produzieren stattdessen schlichtweg unzählige, von denen ein paar Prozent das Erwachsenenalter erreichen werden.

Die **K-Strategie** auf der anderen Seite impliziert eine **Anpassung an knappe Ressourcen**. Sofern letztere knapp bemessen sind, muss sich derjenige, der über sie verfügen möchte, arbeitstechnisch richtig ins Zeug legen: Jagen, reißen, fangen, aufbewahren. Von daher stellt die K-Strategie bezüglich Nachwuchs **Qualität über Quantität**. Es existieren zwar weniger Nachkommen, dafür wird wesentlich mehr Aufwand bei ihrer Aufzucht betrieben, beispielsweise wird ihnen das Jagen beigebracht, sie werden gepflegt, genährt und aufgezogen. K-Spezies tendieren zu sowohl größerem Gehirn als auch größerer Statur, sind komplexer und im Allgemeinen Raubtiere: Löwen, Wölfe, größere Eulen et cetera.

Als weiteres Beispiel, inwiefern sich r- und K-Strategien umweltbedingt in Opposition zueinander begaben, muss man sich laut MacArthur und Wilson unterschiedliche Situationen vorstellen, in denen eine sehr hohe Bevölkerungsdichte die Nahrungsmittelzufuhr pro Kopf auf ein bedenklich niedriges Niveau reduzieren kann (andernfalls gäbe es den entsprechenden Effekt nicht). In einer Umgebung mit niedrige(re)r Bevölkerungsdichte (r-Selektion) würden Genotypen, die die meiste Nahrung (wenn auch verschwenderisch) ernten, die größten Familien bilden und sich am besten anpassen.

Eine niedrige(re) Bevölkerungsdichte impliziert weniger Konkurrenz und Bedrohungen. Die Evolution fördere hier die (reine) Produktivität. Auf der anderen Seite gewännen in einem (sehr) bevölkerungsreichen Gebiet (K-Selektion) diejenigen Genotypen, die sich zumindest durch eine kleine Familie auf der niedrigsten Lebensmittelebene ersetzen, also fortpflanzen können, wobei die Nahrungsdichte abnimmt, so dass große Familien nicht ernährt werden können. Die Evolution begünstige hier die effiziente Umwandlung von Lebensmitteln in Nachkommen – es dürfe keine Verschwendung geben.[39]

Die fünf Haupteigenschaften beider Strategien lassen sich schematisch gegenüberstellen (siehe Abbildung 3). Unabhängig davon, wie jemand die impliziten und

---

[39] MacArthur & Wilson (2001), S. 149.

expliziten Schlussfolgerungen dieses Buches bewerten mag, so kann nicht geleugnet werden, dass sich jeder, der sie ablehnt, der Tatsache stellen muss, dass sich die r/K-Selektionstheorie um fünf wesentliche Verhaltensweisen dreht, während die beiden vorherrschenden, politischen Ideologien und Weltanschauungen »zufällig« um exakt dieselben fünf Angelegenheiten kreisen. **Diese fünf Bereiche** – Einstellung gegenüber (freiem) Wettbewerb beziehungsweise die damit verbundene Aggression oder Verteidigung, Promiskuität versus Monogamie, Kindererziehung mit hohem oder niedrigem »Investitionsaufkommen« (Aufwand), die Sexualisierung des Nachwuchses sowie die Bindung (Loyalität) gegenüber der eigenen Gruppe – **bilden das geistige Fundament beider.**

Egal, welche Argumente Gegner vorbringen werden, egal wie sie versuchen werden, diese Einsicht zu verwerfen, kaum einer wird sich, so meine Prognose, mit diesen simplen fünf Merkmalen oder ihrer Präsenz, sowohl in Ideologien als auch in Fortpflanzungsstrategien, auseinandersetzen. Schlimmer noch, Gegner müssen sich mit dem Umstand konfrontieren, dass ein historischer Rückblick zeigt, dass jede Ideologie in einer Gesellschaft unter den jeweiligen Bedingungen entstehen wird, mit denen sie konfrontiert wird. Bieten sich ihr reichlich Ressourcen sowie ein hoher Grad an Erfolg, wird sie spontan »linke Trends« entwickeln. Sind Ressourcen eingeschränkt und beobachtet man ferner, wie konfrontative, aggressive Psychologien zutage treten, so wird sich das Linkstum sukzessive zurückziehen und stattdessen werden »rechte Trends« aufsteigen.

Abbildung 3:

r-Strategie	K-Strategie
Aversion gegen Wettbewerb	Affinität zum Wettbewerb
Sexuelle Freizügigkeit	Verzögerte, monogame Sexualität
Geringer Aufwand bezüglich Aufzucht von Nachkommen, sehr häufig alleinerziehende Elternschaft	Hoher Aufwand bezüglich Aufzucht von Nachkommen, in der Regel mit zwei Elternteilen
Frühe sexuelle Reife und Aktivität	Späte sexuelle Reife und Aktivität
Geringe Loyalität gegenüber der eigenen Gruppe/Sippe (→ geringe Ingroup-Präferenz, dafür Outgroup-Präferenz)	Hohe Loyalität gegenüber der eigenen Gruppe/Sippe (→ hohe Ingroup-Präferenz)

Später (2.2.3) wird darüber hinaus Beweismaterial vorgelegt werden, wonach im Menschen ein Gen existiert, von dem dokumentiert ist, dass es an der Entwicklung einer stärker entwickelten, r-selektierten Verhaltensstrategie beteiligt ist. Es wird gezeigt werden, inwiefern dieses Gen bei der Aneignung einer linken politischen Ideologie beteiligt war; zudem wird der geneigte Leser erfahren, wie die Forschung, welche die Verhaltenseffekte dieses Gens (außerhalb des politischen Bereichs) untersucht, jenes insofern beschreibt, dass es aus einer r-selektierten Umgebung einen Vorteil ziehen würde. (Für jeden vernünftigen Leser wird es unmöglich sein, die Beziehung zwischen der gut dokumentierten r/K-Selektionstheorie, der ebenfalls mehr als gut und reichlich dokumentierten Natur politischer Ideologien sowie den substanziellen, wissenschaftlichen Belegen für eindeutige biologische Verknüpfung zu leugnen.)

Der Evolutions- und Kulturanthropologe Prof. Dr. Agner Fog von *Dänemarks Technischer Universität* (DTU) schreibt über die r/K-Selektion:

»Wenn eine Art unter Bedingungen lebt, in denen die Ressourcen reichlich vorhanden sind, so dass sich gute Expansionsmöglichkeiten bieten, aber auch erhebliche Gefahren wie Raubtiere bestehen, wird es sich für diese Art auszahlen, dass sie die meisten Ressourcen so schnell wie möglich in die Zucht (breeding) investiert und dabei wenige Ressourcen für jeden einzelnen Nachkommen verwendet. Dies wird als r-Selektion bezeichnet. Das r ist das mathematische Symbol für die Reproduktionsrate (rate of reproduction). Durch die r-Selektion wachsen kleine Organismen schnell und bringen schnell Nachkommen hervor. Beispiele sind Mäuse und Insekten.

Das Gegenteil von r-Selektion ist K-Selektion. Dies geschieht, wenn eine Art in einer überfüllten Umgebung lebt, in der die Bevölkerung eher durch die verfügbaren Ressourcen als durch Prädation begrenzt ist. Das große K ist ein mathematisches Symbol für die Tragfähigkeit, das heißt die maximale Anzahl von Individuen, die die Ressourcen in einem bestimmten Lebensraum kontinuierlich aufrechterhalten können. Die K-Selektion führt zur Entwicklung von großen Tieren, die langsam brüten, die gegebenen Ressourcen optimal nutzen und die einen beträchtlichen Teil ihrer Ressourcen in die Pflege und Aufzucht ihrer spärlichen Nachkommen investieren. Würden sich die Tiere unter solchen Bedingungen massiv vermehren, verfügten sie nicht über ausreichend Ressourcen, um jedes Junge zu ernähren, und sie könnten ihren Lebensraum bis zu einem Punkt überstrapazieren, da die Ressourcen erschöpft sind. K-Selektion findet man bei den Tieren, die sich als letzte in einer Nahrungskette befinden, wie Wale, Elefanten und Menschen.«[40]

Für ein Habitat ist es von daher überlebensnotwendig, dass ein natürliches, das heißt »gesundes« Gleichgewicht zwischen Jägern und Gejagten besteht. Würden grundsätzlich alle Rehe und Hirsche den Wölfen davonrennen können, verhungerten letztere und stürben schließlich aus, auf dass sich erstere ohne jeden Widerpart vermehrten. Dies wiederum hätte zur Folge, dass die Ressourcen ihrer Umwelt irgendwann aufgebraucht wären und das Wild vor Hunger stürbe. Der Umstand, dass Teile des Wilds gerissen werden, ist essenziell für das langfristige Überleben der Wildpopulation.

---

[40] Fog (1997).

Kaninchen vermehren sich insbesondere deshalb sehr schnell, da das Konsumieren von Gras sehr einfach zu bewerkstelligen ist. Es ist in der Regel in Hülle und Fülle vorhanden, muss nicht verfolgt, gejagt, erkämpft oder Artgenossen abgerungen werden. Kaninchen können Gras, so man will, quasi direkt in Nachkommen »transformieren«. Ein Wolf hingegen hat im Vergleich nur wenige Nachkommen, denen er unter anderem beibringen muss, Kaninchen erfolgreich zu jagen; angesichts des Umstandes, dass Kaninchen sehr flink und schnell sind, stellt dies wiederum eine ziemlich anspruchsvolle Aufgabe dar.

Der Wolf benötigt mehrere Fähigkeiten, von denen die Kooperation untereinander nur eine ist. Es ist wie bei Schakalen, die gemeinsam Gazellen jagen: Einige warten, andere treiben die Gazellen zusammen beziehungsweise zu den Wartenden, welche wiederum aus ihren Verstecken springen und so weiter. All dies erfordert **Kooperation, Teamwork, Rudelmentalität und nicht zuletzt einen gewissen Grad an Intelligenz.** Das unkomplizierte Konsumieren von Gras oder Blättern erfordert nichts davon. Stellen Sie sich eine Wiese mit genügend Nahrung für 100 Kaninchen vor. Wölfe halten die Kaninchenpopulation bei 30, wobei Kaninchen immer wieder getötet werden und sich nicht gegen eine Wolfsattacke wehren können.

Jedes Kaninchen, das sich mit der Fortpflanzung Zeit lässt, riskiert, aufgefressen zu werden, ohne Nachkommen produziert zu haben. Die natürliche Auslese bevorzugt demzufolge eine möglichst frühe und häufig vollzogene Fortpflanzung. Wettbewerb zwischen Kaninchen macht keinen Sinn, da der Grenzfaktor für sie nicht aus begrenzter Nahrung, sondern aus Wölfen besteht. Kaninchen konkurrieren auch nicht mit den Wölfen, geschweige denn, dass sie sie attackieren. Frisst Kaninchen A das Futter, das Kaninchen B möchte, läuft B kurzerhand zu einer anderen Futterstelle.

Da Konkurrenz und Verteidigung also völlig nutzlos sind, ist es sinnvoll, wenig in die Aufzucht des Nachwuchses zu »investieren« – demzufolge wandeln r-Spezies Ressourcen so schnell und so oft wie möglich in Nachwuchs um, wobei Männchen ihre Weibchen zugunsten von Promiskuität, also sexueller Freizügigkeit, verlassen. Was sollten sie ihren Jungen auch beibringen? Vor Wölfen zu fliehen und Gras zu fressen? Ebenso wenig hat eine Rudelmentalität beziehungsweise Ingroup-Loyalität irgendeinen Wert, da Gras weder gejagt noch umzingelt oder getrieben werden muss. Tatsächlich ist sogar eine Warnung vor einer Rudelmentalität genetisch inhärent, da Wölfe nicht bekämpft werden können. Wird ein Artgenosse gefressen, muss das andere Kaninchen davonrennen.

Es existieren bestimmte Begebenheiten, die **Druck auf die r-Selektion** ausüben beziehungsweise die r-Selektion bedingen, so beispielsweise

> ➢ ein früher Tod. Je früher der Tod im Allgemeinen eintritt, desto schneller möchte man seine Entwicklung voranbringen (frühe und häufige Paarung).
> ➢ eine Zufallsumwelt. Je zufälliger die Umwelt um einen herum ist (das Kaninchen weiß nicht, wo Fuchs und Wolf lauern), desto mehr r-Selektionsdruck wird es geben.

- eine in Relation zu den vorhandenen Ressourcen verringerte Populationsdichte (siehe obiges Wiesenbeispiel).
- Abwesenheit von Konkurrenzdruck.

Alles zusammen produziert Tiere wie Kaninchen: fügsam, schwach, vor Gefahr fliehend, viele unterschiedliche Sexualpartner, alleinerziehende Mütter, keine sexuellen Beschränkungen und keine Ingroup-Präferenz oder -Priorität. Wölfe dagegen sind in ihrer Sexualität selektiv, monogam, betreiben viel Aufwand bei der Aufzucht der Jungtiere, widerstehen frühem Paarungsverhalten und konkurrieren innerhalb von Rudeln, wobei es klare Regeln gibt.[41]

Entsprechend anders sehen die Begebenheiten aus, die **Druck auf die K-Selektion** ausüben. Zunächst einmal gibt es wesentlich weniger Beutetiere als Pflanzen, was bedeutet, dass sich die Nahrungsbeschaffung, zum Beispiel für Wölfe oder Löwen, schwieriger darstellt als für Kaninchen. Ferner führte ein exzessives Paarungsverhalten zu Entkräftung, Hunger und schließlich Hungertod. Von daher legt die Art der Auswahl des Wettbewerbs die Reproduktionskapazität fest. Da Jagen wesentlich komplexer als Grasen ist, dienen den Jägern bestimmte Fähigkeiten (nicht der Beute). Promiske Wölfe, die kaum in ihren Nachwuchs »investieren«, werden deshalb verdrängt; und die Wölfe, die starken Aufwand bei der Aufzucht ihres Nachwuchses betreiben, wollen sicher gehen, dass es sich auch um ihren eigenen Nachwuchs handelt. Von daher bevorzugen sie eine Kombination aus Monogamie, hochwertigen Partnern und anspruchsvoller(er), gemeinsamer Elternschaft.

Potenzielle Partner müssen ihren Wert beweisen (Jagen, Töten, Nahrungsbeschaffung), von daher wird Sexualität bis zum Zeitpunkt der größtmöglichen Fitness aufgeschoben. Somit produziert die K-Selektion Rudel **mit einer starken Loyalität gegenüber den Mitgliedern der eigenen Gruppe**, was als **Ingroup-Präferenz** bezeichnet wird. Diese macht sich unter anderem auch dadurch bemerkbar, dass Todesopfer aus den eigenen Reihen betrauert werden, während hingegen r-selektierte Beutetiere kaum bis gar keine Trauer gegenüber Gruppenmitgliedern zeigen. K-selektierte Tiere sind grundsätzlich größer und komplexer.

Die r-Selektion gründet sich nicht auf Komplexität, sondern ist inhärent dysgenisch und widersteht Fortschritt – wir erinnern uns: Quantität über Qualität.

---

[41] Zum Beispiel während eines Kampfes vom Gegner abzulassen, sowie sich dieser anhand der Bloßlegung seiner Kehle ergibt, siehe auch »Beißhemmung«.

2.1.2 K und die Menschheit

Es sei zunächst gesagt, dass sich Strategien nicht nur evolutionsbedingt **verändern** können, sondern auch anhand der Entscheidungen, die von einer Spezies getroffen werden (sofern sie getroffen werden können). Wir verloren beispielsweise unser Fell, was uns auch in den heißen Regionen der Welt ausdauerndes Jagen und Rennen ermöglichte, da uns während des Rennens stets eine Brise abkühlte.

Wir konnten somit theoretisch solange einem Beutetier nachrennen, bis es vor Hitze kollabierte. Des Weiteren ermöglichte uns der aufrechte Gang ein beträchtliches Wachsen unseres Gehirns. Wenn man auf allen Vieren läuft, sind in erster Linie Rücken und Hinterteil der Sonne ausgesetzt. Läuft man hingegen aufrecht, bietet man der Sonne weniger Fläche, die sie bescheinen kann, was zur Folge hat, weniger körpereigenes Wasser zum Kühlen des sich nun weniger aufheizenden Körpers zu benötigen; und dies wiederum hat zur Folge, dass mehr Wasser und Energie für unser mit Abstand aufwendigstes Organ zur Verfügung steht: dem Gehirn.

Durch den Verlust unseres Fells wurden wir zu besseren, das heißt klügeren Jägern, die im Laufe der Zeit mehr und mehr Werkzeuge verwendeten und nach und nach viele Gebiete dominierten, nachdem wir so viel Nahrung beschaffen konnten, wie wir wollten. Nach und nach gelangten wir erstens in eine Situation geringer Prädation, zumindest innerhalb der eigenen Sippe, und zweitens in eine Situation hoher Ressourcenverfügbarkeit, was den idealen Nährboden für die r-Strategie legte, demzufolge sehr viele Nachkommen gezeugt wurden. Irgendwann wurden hierbei allerdings, sowie die maximale Tragfähigkeit der jeweiligen Umgebung erreicht war, die Ressourcen knapp, sprich Beutetiere. Das führt(e) zu mehr Konflikten untereinander und Menschen begannen/beginnen, sich gegenseitig zu jagen und zu berauben. Somit wich/weicht die r-Selektion nach und nach der K-Selektion, wobei viele »r« – den Kampf scheuend – flohen/fliehen.

Im Laufe der Zeit entwickelt(e) sich diese Strategie, oder besser: es trat neben einer genetischen eine epigenetische Komponente hinzu, worunter man das **Aktivieren oder Deaktivieren spezieller Gene** versteht, was durch umweltbedingte Reize ausgelöst wird. Sich verschiedenen Umgebungen in Echtzeit anzupassen, war/ist offensichtlich effektiver oder »besser«, als auf generationenübergreifende Veränderungen zu warten.

Die r-Sippen oder -Stämme flohen also aus ressourcenschwachen Umgebungen, jedoch nur, um wiederum in ressourcenarme Umgebungen zu gelangen, die allerdings nicht aufgrund von Sippen- und Stammeskonkurrenz ressourcenschwach waren, sondern wegen der dortigen Natur selbst (und deshalb niemand dort lebte beziehungsweise leben wollte). Als Folge davon wurde das K aktiviert. Menschen begaben sich zum Beispiel nach Europa, unter anderem England, Irland und Schottland, aber auch in nördliche Länder und sogar nach Sibirien. Geboren waren neue Herausforderungen; nunmehr nicht in Form von Sippen- und Stammeskonkurrenz, sondern in Form des brutalen europäischen Winters.

Als geflohene r-Menschen gerieten sie in eine Situation, in der sie sich zwangsläufig nicht nur sowohl den erfolgreichen Umgang mit Saatgut als auch das Züchten von Tieren aneignen, sondern auch die Erziehung von Kindern, also das Übertragen von Wissen und Fähigkeiten, bewerkstelligen mussten. Mit anderen Worten musste nun enormer Aufwand bei der Aufzucht des eigenen Nachwuchses betrieben werden, um sicher gehen zu können, dass aus ihm gute Bauern und Viehbestand-Manager hervorgehen, die nicht zu früh sterben, Dinge reparieren können, nicht das Saatgut während des Winters essen und so weiter.

All dies erfordert(e) Arbeitsteilung. Der Eine kümmert(e) sich um Getreide, der Andere um Schweine, der Übernächste um Milch et cetera. Dabei mussten/müssen alle miteinander Handel treiben.

Am Ende erreicht(e) man ein auf **Kooperation** basierendes Selbstbewusstsein sowie **Win-Win-Verhandlungen**. Soziale Regeln wurden dabei nicht mittels Gewalt durchgesetzt, sondern mittels Ausgrenzung oder Verbannung. In der griechischen Antike nannte man solch Handhabe auch »**Ostrazismus**« (Scherbengericht). Ein druckvolles Sozialgefüge verurteilt(e) ausgegrenzte Individuen nicht zum physischen Tod, sondern zum »Gentod«.

Wenn beispielsweise männliche Störenfriede und Unruhestifter ausgeschlossen werden, trennt man sie von den Eierstöcken der Frau; sie pflanzen sich nicht fort und sterben den »Gentod«. Genau aus diesem Grund fürchten sich Menschen vor Ausschluss oder Ausgrenzung. Durch letztere werden dieselben Hirnareale »getroffen« und derselbe Schmerz verursacht wie bei physischer Folter.[42] Gesellschaften solcher Art benötigen viel Kooperation und hegen sehr strenge, soziale Regeln, zu denen mitunter der Akt beziehungsweise die potenzielle Gefahr des Ausschlusses zählt.

Der seriöse Umgang hinsichtlich Pflanzen und Vieh erfordert(e) die Aufschiebung des Konsums, zudem intensives Planen und erneut Kooperation. Fügsamkeit, Gelehrigkeit und ein überlegter Einsatz von Energie wurden beziehungsweise werden verpflichtend, gleichsam aber auch eine Art »Bürde«. Wurde/Wird all dies bewerkstelligt, so transformiert(e) sich im Laufe der Zeit, wenn man so will, die einstmals gejagte und geflohene r-Spezies in eine Jäger-K-Spezies.

Der in dem Feld komplexer Systeme forschende, belgische Kybernetiker Prof. Dr. Francis Heylighen von der *Freien Universität Brüssel* hatte 2004 zusammen mit dem belgischen Onkologen und Medizinprofessor Dr. Jan L. Bernheim eine Arbeit mit dem Titel *From Quantity to Quality of Life: r-K selection and human development* veröffentlicht.

Darin heißt es (Hervorhebung von mir):

»Die Wahl zwischen den beiden Strategien hängt von früher Erfahrung ab: Menschen, die in einer stressigen Umgebung aufgewachsen sind, weisen typische r-Merkmale auf, wie zum Beispiel frühe und viele sexuelle Kontakte, große Familien, Risikobereitschaft und kurze Lebenserwartung; in einer sicheren Umgebung haben sie normalerweise eine geringere Fruchtbarkeit und eine höhere Lebenserwartung und investieren in langfristige Vorteile wie Bildung. Eine sozioökonomische Entwicklung mit

---

[42] Williams (2007).

einem sie begleitenden, demografischen Wechsel und das Bestreben, die Lebensqualität zu maximieren, kann als eine Verschiebung von einer r- zu einer K-Strategie durch die Menschheit betrachtet werden. (...)

Auch innerhalb einer Spezies gibt es einen Variationsspielraum innerhalb des r-K-Kontinuums. Zum Beispiel entdeckten Forscher zwei Arten derselben Opossum-Spezies, von denen eine auf dem Kontinent lebt und sich von Raubtieren bedroht sieht, die andere auf einer Insel, auf der ihr Leben sicherer ist. Es stellte sich daraufhin heraus, dass die Inselversion selbst in Gefangenschaft länger lebte und weniger Nachwuchs hatte – das heißt mehr einer K-Strategie folgte – als ihr Vetter auf dem Festland.«[43]

Anhand dieser Arbeit sowie anhand der Arbeiten[44] des amerikanischen Herpetologen und Evolutionsökologen Prof. Dr. Dr. Eric Rodger Pianka und Prof. Dr. Edward Osborne Wilson lassen sich die Organismen zusammenfassend gegenüberstellen (siehe Abbildung 4).

Es mag radikal klingen, aber es ist, wie auch anhand aller noch folgenden Kapitel deutlich werden wird, beinahe so, als handle es sich um zwei unterschiedliche Spezies, die **unvereinbar miteinander sind**. Sowohl K- als auch r-Strategen können das jeweils andere Verhalten aufgrund ihrer eigenen genetischen Disposition kaum bis gar nicht nachvollziehen.

Laut Heylighen und Bernheim müssen r- und K-Strategien nicht vollständig in den Genen (also von Natur aus) festgesetzt sein oder festgelegt werden. Sie können durch frühe Erfahrungen **epigenetisch geformt** werden.

Da sich das Umfeld in Bezug auf die Tragfähigkeit und den Risikograd oder die Unberechenbarkeit im Laufe von Generationen verändern kann, sei es nützlich, dass ein Organismus seine Strategie an die aktuelle Situation anpasse. Dies könne insbesondere für Menschen gelten, die sich allgemein durch eine enorme Anpassungsfähigkeit auszeichnen. Wir verfügen nicht nur über Genetik und Epigenetik (mehr dazu unter 2.2.3), sondern auch Neuroplastizität, worunter man im Allgemeinen die Eigenschaft von Synapsen, Nervenzellen oder auch ganzen Hirnarealen versteht, sich in Abhängigkeit von ihrer Verwendung zu verändern oder auf Basis von neuen Informationen umzuprogrammieren.

Je nach System spricht man zum Beispiel auch von »synaptischer Plastizität« oder »kortikaler Plastizität«. Das bedeutet, dass das Gehirn eines Erwachsenen kein starr festgelegtes, fix verdrahtetes Organ, sondern **bis ins hohe Alter veränderbar** ist. Neue Erfahrungen und Eindrücke verändern die Architektur des Gehirns, bauen Verbindungen zwischen den Nervenzellen aus und lassen neue entstehen, wobei Brücken zu vorhandenem Wissen geschlagen und wenig oder ungenutzte Verbindungen abgeschwächt werden. Ohne neuronale Plastizität wäre Lernen nicht möglich.[45]

---

[43] Heylighen & Bernheim (2004).
[44] Pianka (1970); Wilson (1980), S. 47 ff.
[45] Stangl, Werner: *Neuroplastizität*, in: Online Lexikon für Psychologie und Pädagogik, URL: https://lexikon.stangl.eu/1166/neuroplastizitaet/, Abruf am 05.02.2019; Pfennig et al. (2017).

Solche epigenetischen, biologischen Effekte und Wirkungen können durch Hormone herbeigeführt werden, deren »Levels« von der Erfahrung (und der Umgebung) abhängen.[46]

Abbildung 4:

r-Organismen	K-Organismen
Kurze Lebenserwartung	Lange Lebenserwartung
Klein	Groß
Schwach/verletzlich	Robust/gut geschützt
Schnelle Reifung	Langsame Reifung
Erhöhte physische Risikobereitschaft	Abneigung gegenüber physischen Risiken [47]
Opportunistische Verwerter	Konsistente Verwerter
Weniger intelligent/erfahren	Intelligenter/erfahrener
Starker Sexualtrieb	Schwacher Sexualtrieb
Fortpflanzung in (sehr) jungem Alter	Fortpflanzung in gehobenerem Alter
(Sehr) viele Nachkommen	Wenige Nachkommen
Kleine relative Größe bei der Geburt	Große relative Größe bei der Geburt [48]
Wenig Sorge für/um den Nachwuchs	Viel Sorge für/um den Nachwuchs
Variable Populationsdichte	Stabile Populationsdichte

---

[46] Chisholm (1993); Chisholm (1999).
[47] Bezogen auf den Menschen sind hierbei Risikosituationen des Individuums gemeint, welche »ohne Not« oder »just for fun« gesucht werden. Anders verhält es sich bei (forcierten) gruppenbezogenen Kriegssituationen, wie noch zu erläutern sein wird.
[48] Als menschliche Babys verlassen wir den Mutterleib beispielsweise relativ kurz, bevor unsere Köpfe zu groß werden. Eigentlich müssten wir noch einige Monate im Mutterleib verweilen. Von daher sind wir als Babys besonders hilflos. Interessant in diesem Zusammenhang: Upledger (2011).

Dabei eignen sich r-Strategien am besten in einer gefährlichen, unkontrollierbaren Umgebung, in der das Überleben bis ins Erwachsenenalter kaum gewährleistet ist. Eine solche Umgebung erzeugt Stress, der zur Freisetzung von Glukokortikoid-Hormonen wie dem Stresshormon Kortisol führt.[49] Eine gestresste, schwangere Frau kann demnach zunächst einen gestressten Fötus und schließlich ein gestresstes Baby haben. Daher können wir erwarten, dass Kinder, die chronisch hohen Mengen an Stresshormonen ausgesetzt sind, dazu getrieben oder »programmiert« werden, sich zu r-Strategen zu entwickeln, welche auf eine schnelle Fortpflanzung und nicht auf eine langfristige Reifung abzielen.

Biologisch kann dies erreicht werden, indem die Sexualhormone erhöht werden: Testosteron bei Männern, Östrogen bei Frauen. Dies führt zu früher sexueller Reife, einem starken Sexualtrieb, der Tendenz zu Aggressivität und Risikobereitschaft bei Männern und zu hoher Fruchtbarkeit bei Frauen. Negativ schlägt dabei zu Buche, dass hohe Levels an Sexualhormonen mit einer höheren Wahrscheinlichkeit, an Herzkrankheiten und Krebs zu leiden, einhergehen, folglich mit einer kürzeren Lebenserwartung.

---

[49] Sapolsky (1996).

2.1.3 Bindungsstörung/Stress und die Folgen

Nach der bekannten Theorie des britischen Kinderarztes, Kinderpsychiaters und Psychoanalytikers Dr. John Bowlby (1907-1990), der als Pionier der Bindungsforschung gilt, ist die **unsichere Bindung an die Mutter** eine Hauptursache für Stress in der Kindheit.[50] Diese kann sich zum Beispiel dadurch äußern, als Kind nicht zu wissen, ob die eigene Mutter für einen da ist, nicht zu fühlen, dass sie, wenn es Unterstützung braucht, zuverlässig ist, nicht zu fühlen, dass ihr Verhalten vorhersagbar ist und/oder wenn ihm von einer (ängstlichen) Mutter nicht gestattet wird, die Welt auf eigene Faust zu erkunden und dadurch Autonomie zu entwickeln. Während solche mütterliche Vernachlässigung oder Überfürsorge an sich schon anstrengend ist, deutet dies darüber hinaus wahrscheinlich auf eine gefährliche, äußere Umgebung hin, welche die Mutter entweder zu stark beansprucht, um Energie für die Pflege ihres Kindes zu haben, oder so riskant ist, dass sie ihrem Kind keine Autonomie gewähren kann. (Gefährliche, äußere Umgebungen bewirken in Kindern r-artige, epigenetische und hormonelle Anpassungen.[51])

Mangelnde Aufmerksamkeit für das Kind kann auch bedeuten, dass die Mutter zu viele andere Kinder hat, um die sie sich kümmern muss, was selbst ein Anzeichen für eine r-selektierte Situation ist. Später wird es auch darum gehen, dass die Abwesenheit eines Vaters in einem Haushalt sofortiges »r-Karma« mit sich bringt, da die Abwesenheit eine r-selektierte Fortpflanzungsstrategie impliziert. Dies wiederum führt dazu, dass Mädchen, die ohne Vater aufwachsen, früher geschlechtsreif sind, früher und häufiger ungeschützten Geschlechtsverkehr haben, sprich das tun, was Mutter Natur festgelegt hat.

Heylighen und Bernheim konstatieren, dass zu den weniger unmittelbaren Ursachen von Stress in der Kindheit sexueller, körperlicher oder emotionaler Missbrauch, Unterernährung, Krankheiten, das Leben in Armut, in einem Ghetto oder in einem Kriegsgebiet zählen. All dies könne als Signal für das Hormonsystem angesehen werden, um Körper und Gehirn darauf vorzubereiten, ihre Energie in die kurzfristige Fortpflanzung zu investieren und langfristige Ziele zu vernachlässigen.[52] Ein hohes Niveau an Stresshormonen hemmt die Entwicklung verschiedener Gewebe und insbesondere der Hippocampus-Region im Gehirn, welche für die Festigung der Erinnerungen und damit für den Erfahrungsaufbau verantwortlich ist, mehr noch für die Kapazität, zukünftige Konsequenzen aus dem gegenwärtigen Verhalten einschätzen, ableiten und vorhersagen zu können.

---

[50] Bowlby (1969).
[51] In diesem Zusammenhang ist auch die Vortragsreihe »*The bomb in the brain*« von Stefan Molyneux zu empfehlen, welche via YouTube unter dem Titel »*Die Bombe im Gehirn*« auf Deutsch angehört werden kann, siehe YouTube, Die Bombe im Gehirn 1/4 – Die wahren Wurzeln menschlicher Gewalt, URL: https://tinyurl.com/y6lv6ufr, Abruf am 01.02.2019.
[52] Heylighen & Bernheim (2004).

Menschen, die in stressigen Umgebungen aufwachsen, haben eine kürzere Lebenserwartung, verfügen über eine schlechtere Gesundheit, sind im Allgemeinen kleiner und tendieren bei einem reichhaltigen Nahrungsangebot zu Übergewicht und Fettleibigkeit. Wir erinnern uns: Die Einschränkung erfolgt durch Prädation, nicht durch Nahrungsmangel. Folge: Möglichst exzessives Essen und Fortpflanzen. Adipositas ist unter r-Strategen tendenziell ein stetig wachsendes Problem in westlichen Industrieländern, wohingegen K-Strategen selbst vor dem Hintergrund eines reichhaltigen Nahrungsangebots nicht zur Fettleibigkeit neigen, da sie Nahrung auf die eine oder andere Weise lagern oder aufbewahren. Die in stressigen Umgebungen aufwachsenden Kinder werden tendenziell schneller als Erwachsene betrachtet (traurige Beispiele: Kindersoldaten, höherer sexueller Missbrauch), sind weniger gebildet, haben mehr und frühere sexuelle Kontakte, frühere Schwangerschaften und größere Familien. Ihre Neugeborenen sind eher untergewichtig, anfälliger für den Tod, werden eher verlassen und aufgegeben oder erhalten wenig(er) Aufmerksamkeit.

Darüber hinaus neigen Erwachsene laut Heylighen und Bernheim eher dazu, **riskante, opportunistische Aktivitäten zu betreiben,** die kurzfristig attraktiv, langfristig jedoch schädlich sind. Dies führt zu einem höheren Maß an Kriminalität, Militarismus, Gewalt, Banden, Drogenmissbrauch, Glücksspiel, Rauchen, Trinken, riskantem Sexualverhalten (zum Beispiel Promiskuität ohne Gedanken an AIDS und entsprechendem Schutz), gefährlichem Fahren und Arbeitsunfällen. Beutetiere müssen stetig essen, von daher können sie nicht permanent »besorgt« sein oder gar ausrasten wegen der sie umgebenden Gefahr (Prädation). Aus diesem Grund sind sie nicht besonders gut darin, letztere zu erkennen oder darauf zu reagieren. Das bloße Lebendigsein wird für Beutespezies zum Risiko.

Ein weiterer Unterschied zwischen dem r-K-Modell und einer traditionelleren Ansicht sei laut den Wissenschaftlern die Zeitverzögerung: Von Stress während der Kindheit wird erwartet, dass er im Erwachsenenalter r-typisches Reproduktionsverhalten hervorruft. Dies könnte den **Babyboom der Nachkriegszeit** erklären, der von etwa 1950 bis 1965 anhielt, das heißt eine Generation nach der wirtschaftlichen Depression der 1930er Jahre und dem Ende des Zweiten Weltkrieges, der 1945 endete. Wenn die erhöhte Geburtenrate lediglich auf die verbesserten, wirtschaftlichen Bedingungen zurückzuführen wäre, dann hätte sie zumindest bis in die 70er Jahre anhalten müssen. Eine alternative Erklärung besteht darin, dass der Stress, den kleine Kinder in der Zeit von 1930 bis 1945 durchlebten, ihre **Fruchtbarkeit** erhöhte, um sie darauf vorzubereiten, dass sie bis zum Zeitpunkt ihres Erwachsenwerdens große Familien haben. Die nächste Generation, die in einer komfortableren, K-ähnlichen Umgebung aufwuchs, war weniger fruchtbar, und dieser Effekt trat mit der fortschreitenden wirtschaftlichen und sozialen Entwicklung immer deutlicher hervor. (Viele der Menschen der Nachkriegs-Babyboom-Zeit hatten sechs oder mehr Kinder pro Familie.) Diese anhaltende, hormonregulierte Verringerung der Fruchtbarkeit könnte sogar die beobachtete Abnahme der Spermienzahl in westlichen Gesellschaften erklären[53], welche normalerweise der Umweltverschmutzung zugeschrieben wird. Eine alternative Erklärung, die auf dem r-K-Modell basiert, kann durch die Feststellung gestützt werden, dass in einer Studie[54] der Rückgang mit dem Geburtsjahr von Männern korrelierte, die trotz des Kalten Krieges in einer Zeit des Wirtschaftsaufschwungs und (deshalb) stabiler westlicher Gesellschaften zwischen 1950 und 1970 geboren wurden, das heißt die Generation, deren Fruchtbarkeit am stärksten abnahm.

Zu berücksichtigen ist laut Heylighen und Bernheim zudem, dass die r-K-Hypothese **Unsicherheit und Risiko als Hauptfaktor** hervorhebe, nicht reine Armut. Dies bedeutet, dass das r-Verhalten in Ländern mit einem niedrigen Pro-Kopf-BIP, aber ansonsten in einer vorhersehbaren, sicheren Gesellschaft, wie zum Beispiel dem indischen Bundesstaat Kerala oder Osteuropa vor dem Fall der Mauer, weniger ausgeprägt ist. Auf der anderen Seite neigen verhältnismäßig wohlhabende, aber instabilere, das heißt chaotischere und gewalttätigere Gemeinschaften und Gesellschaften, beispielsweise Südafrika, bestimmte arabische und lateinamerikanische Länder und diverse Innenstädte der USA dazu, mehr r-Merkmale zu zeigen. Dennoch steht außer Frage, dass die Industrialisierung im Allgemeinen – entgegen ihrer antikapitalistischen Gegner – Stress **reduziert**, da sie die Ursachen vieler unserer Ängste (und damit Stressauslöser) bekämpft.[55]

So ermöglicht(e) sie beispielsweise eine weit verbreitete Impfung gegen sowie Heilung von Krankheiten, wodurch die Kindersterblichkeit auf ein sehr geringes Maß reduziert wird und wurde, während zeitgleich die meisten Menschen bis ins hohe Alter leb(t)en. Alles bei einem extrem hohen Lebensstandard, auf dass jenen selbst die Ärmsten im direkten Vergleich mit den vorherigen Jahrhunderten genießen können. Zudem beendet(e) sie Hungersnöte und führt(e) wegen des erzeugten Ressourcenreichtums zu einem verhältnismäßig hohen Maß an politischer Stabilität und einem niedrigen Maß an Krieg. Von daher, so Dutton, würden wir erwarten, dass in den stärker industrialisierten Gebieten alle Formen von Stress weniger stark ausgeprägt sind als in weniger industrialisierten, und sofern Stress ethnozentristisches Verhalten verursacht, so wäre letzteres in industrialisierteren Gesellschaften weniger ausgeprägt.

Es würde erklären, warum Linke mit ihrer allgemeinen Technik- und Fortschrittsfeindlichkeit, kurz ihrem aus zumindest fragwürdigen Motiven heraus entstandenen Wunsch nach Deindustrialisierung eine zunehmend gestresste und sich spaltende Gesellschaft erzeugen, die in Teilen stetig ethnozentristischer wird – also das genaue Gegenteil dessen erzeugen, wofür sie vorgeblich eintreten.

Das r-K-Modell habe, wie Heylighen und Bernheim betonen, wichtige Implikationen beziehungsweise Auswirkungen für unser allgemeines Verständnis von sozialer Entwicklung. Die offensichtlichste besteht darin, eine einfache Erklärung für den de-

---

[53] Carlsen et al. (1992).
[54] Zheng et al. (1992).
[55] Dutton (2019), S. 183 f.

mografischen Übergang zu bieten, und zwar anhand des in praxi allgemein beobachtbaren Umstands, dass die Fruchtbarkeit einer Bevölkerung, sowie sie sich sozial und wirtschaftlich weiter entwickelt, auf geradezu spektakuläre Weise sinkt – die durchschnittliche Anzahl der Geburten pro Frau fällt von 7 oder 8 auf weniger als 2 (Übergang von r zu K.), was wiederum viele Implikationen für die Praxis mit sich bringt. Das Modell legt nahe, dass der beste Weg, um ein nicht nachhaltiges Bevölkerungswachstum langfristig zu reduzieren, darin besteht, das allgemeine Niveau der physischen, psychologischen, sozialen und wirtschaftlichen Sicherheit innerhalb der Bevölkerung zu erhöhen. Dies erklärt auch, warum weniger entwickelte Minderheiten (zum Beispiel Araber in Israel, Sinti und Roma in Osteuropa oder Latinos in den USA) dazu neigen, ihren Anteil an der Bevölkerung zu erhöhen, und damit drohen, die Mehrheit erst einzuholen und dann zu überholen.

2.1.4 Kritik an der Evolutionspsychologie

Sofern r-Strategen dem r-K-Modell zustimmten – so könnte eine grundsätzliche These lauten –, spräche dies gegen die Richtigkeit seiner Implikationen.

Betrachten wir im Folgenden jedoch einige der häufigsten Kritikpunkte an der Evolutionspsychologie respektive Soziobiologie. Im Gegensatz zum Konstruktivismus und dessen Variationen lassen sich diese zufriedenstellend entkräften, wobei ich im Großen und Ganzen der Argumentation Dr. Edward Duttons folge.[56]

Eine erste oftmals hervorgebrachte Kritik besteht darin, das Modell sei »**reduktionistisch**«, indem es die Masse der verfügbaren Informationen auf eine letztendlich biologische Theorie reduziere. E.O. Wilson folgend, lässt sich darauf entgegnen, dass Wissenschaft von Natur aus reduktionistisch ist.[57] Eine erfolgreiche wissenschaftliche Theorie muss erstens eine einheitliche sein, die eine sehr große Datenmenge auf möglichst einfache Weise erklärt. Insofern **muss** sie »reduktionistisch« sein. Zweitens muss sie in gewisser Weise getrennte Denkfelder wie Sozialwissenschaften und Biologie vereinen. Dieses Unterfangen bezeichnet Wilson als »Konsilienz« *(consilience)*. Befürworter begründen dies damit, dass wir aus pragmatischer Sicht in der Lage sein müssen, korrekte Vorhersagen über die Welt zu treffen, andernfalls können wir nicht überleben. Die Wissenschaft hat gezeigt, dass sie dieses Ziel erreicht, da sie sowohl von der empirischen Methode als auch der Logik unterstützt wird. Als solche können wir uns eine Hierarchie von Disziplinen vorstellen, von der jede einzelne auf diejenige reduziert werden kann, die der reinen Logik näherkommt. Theorien in der Psychologie müssen, um stichhaltig zu sein, auf die Biologie reduziert werden können, Biologie auf Chemie, Chemie auf Physik, Physik auf reine Mathematik. Das evolutionspsychologische oder soziobiologische Modell des Nationalismus beispielsweise reduziert tatsächlich die Forschung in Soziologie und Psychologie auf die biologische Ebene. Im Gegensatz dazu bestehen die alternativen, (rein) subjektivistischen Theorien des Konstruktivismus die beiden Prüfungen einer wissenschaftlichen Theorie nicht.

Eine zweite Kritik am Modell besteht darin, dass es sich um eine Form des »**biologischen Determinismus**« handele. Diese Kritik mag berechtigterweise gegen einige Formen des Primordialismus gerichtet werden. Zum Beispiel argumentierte die amerikanische Anthropologin Madison Grant (1865–1937) im Wesentlichen, dass alle Unterschiede zwischen ethnischen Gruppen eine Funktion der Vererbung seien.[58] Allerdings handelt es sich dabei um eine Strohmannkritik, sofern sie sich gegen die Arbeit von sowohl aktuellen Wissenschaftlern im Bereich der Evolutionspsychologie und Soziobiologie richtet als auch gegen Pioniere auf dem Gebiet, wie zum Beispiel E.O. Wilson oder Prof. Dr. Pierre L. van den Berghe (1933-2019)[59], betonen diese doch

---

[56] Dutton (2019).
[57] Wilson, E.O. (1999), insbesondere Kapitel 4: The Natural Sciences. *(»The cutting edge of science is reductionism, the breaking apart of nature into its natural constituents (...)«)*
[58] Grant (1916).
[59] Van den Berghe (1978).

deutlich (auch!) den Einfluss von Umweltvariablen für die Erklärung von Unterschieden im Verhalten verschiedener Ethnien zu unterschiedlichen Zeiten. Sie nehmen zum Beispiel die Bedeutung von Kooperation und Zwang in menschlichen Gesellschaften und insbesondere in komplexeren menschlichen Gesellschaften zur Kenntnis; sie diskutieren, inwieweit sich das Ausmaß, in dem Verwandtschaftsaltruismus auftritt, durch das Risiko im Verhältnis zum Erfolg vorhersagen lässt, welcher natürlich (auch) je nach Umweltfaktoren variieren kann.

Wie wir sehen werden, verhält es sich in der Debatte um beispielsweise politisch »heikle« Themen (Intelligenz, ökonomischer Erfolg et cetera) eher umgekehrt: Während Evolutionspsychologen den Einfluss von diversen Umweltbedingungen nicht negieren – so auch nicht in dieser Arbeit –, tun dies insbesondere r-strategische Linke in ihrer Rolle als subjektivistische Konstruktivisten in Bezug auf Genetik.

Anthropologen wie Dr. Gregory Cochran und Prof. Dr. Henry Harpending (1944-2016) haben untersucht, wie kulturelle Veränderungen (zum Beispiel die Einführung der Landwirtschaft) die natürliche Selektion in Bezug auf psychologische Anpassungen und im weiteren Sinne auf kulturelle Unterschiede in eine bestimmte Richtung verändern können.[60] Insofern ist es einfach ungenau, zu behaupten, dass Soziobiologen oder Evolutionspsychologen eine Form des »biologischen Determinismus« vorantrieben (oder dies wollten).

Eine weitere Kritik ist **moralischer Natur**. Der amerikanische Biologe Prof. Dr. Richard Lewontin – sich selbst als Marxist identifizierend[61] – argumentierte beispielsweise effektiv, dass das Modell, bei dem menschliches Verhalten im Wesentlichen durch die Biologie erklärt wird, impliziere, wir könnten keine bessere Welt schaffen und diejenigen, die »benachteiligt« seien, seien aufgrund ihrer eigenen Natur in einer solchen Position und nicht aufgrund von »Diskriminierung« oder »schlechten Umständen«.

Darüber hinaus argumentiere die evolutionspsychologisch-soziobiologische Perspektive effektiv, dass ethnischer Nepotismus eine natürliche, weiterentwickelte Fähigkeit sei, da sie eine Erweiterung des allgemeinen Nepotismus darstelle.[62] Sie werden im weiteren Verlauf dieses Buches verstehen, warum anhand einer solchen (fehlerhaften) Argumentation der evolutionspsychologische Ansatz untermauert wird.

Die passioniertesten Kritiker sind der Auffassung, dass wir, wenn wir die Evolutionspsychologie akzeptierten, die Unvermeidlichkeit des **»Rassismus«** akzeptieren müssen; und dass Eugenik möglicherweise eine gute Idee sei, da Unterschiede hauptsächlich biologischer Natur sind.[63]

---

[60] Cochran & Harpending (2009).
[61] Wilson (1995). (*»What was correct political thinking? That has been made clear by Lewontin during the debate and afterward. 'There is nothing in Marx, Lenin, or Mao,'* he wrote with his fellow Marxist Richard Levins, *'that is or can be in contradiction with a particular set of phenomena in the objective world.'«*)
[62] Lewontin (1978).
[63] Linke Diskursqualität vor 41 Jahren: Tatsächlich manifestierte sich diese Art von Reaktion in Edward O. Wilson, der 1978 von einer linken Gruppe namens »Wissenschaft für das Volk« *(Science for the people)*,

Solche »Forscher« begehen den sogenannten »**moralistischen Irrtum**«.[64] Wissenschaft ist, wie Dutton richtig feststellt, nicht moralisch und die Moral einer Position spiele keine Rolle, ob sie logisch und empirisch vertretbar ist oder nicht. Dutton verdeutlicht zudem, dass es sich beim Terminus »Rassismus« um keine neutrale, analytische Kategorie handelt.

Traditionell wird darunter der Glaube definiert, dass einige Rassen anderen überlegen seien. Der Begriff »rassistisch« wurde in weiten Teilen des Westens jedoch mittlerweile über alle Maße hinaus erweitert und beziehe sich nunmehr auf jeden, der in Bezug auf das Thema Rasse von der ideologischen Orthodoxie abweiche. Wenn man Leute als »rassistisch« bezeichnet, verbindet man sie mit dem, was als irgendwie böse und unmoralisch akzeptiert wird. Da diese Assoziation schädlich ist, ist der Begriff »rassistisch« ein emotional manipulierendes Mittel, um die Menschen auf dem »richtigen« ideologischen Weg zu halten, und damit eindeutig eine (wertlose) Ad-Hominem-Kritik.

Der Kern der Anschuldigung ist, dass sich das Subjekt so weit von der »Rechtgläubigkeit« entfernt habe, dass es unmoralisch (geworden) ist. Kurz: Das Subjekt ist ein Ketzer. Es gebe laut Dutton viele Begriffe dieser Art. Wie die britisch-australische Historikerin Prof. Dr. Alexandra Walsham in ihrer Analyse der frühneuzeitlichen religiösen Nichtübereinstimmung in England zusammenfasst, stand einst der Vorwurf des »Atheisten« für den Ausdruck und die Unterdrückung von Unruhe über »anomale« (aberrante), mentale Tendenzen sowie Verhaltenstendenzen zur Verfügung – für die Verstärkung und Anpassung der theoretischen Normen. Sowohl »atheistisch« als auch »papistisch« waren *»Kategorien von Abweichungen, denen Personen, die sogar geringfügig von den vorgeschriebenen Idealen abgewichen waren, angeglichen und dadurch zurechtgewiesen werden konnten.«* [65]

Eine subtilere moralische Kritik wurde von Richard Lewontin vorgetragen, der aus moralischen Gründen vorschlug, dass die Beweislast höher sein sollte, sofern evolutionäre Spekulationen über Menschen angestellt werden. Erstens würde dies den Menschen von den Tieren trennen, obwohl der Mensch aus evolutionspsychologischer Sicht eine Form des Affen darstellt. Darüber hinaus zeichnet sich hier ein Muster ab, wobei wir die Gefahr erkennen können, dass voreingenommene Wissenschaftler tendenziell argumentieren, es gebe nie genügend Beweise für Hypothesen, die sie nicht mögen.

Dazu passt auch, dass es in Debatten einen logischen Irrtum gibt, der als **»die Torpfosten verschieben«** bekannt ist. Ihr Gegner fordert Sie auf, X zu beweisen, und wenn Sie es tun (oder zumindest ausreichend empirisches Datenmaterial vorlegen, das eine These stützt), fordert er Sie auf, stattdessen oder zusätzlich Y zu beweisen. Sie

---

die mit Lewontin gemeinsame Sache machte, mit einem Eimer Eiswasser übergossen wurde. Natürlich ist der Name »Wissenschaft für das Volk« faktisch (aber absichtlich) falsch, da tatsächlich »Wissenschaft für alle, die so denken wie wir« der objektiven Realität entsprach.

[64] Davies (1978).
[65] Walsham (1999), S. 108.

können solche Debatten nicht gewinnen, weil sich die Regeln ständig ändern. (Der einzige Weg, um zu gewinnen, besteht darin, nicht mitzuspielen.)

Noch ein Kritikpunkt am evolutionspsychologischen Modell lautet, es stütze sich auf **Spekulationen**. Dazu ist zu sagen, dass sich Streitigkeiten häufig darauf beziehen, ob etwas Wissenschaft ist oder nicht, beziehungsweise auf eine bestimmte Debatte innerhalb der Wissenschaft. Die finnische Soziologin und Wissenschaftshistorikerin Prof. Dr. Ullica Segerstråle argumentiert, dass »gute Wissenschaft« für diejenigen, die sich in der »experimentellen Wissenschaft« befinden, dann vorliege, wenn sie zu einem großen Teil zweifelsfrei erwiesen sei.[66]

Wissenschaftliche Naturforscher hingegen stünden in einer älteren Wissenschaftstradition, inwiefern die Natur verstanden und auf Grundlage der verfügbaren Beweise spekuliert wird, um sie als Ganzes zu verstehen. Darwins Evolutionstheorie (1859) stand beispielsweise in dieser Tradition. Darwin war Naturforscher und schlug aufgrund seiner Beobachtungen seine Evolutionstheorie vor. Sie war nicht absolut bewiesen, als er sie vorschlug, aber es gab zweifellos eine Menge Beweise dafür. Sie machte die Tierwelt kongruent mit den materialistischen Grundlagen der Wissenschaft und ergab zudem auf Basis verschiedener, empirischer Beobachtungen Sinn. Dementsprechend gab es einen Grad, in dem sie zwar »spekulativ« war, gleichermaßen trug sie aber einen Beitrag zur Wissenschaft bei, weil sie versuchte, die Natur der Welt auf der Grundlage empirischer Beweise zu verstehen. Der Experimentalismus ist grundsätzlich für seine Genauigkeit zu loben, aber er ist »problematisch«, weil er sehr genaue Beweisstandards verlangt, bevor eine Behauptung aufgestellt werden kann.

Dies lässt zu wenig Raum für eine fruchtbare und auf Belegen basierende Diskussion, beziehungsweise für die öffentliche, kollegiale Dimension der Wissenschaft, in der Ideen frei diskutiert werden. Darüber hinaus können wir möglicherweise niemals Aussagen treffen, wenn das erforderliche Beweisniveau so absolut ist, dass zum Beispiel Richard Dawkins Versuche, historisch zu verstehen, warum bestimmte Tiere die Merkmale entwickelt haben, die sie haben, als »schlechte Wissenschaft« deklariert wird, wie dies Marxisten wie Richard Lewontin vorschlagen.[67]

Dadurch, dass wissenschaftliche Entdeckung ein immerwährender Prozess ist, ist es, wie der deutsch-britische Psychologe Prof. Dr. Hans Jürgen Eysenck (1916-1997) feststellte, immer möglich, zu behaupten, dass es nicht genügend Beweise gebe, um zu einer Schlussfolgerung zu gelangen; oder dass die Beweise offen zu bestreiten seien, was freilich immer der Fall ist.[68] Wissenschaftler können lediglich Schlussfolgerungen ziehen, die darauf basieren, was am besten zu den vorgebrachten Beweisen passt.

Fazit: Auf die Kritik an diesem Modell kann sehr gut reagiert werden, und es muss betont werden, dass es von den vorgestellten das Meiste mit den wenigsten Annahmen erklärt und somit (bisher) das wissenschaftlichste Modell darstellt. Erstens

---

[66] Segerstråle (2000), S. 255 f.
[67] Ebenda, S. 257.
[68] Eysenck (1991), S. 41.

stimmt es mit der Darwinschen Theorie überein, ist daher »konsilient« (siehe oben) und basiert ausschließlich auf wissenschaftlichen Annahmen, die sowohl der Logik als auch der empirischen Methode folgen. Zweitens erklärt es ethnischen Nepotismus in allen Fällen und zu allen Zeiten und erklärt sogar das damit verbundene Verhalten bei Tieren. Drittens erklärt es genau, warum ethnische Gruppen beispielsweise dazu neigen, einen Volksglauben an gemeinsame Abstammung und Verwandtschaft zu haben. (Sie vertreten diesen Glauben, weil darin etwas Wahres steckt.)[69] Viertens erklärt es, wie und warum r- und K-Strategien mit biologischen Prozessen und evolutionär gewachsenen Entwicklungskapazitäten übereinstimmen.

---

[69] Dutton (2019), S. 69 ff.

2.2 Die Genetik hinter der Politik

2.2.1 Der Einfluss der Amygdala und des anterioren, zingulären Cortex

Wikipedia beschreibt die Amygdala als ein »*paariges Kerngebiet des Gehirns im medialen Teil des jeweiligen Temporallappens. Sie ist Teil des Limbischen Systems.*« Der Name der Amygdala ist nach ihrem Aussehen aus dem lateinischen und altgriechischen Wort für »Mandel-(kern)« geschöpft. Sie wird demnach auch als **»Mandelkern«** oder »Corpus amygdaloideum« bezeichnet.

Abbildung 5:

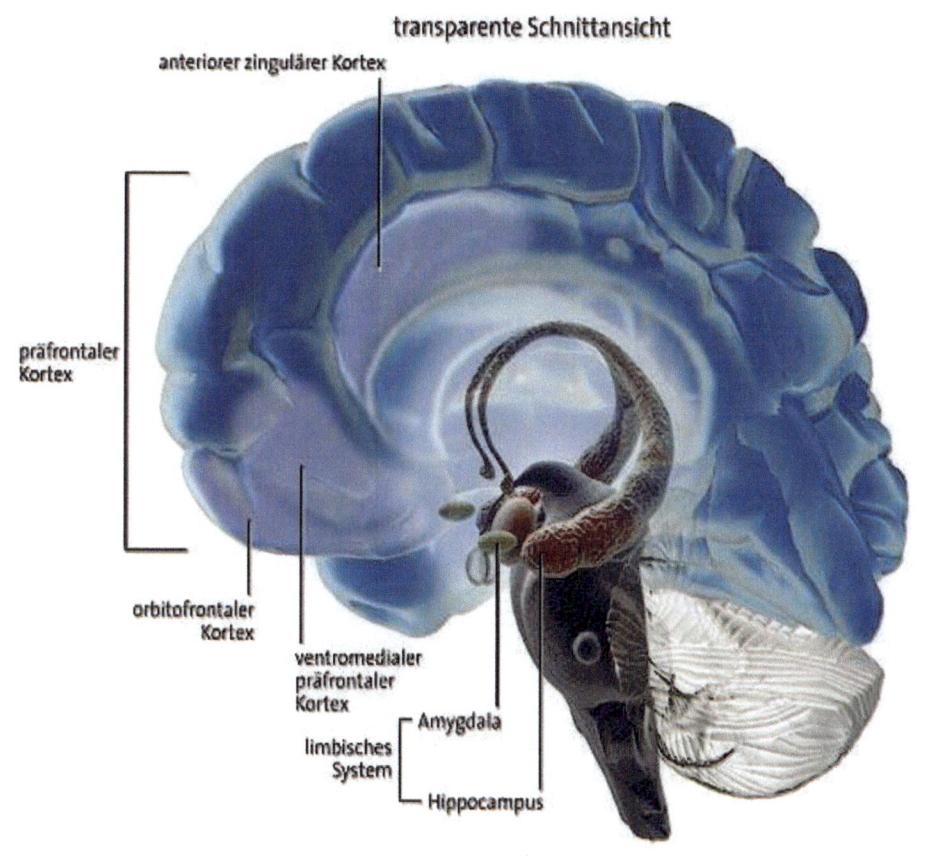

© Spektrum der Wissenschaft / Meganim (Ausschnitt)

»Die Amygdala ist an der Furchtkonditionierung beteiligt und spielt allgemein eine wichtige Rolle bei der **emotionalen Bewertung** und Wiedererkennung von Situationen sowie der Analyse möglicher Gefahren[70]: Sie verarbeitet externe Impulse und leitet die vegetativen Reaktionen dazu ein. Forschungsergebnisse aus dem Jahr 2004 belegen, dass die Amygdala bei der **Wahrnehmung jeglicher Form von Erregung**, also affekt- oder lustbetonter Empfindungen, unabdingbar und vielleicht am Sexualtrieb beteiligt ist.[71] Die Amygdala ist wichtig für die **Empfindung von Angst oder Furcht**.« Patienten, die beispielsweise unter dem sogenannten Urbach-Wiethe-Syndrom leiden (hierbei sind beide Amygdalae beschädigt), »zeigen keine Furchtreaktionen selbst in potenziell lebensbedrohlichen oder traumatischen Situationen.«[72]

Zudem ist die Amygdala zuständig für das **Ausschütten von Dopamin**[73], einem überwiegend erregend wirkenden Neurotransmitter[74] des zentralen Nervensystems, das im Volksmund gemeinhin auch als »Glückshormon« gilt, obwohl die psychotrope, also die Psyche beeinflussende Bedeutung des Dopamins überwiegend im Bereich der Antriebssteigerung und Motivation vermutet wird[75] (wobei beide Komponenten letztlich wiederum als Voraussetzung für Glück betrachtet werden können).

Sie ist so geschaffen, emotionale oder, wenn man so will, pawlowsche Assoziationen zwischen dem Erfassen von Daten und relevanten Ergebnissen zu schaffen. Anders ausgedrückt: Sie erhält »Rohdaten« und versucht, herauszufinden, ob diese gut oder schlecht für uns sind. Sie ist untrennbar mit dem »impliziten Gedächtnis« verbunden, also mit jenem Teil des Gedächtnisses, der sich auf Erleben und Verhalten des Menschen auswirkt, ohne dabei ins Bewusstsein zu treten.[76]

Stellen Sie sich beispielsweise ein Ereignis vor, das einem Angriff eines Raubtiers vorausgeht. Angenommen, Sie hörten, wie Gras in einiger Entfernung raschelt und ein Zweig bricht. Schließlich springt ein Löwe aus dem Gebüsch und versucht, Sie anzugreifen. Wenn Sie entkommen könnten, würde Ihre Amygdala dem Rascheln des Grases Bedeutung verleihen, ebenso dem Geräusch eines brechenden Zweiges. Wenn Sie das nächste Mal das Rascheln von Gras hörten, gefolgt von einem brechenden Zweig, würden Sie sofort Panik erleben und sich auf einen Löwenangriff vorbereiten, ohne irgendwelchen logischen Gedanken Zeit einzuräumen.

---

[70] Janak & Tye (2015).
[71] Adolphs (2004).
[72] Feinstein et al. (2011).
[73] Krämer, Tanja: Schaltkreise der Motivation, in: dasgehirn.info, 27.11.2013, wissenschaftliche Betreuung durch Dr. rer. nat. Reka Daniel-Weiner, URL: https://tinyurl.com/y492p44l, Abruf am 06.02.2019.
[74] Neurotransmitter sind biochemische Stoffe, welche Reize von einer Nervenzelle zu einer anderen Nervenzelle oder Zelle weitergeben, verstärken oder modulieren; vergleiche Antwerpes, Frank et al.: *Neurotransmitter*, in: DocCheck Flexikon, URL: https://tinyurl.com/y5bq5b29, Abruf am 23.02.2019.
[75] Buckley, Christine: *UConn Researcher: Dopamine Not About Pleasure (Anymore)*, in: UConn Today – University of Connecticut, 30.11.2012, URL: https://tinyurl.com/y2boakq8, Abruf am 06.02.2019.
[76] Schacter (1987).

Aufgrund der Vernetzung der Amygdala mit anderen Strukturen im Gehirn wirkt diese Reaktion auf einer sehr primären, physischen Ebene. In einem anderen Beispiel beschreibt der Autor von »*The Evolutionary Psychology Behind Politics*«[77] den Fall eines Bekannten, der auf einem gefrorenen Teich durch das Eis brach. Es geschah im Zuge einer Mutprobe. Unmittelbar vor dem Sturz berichtete er, dass er sich eine Sekunde lang an das Gefühl erinnerte, wie das Eis unter seinen Füßen knackte, bevor es nachgab.

Noch Jahre später achtete er im Frühjahr sorgfältig auf seine Schritte. Kleine, dünne Pfützen auf Asphalt, die während der Nacht festgefroren waren, befanden sich morgens im Sonnenlicht. Das Sonnenlicht würde den schwarzen Asphalt erwärmen und das Eis dort schmelzen, wo es auf den Boden traf. Das geschmolzene Eis würde in den Asphalt abfließen, während eine dünne Eisschicht darüber wegen der Kaltlufttemperaturen gefroren blieb. Infolgedessen sei die Oberseite der Pfütze eine gefrorene Eisplatte, die nicht vom darunterliegenden Eis unterstützt werden würde. Sofern man darauf träte, würden diese Pfützen mit einem Durchmesser von 10 oder 12 Zentimeter ein knirschendes Gefühl unter den Füßen erzeugen. Der Bekannte beobachtete seine Schritte im Frühjahr sorgfältig und trat niemals auf diese Pfützen. Sogar das kleine Knacken dieser brüchigen Eisfläche unter seinen Füßen würde eine angsterfüllte Schockwelle direkt in die Mitte seines Bauches senden. Seine Amygdala warnte ihn vor der Bedeutung dieses Stimulus, indem sie das Gefühl seines plötzlichen Eintauchens in eiskaltes Wasser simulierte.

Die Reaktion seiner Amygdala auf diesen einzigen negativen Vorfall war so tiefgreifend, dass es ihm selbst nach Jahren leichter fiel, darauf zu achten, wo er hintrat, anstatt den Reiz als einen neurologischen Fehlalarm intellektuell zu verarbeiten. Die Amygdala, die mit weiten Teilen des Gehirns »verdrahtet« ist, weist auch weniger angstbedingten Reizen eine Bedeutung zu. In mehreren Studien wurde festgestellt, dass die Amygdala involviert ist, wenn wir Emotionen in Gesichtsausdrücken untersuchen beziehungsweise interpretieren. Darüber hinaus ist sie an der **Beurteilung von Bedrohungen** durch andere und an der **Analyse möglicher Absichten** anderer beteiligt.[78] Sie benötigt Training und Erfahrung, um gut zu funktionieren. Angstvermeidung, Schikanen et cetera führen dazu, sie in Panik zu versetzen.

Das Volumen der Amygdala variiert enorm innerhalb einer Bevölkerung[79], wobei sich ein geringes Volumen unter anderem durch die Vermeidung von Augenkontakt sowie der tendenziellen Unfähigkeit kennzeichnet, Bedrohungen wahrzunehmen und zu verarbeiten. In einem Experiment wurde festgestellt, dass Affen, die speziell an ihren Amygdalae geschädigt waren, keine sozialen Hinweise lesen oder auf Bedrohungsreize reagieren können. Als Ergebnis wurden sie in der Studie beschrieben als *»verzögert in ihrer Fähigkeit, gefährliche Konfrontationen vorauszusehen und zu vermeiden.«*[80]

---

[77] Conservative (2017), S. 109 f.
[78] Adolphs et al. (1998); Broks et al. (1998); Adolphs et al. (2002); Winston et al. (2002).
[79] David et al. (2002).
[80] Dicks et al. (1968). (»(...) *retarded in their ability to foresee and avoid dangerous confrontations (...)*«)

Unter K-artigen Spezies ist die Entwicklung der Amygdala sehr stark ausgeprägt, aus dem einfachen Grund, **langfristig vorausplanen** können zu müssen, um beispielsweise nicht zu verhungern. Besonders betroffen davon sind Populationen, die sich unter sehr kalten, klimatischen Bedingungen entwickelten beziehungsweise entwickeln mussten, zumal sie mitunter nur geringe Zeitfenster hatten und haben, Nahrung zu finden. Planung, Selbstdisziplin und harte Arbeit wurden und werden hierbei überlebensnotwendig.

Eine **Funktionsstörung der Amygdala** geht im Allgemeinen mit einer eher r-typischen Denkweise respektive Geisteshaltung einher. Weiter oben hörten wir bereits, dass r-Strategen Konfrontationen tendenziell vermeiden, da sie für diese nicht stark genug sind beziehungsweise ihren Feinden nichts entgegenzusetzen haben. Stattdessen verstärken sie zwangsläufig, während sie vor Gefahr fliehen, die Suche nach Neuem *(»novelty-seeking«)*[81], wobei Begebenheiten vor allem deshalb neu wirken, da nur wenig dazu gelernt wird.

In der Psychologie ist diese »Suche nach Neuheiten« ein Persönlichkeitsmerkmal, das mit einer impulsiven Entscheidungsfindung, mit Extravaganz bei der Annäherung von Hinweisen, mit schnellem Temperamentverlust sowie der Vermeidung von Frustration in Verbindung steht.[82]

Auch überzogene Nahrungsaufnahme (Überessen) sowie der Umstand, sich wiederholt (denselben) Bedrohungen auszusetzen (aussetzen zu müssen), sind Kennzeichen für eine dysfunktionale Amygdala. Unter dem sogenannten *Klüver-Bucy-Syndrom* versteht man eine beidseitige Temporallappen-Läsion, die auf einer mangelhaften Amygdala-Funktion basiert.[83] Allgemein kennzeichnet es sich unter anderem durch Fügsamkeit (Abwesenheit von Aggression) und einen übersteigerten, ungehemmten Sexualtrieb (Hypersexualität).

Läsionen, die die Funktionstüchtigkeit der Amygdala verringern, werden darüber hinaus mit einer verringerten »Investition«, das heißt mit geringerem Aufwand in Sachen Kindererziehung in Verbindung gebracht.[84] Tiere, deren Amygdala beschädigt oder deaktiviert ist, zeigen wenig Interesse an ihrem Nachwuchs. Zudem geht eine beeinträchtigte oder beschädigte Amygdala mit einer geringe(re)n Loyalität gegenüber dem eigenen Stamm/der eigenen Sippe oder Gruppe (Ingroup-Präferenz) und einer

---

[81] Benjamin et al. (1996); Ebstein et al. (1996); Noble et al. (1998); Benjamin et al. (2000).
[82] Cloninger et al. (1993). Es kann im sogenannten dreidimensionalen Persönlichkeitsfragebogen *(Tridimensional Personality Questionnaire)* sowie in dessen späterer Version *(Temperament and Character Inventory)* gemessen werden und gilt als eine der Temperamentdimensionen der Persönlichkeit. Wie auch bei den anderen Dimensionen hat sich herausgestellt, dass sie in hohem Grade vererbbar ist. Es wurde vermutet, dass ein starkes *»novelty-seeking«* mit einer niedrigen dopaminergen Aktivität zusammenhängt, vergleiche Cloninger, C.R. (1986). **Ich werde im weiteren Verlauf den englischen Terminus** *»novelty-seeking«* **beibehalten**, da er das entsprechende Persönlichkeitsmerkmal nach meinem Empfinden besser beschreibt als eine entsprechende deutsche Übersetzung.
[83] Trimble et al. (1997).
[84] Bucher et al. (1970).

geringe(re)n Empathie einher[85], was sich beispielsweise in psychischen Erkrankungen und Verhaltensstörungen wie der dissozialen oder auch antisozialen Persönlichkeitsstörung (APS) manifestiert[86], wobei die Betroffenen höchstwahrscheinlich aufgrund des daraus resultierenden Mangels an aversiven Stimuli daran scheitern, ihr Verhalten insofern einzuschränken, »geeignete, gesellschaftliche Normen« (Kooperation, Produktivität et cetera) nicht zu verletzen.[87]

Es ist von daher nicht übertrieben, zu sagen, dass die defizitäre Amygdala-Funktion an der Zurschaustellung von destruktiveren, weniger kooperativen Verhaltensweisen beteiligt zu sein scheint, welche teilweise auf eine Abnahme von Wahrnehmungen, die Empathie produzieren, zurückzuführen sind, teilweise aber auch auf das Fehlen von Einschränkungen des eigenen Verhaltens durch aversive Stimuli.

Wissenschaftliche Studien belegen deutlich, dass eine **fehlerhafte oder mangelhafte Moral beziehungsweise moralisches Urteilsvermögen**[88], **defizitäre, moralische Emotionen**[89], **mangelnde Schuldgefühle**[90] sowie ein **mangelndes Einfühlungsvermögen**[91] allesamt mit einer eingeschränkten oder beschädigten Amygdala-Funktion, einem reduzierten Aktivitätsniveau und/oder einem verminderten Volumen verbunden sind.

Insbesondere **Psychopathie** geht mit einem verringerten Gesamtvolumen der Amygdala einher[92], wobei die rechte Amygdala etwas stärker abnimmt.[93] Es wird angenommen, dass diese Volumenreduzierung ein Defizit an der Funktionalität der Struktur signalisiert. Die sogenannten *callous-unemotional Traits* (CU-Traits) *»stellen in der emotionalen Entwicklung Abweichungen dar, wie mangelnde Empathie oder ein oberflächlicher Affekt und gehören zu den Kernmerkmalen der Psychopathie«*[94], so Prof. Dr. Ute Koglin von der Universität Oldenburg und Prof. Dr. Franz Petermann von der Universität Bremen. Diese Merkmale haben ein mangelndes Einfühlungsvermögen zur Folge und korrelieren mit einer eingeschränkten Funktion der Amygdala in funktionellen Neuro-Bildgebung-Tests.[95]

Sofern man die genannten Belege akzeptiert, dass die Amygdala dazu benötigt wird, die Signale von Emotionen in anderen Menschen zu »markieren«[96], werden diejenigen mit einer fehlerhaften Amygdala-Funktion wahrscheinlich einfach nicht in der Lage sein, subtile emotionale Anzeichen zu erkennen, die auf einen Stress bei Gleichaltri-

---

[85] Blair et al. (1997).
[86] Tiihonen et al. (2000).
[87] Blair (2007).
[88] Greene et al. (2004).
[89] Moll et al. (2002).
[90] Michl et al. (2012).
[91] Shirtcliff et al. (2009).
[92] Yang et al. (2006).
[93] Yang et al. (2009).
[94] Koglin & Petermann (2012). Vergleiche hierzu ebenfalls Frick et al. (2000) und Enebrink et al. (2005);
[95] Blair (2006); Blair (2007); Marsh et al. (2008).
[96] Sterzer et al. (2005).

gen hindeuten. Andere Untersuchungen zeigen, dass die reduzierte Reaktionsfähigkeit der Amygdala der reduzierten Kooperation in der Psychopathie zugrunde liegt.[97]

Die Forschung hat auch gezeigt, dass diejenigen, die emotionale Signale besser »lesen«, von daher wahrscheinlich eine größere Entwicklung der Amygdala aufweisen und deshalb wiederum eher »konservativ« sind, eher pro-soziales Verhalten an den Tag legen[98], was gleichzeitig mit dem Umstand einhergeht, dass die Amygdala so lange Unbehagen »produziert«, bis eine Bedrohung kurz- und langfristig überwunden ist. Ein Beispiel aus der menschlichen Vergangenheit besteht in der Notwendigkeit einer anstrengenden Organisation und Handhabung des Saat- und Viehbestands.

Ein aktuelles Beispiel ist die Staatsverschuldung, welche bestimmte Menschen und Gruppen von Menschen (zurecht) belastet, andere hingegen nicht.[99] Angesichts der mehr als 260 Millionen Menschen, die im Laufe der Geschichte durch linke Revolutionen ermordet wurden[100], scheint es an und für sich nur folgerichtig, dass jeder Bürger vor der Unterstützung eines Linken zweimal darüber nachdenkt und die Echtheit (oder den praktischen Nutzen) eines linken Empathie-Anspruchs in Frage stellt. (Zu diesem Zeitpunkt könnte bereits einigermaßen nachvollzogen werden, warum dies faktisch nicht geschieht.)

Ohne zu weit vorgreifen zu wollen, sei angemerkt, dass man auf Basis wissenschaftlicher Untersuchungen eine nachvollziehbare(re) Erklärung hinsichtlich des allgemeinen Phänomens erhält, dass Linke auch in ihrem Umgang und Verhalten gegenüber Bedrohungen durch Terroristen und Kriminelle eine verminderte Angst zeigen. Unabhängig von einer offensichtlichen Gefahr oder »konservativen« Aufrufen, sich mit dieser auseinanderzusetzen und letztlich zu beseitigen, bestehen Linke darauf, dass so gut wie jede wahrgenommene Bedrohung nur eine Folge irrationaler Ängste sei und von daher ignoriert (oder relativiert) werden solle/könne.

Auf ähnliche Weise erzeugt bei Affen mit beschädigter Amygdala das Fehlen jeglicher, angstvoller Reize jene Fügsamkeit und jenen Pazifismus, welche die r-Strategie kennzeichnen. (Es ist keine Überraschung, dass r-selektierte Umgebungen keine starken Amygdalae entwickeln.) Beeinträchtigte oder gar nicht vorhandene Angst ist auch ein Merkmal, das häufig mit Persönlichkeitsstörungen wie Psychopathie in Verbindung gebracht wird[101], wobei einige Theorien davon ausgehen, dass das Fehlen dieses

---

[97] Rilling et al. (2007).
[98] Marsh et al. (2007).
[99] Es verwundert deshalb nicht, dass der nach wie vor an staatlichen Universitäten gelehrte linke (und kinderlose) Ökonom John Maynard Keynes (1883-1946), seines Zeichens intellektueller Wegbereiter einer ungedeckten Papiergeldwährung und damit einer, wenn nicht der Urkatastrophe des 20. Jahrhunderts, auf die Frage nach langfristig nachhaltigem Wirtschaften, lapidar den berühmten Satz äußerte: *»Langfristig sind wir alle tot.«* (Lesen Sie hierzu: Baader, Roland: Geldsozialismus. Die wirklichen Ursachen der neuen globalen Depression. Gräfelfing 2010.)
[100] Rummel (1994).
[101] Sylvers et al. (2011).

Angststimulus das psychopathische Gewissen entlastet und die Unmoral sowie den Regelbruch des Psychopathen erleichtert.[102]

Das **Volumen der Amygdala** steht im Zusammenhang mit der Anzahl der Individuen einer Gruppe sowie mit Geselligkeit. Es kann die für ein komplexes, soziales Leben erforderlichen Fähigkeiten unterstützen. Jenes Leben kann sich beispielsweise durch Orientierung kennzeichnen, durch das ständige Abwägen von Vor- und Nachteilen, durch vernünftige, ausbalancierte Regelverfolgung, die nicht in blinden Gehorsam münden soll, durch das Herausfordern anderer, das nicht in einer Diffamierung als »Abweichler« enden soll und so weiter. MRT-Scans haben Amygdalae gemessen, deren Größe von etwa 2,5 Kubikmillimetern bis über fünf Kubikmillimeter reicht.[103]

Dabei gaben diejenigen mit den kleinsten Amygdalae zwischen fünf und 15 regelmäßige Kontakte oder weniger an, diejenigen mit den größten hingegen zählten bis zu 50 Bekanntschaften in ihrem sozialen Umfeld.[104]

Studien mit Primaten zeigen, dass diejenigen, die in großen sozialen Gruppen leben, auch größere Amygdalae haben.

»Menschen mit großen Amygdalae haben möglicherweise das Rohmaterial, um größere und komplexere soziale Netzwerke zu unterhalten«, sagt Prof. Dr. Lisa Feldman Barrett von der *Northeastern University* in Boston, Massachusetts. *»Das heißt, das Gehirn ist ein Gebrauche-oder-verliere-es-Organ. Es kann sein, dass, wenn Menschen mehr miteinander interagieren, ihre Amygdalae größer werden. Das wäre meine Vermutung.«* [105]

Werfen wir im Folgenden einen Blick auf das **politische Links-Rechts-Spektrum**. Allgemein – nicht generell – lässt sich sagen, dass **Sozialdemokraten**, **Grüne** und **Sozialisten**, fortan unter *Linke* zusammengefasst, »soziale Veränderung« wollen, wenn es darum geht, evolutionär natürlich erwachsene, »traditionelle« Werte, Rollenverteilungen und Ansichten zu durchbrechen, welche sie als »reaktionär«, »repressiv«, »patriarchalisch« et cetera auffassen (wollen). Außerdem lehnen sie Ungleichheit ab.

Konservative alias **Rechte** hingegen sträuben sich tendenziell gegen (derlei) soziale Experimente respektive Veränderung und akzeptieren Ungleichheit als etwas Natürliches.

Selbstverständlich gibt es viele Ausnahmen, im Allgemeinen jedoch weisen alle objektiven Indikatoren auf diese grobe Unterscheidung hin, beispielsweise anhand des Umstandes, dass Rechte einer freie(re)n Marktwirtschaft aufgeschlossener gegenüberstehen, welche sich durch freien Wettbewerb (mit gleichen und unveränderbaren Regeln für alle) und die entsprechend notwendige Anpassung daran auszeichnet, darüber hinaus durch prinzipiell harte Arbeit und damit einhergehende Belohnungen. Allesamt Begebenheiten, die Rechte tendenziell als natürlich-gegeben akzeptieren. Nicht so bei Linken, die tendenziell mehr auf Ergebnisgleichheit bedacht sind und von daher Um-

---

[102] Blair (2004).
[103] Bickart et al. (2011).
[104] Sample, Ian: *Social whirl of a life? Thank your amygdala*, in: The Guardian, 26.12.2010, URL: https://tinyurl.com/yylpao2z, Abruf am 16.02.2019.
[105] Ebenda.

verteilung und soziale Experimente befürworten. In einer Studie[106] aus dem Jahre 2011 leitete Dr. Ryota Kanai vom *Institut für Kognitive Neurowissenschaft* des *University College* (London) ein Team, welches faszinierende Forschungen über die Gehirnstrukturen politischer Ideologen durchführte.

Anhand der Magnetresonanztomographien (MRT) von linken und rechten Ideologen stellten sie fest, dass es **zwei Hauptstrukturunterschiede** gibt. (Diese Untersuchung unterstützte auch frühere Arbeiten, in denen Unterschiede zwischen den kognitiven Prozessen von Partisanen untersucht wurden.[107]) Dr. Kanai und sein Team stellten erstens fest, dass Linke über **ein kleineres Volumen der rechten Amygdala** verfügen; dies impliziert die bereits angeführten Begebenheiten wie beispielsweise quasi zwanghaftes »novelty-seeking«, die Tendenz zur Promiskuität, aber auch die bisweilen **sehr geringe Kapazität, Bedrohungen zu erkennen** und das **Verlangen nach Ergebnisgleichheit.**

Zweitens haben Linke laut Studien im Allgemeinen **einen größeren, sich hinter den Augäpfeln befindenden anterioren, cingulären Cortex (ACC)** oder auch anterioren, zingulären Kortex (siehe obige Abbildung 5) als ihre konservativen Pendants.[108] Bei diesem handelt es sich im Wesentlichen um ein neurales Alarmsystem. In dieser Rolle signalisiert es dem Bewusstsein, wenn etwas nicht stimmt oder wenn es hinsichtlich eines bestimmten, registrierten Reizes einer genaueren Analyse bedarf. Falls die Amygdala einen Grund zur Panik feststellt, ist der ACC die »Taste«, die sie betätigt, um Panik auszulösen. In Studien stellte man eine ganze Reihe von Fällen fest, in denen der ACC überaus stark aktiviert wurde, so beispielsweise in Zeiträumen körperlicher Schmerzen.[109]

Außerdem wurde nachgewiesen, dass er während des Zeitraumes des durch soziale Ausgrenzung bedingten, psychischen Stresses ebenso stark aktiviert wurde[110], was möglicherweise erklärt, warum sich Linke hauptsächlich mit vermeintlich »sozialer Diskriminierung« beschäftigen, oder warum sie sich schwer tun respektive unfähig sind, ihre eigene Ingroup (und deren Bedürfnisse) wahrzunehmen.

Der ACC wird darüber hinaus durch Wahrnehmungen der Unfairness aktiviert[111], die wie Reize wirken, welche dem Stimulus der sozialen Ausgrenzung sehr ähnlich sind, zumindest für diejenigen sozial ausgegrenzten Personen mit narzisstischen Tendenzen. Es sei an dieser Stelle bereits darauf hingewiesen, dass wir uns viel zu stark auf die Macht von Regierungen und Gesetzen, auf Verordnungen, das staatliche Waffenmonopol, Gefängnisse, Gerichte und so weiter verlassen, wenn es darum geht, ein gesellschaftliches Miteinander zu organisieren. Effektiver wären meines Erachtens

---

[106] Kanai et al. (2011).
[107] Amodio et al (2007).
[108] Dies steht im Einklang mit anderen Studien, welche untersucht haben, inwiefern die Amygdala-Funktion mit der politischen Zugehörigkeit verknüpft ist, vergleiche unter anderem Rule et al. (2010).
[109] Craig (2002).
[110] Eisenberger et al. (2003); Eisenberger & Lieberman (2004); Singer et al. (2004).
[111] Sanfey et al. (2003).

Verfahren wie Ostrazismus (attische Demokratie), Ächtung und soziale Ausgrenzung, welche dieselben Schmerzzentren im Gehirn aktivieren wie physische Folter. Soziale Ausgrenzung bedeutet nicht den persönlichen Tod, aber eine Art »Gentod« (siehe oben). Die Tatsache, dass wir eine signifikante Abneigung gegenüber sozialer Ausgrenzung verspüren, hängt damit zusammen, dass wir die Gemeinschaft oder Gesellschaft benötigen, um unsere Kinder zu erziehen (wobei das Gehirn – es wird noch darüber gesprochen werden – ein Vierteljahrhundert zur fertigen Reife benötigt). Leider wird dieser mächtige und gleichzeitig flexiblere und fairere Mechanismus (im Vergleich zu bloßer Regierungsgewalt) nicht genutzt.

Ferner bemerkten Wissenschaftler, dass der ACC während der **Produktion von Neid** sehr aktiv ist, wenn andere Personen Zugang zu größeren und/oder besseren Mengen »selbstrelevanter Ressourcen« haben.[112]

Wenn ein r-selektiertes Individuum, das inmitten von konkurrierenden, K-selektierten Spezies aufwächst, als Kind häufig Neidemotionen erfährt, nachdem es in Konkurrenzsituationen nicht mithalten konnte, könnte dies erklären, warum und wie sich diese Struktur in einem Erwachsenen (und häufiger in Linken[113]) zur vollen Blüte entwickelt.

Wenn dieser Neid während kritischer Entwicklungsstufen in der Kindheit häufig hervorgerufen wurde, könnte er die Entwicklung einer Struktur grundlegend verändern, wodurch die Fähigkeit zur Wahrnehmung neidischer Reize und das im Erwachsenenalter hervorgerufene Neidgefühl erhöht wird. Es ist interessant, dass Linke ein größeres »Neidzentrum« im Gehirn aufweisen, denkt man beispielsweise an die häufigen, linken Aufrufe und Forderungen, »die Reichen zu besteuern« (oder zu enteignen!) oder andere Formen des sogenannten »Klassenkampfes« und der Einkommensumverteilung von erfolgreich zu erfolglos, die logischerweise wiederum nur diejenigen anspricht, die davon ausgehen, aus eigener Kraft beziehungsweise aufgrund eigener Fähigkeiten nicht reich werden zu können. Sofern man davon ausgehen kann, dass Begebenheiten wie Verzweiflung, Depression und Hoffnungslosigkeit allesamt mit Neid korrelieren, würde sich jener Umstand mit der biologischen Realität decken, dass Linke ein größeres Neidzentrum im Gehirn aufweisen.

Sofern man leichter einen Neidzustand erzeugt, steigt auch die Bereitschaft eines

---

[112] Takahashi et al. (2009).
[113] Beispielsweise fanden Harris & Henniger (2013) eine schwache Korrelation zwischen Neid und politischem Linkstum, allerdings umso stärker, je jünger die Probanden waren. Eine umfangreiche, vergleichende Studie bezüglich der Einstellung von Europäern und Amerikanern gegenüber Reichen, die vom *Institut für Demoskopie Allensbach* und von *Ipsos MORI* in Deutschland, Frankreich, Großbritannien und den USA durchgeführt wurde, zeigt, dass jeder zweite Deutsche »Reiche« und »Superreiche« für viele der großen Probleme des Planeten verantwortlich macht (schlimmer ist der Sozialneid nur noch in Frankreich; in Großbritannien und den USA ist dieser wesentlich schwächer ausgeprägt, und dort, wo er in den USA ausgeprägt ist, handelt es sich überwiegend um junge Menschen), vergleiche Zitelmann (2019). Wer einen Blick auf die politische Landschaft respektive Entwicklung in Deutschland wirft und dabei erkennt, welche Positionen seit geraumer Zeit dominieren beziehungsweise Hochkonjunktur haben, kann seine eigenen Schlüsse ziehen.

solchen Individuums, gegen Regeln zu verstoßen und einen direkteren, weniger ehrenhaften Weg zum Wettbewerbserfolg zu verfolgen. (Man denke nur an den Grad, zu dem Linke Regeln aufstellen und brechen. Beispiele sind unter anderem die gesetzliche Krankenversicherung[114], die qualitativ so hochwertig ist, dass linke Politiker, wenn es um sie selbst geht, einen großen Bogen darum machen. »Obamacare« in den USA galt beispielsweise für viele linke Kongressabgeordnete, die jenes Gesetz befürworteten, nicht – und, falls möglich, auch nicht für deren Distrikte.[115] Wir werden diesbezüglich noch viele Beispiele kennenlernen, die überwiegend von linker Seite kommen.)

Die Tatsache, dass Personen, die als Kinder in einem wettbewerbsintensiven Umfeld nicht erfolgreich waren, tendenziell sozial ausgegrenzt sind, könnte die daraus entstehende, neurologische Verbindung zwischen Neid und psychologischem Schmerz erklären. Darüber hinaus könnte jemand, der seinen scheinbar eine Wahrnehmung sozialer Ausgrenzung hervorrufenden ACC in der Kindheit »entwickelt« hatte, eine grundlegende, permanente und subtile Wahrnehmung der sozialen Ausgrenzung seiner Ingroup als Erwachsener in sich bergen. Dadurch wird sein Trieb verringert, Loyalität gegenüber der eigenen Gruppe zu verspüren respektive an den Tag zu legen – ein psychologisches Merkmal der Linken, das von Prof. Dr. John Thomas Jost von der *New York University (NYU)* gut dokumentiert wird.[116]

Somit kann ein r-selektierter Linker gleichsam ein subtiles **Gefühl der sozialen Ausgrenzung** verspüren sowie eine erhöhte **Neigung zu Neid** aufweisen. Kombiniert mit weniger aversiven Anreizen, welche das Verhalten eingrenzen, würde dies plausiblerweise zu einer verzweifelten Psyche führen, die bereit ist, das zu tun, was nötig ist, um persönliche Erfolge einzufahren, ohne Rücksicht bezüglich Auffassungen von unter anderem Gruppentreue, Ehre unter Gleichaltrigen, Fairness im Wettbewerb oder der Rechtmäßigkeit des Handelns. Man hätte es mit einer Person zu tun, die ihre Gruppe als ihr (der Person) gegenüber feindselig eingestellt wahrnehmen

---

[114] Allein die Bismarck'sche Einführung der gesetzlichen Krankenversicherung als Teil des »deutschen sozialversicherungsrechtlichen Solidarsystems« war kein »konservativer« Zug, sondern eine Pervertierung konservativen Handelns beziehungsweise ein typisch sozialistisches Element, zumal es ein Mehr an Staatsmacht bedeutete. Entgegen der landläufigen Auffassung gab es bis zur Einführung der staatlichen »Sozialversicherungen« ein vielfältiges und funktionierendes, freiwilliges Sozialwesen in Deutschland, das vor allem von Gewerkschaften, Kirchen und bürgerlichen Hilfsvereinen getragen wurde. Zweck der Bismarck'schen »Sozialpolitik« war es, durch die Zerschlagung des dezentralen, freiwilligen Sozialwesens insbesondere die Gewerkschaften und sonstige Arbeiterselbstverwaltungsstrukturen zu schwächen und zu zerschlagen. Das Endziel war die Errichtung einer autokratischen, nationalistisch-sozialistischen Herrschaft unter dem Schlagwort des »sozialen Königtums«. Bismarck selbst schrieb dazu: *»Mein Gedanke war, die arbeitenden Klassen zu bestechen, den Staat als soziale Einrichtung anzusehen, die ihretwegen besteht und für ihr Wohl sorgen möchte.«* Vergleiche Bismarck (1924/1935), S. 195 f.
[115] Alman (2016). Der Autor besitzt darüber hinaus einen Blog, vergleiche unter anderem *Dan from Squirrel Hill's Blog* (mit vielen weiterführenden Quellen), URL: https://tinyurl.com/y2kfagpd, Abruf am 10.02.2019.
[116] Jost (2006); Jost et al. (2008). (Jost drückt sich in der ersten Studie hier und da etwas »blumig« aus, was daran liegen könnte, dass er selbst tendenziell links ist.)

würde; mit einer Person, die Neid gegenüber erfolgreiche(re)n Mitgliedern dieser Gruppe empfände, und die durch die neurologische Struktur, welche die Einhaltung von Regeln fördert, in ihrem Verhalten nicht eingeschränkt werden würde. Auf diese Weise entsteht ein neurologisches »Rezept« für ein Individuum, das sich – des persönlichen Vorteils wegen oder um gesellschaftliche Klüfte zur persönlichen Bereicherung zu nützen –, verleitet fühlt, sich mit einer (bisweilen völlig) fremden Gruppe gegen seine eigene Gruppe zu verbünden.

Linke **rufen sehr rasch und sehr häufig nach der Regierung**, da sie als r-selektierte Individuen die direkte Konkurrenz und damit den direkten Wettbewerb tendenziell scheuen und vermeiden möchten. Eine Vermeidung des Wettbewerbs ist, wie oben beschrieben, der Schlüssel für r-selektierte Spezies. Kaninchen konkurrieren untereinander nicht um Nahrung, sie konkurrieren aber auch nicht mit Wölfen oder sonst irgendwem. Sie vermeiden den Wettbewerb, da dieser Konflikte produziert, welche sie wiederum verletzen könnte. Ebenso wenig macht soziale Ausgrenzung (Ostrazismus) beziehungsweise Exklusion Sinn, da man trotz »böser« Kaninchen genügend Nahrung vorfindet. Ostrazismus ist Teil eines strengen Regelkatalogs, der wiederum begrenzte Ressourcen und hohen Aufwand in die Aufzucht der Nachkommen impliziert.

Freilich rufen nicht nur Linke nach der Regierung. Hat sich ein r-System erst einmal verselbstständigt, werden alle möglichen Personen und Gruppen versuchen, sie, also die Regierung, dazu zu bewegen, Regeln zu ihren Gunsten zu beugen, selbstverständlich auch »Reiche« (militärisch-industrieller Komplex, Gefängnisindustrie oder überhaupt große Unternehmen), um nicht mehr oder kaum konkurrieren zu müssen. Man denke an Gewerkschaften, die Gewerkschaftsläden betreiben und nicht mit Leuten konkurrieren wollen, die bereit wären, für weniger zu arbeiten. Kurzum: Wo auch immer Menschen den direkten Wettbewerb anhand von Manipulation, Lobbyismus beziehungsweise dem Erschaffen von »Sonderrechten« für sich selbst vermeiden wollen, liegt der Ursprung in einer r-selektierten Denkweise.

Die ACC-Aktivierung lässt sich auch **während des Zeigens von Empathie** nachweisen, wahrscheinlich, da sie den Schmerz anderer simuliert.[117] Angesichts der Rolle des ACC hinsichtlich der Förderung der Empathie sowie der Rolle der Amygdala hinsichtlich des Erkennens von empathischen Anzeichen, die allesamt zu empathischem Verhalten »zwingen«, kann interessanterweise der Schluss gezogen werden, dass keine der politischen Psychologien optimal beschaffen ist, wenn es darum gehen soll, ungezügeltes, wahres und selbstloses Mitgefühl zu zeigen. Dies wiederum steht im Einklang mit der Prämisse, dass alle darwinistischen Strategien in gewissem Maße selbstsüchtig sind. (Ebenso lässt sich dadurch erklären, warum sich Linke tendenziell auf die Seite vermeintlicher »Underdogs« schlagen, worauf noch genauer eingegangen werden wird.)

---

[117] Decety & Lamm (2006).

Konservative werden die Emotionen und den Schmerz bei anderen besser wahrnehmen und eine entsprechend bessere Wahrnehmung hinsichtlich der entsprechenden Zeit verinnerlichen, um mitfühlend zu sein. Aufgrund ihrer größeren Amygdalae verfügen Konservative auch über eine höhere psychologische Kraft, die sie dazu motiviert, durch empathisches Verhalten auf empathische Gefühle einzuwirken. Ihr kleinerer ACC führt jedoch dazu, dass sie weniger Mitgefühl bezüglich psychischer Schmerzen verspüren, beispielsweise wenn jemand sozial ausgegrenzt wird. Dies führt tendenziell zu einer Person, die zwar wahrnehmen kann, wann sie einfühlsam sein muss und wann sie, ganz altruistisch, Unbehagen ertragen kann, dabei aber weniger durch den emotionalen Reiz empathischer Schmerzen motiviert wird. Dies stünde im Einklang mit einer Psychologie, die dazu neigt, mit anderen zu konkurrieren, und den Umstand, dass es auch Verlierer eines Wettstreits gibt, als natürliches Schicksal zu betrachten, das in gewisser Weise gerecht und notwendig ist.

Da demnach der Haupttrieb der Rechten in Sachen Nächstenliebe aus ganz gezielter Loyalität gegenüber bestimmten Menschen und nicht aus der ziellosen Empathie für alle bestehen wird, stünde diese Information im Einklang mit der r/K-Theorie. Es ist zu erwarten, dass Linke aufgrund des verminderten Amygdala-Volumens weniger in der Lage sind, Signale richtig zu deuten respektive wahrzunehmen, wann Empathie zu spüren ist. Sie verfügen auch über weniger psychologische Kraft, um persönliche Opfer dann zu erbringen, sofern sie mit wahrem, einfühlsamem Verhalten übereinstimmen. So können Linke grundsätzlich höhere Steuern unterstützen, während sie jedoch gleichzeitig versuchen, ihre persönlichen Steuern unabhängig von ihrer Haltung zu senken.

Eine Kombination aus starkem Mitgefühl für jedermann (unabhängig von seinem Verdienst) und einem Mangel an aversiven Reizen, die sie dazu bringen, persönliche Opfer zu bringen, würde zu einem **Konflikt zwischen Idealen und Verhalten** führen. Neid, kombiniert mit einem überentwickelten Einfühlungsvermögen, das nur durch extreme Reize »getriggert« wird, würde auch zu einer Person führen, die vom bloßen Anblick der Armen ganz überwältigt wird, jedoch nicht in der Lage ist, persönliche Opfer zu bringen, um ihren empathischen Drang zu beruhigen.

Gleichzeitig wären sie neidisch auf »die Reichen«, von denen sie wünschten, sie wären nicht so reich. Es wäre klar, dass eine starke Besteuerung »der Reichen«, um den Armen Geld zu geben, eine perfekte Lösung wäre, um ihren Trieb nach solcherlei Verhaltenswünschen zu mildern, um nicht zu sagen zu befriedigen. Dies steht im Einklang mit den Beobachtungen, dass Linke weniger wohltätig sind[118], aber höhere Steuern für andere fordern, um vermeintlich mitfühlenden und hehren Zwecken zu dienen. In der Tat ist der Umstand, dass Konservative wesentlich mehr Geld für wohltätige Zwecke spenden, gut dokumentiert[119], was sich unter anderem logisch aus der Tatsache ableiten lässt, dass für sie soziale Unterstützung und Wohlfahrt unab-

---

[118] Brooks (2007).
[119] Ebenda.

hängig von der Regierung erfolgen beziehungsweise nicht untrennbar mit Staatsinterventionismus verbunden ist.

Kurz gesagt: Linke **fühlen** sich zwar schlechter wegen Armut, Rechte hingegen **tun** tatsächlich mehr bezüglich deren Bekämpfung.

Mit dem zunehmenden r-Wachstum unserer Gesellschaft ist es kein Wunder, wenn nunmehr weit über die Hälfte der Einwohner Deutschlands zwar selbst nicht zu den Steuerproduzenten[120] zählt, aber trotzdem stetig Forderungen nach Steuererhöhungen für die verbleibenden produktiven Bürger (etwa 18%) zu hören sind.

Die neuronalen Alarmfunktionen des ACC werden als Reaktion auf Stimuli ausgelöst, die darauf hinweisen, dass im Moment Unannehmlichkeiten vorliegen, unabhängig davon, ob sich der Schmerz körperlich, in Form von Ausgrenzung oder Unfairness manifestiert. Im Gegensatz dazu beziehen sich Amygdala-Angelegenheiten auf neuronale Alarmsignale als Reaktion auf Stimuli, die darauf hinweisen, dass in der Zukunft Unannehmlichkeiten aufkommen (werden oder könnten), die wiederum auf emotionslosen Wahrnehmungen der gegenwärtigen Bedingungen beruhen und logisch auf ihre zu erwartenden Ergebnisse extrapoliert werden. Vor diesem Hintergrund erhalten Ideologien einen zeitlichen Fokus.

Diejenigen, die auf ihre ACCs angewiesen sind, konzentrieren sich wahrscheinlich mehr auf gegenwärtige Unannehmlichkeiten und weniger auf langfristigere Konsequenzen und Ergebnisse, die sich aus den momentanen Bedingungen ergeben. Dies führt dazu, dass die Schmerzen im Moment reduziert werden, selbst auf Kosten zukünftiger (»aufgeschobener«) Schmerzen, welche aufgrund ihrer geschwächten oder fehlerhaften Amygdala weniger wahrgenommen werden. Diejenigen hingegen, die eher auf Basis ihrer funktionstüchtige(re)n Amygdala handeln (und darauf angewiesen sind), werden sich mehr auf zukünftige Unannehmlichkeiten konzentrieren und sind vielleicht eher bereit, gegenwärtige Unannehmlichkeiten zu ertragen, um spätere zu minimieren.

Anders ausgedrückt: **Die Amygdala konzentriert sich auf in der Zukunft liegende Gefahren und Vorteile, basierend auf vergangenen und gegenwärtigen Trends und Auslösern.**

Dies führt zu einer Wahrnehmung von Ideologien, welche, sofern man ein Bild aus der Tierwelt bemühen möchte, etwas an das Verhalten der r-selektierten, den Sommer genießenden Heuschrecke und der K-selektierten, für den Winter vorausplanenden Ameise erinnert, und damit wiederum an Agrarwirtschaft. Die eine lebt ihr Leben permanent vor dem Hintergrund der Vermeidung gegenwärtiger Unannehmlichkeiten und maximiert stattdessen das gegenwärtige »Vergnügen«, unabhängig von etwaigen Kosten, die auf irgendwen (inklusive sie selbst) zukommen (müssen). Sie lebt, wie es so schön heißt, für den Moment (*»You only live once«*), während die andere ihre gegen-

---

[120] Lesen Sie hierzu auch Fritz, Jürgen: *68 Millionen werden schon jetzt von 15 Millionen miternährt und es werden immer mehr*, in: JFB, 05.08.2017, URL: https://tinyurl.com/yaq69gqm, Abruf am 19.02.2019.

wärtige Zeit auch damit verbringen wird, das zu ertragen, was auch immer sie »muss« (Verzicht, harte Arbeit), um insbesondere die eigene Zukunft angenehm(er) und erfolgreich(er) zu gestalten.

Man kann dies in der gesamten Politik sehen, wo sich die beiden Ideologien wie ein roter Faden durch die Geschichte ziehen. Linke konzentrieren sich über die Maßen auf die Notlage gegenwärtig armer Menschen, was zu dem Wunsch führt, Staatskassen auszuplündern und ökonomische Maßnahmen zu ergreifen, die zwar die gegenwärtigen Unannehmlichkeiten am vermeintlich effektivsten in Angriff nehmen, jedoch später zu noch viel größeren Unannehmlichkeiten führen – Unannehmlichkeiten, die sie in kognitiver Hinsicht zu registrieren völlig unfähig sind. Rechte beziehungsweise Konservative sind eher bereit, jene gegenwärtige Unannehmlichkeit zu ertragen, weil ihre Amygdalae bei den vorgeschlagenen Lösungen der Linken alle möglichen negativen künftigen Ergebnisse ausloten, beispielsweise bei Maßnahmen wie massiven Defizitausgaben, massiven Steuererhöhungen sowie der Vergrößerung und Ausweitung der Regierung, Regierungsreichweite und Regierungsbefugnisse. Ferner werden sie die sich daraus ergebenden Folgen wie die zukünftige Bestrafung von Erfolg einerseits sowie die Belohnung und Alimentierung von Faulheit in der Bevölkerung andererseits erkennen.

Konservative blicken verstärkt in die Geschichte, um für die Zukunft zu lernen. Spricht man mit ihnen beispielsweise über die Staatsverschuldung, kommen – basierend auf vergangenen tatsächlichen Begebenheiten – meinetwegen historische Beispiele anhand des antiken Roms, anhand der Hyperinflation in Frankreich am Ende des 18. Jahrhunderts oder in Deutschland zur Zeit der Weimarer Republik et cetera. Sie werden über Fiat-Währungen und abgewertete Währungen und Verfassungen innerhalb der Geschichte sprechen; die Liste ließe sich fortführen. All das wird insbesondere durch die Funktion der Amygdala bedingt. Je größer und funktionstüchtiger sie ist, desto besser lernt sie und desto besser kann sie zukünftige Gefahren auf Basis vergangener Trends einschätzen.

All dies impliziert, dass es zwischen beiden Ideologen kaum bis gar keine Übereinstimmung geben kann und dass diejenigen an den entgegengesetzten Enden des politischen Spektrums im Idealfall in gewisser Weise voneinander getrennt werden sollten, wenn wir das »politische Glück« für alle maximieren wollen (beispielsweise durch Sezession). Konservative werden bei der Strukturierung von Angelegenheiten, um spätere Unannehmlichkeiten (und die daraus resultierende Amygdala-Stimulation) zu minimieren, linke ACCs maximal bekämpfen, indem sie fordern, dass die gegenwärtige Unannehmlichkeit ausgehalten wird. Linke dagegen werden, wenn sie insofern handeln, als dass später Unannehmlichkeiten geschaffen werden, um die gegenwärtige Unannehmlichkeit zu minimieren, den nach vorne gerichteten konservativen Amygdalae maximal entgegenwirken. Dazu richten sie die Regierungsinstitutionen, auf die sie Einfluss haben, entsprechend auf Bahnen aus, die zur maximalen Unannehmlichkeit in Form des wirtschaftlichen und letztlich gesellschaftlichen Zusammenbruchs führen.

Stellen Sie sich ein Bild vor, auf dem man im Vordergrund einen Obdachlosen in einem Park sieht und im Hintergrund allerlei moderne, riesige Hochhäuser. Sofern Sie r-selektiert sind, werden Sie tendenziell etwas sagen wie: *»Diese Person ist arm, weil/obwohl dort Hochhäuser stehen, doch niemand hilft ihr.«* K-selektierte Leute hingegen werden sich das Bild ansehen – im Übrigen nicht ohne Mitgefühl für den Obdachlosen – und etwas sagen wie: *»Da wir den produktivsten Kräften erlauben, Ressourcen zu akkumulieren, um diese am effektivsten zu maximieren, haben wir Hochhäuser. Würde man das Geld, das zur Errichtung eines Hochhauses benötigt wird, dem Obdachlosen geben, gäbe es keine Hochhäuser – und entsprechend noch viel mehr Obdachlose.«*

Vor dem Hintergrund der r/K-Selektionstheorie macht allerdings jede Psychologie vollkommen Sinn. Die r-Strategen nutzen, so gut sie es können, die »Blüte« im Hier und Jetzt aus, solange sie noch andauert. Dabei nehmen sie wenig Rücksicht auf die Zukunft, ebenso auf ihren Nachwuchs, auf andere, oder sogar auf sich selbst. Dasjenige Kaninchen, das seine Fortpflanzungsfähigkeit letztlich verringert, indem es langfristig plant oder sich für einen Freund (auf)opfert, wird von anderen Kaninchen in einer fortwährenden r-Umgebung numerisch übertroffen werden. Diese Umgebung wird von Natur aus diejenigen begünstigen, die im Jetzt Nahrung und Paarungsmöglichkeiten ergreifen. Dabei werden sie stets unter der angeborenen Annahme agieren, dass es niemals irgendwelche Konsequenzen geben wird, da die Möglichkeiten und Bedingungen in der Zukunft dieselben sind. Darwin hat quasi über Epochen hinweg linke r-Strategen mit dieser Psychologie durchdrungen.

Ebenso wird sich der K-Stratege, der jetzt auf Kosten seiner Gruppe und seiner Vorbereitungen der kurzfristigen Glückseligkeit frönt, letztendlich aus der Bevölkerung vertrieben, und zwar durch einen Umwelteinfluss, der nur denen zugutekommt, die im Moment »das aushalten, was sie müssen«, also Unangenehmes. Dies tun sie sowohl für ihr »Team« als auch im eigenen Interesse, stets bestrebt, am Ende immer Erfolg zu verbuchen, wenn es darauf ankommt. Wenn die Natur eine K-Strategie durchdringt, wird demzufolge der Wunsch bestehen, den gegenwärtigen »Hedonismus« im Hinblick auf die Zukunft und alle potenziellen Kosten stets zu mäßigen.

Natürlich kann man argumentieren, dass die eine Psychologie besser geeignet sei, um eine langanhaltende Regierung zu schaffen, die den »Test der Zeit« übersteht, und dass die andere wahrscheinlich den gesellschaftlichen Zusammenbruch und den wirtschaftlichen Ruin jeder Gesellschaft, in der sie sich befindet, hervorrufen wird. Selbst bei einer flüchtigen Untersuchung der Geschichte ist diese Einschätzung offensichtlich richtig. Bis jedoch politische Ideologien weithin als Auswüchse von r- und K-Auswahlstrategien angesehen werden, wird es sehr schwierig sein, die enormen Wogen, welche sich, r-strategisch, durch den langfristig destruktiven Umgang mit Ressourcen sowie die Illusion der ständigen Verfügbarkeit derselben ergeben haben (zum Beispiel Gelddruck), zu glätten. Dies zeigt erneut, wie das Verständnis von Ideologie im Kontext der r/K-Theorie und ihrer neurostrukturellen Grundlagen ein viel umfassenderes Verständnis unserer ideologischen Kämpfe und der uralten Zwecke respektive Bedürfnisse ermöglicht, die diese Psychologien zu erfüllen versuchen, da sie (auch) die Natur unserer Regierungsgewalten prägen. Auf der großen Bevölkerungsebene treten keine weitreichenden und beobachtbaren Veränderungen in der Gesellschaft zufällig auf. Am besten können sie alle anhand ihrer alten evolutionären und reproduktiven Zwecke verstanden werden.

2.2.2 Der Einfluss des präfrontalen Cortex

Der präfrontale Cortex (**PFC**) liegt hinter der Stirn und ist »*der Teil des Neocortex, der das frontale Ende des Säugetier-Telencephalons bildet, das heißt der am weitesten vorne liegende Teil des Frontallappens, und sich vor dem sensomotorischen Cortex befindet. (...) Der präfrontale Cortex beinhaltet reziproke Verbindungen zum Thalamus und limbischen System sowie konvergente Projektionen sensorischer Areale. Innerhalb der Primaten erreicht er beim Menschen sein größtes Volumen. Der präfrontale Cortex ist verantwortlich für höhere kognitive Prozesse (Kognition) unter Einbezug des individuellen emotionalen Zustands (Emotionen) und besitzt eine große Bedeutung für die Persönlichkeitsstruktur; Schäden in diesem Gebiet führen weniger zu Intelligenzdefiziten als zu Persönlichkeitsveränderungen. (...) Der frontopolare präfrontale Cortex (FPPC) ist aktiv, wenn Menschen etwas planen oder komplexe Probleme lösen. Man kann ihn als Organisator für Zeit und Ressourcen des Gehirns ansehen, da er eine Liste der zu erledigenden Aufgaben führt und Prioritäten setzt.*« [121]

Er ist **verantwortlich für abstraktes Denken und Gedankenanalysen, aber auch für Verhaltensregulierungen**. So vermittelt er unter anderem zwischen widersprüchlichen Gedanken, sagt wahrscheinliche Ergebnisse mittels Aktionen oder nach Aktionen und Ereignissen voraus, kontrolliert und steuert Impulse sowie sexuelle Bedürfnisse, und ist folgelogisch mitunter am stärksten mit unserem Bewusstsein, unserer allgemeinen Intelligenz und Persönlichkeit verbunden. Da er darüber hinaus die Dopamin-Aktivität sowie Belohnungen im Gehirn kontrolliert[122], fungiert er zudem als Ansporn, der uns dabei unterstützt, Erfolg zu haben. Insgesamt hat sich die Größe unseres Gehirns in den vergangenen Millionen Jahren verdreifacht, die des PFC sogar versechsfacht.[123]

Der PFC stellt auch diejenige Sektion unseres Gehirns dar, die als letzte ausgereift ist, und zwar **erst nach etwa 25 Jahren**.[124]

Es wurde festgestellt, dass die Konditionierung der Umwelt hin zu einer linken politischen Ideologie **durch eine spezifische Variation des Gens für den D4-Dopaminrezeptor** (DRD4-7r) erleichtert wird[125], der die **Dopamin-Aktivität im Gehirn** steuert.[126] Weithin als neurochemische Belohnung bekannt, ist eine korrekte Dopamin-Funktion für das einwandfreie Funktionieren des präfrontalen Cortex erforderlich.[127]

Der PFC ist dafür verantwortlich, sowohl die Natur der eigenen Umgebung wahrzunehmen als auch das Verhalten im Hinblick auf Erfolg zu organisieren.[128]

---

[121] Spektrum Akademischer Verlag Heidelberg: *Lexikon der Neurowissenschaft, präfrontaler Cortex*, URL: https://tinyurl.com/y4k6234u, Abruf am 21.02.2019; Schwartz (2014), S. 305.
[122] Kubesch (2005), S. 60 f.
[123] MacDonald (2009), S. 160.
[124] Arain et al. (2013); Walsh (2014).
[125] Settle et al. (2010).
[126] Cloninger et al. (1993).
[127] Wiesbeck et al. (1995).
[128] Miller et al. (2002).

Der PFC steht auch im Zusammenhang mit der **Unterdrückung der Amygdala-Aktivierung**[129], wahrscheinlich als Reaktion auf das Erkennen **positiver Umstände** in der Umgebung, die darauf hinweisen, dass eine Zielerreichung (Erfolg) wahrscheinlich ist. In dieser Variante fördern Impulse, die den Erfolg als wahrscheinlich erachten, **einen normalen PFC**. Dieser wird daraufhin die Amygdala insofern unterdrücken, negative Sinneseindrücke hervorzurufen, die einen von erfolgversprechenden Aktivitäten abhalten könnten.

Stellen Sie sich beispielsweise einen Jungen vor, der auf einer Mauer steht und überlegt, ob er herabspringen solle. Es ist wahrscheinlich, dass ihm seine Amygdala sagt, er solle es besser bleiben lassen, sein PFC hingegen lockt mit Dopamin-Ausschüttung für den Fall, alles unbeschadet zu überstehen. Ohne aversiven Reiz der Amygdala wird man keine oder kaum Angst und Depression verspüren und sich frei fühlen, nach Erfolg zu streben. In Anbetracht dessen ist es wahrscheinlich, dass eine Funktionsstörung im sogenannten dopaminergen, also auf Dopamin reagierenden System – zum Beispiel durch die genetische Vererbung eines weniger wirksamen Rezeptorgens wie das 7r-Allel – die Entwicklung von Optimismus durch den PFC beeinflussen könnte. Solcherlei Versagen, Optimismus zu erzeugen, würde dann Tendenzen zu Angst und Depression und eine daraus resultierende Abneigung gegenüber Strebsamkeit hervorrufen. Wie oben bereits festgestellt wurde, sind Wettbewerber vom »Typ K« derart »programmiert«, sich trotz Risikos an Wettbewerben zu beteiligen, während Psychologien vom »Typ r« eine deutliche Abneigung gegenüber fairen, auf entsprechender Eignung basierenden Wettkämpfen zwischen Zeitgenossen hegen.

Allelische Variationen im Gen für den D4-Dopaminre-zeptor gehen mit **Angstzuständen, Depressionen und Neurotizismus** einher.[130] Es wurde ferner gezeigt, dass die korrekte Funktion von Dopamin eine entscheidende Rolle bei der Produktion von Anreizen spielt (dem Wunsch nach Belohnung).[131] Anhand der Kombination aus der sich in angemessener Höhe darreichenden Notwendigkeit der Dopamin-Signalisierung für die korrekte Funktion des PFC einerseits, und der Rolle des PFC bei der Unterdrückung der Amygdala andererseits, kann man sehen, wie bereits eine geringfügige Variation im Erzeugnis des D4-Dopaminrezeptor-Gens, welche dessen Funktion reduziert und wiederum durch das mit dem politischen Linkstum verbundene 7r-Allel erzeugt wird, eine Rolle bei der Veränderung des Wettbewerbsverhaltens spielen könnte. DRD4 ist ein einzelnes Gen, das die Wahrnehmung von Optimismus und Pessimismus, Angst und Depression sowie den Wunsch nach Belohnung verändern kann. Wie noch zu zeigen sein wird, beeinflusst es auch andere Aspekte der r-selektierten Psychologie.

Als Folge eines weniger wirksamen Rezeptorgens verfügen Linke über einen nur **mangelhaft ausgeprägten Dopamin-Haushalt** und somit nicht über dasselbe Le-

---

[129] Berntson & Cacioppo (2009), S. 873.
[130] Tochigia et al. (2006).
[131] Berridge & Robinson (1998); Berridge (2007).

vel, den Dopamin-Anreizmechanismus zu erleben. Letzterer, kombiniert mit Neid, wird sich somit unterschiedlich äußern, je nachdem, welche Psychologie adaptiert wurde. So würde ein Mann mit normal ausgeprägtem Rezeptorgen beispielsweise einen anderen sportlichen Mann mit austrainierten Oberarmen sehen und sich insgeheim denken:

»Nicht schlecht. Ich muss ab sofort ins Fitness-Studio und hart arbeiten, damit ich in absehbarer Zeit auch so aussehe.«

Im Falle eines mangel- oder fehlerhaft ausgeprägten Dopamin-Haushalts hingegen wird das Neidzentrum einschreiten und den nicht durchtrainierten Mann etwas denken lassen wie:

»Naja, dafür habe ich einen Abschluss in Sozialpädagogik.«

Er wird nicht denselben Motivationsmechanismus erfahren, sprich es werden Dinge oder Begebenheiten gesehen, die man gerne hätte, allerdings ohne Motivation, sie ebenfalls zu erreichen. In dieselbe Kerbe schlägt dann beispielsweise der Umstand, dass K-selektierte Personen arme Leute sehen und sich tendenziell denken:

»Ärmel hochkrempeln, Arbeit suchen!«

Diesem Ansatz wohnt implizit eine Motivation und eine in Aussicht stehende Belohnung inne. Doch ist man r-selektiert (mit entsprechender Gehirn-Konfiguration), wird der Gedanke eher einer sein wie:

»Oh, du armes Ding. Hier ist etwas Geld.«

Je höher das Level des Dopaminrezeptors beziehungsweise je besser der Dopaminrezeptor funktioniert, umso höher das Verlangen, nach den Regeln zu spielen und zu gewinnen. Dies geht aus einer Studie[132] hervor, in der **Personen mit erhöhter Dopamin-Aktivität besser mit Mühsal und harten Umständen umgingen**, beispielsweise Betrug durch Gegner inmitten eines Wettbewerbs. Erstere blieben tendenziell regelorientiert und nutzten die mit Belohnung und Motivation verbundenen Gehirnstrukturen stärker. Sie neigten dazu, sich weiterhin an die Regeln ihres Wettbewerbs zu halten, während sie sich immer mehr bemühten, innerhalb dieser zu gewinnen. Würden K-selektierte Individuen durch Betrug oder »Schummeln« gewinnen, würden sie sich nicht gut fühlen, da sie das Dopamin nicht »träfe«.

Im Gegensatz dazu tendierten diejenigen mit einer niedrigeren Dopamin-Funktion zu einem stärkeren Regelbruch und agierten sogar aggressiv, wenn sie inmitten von Konkurrenz mit Schwierigkeiten konfrontiert waren. Die Bereiche des Gehirns, die sie am häufigsten verwendeten, waren Bereiche, die mit Selbstbewusstsein und sozialem Verhalten in Verbindung stehen – *»Kann ich damit irgendwie durchkommen?«*

Bei einer linken Verhaltensstrategie geht es häufig darum, soziale Manipulation anzuwenden, um Regeln zu brechen und direkte, regelbasierte Wettbewerbe mit Gleichgesinnten zu vermeiden. Das Motto lautet tendenziell:

---

[132] Treadway et al. (2012).

»Konkurriere nicht direkt mit jemandem in einer kapitalistischen Umgebung. Manipuliere vielmehr das soziale Umfeld, damit Regierungsbeamte die andere Person unterdrücken, damit sie auch nichts (mehr) tun können.«

Oder:

»Entwickle nicht die Fähigkeit, dich zu verteidigen. Stattdessen sollte die Regierung alle anderen entwaffnen, so dass du im Vergleich nicht so schwach dastehst. Gehe nicht zu einem Haus eines Waffenbesitzers und nimm ihm selbst etwaige Waffen ab. Manipuliere stattdessen das politische System, damit ein Polizist an deine Stelle tritt und das Risiko erträgt, das du fürchtest, und in deinem Namen konkurriert.«

Ein K-selektiertes Motto lautet hingegen:

»Es geht in erster Linie nicht darum, zu gewinnen oder zu verlieren, sondern darum, wie das Spiel gespielt wird.«

Wichtig in diesem Kontext ist zudem das manchmal als »Vertrauenshormon« oder »Liebeshormon« bezeichnete **Oxytocin**, welches zu mehr Vertrauen und Großzügigkeit führt und durch Dopamin-Signalisierung ausgelöst wird (und einen Grund dafür liefert, warum es zum Beispiel etwas wie faires, sportliches Verhalten gibt). Es zog die Aufmerksamkeit auf sich, als festgestellt wurde, dass Personen, denen eine Dosis Oxytocin verabreicht wurde, anderen gegenüber zugetaner[133] und großzügiger[134] waren. Oxytocin hatte aber auch andere vorteilhafte Aspekte. Eine sehr umfangreiche Arbeit[135] zeigte, dass Mütter das Hormon freisetzen und damit die Bindung zu ihrem Nachwuchs ausgelöst wird[136], was vermutlich dazu führt, dass Mütter sehr hohen Aufwand bei der Pflege ihrer Nachkommen betreiben. Obwohl es an Beweisen für den Menschen noch mangelt, ist seine Freilassung bei einigen Säugetieren auch mit väterlichem Aufwand verbunden.[137] Seine Freisetzung wurde auch mit Verhaltensweisen und Bindungen zwischen Partnern assoziiert, die Monogamie erzeugen.[138]

Die Diskussion hat jedoch ebenso misstrauische Stimmen hervorgebracht, welche von *»den zwei Gesichtern des Oxytocins«*[139] sprechen. Prof. Dr. Shelley E. Taylor von der *University of California, Los Angeles*, warnte:

»Oxytocin entwickelt den Ruf, etwas zu sein, was man morgens in jemandes Kaffee werfen möchte, um ihn weich und nett und flaumig für einen zu machen (...) Das ist einfach nicht der Fall. Oxytocin ist viel komplexer als das.«[140]

Die Verschiebung fand statt, nachdem festgestellt wurde, dass Oxytocin all die genannten positiven Verhaltensweisen zwar verbessert, dies jedoch im Rahmen bezie-

---

[133] Kosfeld et al. (2005).
[134] Zak et al. (2007).
[135] Lee et al. (2009).
[136] Feldman et al. (2007).
[137] Gubernick et al. (1995).
[138] Insel & Hulihan (1995); Bales & Carter (2003); Scheele et al (2012).
[139] DeAngelis (2008).
[140] DeAngelis (2008). (Es handelt sich bei DeAngelis um zwei unterschiedliche Studien aus dem Jahre 2008.)

hungsweise in Bezug auf die eigene Gruppe, als Teil der Unterstützung des Ethnozentrismus sowie der Erhöhung der Loyalität gegenüber der eigenen Sippe[141] (ein Grund, warum eher linke Forscher ihre anfängliche »Zuneigung« gegenüber dem Hormon wieder verwarfen). Ferner fanden Forscher heraus, dass Oxytocin prosoziales Verhalten fördert, sofern die Signale in der (geschaffenen) Umwelt als »sicher« interpretiert werden, jedoch defensivere und »unsozialere« Emotionen und Verhaltensweisen fördert, sofern die sozialen Signale als »unsicher« interpretiert werden (beispielsweise aufgrund sukzessive zunehmender Kriminalität et cetera).[142] Dies ist auch insofern interessant, da die Funktion von Oxytocin eng mit der Dopamin-Aktivität zusammenhängt.[143] Bei Ratten löst ein Signal des Dopamin-Signals die Freisetzung von Oxytocin in ihrem Gehirn aus.[144]

Es wäre naheliegend, dass ein Träger eines weniger wirksamen Dopamin-Rezeptor-Polymorphismus (wie das 7r-Allel), oder dessen Rezeptoren durch anhaltende Beanspruchung gegenüber Dopamin-erzeugenden Reizen vermindert wurden, weniger Basis-Oxytocin freisetzen und somit eine stärkere r-Strategie in Bezug auf den elterlichen Aufwand, Monogamie und Loyalität zur eigenen Gruppe und/oder zum Ethnozentrismus verfolgen würde. Stellen Sie sich einen Junkie vor, dessen einzige Sorge der nächste »Schuss« ist, elterlicher Aufwand, persönliche Loyalität und Ehre hingegen keine übergeordneten Anliegen darstellen. (Drogenabhängige sind ein Extremfall, was die Desensibilisierung der Dopamin-Funktion betrifft: Sie sind bereit, Regeln zu brechen, zu lügen und zu betrügen, zu stehlen und zu rauben, um diesen einen, nächsten »Kick« zu erhalten.)

Aus diesem Grund könnten Menschen in Stresssituationen, wie sie beispielsweise durch die Ressourcenbeschränkung der K-Selektion hervorgerufen werden, so »programmiert« werden, dass sie sich zusammen mit Freunden und Familie gegen Außenstehende zusammentun, um letztlich starke »Dopaminwellen« aus dem Erfolg nach einem Wettbewerb respektive Konkurrenzsituationen zu extrahieren.

Der von Linken gerne und häufig propagierte Slogan im Stile von *»Wir sind alle eins«* oder *»Gemeinsam sind wir stark«* wird (würde) interessanterweise gerade durch das hervorgerufen, das sie mit allerlei abwertenden Vokabeln diffamieren: (Fairer) Wettbewerb innerhalb einer Gesellschaft, welcher nicht nur Dopamin, sondern auch Testosteron und Oxytocin fördert – und damit Liebe, Gemeinschaft, Ingroup-Präferenzen, Stammesfunktion, Verbindung und so weiter. Jene »Dopaminwellen« erzeugen aller Wahrscheinlichkeit nach Oxytocin-Impulse, welche die Bindung und Loyalität zur Gruppe fördern – und damit den Erfolg. Ohne Wohlfahrtsstaat müssen sich Menschen aufeinander verlassen können.

Sie träten beispielsweise wohltätigen Organisationen bei, die im angelsächsischen Raum vor der Einführung des Wohlfahrtsstaates als *»friendly societies«* bezeichnet wur-

---

[141] De Dreu et al. (2011).
[142] Olff et al. (2013).
[143] Baskerville & Douglas (2010).
[144] Succu et al. (2007).

den, so beispielsweise im viktorianischen London des Jahres 1900, wo sozial- und wohlfahrtsstaatliche Einrichtungen unbekannt waren. Dennoch, so der deutsche Volkswirt Roland Baader (1940-2012), gab es keinen einzigen Einwohner der Stadt, *»der unbehandelt krank geblieben wäre oder mittellos hätte hungern oder als Obdachloser leben müssen. Dutzende (...) Friendly Societies kümmerten sich um jeden Gestrauchelten oder Unglücklichen; die Ausgaben für karitative Zwecke bildeten den zweitgrößten Budget-Posten (nach den Lebensmitteln) der Bürgerhaushalte, und fast die Hälfte der Londoner Ehefrauen in den bürgerlichen Familien war aktiv und unentgeltlich in Hilfseinrichtungen tätig. Mit dem Heraufziehen der staatlichen Sicherungs- und Wohlfahrtseinrichtungen lösten sich diese Institutionen und freiwilligen Hilfsdienste sukzessive auf. Im Wohlfahrtsstaat gilt die Devise ‚Warum soll ich meinem Nachbarn helfen, wenn es doch das Sozialamt gibt'.«* [145]

Ohne letzteres würden gefestigte Familien und Nachbarschaftshilfe stark an Bedeutung gewinnen. Das Sozialversicherungsnetz würde, lapidar gesprochen, in *»Ich-kenne-da-Leute-die-mir-helfen-und-denen-ich-helfe«* umfunktioniert werden und vieles mehr. Wenn dagegen Ressourcen – wie im Wohlfahrtsstaat – »frei« fließen und demnach Dopamin überall »vorhanden ist«, könnte der Mensch so »programmiert« werden, dass er nicht so viel Wert auf persönliche Bindungen oder Gruppenzugehörigkeiten als Mittel legt, die Konfliktwahrscheinlichkeit zu minimieren. Diese Perspektive trägt das Potenzial, wichtige Einblicke in die Mechanismen zu gestatten, durch die sich die Ideologie einer Bevölkerung verschieben könnte. Darüber hinaus fügt es dieser Arbeit ein kritisches Element hinzu und unterstützt das Konzept der politischen Ideologie als Reproduktionsstrategie.

Auch für **Störungen der Libido** ist die allelische Variation im DRD4-Gen verantwortlich[146], so wird unter anderem der erste Geschlechtsverkehr zu einem frühe(re)n Zeitpunkt erfolgen[147], ebenso zeichnet sie (die Variation) sich verantwortlich für Promiskuität und Untreue – basierend auf einer Studie[148], in der sogar diskutiert wurde, wie das 7r-DRD4-Allel, das mit einer linken Prädisposition assoziiert wird, r-ausgewählte Umgebungen favorisiert, weil letztere Promiskuität fördern.

Es wurde ferner gezeigt, dass diejenigen, die sich als Linke zu erkennen geben, im Allgemeinen sowohl eine **erhöhte Depression**[149] als auch eine **erhöhte Libido**[150] aufweisen, zumal Sexualität Depressionen dopamintechnisch kurzfristig »bekämpfen« kann, was folglich unter anderem die Unterstützung vieler Linker für eine weniger sexuell eingeschränkte Gesellschaft (»Freie Liebe«) zur Folge hat.[151]

---

[145] Baader (2005), S. 277.
[146] Ben-Zion et al. (2006).
[147] Guo & Tong (2006).
[148] Garcia et al. (2010).
[149] Taylor et al. (2006); Napier & Jost (2008); Brooks (2008), S. 32.
[150] Verhulst et al. (2010).
[151] Peterson & Zurbriggen (2010). (In vielen Studien wird der Terminus *»authoritarian personality«* stellvertretend für *»politisch konservativ«* verwendet.)

Es gibt einiges, das für die Hypothese spricht, dass Depression eine evolutionäre Anpassung sein könnte, die eine wettbewerbsfeindliche r-Psychologie heraufbeschwört. Oder anders formuliert: Theoretisch »helfen« Depressionen dabei, Wettbewerb zu vermeiden. Depressionen verursachen psychologische Veränderungen, die dazu dienen, die Anreize (auch bekannt als Wunsch nach Belohnung) zu verringern. Sie erinnern sich, dass eine Prämisse der hier vorgestellten r/K-Theorie darin besteht, dass sich die ausgewählten Psychologien zu einer Konkurrenzsituation entwickelt haben, einfach aufgrund der Tatsache, dass r-Auswahlumgebungen reichliche Ressourcen enthalten werden, was den Wettbewerb für r-selektierte Organismen unnötig macht(e).

Der mögliche Zusammenhang einer depressiven Stimmung mit der r-selektierten, wettbewerbsfeindlichen Psychologie verdient im Zusammenhang mit dieser Theorie eine schnelle Auswertung einiger anderer Untersuchungen, die sich auf Depressionen beziehen. (Um eines klar zu stellen: Hier geht es nicht darum, eine klinische Depression mit der r-Strategie gleichzusetzen. Das ist sie mit Sicherheit nicht. Vielmehr geht es darum, dass es wahrscheinlich(er) ist, dass der r-selektierte Linke im Vergleich zu Gleichaltrigen unter einer depressiven Stimmung leidet, welche seine Weltsicht wiederum fundamental verändert – obwohl sich die Betroffenen dessen wahrscheinlich nicht bewusst sind –, und dass diese Stimmungstendenz innerhalb unserer Theorie einen klaren, evolutionären Zweck hat.)

Einige Evolutionspsychologen behaupten, dass Depressionen eine weiterentwickelte Reaktion sein könnten, um Probleme zu lösen, die im Umfeld unserer Vorfahren häufig auftraten.[152] Eine relativ junge Theorie besteht im sogenannten *»Behavioral Shutdown Model« (BSM)*[153], das besagt, dass sich Depressionen entwickelt haben, um zu verhindern, dass ein Individuum in eine Situation übergeht, die einen Darwin'schen Nachteil hervorruft. Bei diesem Modell wird ein Verhaltensstillstand ausgelöst, wenn eine Einzelperson keine positive »Darwin'sche Rendite« für ihre Bemühungen erhält, die für die Verfolgung eines bestimmten Vorgehens aufgewendet werden.[154] Wie oben bereits erwähnt, spielen frühe Erziehungserfahrungen wahrscheinlich eine Schlüsselrolle bei der Entwicklung einer wettbewerbsfeindlichen Psychologie.

Psychosozialer Stress, wie Ausgrenzung, Konkurrenzversagen oder einfach wiederholter Neid, könnte depressive neurologische Tendenzen herbeiführen, dadurch das sich entwickelnde Gehirn in eine depressivere Stimmung versetzen und als Erwachsener schließlich eine wettbewerbsfeindlichere Psychologie entstehen lassen. Hätte einer unserer alten Vorfahren als Kind solche Entwicklungsmerkmale erlebt, was darauf hindeutet, dass er als Erwachsener nicht mit Gleichaltrigen konkurrieren könnte, hätte er eine pawlowsche Prädisposition für eine depressive Stimmung entwickelt, wenn er im Erwachsenenalter mit Konkurrenz konfrontiert wurde. Dieser Mechanismus hätte

---

[152] Nesse (2000).
[153] Henriques (2000).
[154] Beck (1999).

es einem Kind ermöglicht, die Wahrscheinlichkeit auszuloten, ob es vor dem Hintergrund eines in Sicherheit stattfindenden Kinderspiels (s)eine Wettbewerbsfähigkeit zeigt. Als Erwachsener, nachdem die Konsequenzen des Scheiterns noch viel schwerwiegendere gewesen wären, hätte diese bedingte Konditionierung bezüglich Depressionen dazu gedient, die Bemühungen um einen offenen Wettbewerb mit Gleichgesinnten einzuschränken und möglicherweise keine »Darwinsche Niederlage« zu erleiden.

Vereinfacht gesagt: **Erwachsene, die als Kinder beispielsweise im Sport selten bis gar nicht mithalten konnten, vermeiden tendenziell Konflikte.** (Als Kinder vermieden sie tendenziell den Umgang mit sportlich erfolgreichen und dominanten Altersgenossen. – *»Angeber!«*)

Worin sollte der Grund bestehen, dass Kinder permanent in den Wettbewerb treten wollen? Antwort: Um herauszufinden, wie gut sie bei Tätigkeit X oder Y sind. Sport kann dabei, auch wenn es erst einmal extrem klingen mag, mitunter auch als eine Grundvoraussetzung, als ein »Trainingsgelände« oder eine Art »Vertretung« für Krieg betrachtet werden. Wer permanent verliert, wird mit hoher Wahrscheinlichkeit kein guter Krieger werden. Der Umstand, überwiegend zu verlieren, wird Kinder auf die eine oder andere Weise lehren, Wettbewerb, wenn möglich, zu vermeiden, da sich dadurch negative Konsequenzen (vor allem als Erwachsene) reduzieren lassen.

Es geht selbstverständlich nicht einfach nur darum, ob man als Kind nicht gut ist in Wettbewerb X beziehungsweise Sportart Y. So gut wie jeder tut sich anfangs schwer mit Neuem. Vielmehr geht es darum, ob man innerlich fühlen kann, dauerhaft konkurrieren zu können, sofern man hart an sich arbeitet. Um richtig gut in etwas zu werden, bedarf es normalerweise vieler Stunden harter Arbeit und Übung. Die Frage ist, ob der Dopamin-Haushalt insofern funktionstüchtig (normal) ist, die individuelle Motivation aufrecht zu erhalten. Sicherlich sind wir nicht einfach nur durch Dopamin, ACC, PFC, Hippocampus, Amygdala und so weiter »programmiert« (eines der Allele des DRD4-Dopaminrezeptor-Gens erhöht die Tendenz, unter Depression zu leiden), zumal in allem Entscheidungen involviert sind. Die spannende Frage lautet allerdings: Kämpfen wir uns durch Herausforderungen, »pushen« wir uns immer weiter, um die Dopamin-Belohnung zu erhalten, die wiederum zu Testosteron führt, das wiederum zu Oxytocin führt?

Jeder, der die Erfahrung eines (großen) Erfolgs macht oder gemacht hat, weiß, welch angenehme Gefühle damit verbunden sind. Vermeidet man Wettbewerbe – aus welchen (kombinierten) Gründen auch immer: Genetik, Epigenetik, Umgebung, persönliche Entscheidung, Feedbacks von Trainern et cetera –, nachdem man »es« zwar versuchte, aber scheiterte, so besteht ein K-selektierter Ratschlag darin, »es« stetig neu zu versuchen und immer weiter zu üben (*»Übung macht den Meister«*), zumal man dadurch tendenziell auch von Dingen wie Promiskuität oder Teenager-Schwangerschaft ferngehalten und stattdessen mit einer Ingroup-Präferenz gegenüber Kameraden oder Altersgenossen ausgestattet wird; zumal man durch die K-selektierte Ausdauer und innere Motivation, nicht aufzugeben, letztlich nicht zu dopaminmangelbedingtem »novelty-seeking« neigt und sich aufgrund impliziter Gefahr eher (schwer) verletzt. Nur so wird sich dauerhaft der Wert und die Notwendigkeit des Wettbewerbs innerlich manifestieren. Vermeidet man den Wettbewerb und alles, was damit verbunden ist, ist es nur logisch, im Alter wettbewerbsfeindlich zu werden, **was nichts anderes bedeutet, als den freien Markt beziehungsweise die freie Marktwirtschaft abzulehnen, zu verachten, gar zu hassen**, stattdessen auf »Ergebnisgleichheit« zu pochen und anfälliger für Depressionen, Hypersexualität und so weiter zu sein. Man wird sich wünschen, Regeln aufzustellen, nur um sich einen Vorteil zu verschaffen, indem man sie bricht (Dirigismus, umfangreiches Staatstreiben).

Offenbar vollzieht sich dieser Mechanismus innerhalb von Parametern, die durch genetische Veranlagung festgelegt wurden, und zwar als ein Ergebnis der Erfahrungen unserer Vorfahren, als ihre Wettbewerbsfähigkeit in Bezug auf genetisch übertragene, körperliche Fähigkeiten getestet wurde. Einige Kognitionsforscher vergleichen depressive Menschen mit Investoren, die aufgrund fehlender Ressourcen eine risikoaversive Anlagestrategie verfolgen.[155]

Hierbei vergleichen Forscher persönliche Interaktionen im Kontext eines wirtschaftlichen Wettbewerbs, um Ressourcen zu gewinnen. Auf der einen Seite sehen wir Personen, die gewillt sind, Kapital zu investieren, um Gewinne zu erzielen. Auf der anderen Seite stehen Personen, die kein Kapital riskieren, sondern eher nach einfachen Möglichkeiten für einen bestimmten Gewinn suchen – ohne Risiko oder Herausforderung. Diese Theorie könnte dafürsprechen, dass die Stimmung ein Faktor für »Darwin'sche Wettkämpfe« darstellt: Dem r-Strategen fehlen die Ressourcen, um in einer K-selektierten Umgebung mit höherem Risiko konkurrieren zu können. Daher verfolgt er eine risikoscheue Strategie, um Wettbewerb zu vermeiden, während er nach einfachen Gewinnen oder freien Ressourcen Ausschau hält.

Die Evolutionspsychologen Dr. Dr. Anthony Stevens und Dr. John Price (1927-2013) arbeiteten die sogenannte **Rangtheorie** (*rank theory*) aus, welche besagt, dass Depressionen ein weiterentwickeltes Mittel darstellen können, durch das diejenigen mit niedrigerem Rang psychologisch geleitet werden, ein offenes Streben nach Dominanz mit mächtigen Vorgesetzten (von denen sie besiegt werden können) innerhalb ihrer sozialen Hierarchie zu vermeiden.[156]

Wenn es allerdings wahrscheinlich ist, dass mächtige Vorgesetzte ein Individuum besiegen, wird dieses Individuum – gemäß der Theorie – eine Strategie des verminderten Strebens durch die unbewusst erzwungene Annahme einer depressiven Psychologie einnehmen. Somit werde ein nicht wettbewerbsfähiges Individuum – als darwinistische Überlebensstrategie – eine Abneigung gegen den Wettbewerb zeigen – ein Verhaltensmodell, das typisch für eine r-selektierte Reproduktionsstrategie wäre. Mit depressiven Stimmungen gehen nicht nur chronische Entzündungen[157] einher, sondern zudem eine verringerte Funktionstüchtigkeit des Sozialverhaltens[158] sowie eine gerin-

---

[155] Leahy (1997).
[156] Price (1967); Gilbert (1992), S. 244; Price et al. (1994); Sloman et al. (1994);
[157] Maes et al. (2011).
[158] Reinherz et al. (1999).

gere sozioökonomische Stellung.[159] In allen drei Fällen zeigen die Betroffenen eine verringerte Wettbewerbsfähigkeit und Fitness, entweder aufgrund verminderter körperlicher Vitalität, aufgrund einer verminderten Fähigkeit, hohes soziales Ansehen zu erreichen, oder aufgrund verminderten Verdienstpotenzials. Es ist nicht unmöglich, dass Menschen, die solchen Bedingungen einer drohenden Niederlage ausgesetzt waren, ein psychologisches Bestreben entwickelt haben, um eine risikoscheue, wettbewerbsfeindliche Strategie zu verfolgen.

Es ist sogar wahrscheinlicher, dass Menschen, die derartige Schwächen zeigten und die vermutlich im Wettbewerb schlecht(er) abschneiden würden, sich einen Wettbewerbsvorteil gesucht hätten, der nicht im offenen Wettbewerb mit anderen stand. Es ist eine Prämisse dieses Textes, dass, wie beim Tintenfisch-Transvestiten[160], der Vorteil, den fortgeschrittenere r-Strategen entwickelten, aus der psychologischen Fähigkeit bestand, Regeln zu brechen, in Wettbewerben zu schummeln und opportunistische Vorteile zu nutzen.

Sofern sie im direkten Wettbewerb mit Konkurrenten konfrontiert sind, wäre ein Konkurrenzdenken für besagte r-Strategen nicht von Vorteil. Ein leicht depressiver Zustand könnte ein Mittel sein, um diese r-Psychologie zu erzeugen. Interessanterweise haben Neuroimaging-Studien bei Patienten mit Depression eine atypische Funktion, sowohl im präfrontalen Cortex als auch im Amygdala-Hippocampus-Komplex, gezeigt.[161] Nach unserer Theorie spielen beide Bereiche eine Rolle bezüg-

---

[159] Yu & Williams (2006), S. 154.
[160] Die sogenannten Riesensepia (Sepia apama) sind in australischen Gewässern beheimatet. Ihre Haut ist ein überaus komplexes Organ, welches – wie die menschliche Intelligenz und Physis – einen sehr intensiven und langen Evolutionsprozess durchlaufen musste; es würde hier zu weit führen, die außerordentliche Komplexität en detail zu erläutern, Interessierte seien verwiesen an Hall & Hanlon (2002). Nur soviel: Die Männchen sind den Weibchen während der Paarungszeit zahlenmäßig 11:1 überlegen. Die Männchen beginnen alsdann, untereinander heftig zu konkurrieren, von blinkenden und wellenförmigen Farbmustern auf ihrer Haut, über Drohgebärden bis hin zu echten Ringkämpfen. Die Männchen testen sich immer wieder, um zu sehen, welche die Stärksten sind, und erheben Anspruch auf die wartenden Weibchen. Viele Männchen, die unter den größeren, stärkeren Männchen keine Chance im Kampf hätten, »schweben« in der Nähe, während die Kämpfe toben. Da sie keine Chance hätten, entwickelten diese kleineren, schwächeren Männchen eine andere Strategie. Sie ziehen ihre langen, maskulinen Tentakeln ein und lassen sie kurz und gedrungen aussehen – wie die eines Weibchens. Sie zeigen dann ebenfalls das milde Farbmuster eines Weibchens auf ihrer Haut und gleiten an den ahnungslosen großen Männchen vorbei, die einfach davon ausgehen, dass diese männlichen Transvestit-Weibchen vorbeischwimmende Weibchen seien. Während die Kämpfe oben toben, paaren sich diese »verkleideten« Männchen mit dem Weibchen, ohne für sie zu kämpfen. Sie geben im Wesentlichen vor, ein Weibchen zu sein, um einen Konflikt mit den größeren, aggressiveren Männern zu vermeiden – einen Konflikt, den sie, wie gesagt, wahrscheinlich verlieren würden. Dieses wettbewerbsfeindliche Verhalten, das Promiskuität begrüßt und auf Verdiensten basierende Wettbewerbe ablehnt, ist eindeutig ein Auswuchs der primitiveren r-selektierten Psychologie. Bei dieser Spezies haben die K-selektierten Männchen das Merkmal der Wettbewerbsfähigkeit so entwickelt, dass sie ihre Anwendung bei der Suche nach einem Partner ritualisiert haben. Gleichzeitig haben sich die r-selektierten Männchen derart entwickelt, um diese Ritualisierung zu nutzen, indem sie sich als Weibchen maskieren, die Wettkampfregeln des K-ausgewählten Konkurrenten brechen und sich so oft wie möglich mit so vielen Partnern wie möglich paaren.
[161] Soares & Mann (1997); Drevets (1998).

lich der Annahme einer wettbewerbsfeindlichen Psychologie, welche den Betroffenen alsdann Angst, Stress sowie eine regelrechte Unmöglichkeit, Umweltbedingungen positiv wahrzunehmen, aufzwingt, wenn sie an Wettbewerb und Konkurrenz denken.

Obwohl Depressionen häufig als Folge von Umweltwahrnehmungen oder Krankheitsverläufen angesehen werden, wurde schließlich festgestellt, dass die genetische Veranlagung in ihrer Ätiologie, also der Ursache für das Entstehen einer Krankheit, eine bedeutende Rolle spielt.[162]

Eines der Gene, das mit einer verstärkten Depression in Verbindung steht, ist ein Allel des DRD4-Dopaminrezeptor-Gens[163], ein Gen, das auch mit der Konditionierung einer linken politischen Ideologie[164], sexueller Promiskuität[165], und der Annahme von Verhaltensmustern des r-Typs beim Menschen in Verbindung gebracht wird. All diese Hinweise und Belege stehen im Einklang mit der Theorie des politischen Linkstums als einer fortgeschrittenen, wettbewerbsfeindlichen, darwinistischen Psychologie, die durch eine tendenziell depressive Stimmung vermittelt wird und mit einer Abneigung gegen das Risiko, seine Eignung anhand von regelbasierten Konkurrenztests unter Beweis zu stellen, entwickelt wurde.

Innerhalb des DRD4-Dopaminrezeptor-Gens finden wir also ein einzelnes Gen vor, in dem eine Allel-Variation für besagte vier Verhaltensweisen der r-Strategie verantwortlich ist: Neigung zu **Mangel an Wettbewerbsfähigkeit (damit einhergehend und/oder daraus hervorgehend: Depression), zu Promiskuität und Untreue, zu frühem ersten Geschlechtsverkehr und zu geringe(re)m elterlichen Aufwand in die Nachkommen**, was sich aus der Tendenz der Untreue ableiten lässt, die wiederum alleinerziehende Elternteile erzeugt. Tatsächlich hat bisher mindestens ein Forscherteam angegeben, dass dieses »politische« Gen eine r-selektierte Fortpflanzungsstrategie beim Menschen hervorrufen kann.[166]

Variationen im DRD4-Gen würden als einfaches Hilfsmittel dienen, um innerhalb des Genoms eine Prädisposition gegenüber einer von zwei Darwin'schen Strategien zu kodieren. Die eine Strategie vermeidet auf pessimistische Weise die Angst vor einem Wettbewerb, den Betroffene von vornherein für verloren halten. Die andere Strategie wird den Nervenkitzel eines Wettkampfes, bei dem Betroffene das Gefühl haben, ihn gewinnen zu können, auf optimistische Weise annehmen. Die eine Strategie wird in depressiver Manier von einer bevorstehenden Niederlage ausgehen, während die andere optimistisch einen Sieg in Aussicht stellt. Die eine Strategie wird ihren Sexualtrieb und ihre Partnerschaft bei jeder Gelegenheit mit jedem, dem »sie« begegnet, verzweifelt steigern, während die andere geduldig warten wird, um den bestmöglichen Partner zu finden, mit dem »sie« Kinder haben kann, welche alsdann gewissenhaft erzogen werden.

---

[162] Kendler et al. (1994).
[163] Tochigia et al. (2006).
[164] Settle et al. (2010).
[165] Ben-Zion et al. (2006).
[166] Garcia et al. (2010).

Es ist in diesem Zusammenhang auch sehr wichtig, Folgendes zu verstehen: Sofern die Funktion des PFC nachlässt und es nicht möglich ist, die Amygdala-Aktivität einzuschränken, könnte ein Kind lernen beziehungsweise eine Denkweise entstehen lassen, reflexartig alle Umstände zu vermeiden, die zu einer Stimulation der Amygdala führen könnten (zum Beispiel freier Wettbewerb und damit das Risiko einer Niederlage). Ferner könnten solche Kinder kognitive Tricks entwickeln, um die Amygdala-Aktivität zu verringern, indem **sie ihre Wahrnehmung von ihrer Umgebung sowie sich selbst intellektuell verändern**. Sie können sogar lernen, amygdalastimulierende Umweltmerkmale zu beseitigen, indem sie die Bedrohung, die sie darstellen, kurzerhand ablehnen beziehungsweise vermeiden, anstatt positive Maßnahmen zu ergreifen, um ihre Umwelt (positiv) zu verändern. Diese defensive Abschirmung der Amygdala vor potenzieller Stimulation würde dann eine weitaus weniger entwickelte Gesamtstruktur erzeugen, welche leicht mit dem geringsten Reiz überwältigt werden könnte, beispielsweise durch das Eindringen einer Realität, der man nicht begegnen möchte, die jedoch auch nicht ignoriert werden kann (vor allem nicht langfristig).

Dies würde zu einem erwachsenen Linken führen, der das Verhalten beziehungsweise den Umgang von »Konservativen« mit Bedrohungen als unnötig betrachten wird, da jenes Verhalten von scheinbar irrationalen Ängsten getrieben sei und man sich demnach nicht damit auseinanderzusetzen brauche.[167] Eines der großen Probleme dabei ist, dass durch die Vermeidung von Sorgen und Ängsten die Angstreaktion der Amygdala letztlich nur verstärkt wird, da sie auf keinerlei Opposition mehr stößt. Eine Amygdala-Hyperstimulation steht dadurch auf der Tagesordnung, zum Beispiel solcherart:

»Ich kann meine eigene Antwort/Reaktion auf Sorgen und Ängste nicht kontrollieren, deswegen **musst du sie** *für mich kontrollieren.«* Dies wiederum führt in der Realität dazu, dass Menschen, die nicht gewillt oder fähig sind, sich mit ihren Sorgen und Ängsten auseinanderzusetzen, dazu neigen, **andere** Menschen über die Maßen kontrollieren zu wollen, da sie keine Verantwortung übernehmen (können), eigene Emotionen vernünftig zu managen. Stattdessen wird die Schuld dafür, sich so oder so zu fühlen, in anderen gesucht, auf dass diese ihr Verhalten – wenn nötig, durch die Verabschiedung eines entsprechenden Gesetzes – zu ändern haben. Im Endeffekt handelt es sich um nichts anderes als ein Eingeständnis, in Bezug auf Amygdala-Stimulation hilflos zu sein.

Als konkrete Resultate treten in unserem Alltag sodann Begebenheiten wie permanente »Triggerwarnungen«, »Political Correctness«, endlose »Debatten« um »Rassismus«, »Sexismus« et cetera sowie intellektuelle Hysterie auf den Plan, welche sich – als Folge der Vermeidung tatsächlicher Gefahren – nunmehr, in einer Art Übersprunghandlung oder Verdrängungsmodus, an imaginären Bedrohungen abarbeiten (mehr dazu später unter 2.3).

---

[167] Jost et al. (2007).

Linke werden legitime Ängste[168] von Rechten tendenziell als bloße Paranoia, Hass oder Ähnliches abtun, ungeachtet aller rationalen Belege, empirischen Studien, historischen oder ökonomischen Fakten, seriösen Statistiken und so weiter. Einige Beispiele: *»Was soll das heißen, du fürchtest dich vor Muslimen? Bist du etwa islamophob?« – »Wofür willst du die Institution der Ehe schützen, bist du etwa homophob?« – »Warum in aller Welt willst du schwerkriminelle Bevölkerungsteile ins Visier nehmen? Was soll solch eine Hetze?« – »Warum sollten wir Menschen aus dem Nahen Osten im Sicherheitsbereich untersuchen? Bist du etwa Rassist?« – »Warum sollten wir uns über irgendwelche Staatsschulden Gedanken machen? Uns geht's doch gut! Wir sind schließlich reich!«* Und so weiter und so fort.

Linke verfügen im Allgemeinen nicht über eine normal funktionierende Amygdala, um nachvollziehen zu können, warum Rechte beziehungsweise Konservative hinsichtlich bestimmter Dinge besorgt oder ängstlich sind. Daran anknüpfend scheint es nur logisch, dass letztere laut Studien auch anfälliger für Ekelgefühle sind[169] (mehr dazu ebenfalls unter 2.3).

So wie Fragen des sexuellen Verhaltens mit anderen Fragen der politischen Ideologie verknüpft sind, wurde gezeigt, dass dieses »politische« DRD4-Gen mit dem Sexualtrieb beim Menschen in Verbindung gebracht wird. In ähnlicher Weise ist sexuelles Verhalten mit dem Bestreben verbunden, den Wettbewerb innerhalb derselben Spezies auf natürliche Weise anzunehmen oder abzulehnen, und zwar durch die Annahme einer durch r- oder K-selektierten Psychologie.[170]

Forschungen zu sozialem Verhalten und Erkenntnisvermögen beim Menschen zeigen, dass wir ein **Produkt mehrerer genetischer Einflüsse** sind[171], und dies sollte eindeutig auch für die Annahme einer politischen Ideologie gelten. Darüber hinaus wird angenommen, dass die Übernahme politischer Ideologien und deren Befolgung seit langem von der Erfahrung beeinflusst werden. Die Beweise deuten jedoch darauf hin, dass die Allel-Variation von DRD4 im Moment der Einführung respektive Annahme einer politischen Ideologie beim Menschen eine gewisse Rolle spielt, und offensichtlich mehrere biologische Zugänge bietet, um einen solchen Effekt zu erzielen. Das heißt, dass die Rolle der Genetik in Bezug auf politische Ideologien ein außerordentlich komplexer Forschungsbereich ist.

Viele Neurotransmitter spielen viele verschiedene Funktionen in Körper und Geist. Ein einzelner Neurotransmitter hat mehrere unterschiedliche Rezeptoren, die jeweils unterschiedliche Auswirkungen auf die verschiedenen Strukturen und Gewebe im Körper und sogar in verschiedenen Bereichen des Gehirns haben. Dass dieses eine Gen bei der Einführung von r/K-Strategien eine Rolle zu spielen scheint, schließt nicht aus, dass andere ebenfalls Auswirkungen haben. Tatsächlich scheinen Neuro-

---

[168] Eine seriöse Studie kam zu dem Ergebnis, dass intelligentere Menschen eher zu begründeten Sorgen, Ängsten und sogar Panikattacken neigen, vergleiche Coplan et al. (2012).
[169] Britt, Robert Roy: *Conservatives are more easily disgusted*, in: LiveScience, 04.06.2009, URL: https://www.livescience.com/3634-conservatives-easily-disgusted.html, Abruf am 23.03.2019.
[170] Pianka (1970).
[171] Plomin et al. (2001).

transmitter nicht einmal das einzige Mittel zu sein, um die Fortpflanzungsstrategie beim Menschen zu verändern. Interessanterweise hat sich, wie oben bereits erwähnt, herausgestellt, **dass ein wettbewerbsorientiertes Umfeld den Testosteronspiegel erhöht**.[172]

Es ist seit langem bekannt, dass Konkurrenz und Gewinn (die eine akute Freisetzung von Dopamin-begünstigtem Vergnügen zur Folge haben) einen Testosteronanstieg über einen längeren Zeitraum nach einem Sieg nach sich ziehen. In dem Moment, da Wettbewerbungsumgebungen sukzessive zurückgefahren werden (Wohlfahrtsstaat, umfangreiche Regulierungen, staatliche Lizenzierung, Schutztarife et cetera) sinkt auch das Testosteron, was deshalb interessant ist, nachdem hier davon ausgegangen wird, dass unsere Gesellschaft (im besten Falle nur vorübergehend) zu einem r-Modell übergeht und weniger wettbewerbsfördernde Impulse setzt. Es handelt sich um keine Überraschung, dass Menschen Abneigung gegenüber Wettbewerb (freien Märkten) kultivieren, ihn nach und nach gar als »inhuman« oder »barbarisch« brandmarken (»Ellenbogenkapitalismus«, »Raubtierkapitalismus et cetera), je mehr wettbewerbsorientierte Umgebungen entsprechend reduziert werden.

Während »die Reichen« die Macht des Staates nützen, um sich (mittels Lobbyismus) vor Wettbewerb auszuschließen, nützen »die Armen« die Macht des Staates, um Ressourcen zu ergattern, ohne konkurrieren zu müssen. Eine Anpassung an eine solche Umgebung aktiviert mehrere Gen-Sets und Allelen, die von der Fortdauer solch einer Umgebung abhängig werden (siehe 2.3), was beispielsweise den Furor erklärt, der einem entgegenschlägt, sowie man von den Vorteilen der Privatisierung unterschiedlicher Sektoren (Geld, Bildung, Gesundheit, Verkehr) spricht, private statt staatliche Wohlfahrt fordert und so weiter. Die Leute werden aggressiv, panisch, und flippen geradezu aus.

Warum? Weil das r-selektierte Gen-Set in ihnen auf eine nicht-wettbewerbsfähige Umgebung angewiesen ist.

All dies würde zu der Annahme führen, **dass der Testosteronspiegel in westlichen Bevölkerungen sinken würde**, und Wissenschaftler haben in der Tat einen Rückgang des Testosterons im Blutserum bei amerikanischen[173] und deutschen[174] Männern festgestellt. Manchen Wissenschaftler führt dies zu der Annahme, dass die Männlichkeit von Männern durch einen bisher unbekannten Faktor gefährdet sei.[175]

Angesichts der Rolle von Testosteron bei der Herstellung von Aggression und Wettbewerbsfähigkeit würde dies ein weiteres Mittel darstellen, mit dem Menschen ihr Verhalten und ihre Fortpflanzungsstrategie an die Verfügbarkeit von Ressourcen und die Wahrnehmung von Wettbewerbsreizen anpassen.

---

[172] Trumble et al. (2012).
[173] Travison et al. (2007).
[174] Detect-Studie 2003; siehe auch Stenzel, Oliver: *Auch jungen Männern mangelt's an Testosteron*, in: Welt, 30.12.2008, URL: https://tinyurl.com/s5yhhku, Abruf am 23.03.2019.
[175] Bhasin (2007).

Hier soll vor allem darauf hingewiesen werden, dass alle Verhaltensweisen der r-selektierten Psychologie (und des Linkstums) sehr eng auf dem Genom verlaufen können, was in der Tat oft als eine einzige vererbbare Prädisposition vorliegt. Darüber hinaus könnten diese r-selektierten Allele leicht in direktem Wettbewerb mit konkurrierenden K-Prädispositionierungs-Allelen stehen, die mit Konservatismus in Verbindung stehen. Nichtsdestoweniger ist es erwähnenswert, dass wir mit dem DRD4-Gen scheinbar ein Gen vorliegen haben, das mit dem Verhalten hinter den Fortpflanzungsstrategien zusammenhängt und von dem Forscher postuliert haben, dass es eine r-selektierte Paarungsstrategie erzeugen kann.

Diese Beweise zeigen auch das Potenzial des Ansatzes, die politischen und staatlichen Aspekte der politischen Ideologie mit den sexuellen und sozialen Aspekten zu vereinen. Dies alles innerhalb einer Theorie, die nicht nur erklärt, wie all diese unterschiedlichen Themen zusammenhängen, sondern auch, warum sich die Evolution dafür entschieden hat, sie überhaupt erst zu verknüpfen.

2.2.3 Epigenetik

Die Epigenetik ist ein Teilbereich der Genetik und untersucht die Mechanismen, die die Aktivität unserer Gene verändern, ohne die Abfolge der DNS-Bausteine zu modifizieren. Epigenetische Phänomene wurden bereits vor 100 Jahren beschrieben, deren molekulare Mechanismen können jedoch erst seit etwa 20 Jahren entschlüsselt werden. Epigenetische Prozesse sind essenziell für die Entwicklung eines Organismus und die Spezialisierung von Zellen. **Epigenetische Veränderungen entstehen zum Beispiel durch Umweltfaktoren und Lebensstil und können auch vererbt werden** sowie zur Entstehung von Krankheiten wie zum Beispiel Tumorerkrankungen beitragen.[176] Die noch junge Wissenschaft zeigt, dass sowohl Umwelt und Erfahrungen als auch Gene den Menschen prägen. Dabei werden nicht nur die Gene vererbt, sondern auch die lebenswichtige Information, ob die Zelle diese Gene benutzen soll oder nicht. Die Steuerung erfolgt über biochemische Schalter, die nicht zuletzt durch die Einflüsse der Umwelt programmiert werden. Erfahrungen verändern die Hardware des Genoms.[177]

Was heißt es nun beispielsweise, wenn etwas wie ein Wohlfahrtsstaat etabliert wird und gleichsam Umwelt und Erfahrungen Gene »programmieren« können? Antwort: Es werden nicht nur individuelle Erfahrungen verändert, sondern auch genetische Signalwege beziehungsweise die Zugänge auf Gene ganzer Gruppen von Individuen. Man erschafft einen hungrigen Nährboden, auf dem r-selektierte Gen-Sets florieren können. Alles, angefangen von kleineren Amygdalae, bis hin zu einem höheren Grad an Promiskuität, stärkeren Sexualhormonen, geringeren Dopamin-Rezeptoren et cetera sind Teil eines Gen-Sets mit entsprechenden Auswirkungen (noch mehr Wohlfahrtsstaat, Protektionismus für reiche Unternehmen, also Abschottung vom Wettbewerb). Jenes Gen-Set möchte die entsprechende Umwelt des (künstlichen) Ressourcenüberschusses (Fiat-Geld, Schulden, Kredite, Gelddruck und so weiter) natürlich beibehalten und damit mehr und mehr r-Selektion produzieren.

Tatsächlich wird das r-selektierte Gen-Set – wortwörtlich – bis zum Gentod kämpfen, um die Begrenzung von »freien« Ressourcen zu verhindern, selbst wenn dies bedeutet, aufgrund der immer und überall aufgetretenen und auftretenden, ökonomischen Konsequenzen – (Hyper-)Inflation, Währungskollaps und schließlich der gesellschaftliche Kollaps – entweder zugrunde zu gehen oder fliehen zu müssen. Nach einer erfolgreichen Flucht in westliche Gesellschaften neigen sie sodann dazu, sogleich wieder links zu wählen.[178] Die Schuld an allem wird stets einem kaum bis gar nicht (mehr) vorhandenen »Kapitalismus« gegeben. Ein Teufelskreis.

In der Begrenzung von »freien Ressourcen« sehen K-selektierte Konservative wie-

---

[176] Lehnert et al. (2018).
[177] Kegel (2009); Hanel, Stephanie: *Epigenetics – how the environment influences our genes*, in: Lindau Nobel Laureate Meetings, 08.05.2015, URL: https://tinyurl.com/y5bqtgew, Abruf am 01.03.2019.
[178] Siehe auch Prager, Dennis: *Three Reasons the Left Wants Ever More Immigration*, in: National Review, 30.01.2018, URL: https://tinyurl.com/y3xdubdv, Abruf am 28.02.2019.

derum eine Notwendigkeit. Sie wissen zum Beispiel um die Notwendigkeit, den unbegrenzten Papiergelddruck zu stoppen oder zumindest zurückzufahren, den Goldstandard wieder einzuführen, Kreditexzesse zu stoppen und überhaupt nicht mehr auszugeben, als man hat et cetera. K-selektierte Individuen wollen all dies, da sie in der Lage sind, **Folgen langfristig vorauszusehen** (die Amygdala signalisiert ihnen Gefahr). Die linke, r-selektierte Denkweise betrachtet (natürliche) Begrenzungen und Einschränkungen hingegen tendenziell als Art »kalten Affront« oder »sozial ungerecht«, da es ihre Gehirnstruktur nicht zulässt, Folgen langfristig zu verarbeiten.

Laut Prof. Dr. Kevin V. Morris vom kalifornischen *The Scripps Research*-Institut und der *University of New South Wales* in Sydney, sehen viele Wissenschaftler in der Epigenetik eine Annotation oder Bearbeitung des Genoms, die definiert, welche Gene zum Schweigen gebracht werden, um die Proteinproduktion zu rationalisieren oder unnötige Redundanz zu unterdrücken. Sie sagen, dass diese Anmerkung das ursprüngliche Manuskript (das heißt DNA) nicht dauerhaft verändern könne, sondern lediglich den Zugriff auf das Manuskript.[179]

Der Wissenschaftler berichtet von einer *»faszinierenden Studie«*[180] aus dem Jahre 2008, die sich mit Menschen beschäftigte, die während des niederländischen Hungerwinters 1944-1945 geboren wurden, und weist auf die Möglichkeit hin, dass die epigenetische Vererbung **über Generationen hinweg** auch beim Menschen auftritt. Erwachsene, die während der Hungersnot auf die Welt kamen, hatten eindeutige epigenetische Merkmale, die ihre vor oder nach der Hungersnot geborenen Geschwister nicht aufwiesen. Diese Merkmale reduzierten die Produktion von insulinähnlichen Wachstumsfaktoren, um genau zu sein den *»Insulin-like growth Factor 2«* (IGF-2), auch Somatomedin A (SM-A) genannt, und beeinträchtigten das Wachstum der vor dem Hintergrund von Hunger gestillten Kinder.

Beachtenswert ist, dass diese Merkmale bei den Betroffenen über mehrere Jahrzehnte beibehalten wurden. Während diese Beobachtungen auf die Möglichkeit einer transgenerationellen epigenetischen Vererbung schließen lassen, könnten die Veränderungen auch im Uterus als Folge von Hungerzuständen aufgetreten sein und nicht in der Keimbahn vererbt werden. Ob ein derart ausgeprägtes Phänomen beim Menschen auftritt, muss daher erst noch eindeutig bestimmt werden.[181] In experimentellen Modellsystemen gibt es jedoch deutliche Hinweise auf eine generationsübergreifende epigenetische Vererbung.[182] In einer Studie an Mäusen verursachte ein Umweltstress, der zu einem aggressiven Verhalten bei Männchen führte, das gleiche Verhalten bei ihren Nachkommen.[183]

---

[179] Morris, Kevin V.: *Lamarck and the Missing Lnc*, in: The Scientist, 01.10.2012, URL: https://tinyurl.com/y5a5hybk, Abruf am 28.02.2019.
[180] Heijmans et al. (2008).
[181] Morris (2012).
[182] Franklin et al. (2010); Rechavi et al. (2011); Braunschweig et al. (2012).
[183] Franklin & Mansuy (2010).

Insbesondere die Nachkommen hatten Veränderungen in den DNA-Methylierungsmustern bestimmter Gene. Zusammenfassend weisen diese und andere transgenerationelle Studien darauf hin, dass selektiver Druck aus der Umgebung ausgeübt und an Tochterzellen und Nachkommen weitergegeben werden kann.[184] So auch, um noch ein weiteres Beispiel zu nennen, eine Studie aus dem Jahr 2013[185], in der F0-Mäuse vor der Empfängnis einer Geruchs-Angst-Konditionierung unterworfen wurden. Es wurde nachgewiesen, dass nachfolgende F1- und F2-Generationen eine erhöhte Verhaltensempfindlichkeit gegenüber dem F0-konditionierten Geruch aufwiesen, jedoch nicht gegenüber anderen Gerüchen. Es macht auch Sinn, weil dadurch nicht mehrere Generationen ins Land gehen müssen, bevor Nachkommen die (überlebenswichtige) Angst vor (neuen) Jägern verinnerlicht haben. Wenn es also möglich ist, Angst an Nachkommen weiterzugeben, haben diese eine bessere Überlebenschance.

Der *New Scientist* berichtete ebenfalls, dass zum ersten Mal gezeigt wurde, dass Gene, die während des Lebens durch Stress chemisch »zum Schweigen gebracht wurden«, in Ovula und Spermien »stumm« blieben, was möglicherweise die Weitergabe an die nächste Generation möglich macht.[186] Der Befund, der aus detaillierten DNS-Scans sich entwickelnder Mäuseeier und -spermien gewonnen wurde, bestätige den wachsenden indirekten Beweis dafür, dass die genetischen Auswirkungen von Umweltfaktoren wie Rauchen, Ernährungsweise, gestresster Kindheit, Hunger und psychiatrischen Erkrankungen durch einen Prozess an zukünftige Generationen weitergegeben werden können, welchen man als **epigenetische Vererbung** bezeichne. Viele Genetiker hätten dies für eine Unmöglichkeit gehalten.[187]

Es ist von daher nicht unlogisch, dass durch die Erschaffung einer politisch-ideologischen, gegenwärtig linken Lebensumwelt, in der eine Regierung von den in ökonomischer Hinsicht erfolgreichen Individuen nimmt und den erfolglosen gibt, die DNS-Zugänglichkeit einer Bevölkerung verändert wird. Anders ausgedrückt: Man verändert beziehungsweise programmiert die Genetik um, und zwar nicht nur die Genetik derjenigen, die etwas wie den Wohlfahrtsstaat als Erstes erfahren, sondern auch die Genetik deren Kinder, welche sich dem Linkstum anpassen.

Tendenziell werden sich die Nachkommen einer Situation des (künstlich geschaffenen) Überflusses anpassen, welche Teil einer enormen Schuldensituation ist (zum Beispiel Griechenland). Sie haben aufgehört, Bedrohung von Nicht-Bedrohung unterscheiden zu können.

Doch damit nicht genug. Sie haben sich an Promiskuität angepasst und betrachten sie als Standard. Je nach (westlicher) Bevölkerung, wachsen 20 bis zu 70 Prozent der von »Sozialleistungen« abhängigen Kinder und Jugendlichen ohne Vater auf.[188]

---

[184] Morris (2012).
[185] Dias & Ressler (2014).
[186] Coghlan (2013).
[187] Ebenda.
[188] Grall, Timothy: *Custodial Mothers and Fathers and Their Child Support: 2015. Current Population Reports*, in: Census.gov, Januar 2018, URL:

Allein in Deutschland ist die Anzahl alleinerziehender Familien in den letzten 15 Jahren um 50 Prozent gestiegen, wovon 91 Prozent der alleinerziehenden Elternteile Mütter sind.[189] Entgegen einer r-strategischen, vaterfeindlichen Propaganda hat dies sehr häufig katastrophale Folgen für die Heranwachsenden.[190] Wohlfahrt, Promiskuität, ein mangelhaftes oder völlig fehlendes Bewusstsein für Konsequenzen, ein schwaches, der Bedeutungslosigkeit, Subjektivität oder Lächerlichkeit preisgegebenes Ethikverständnis, ein Einbruch des aus Wettbewerb hervorgehenden Oxytocin, welches Gemeinschaften gleichsam zusammenschweißt, kurz: Man zerstückelt weiträumig die komplette, bewährte, menschliche Praxis und »entzivilisiert« beziehungsweise degradiert eine Spezies. Ein passender Terminus lautet ***genetische Kriegsführung***, wenn soziale Gleichungen grundlegend verändert werden (sollen). Es ist von daher grundlegend wichtig, zu verstehen, dass es sich bei Politik letztlich um genetische Kriegsführung inklusive **permanentem Widerstand** handelt, unabhängig davon, welche Gründe und Rechtfertigungen auch immer publik gemacht werden mögen. (Aus diesem Grund werden uns später die Termini »Krieger« und »Appeaser« begegnen.)

Eine Zivilisation kann bei der sich gegenwärtig etablierenden Dominanz von r-Strategien nicht nur hinsichtlich ihres entwickelten Intellekts oder der in ihr möglichen, individuellen Möglichkeiten und Entscheidungen (Markt) schwer beschädigt werden; vielmehr wird **der gesamte Organismus umprogrammiert**, um das Überleben der r-Strategen zu sichern – wenn auch immer nur vorübergehend, bis das r-strategische System kollabieren **muss**. Es ist kein Zufall, dass die meisten Leute hochemotional und aggressiv werden, sofern über die Begrenzung von Ressourcen und das Ende einer (erzwungenen) Umverteilung gesprochen wird. Sie reagieren im wahrsten Sinne des Wortes so, als würden sie diese Umstände umbringen. Natürlich wäre dem nicht so, aber ihr Gen-Set kann nicht anders, als sich mit Händen und Füßen dagegen zu wehren, da es den Wohlfahrtsstaat, Fiat-Geld beziehungsweise Fiat-Währungen, die Abschottung von Wettbewerb und aversiven Reizen, »Triggerwarnungen«, »safe spaces« und vieles mehr dringend benötigt. Andernfalls würde es vom K-selektierten Gen-Set verdrängt, welches sich, wie mittlerweile klar geworden sein sollte, dadurch äußert, freien Wettbewerb (und damit das Akzeptieren von Versuch und Irrtum sowie natürlicher Hierarchien) zu akzeptieren oder eine Gesellschaft, statt schier endlos metastasierender Regulierungen, Paragraphen und Gesetze, beispielsweise mittels Ostrazismus zu organisieren.

---

https://tinyurl.com/yxprrecs, Abruf am 02.03.2019; Coulombe, Nikita: *The US is leading the way in fatherlessness and it's hurting our kids*, in: elite daily, 19.06.2015, URL: https://tinyurl.com/y5wd994t, Abruf am 02.03.2019.

[189] Vergleiche wir-sind-alleinerziehend, *Alleinerziehende in Deutschland, Fakten, Anzahl, Verteilung*, (Quelle: Destatis / Microzensus, Alleinerziehende in Deutschland), URL: https://tinyurl.com/y3o5sel6, Abruf am 02.03.2019.

[190] Vergleiche The Fatherless Generation, *Statistics*, URL: https://tinyurl.com/y24r59mw, Abruf am 02.03.2019.

2.2.4 Rechte und linke Theorie

Fassen wir an dieser Stelle die beiden Theorien zusammen.

Nach rechter, also konservativer Theorie ergibt sich Erfolg in der Kindheit durch Versuch und Irrtum, Anstrengung und Begabung. Das Kind erzielt Erfolge und erhält als Belohnung unter anderem die oben beschriebene Dopamin-Ausschüttung. Daraus folgt ein weiteres Streben nach Wettbewerb, wobei der Umstand, nach den Regeln zu spielen, eine wichtige Grundvoraussetzung für das (unterbewusst) angestrebte Dopamin spielt. Das Streben nach Wettbewerb wiederum führt zur Akzeptanz von (natürlicher) Ungleichheit. Wieder: Nur aus dem Umstand, dass jemand gewinnt und jemand verliert, erwächst die Möglichkeit, Dopamin auszuschütten. Man gewinnt, man verliert. Die Akzeptanz von Ungleichheit führt tendenziell dazu, den Wert freier Märkte zu schätzen, auf denen manche Menschen gewinnen und manche verlieren.

Diejenigen, die gewinnen, sollten Ressourcen erhalten, um daraus weitere Ressourcen zu kreieren, **die am Ende die Lebensumstände aller verbessern.** Ein freier Markt geht also mit Gewinn und Verlust (Dopamin, Testosteron) einher, wodurch Oxytocin freigesetzt wird beziehungsweise die Oxytocinbindung sich entwickelt und Familien sowie Gemeinschaften zusammenschweißt. Am Ende stehen also starke Familien, bestehend aus monogam lebenden, paargebundenen Eltern, die zusammenbleiben; dies wiederum führt schließlich zum Erfolg in der Kindheit, zumal alleinerziehende Mütter und Väter im Allgemeinen – nicht Generellen – nicht gut darin sind, Kinder großzuziehen, um es vorsichtig zu formulieren. (Es wird später noch näher darauf eingegangen.)

Einige interessante Randnotizen: Männer, die über eine höhere Kraft im Oberkörper verfügen, vertreten laut einer Studie eher eine konservative/rechte Haltung.[191] Linke Männer hingegen neigen zu einer eher traditionell weiblichen, körperlichen Beschaffenheit mit verminderter, körperlicher Entwicklung und weniger Kraft im Oberkörper, was eine Fortpflanzungsstrategie impliziert, die weniger auf Wettbewerbsfähigkeit abzielt.[192] Es existiert also auch eine Verbindung zwischen Körperkraft und politischen Ansichten, allerdings nur bei Männern. Dieselbe Studie (Sell et al. 2012) zeigte auch, dass Hollywood-Schauspieler im Allgemeinen zwar eher links sind, die physisch stärkeren Schauspieler unter ihnen allerdings eher republikanische, das heißt konservative, das heißt rechte Positionen vertreten, insbesondere in Bezug auf Außenpolitik.

In einer Zwillingsstudie aus dem Jahr 2005 wurden Haltungen zu 28 verschiedenen politischen Begebenheiten untersucht, beispielsweise Kapitalismus, Gewerkschaften, Abtreibung, nicht jugendfreie Filme, Schulgebete, Scheidung, Vermögensteuer et cetera. Die Zwillinge wurden gefragt, ob sie in Bezug auf jeden einzelnen Punkt zustimmten, nicht zustimmten oder unsicher seien. Genetische Faktoren machten 53 Prozent

---

[191] Petersen et al. (2013).
[192] Sell et al. (2012); Petersen et al. (2013).

der Varianz in der Gesamtbewertung aus.[193] Wieder wird deutlich, dass Politik und Genetik sehr eng miteinander verbunden sind.

Die linke Theorie hingegen beginnt nicht selten mit dem Versagen oder Scheitern in der Kindheit. Damit ist nicht gemeint, dass das Kind etwas ausprobiert und dabei versagt (was normal ist), sondern dass aufgegeben wurde, es entweder immer wieder zu probieren oder etwas anderes zu versuchen. Dieses Scheitern führt zur Vermeidung von Wettbewerb und offenen Konkurrenzsituationen. Diese Vermeidung wiederum führt zu einem starken Verlangen nach Ergebnisgleichheit, was nichts anderes bedeutet, als die durch Wettbewerb entstehenden und entstandenen Vorteile und Leistungen ohne den mit Wettbewerb einhergehenden Stress, Druck und auch einer gewissen Ehrfurcht erhalten zu wollen (Nahrung ohne Jagd).

Diese Ergebnisgleichheit erfordert einen **großen Staat** mit allem, was dazu gehört, allen voran sozialistischer Umverteilung von Ressourcen. Aus Gründen, die bereits dargelegt wurden, folgen daraus schwache Familien, nachdem die Notwendigkeit sozialer Verbindungen geschwächt wird, da mangelhafter (oder fehlender) Wettbewerb die Produktion von Oxytocin reduziert, welche Menschen wiederum zusammenschweißt. Am Ende folgen aus schwachen Familien das tendenzielle Versagen und Scheitern in der Kindheit und der Kreislauf wiederholt sich. Er wiederholt sich so lange, bis eine Gesellschaft aufgrund desaströser, ökonomischer Umstände kollabiert; und sofern man mittels erzwungener Umverteilung kontinuierlich die Anreize bei hochproduktiven Individuen reduziert, kreativ zu sein und etwas zu erschaffen, zerstört man das Fundament, das den allgemeinen Wohlstand und Reichtum überhaupt ermöglicht(e). Der Kreislauf wiederholt sich immer und immer wieder, an dessen Ende (während oder nach dem Kollaps) schließlich stets der Wert der K-Selektion neu entdeckt, aufgebaut beziehungsweise wiederhergestellt wird.

Vor diesem Hintergrund erklärt sich auch der oft zitierte und bekannte Zyklus, wonach harte Zeiten starke (K-)Männer hervorbringen, daraufhin diese gute Zeiten erschaffen, anschließend die guten Zeiten schwache (r-)Männer hervorbringen und schließlich diese wiederum harte Zeiten verursachen, welche starke (K-)Männer erfordern und so weiter.

Selbstverständlich gibt es keine absolute Gewissheit hinsichtlich der Auswirkungen, aber die Indikatoren sind sehr stark. Gewiss bedarf es auch nicht komplett aus K-Individuen bestehende Gesellschaften, welche alsdann zur Stagnation neigen könnten, wie man unter anderem am Beispiel der Jahrtausende alten Mandarin-Gesellschaft Chinas sehen kann.[194] (Es ist kein Zufall, dass die stagnierende Hochkultur der Chine-

---

[193] Carey, Benedict: *Some politics may be etched in the genes*, in: The New York Times, 21.06.2005, URL: https://tinyurl.com/y622y6vl, Abruf am 02.03.2019. Interessante Einblicke bietet darüber hinaus auch die Studie von Hatemi et al. (2014).

[194] Allein die chinesische Kunst kennzeichnet sich durch eine über viele Jahrhunderte geprägte, außerordentliche Kontinuität. So erkennt man zum Beispiel in der Ming-Dynastie (14. bis 17. Jahrhundert) weitestgehend ihr Vorbild, bestehend aus der Tang-Zeit (7. bis 10. Jahrhundert). Landschaftsgemälde eines Qing-Malers (17. bis 20. Jahrhundert) wiederum sind im Grunde ähnlich aufgebaut wie jene

sen über Jahrtausende hinweg nicht unterging und heute die einzige der frühen Hochkulturen darstellt, die sämtliche gesellschaftlichen Hochs und Tiefs überstand.[195] Trotz erbitterter und intern geführter Kriege konnte das, was Chinas Kultur ausmacht – K-selektierte Traditionen, allgemein anerkannte Werte und Philosophie –, bis heute nicht verdrängt werden, nicht einmal mittels des größten r-selektierten »Säuberungsversuchs« der Menschheitsgeschichte in Form von Mao Tse-tungs (1893-1976) »Großem Sprung nach vorne« sowie der »Kulturrevolution«. Hierbei versuchte letzterer nichts anderes als die im Westen geborene beziehungsweise erdachte politische Ideologie des Sozialismus/Kommunismus mit aller Gewalt (s)einem konfuzianisch-taoistisch-buddhistischen K-Volk überzustülpen. Die Folge waren Abermillionen Tote und entsetzliches Leid. Doch die K-selektierten Werte, allen voran starke Familien mit klarer Rollenverteilung, hielten stand und konnten nicht gebrochen werden – im Gegensatz zu weiten Teilen des heutigen Westens, inklusive Deutschland.)

Trotzdem können die von r-Strategen ausgehende Zufälligkeit, Kreativität und Skepsis gegenüber etablierten Regeln bis zu einem gewissen Grad bereichernd sein, ja, sogar eine leichte Prise »Wieselhaftigkeit« mag für eine Gesellschaft verkraftbar, erheiternd oder sogar bereichernd sein. Ich denke, eine Gesellschaft bedarf sehr vieler K-Individuen, aber nicht ausschließlich.

Für einen Organismus ist es wissenschaftlich unmöglich, nicht abzugleiten, sofern die Effekte einer ursprünglich natürlichen Selektion entfernt werden. Ich spreche gewiss nicht von Dysgenik, noch rufe ich dazu auf, irgendwelche hässlichen Dinge zu tun, um Menschen an ihrer Fortpflanzung zu hindern. Fakt ist aber auch, dass sich westliche Gesellschaften aktuell dadurch kennzeichnen, dass sich die am wenigsten erfolgreichen Individuen tendenziell am stärksten fortpflanzen – und umgekehrt. Und zwar deshalb, da bereits »genetische Programme« eingerichtet wurden. **Der Wohlfahrtsstaat ist ohne jeden Zweifel ein genetisches Programm.** Lässt man den freien Wettbewerb anwachsen, werden sich die erfolgreichsten Individuen mit den meisten Ressourcen am stärksten fortpflanzen – und umgekehrt.

Das r-selektierte Gen-Set und die damit verbundene Psychologie wird gewiss keine utopischen Verhältnisse schaffen. Ich denke, dass deren Machbarkeit einerseits zwar einen verbreiteten Irrglauben unter Linken darstellt, grundsätzlich aber nicht einmal unbedingt deren Ziel ist. Stattdessen ist das Gen-Set so geschaffen, die Bevölkerung so lange anwachsen zu lassen, bis alle Ressourcen und Reserven aufgebraucht sind. Ganz banal. Wer sich (realistische) Sorgen um die Umwelt und die Zukunft macht, muss die Welt von dieser Perspektive aus verstehen.

---

der Song-Dynastie (10. bis 13. Jahrhundert) und so weiter. Ein Grund dafür ist der in China seit jeher verbreitete Respekt vor der (konservierten) Tradition – ein typisches Kennzeichen einer K-selektierten, rechten Gesellschaft. Nicht die Schaffung von Neuem war primäres Ziel der Künstler, sondern die möglichst originalgetreue Nachahmung der Vorbilder der Alten – die im Übrigen in keiner Weise als Plagiat oder in anderer Weise als unlauter empfunden wird. Letztlich fußt diese Auffassung im konfuzianischen Weltbild, das unter anderem dem Schüler die Verehrung des Meisters gebietet.
[195] Schmidt-Glintzer (2008), S. 12.

Wer politische Debatten verfolgt, muss verstehen, dass wir entgegengesetzte, genetische Organismen sehen: »r« und »K«. Beide versuchen, Nährböden und Umgebungen zu erschaffen, die das Florieren des jeweiligen Gen-Sets ermöglichen. All das hat nichts mit Philosophie zu tun. Gewiss, Philosophie wird herangezogen (»Denkt doch nur an die Armen« et cetera), aber letztlich handelt es sich nur um Augenwischerei oder Ablenkungsmanöver. In Wahrheit kämpfen Gen-Sets darum, sich gegenseitig zu dominieren. Es mag hart und ernüchternd klingen, aber vermeintliche Ethik, Moral, Tugend, Mitgefühl, Barmherzigkeit und dergleichen dienen dabei lediglich als Mittel zum Zweck.

2.2.5 Eine dritte Psychologie

Bevor wir zum nächsten Abschnitt kommen, soll der Vollständigkeit halber darauf hingewiesen werden, dass innerhalb des r-K-Modells eine Variable beziehungsweise ein drittes Verhaltensmodell existiert. Hierbei handelt es sich um die Psychologie, die entsteht, wenn Individuen so weit verbreitet sind, dass sie nicht regelmäßig auf andere treffen (müssen). Einzelpersonen in diesem Bereich beziehen sich auf die Dichteabhängigkeit von r/K sowie die Aufschlüsselung in dieser Abhängigkeit, nachdem sich die Populationen in politischer Hinsicht etwas ausdenken. Ein primäres Kennzeichen dieser dritten Psychologie ist eine Art Zusammenbruch oder Aufgabe des reflexiven Wunsches, entweder zu konkurrieren (K-Strategen) oder Konkurrenz zu vermeiden (r-Strategen). Wenn sie selten auf andere treffen, verwandelt sich der konstante Reflex für Konkurrenz (K) oder Konkurrenz-Abnei-gung (r), der r/K kennzeichnet, in einen hybriden Wunsch, Konflikte pazifistisch zu vermeiden, es sei denn, es ist ein Kampf erforderlich, in dem sie ihren Feind so brutal abschrecken wie möglich.

Beim Menschen scheint diese Psychologie eng mit dem **Libertarismus**[196] verbunden zu sein. In der Tierwelt scheint ein passendes Beispiel dafür der Grizzlybär zu sein. Wenn ein Grizzlybär reflexartig gegen jeden Grizzly kämpfte, den er sieht, würde er viel Zeit damit verbringen, gegen Grizzlies zu kämpfen. Ebenso würde er jedoch permanent gejagt werden, sofern er vor jeder Herausforderung davonliefe.

Menschen mit »libertärer Psychologie« sind beispielsweise oft bewaffnet und aggressiv, sofern sie bedroht werden, allerdings auffallend unparteiisch und pazifistisch, wenn sie in Ruhe gelassen werden. Sie kümmern sich nicht darum, irgendwelche »Verrückten« auszusortieren, obwohl sie die Funktionalität dieser Praxis erfahrungsgemäß selbst betonen. Sie mögen tendenziell keine Gruppen oder Autoritäten, die sich gegen irgendjemanden zusammenrotten, und lehnen die Gruppenkonformität ab, selbst wenn sie von der Gruppe als jemand der ihrigen betrachtet werden. Selbstversorgung und Autarkie sind ihnen wichtig und sie werden dazu neigen, zu wissen, wie Alltägliches um sie herum funktioniert, damit sie es bei Bedarf selbst reparieren können. Sie sind nicht darauf bedacht, sich wegen irgendetwas auf andere zu verlassen, und sie wollen in der Lage sein, tun zu können, was immer sie wollen, ohne äußere Einmischung, während sie ebenso das starke Bedürfnis verspüren, sich nicht in das Leben anderer einzumischen.

Das Besondere an den Vereinigten Staaten von Amerika liegt darin, dass sie auf Basis dieser dritten, libertären Psychologie (und daraus resultierenden Philosophie) ge-

---

[196] Wikipedia beschreibt die Grundzüge diesbezüglich im Großen und Ganzen korrekt (Stand: März 2019): »Libertarismus (lat. *libertas* ‚Freiheit') oder Libertarianismus (Lehnwort zu engl. *libertarianism*) ist eine politische Philosophie, die an einer Idee der negativen Handlungsfreiheit als Leitnorm festhält und deren unterschiedliche Strömungen alle vom Prinzip des Selbsteigentums ausgehen und für eine teilweise bis vollständige Abschaffung oder Beschränkung des Staates sind.« Es gibt durchaus einige Überschneidungen mit dem Konservatismus, so beispielsweise die Einheit von (bürgerlicher) Freiheit und Privateigentum.

gründet wurden. Deren erste Kolonialherren machten sich auf den Weg zu einer Umgebung, die der idealen Umgebung ihrer angeborenen Fortpflanzungsstrategie besser entsprach als die Monarchie. Nachdem sie angekommen waren und überlebt hatten, strukturierten sie die Regierungen der neuen Welt, um ihre eigene libertäre »Grizzly-Bären-Psychologie« auszuleben, was wiederum mehr Psychologien (auch »Pannenpsychologien«) aus der Alten Welt anzog. Im Laufe der Zeit kamen einige r-Strategen, um in Amerikas Städten zu leben und den sich entfaltenden Libertarismus zu genießen. Die Hauptattraktion Amerikas, der Hauptunterschied zwischen England und Amerika, war die persönliche Freiheit beziehungsweise das Potenzial für eine **begrenzte Interaktion zwischen Regierung und Individuum**.

In diesem Fall hatten die Libertären in Europa die Möglichkeit, ihre Umgebung durch Migration mit ihrer Psychologie in Einklang zu bringen, auf dass eine relativ kleine Anzahl weg von Europa und hin zu dem neuen Kontinent flüchtete. Dadurch ließe sich beispielsweise auch erklären, warum Amerikaner mit deutschen Wurzeln mehr um Vertragsfreiheit und Selbstbestimmung (Freiheit) bedacht sind als die – im Vergleich dazu – sehr staatsnahen Deutschen in Deutschland. Das frühe Amerika war insofern einzigartig, als die anfänglich geringen Bevölkerungsdichten mit den Beschwernissen des Überlebens einhergingen und Psychologien anzogen, die auf geradezu außerordentliche Weise von Freiheit angetan waren.

Die Freiheit, die diese (personifizierten) Psychologien schufen, wirkte als weiterer Anziehungspunkt und »destillierte« diese »seltsamen«, unabhängigen, freiheitsliebenden Seelen zunächst aus Großbritannien und dann aus dem Rest Europas. Sie verdichteten sie alle an einem Ort mit relativ hoher Dichte. Das Ergebnis war die Bildung einer Regierungsstruktur und einer Nation, die so stark von jener Psychologie durchdrungen war, dass sie als freie Gesellschaft überlebt hat, selbst in einer heutigen Gegenwart der zahlreichen linken r-Strategen, welche diese Nation befallen haben, aber seit einiger Zeit zumindest teilweise zurückgedrängt werden – unter anderem von einem konservativen, K-strategischen Präsidenten mit vereinzelten libertären Zügen; einem Präsidenten, der interessanterweise deutsche Wurzeln hat und (logischerweise) das Hassobjekt Nr. 1 unter r-Strategen darstellt, insbesondere in Deutschland, wo die eigentlich zu Neutralität verpflichteten Staatsmedien laut einer Harvard-Studie zu 98 Prozent negativ über ihn berichten.[197]

Man stelle sich vor, wir könnten Gravitationsantriebe und – »Zurück in die Zukunft« lässt grüßen –»Mr. Fusion«-Kraftwerke im örtlichen Baumarkt kaufen und Kapseln schweißen, die uns zum Mars bringen würden, wo ein terraformierter, lebensmittelfreier, regierungsloser Planet auf uns wartete. Man stelle sich weiterhin vor, wir könnten diese Kapseln mit Saatgut, Gewehren, Munition, Vieh et cetera befüllen und anschließend den sich aktuell auf dem Vormarsch befindenden, r-strategischen »Utopien« entkommen. Nachdem wir dort landen werden, würden nicht viele der

---

[197] Patterson (2017); Bleiker, Carla: *Study: German media extremely negative about Trump*, in: DW, 25.05.2017, URL: https://tinyurl.com/t3zexg6, Abruf am 03.03.2019.

mitgereisten Leute eine Regierung mit vielen Vorschriften und Bürokratie, geschweige denn einen steuerfinanzierten »Wohlfahrtsstaat« wollen.

Leider ist die »r-K-Zusammenbruchspsychologie« des Libertarismus kurzfristig zum Scheitern verurteilt. Wo sie sich in großer Anzahl tummelt, folgt entsprechende Großartigkeit (Produktivität, Wohlstand et cetera), was schnell zu einem »Überangebot« führt, welches wiederum – unvermeidlich – durch einen explosionsartigen Anstieg kaninchenartiger r-Strategen verdünnt wird. Ohne den Drang, seine eigenen Reihen aggressiv zu überwachen und sowohl von r-Strategen zu befreien, die alles und jeden (staatlich) kontrollieren möchten, als auch von K-Strategen, welche die Gruppenkonformität als Mittel zum Erfolg anstreben, kann der Libertarismus seine eigene »Reinheit« nicht aufrechterhalten, nachdem der Erfolg und die Bevölkerungsdichte zunehmen. **Indem Libertäre alle anderen in Ruhe lassen, besiegeln sie ihr eigenes Schicksal, da Menschen in dichten Bevölkerungsgruppen – je nach Verfügbarkeit der Ressourcen – immer in Richtung »r« oder »K« gehen.** Man könnte vermuten, dass sich dies mit dem Aufkommen der erschwinglichen Raumfahrt und der eventuellen Fähigkeit des Einzelnen ändern wird, sich im Weltraum auszubreiten, mobil zu bleiben und sich selbst zu »sortieren«. Aber bis dahin – so meine Befürchtung – wird die einzige Rolle für Libertäre in der politischen Welt in einer »Minderheitsstrategie« liegen und bleiben, die, wie die objektive Realität zeigt, nur sehr wenige nachvollziehen beziehungsweise befürworten. Im Zuge der politischen Events des Jahres 2015 in Amerika kollabierte Rand Pauls[198] Kampagne. So hieß es bei Fox News am 02. Oktober 2015 unter anderem:

»Der libertäre Moment in der amerikanischen Politik – der erst im vergangenen Jahr in der New York Times vorhergesagt wurde –, ist wie der Horizont: Immer auf dem Rückzug, während man ihm entgegenschreitet. Die politischen Ereignisse des Jahres 2015 erinnern brutal daran, wie das geht. Während sich die Gegner des Libertarismus ein Herz nehmen, setzen seine Verfechter ihre Sache zurück, indem sie so tun, als sei alles in Ordnung. Der Zusammenbruch der Rand-Paul-Kampagne spricht Bände. Unter 15 Kandidaten ist Paul der einzige, der auch nur annähernd libertär aussieht (soziale Toleranz, Zurückhaltung in der Außenpolitik, eingeschränkte Regierungsgewalt). Er startete die Kampagne mit einem anständigen Bekanntheitsgrad, als Mitglied des US-Senats, mit großzügiger Medienaufmerksamkeit, mit ernsthaftem Siegeswillen und einer kampferprobten nationalen politischen Operation, die er von seinem Vater Ron geerbt hatte. Wenn es überhaupt irgendeine signifikante Unterstützung für libertäre Ideen in der republikanischen Partei geben würde, wäre Rand Paul in der Nähe der Spitze eines ansonsten überfüllten, fragmentierten Feldes, das um jeden nichtlibertären Wähler in der Partei kämpft. Trotzdem bewegt er sich landesweit irgendwo bei einem Prozent und verfügt über das unvorteilhafteste Rating innerhalb seiner Partei. (...)« [199]

---

[198] Rand Paul ist der Sohn des früheren libertären Präsidentschaftskandidaten Ron Paul, dessen Buch »End the Fed« 2010 unter dem deutschen Titel »Befreit die Welt von der US-Notenbank« erschien. Rand Paul ist Politiker der republikanischen Partei, in welcher er viele libertäre Ansichten vertritt.
[199] Taylor, Jerry: *The collapse of Rand Paul and the libertarian moment that never was*, in: Fox News, 02.10.2015, URL: https://tinyurl.com/qvuguuj, Abruf am 03.03.2019.

Wenn Politik Intelligenz und Logik implizieren würde, wäre Libertarismus sicherlich das, worauf sich die meisten einigen könnten: Lassen wir uns alle in Ruhe.
Aber Politik ist nicht logisch!
Politik impliziert und implementiert Fortpflanzungsstrategien. Sie sind so tief in uns eingebrannt wie jeder Instinkt. In Gebieten, in denen der Mensch dicht gedrängt und die Ressourcen (über-)reichlich vorhanden sind, kommt die konflikt- und wettbewerbsfeindliche Fortpflanzungsstrategie des Linkstums zum Tragen. Wo die Bevölkerung dicht genug ist, um routinemäßig auf andere Menschen zu treffen, die Ressourcen jedoch knapp sind, erhalten wir die konkurrierende K-selektierte Strategie des (rechten) Konservatismus.

Wo Menschen eine r- oder K-Strategie verfolgen, versuchen sie, mithilfe der Regierung die Welt um sie herum entweder r- oder K-artig zu gestalten, sodass ihre eigene Lebenswelt mit ihrer jeweiligen, genetischen Disposition übereinstimmt. Konservatismus und Linkstum sind beide darauf ausgelegt, innerhalb gewisser Grenzen zu existieren, und Individuen, die diese Psychologien verkörpern, fühlen sich im Allgemeinen wohl in ihnen. Im Gegensatz dazu scheint der Libertarismus am Begriff der Grenzen zu rebellieren und sich nur dort zu beschränken, wo sein eigenes Verhalten Grenzen für andere schaffen würde. Innerhalb der Theoreme von r/K entwickeln sich sowohl Konservatismus als auch Linkstum in solchen Gemeinschaften, in denen die Umgehung von Hindernissen eher an andere Menschen ausgelagert wird. Dadurch wird die Konditionierung des Einzelnen verringert, um sie selbst zu überwinden.

Linke Stadtbewohner können sich dabei jedes Hindernis zu ihrem Ziel setzen, von der Lebensmittellieferung über die Müllabfuhr bis hin zu Handwerksarbeiten, die von anderen gelöst werden. Die Erfahrung zeigt, dass es in der Tat Linke sind, die sich bei dem geringsten persönlichen Hindernis oder der geringsten Bedrohung überfordert fühlen und, einmal dem »Trend« verfallen, Hindernisse selbst anzugehen, bisweilen ihr ganzes Leben damit verbringen, sich einer Regierung anzuschließen oder das Wort zu reden, welche Einschränkungen und Zwänge für alle durchsetzt. Dabei müssen sie jeden Aspekt eines jeden Lebens genauestens kontrollieren, um unnötige Hindernisse für ihr Streben nach Glück zu überwinden.

Rechte neigen ebenfalls dazu, sich in höheren Bevölkerungsdichten zu entwickeln, in denen Spezialisten eingesetzt werden können, um die vorgefundenen Hindernisse zu beseitigen. Im Hinblick auf die Tolerierung von Hindernissen sind sie tendenziell wettbewerbsfähig(er) und deshalb bestrebt, Widerstand zu bekämpfen. Sie unterliegen jedoch auch strengen Vorschriften und sind daher tolerant gegenüber Hindernissen, welche die Wirksamkeit des Wettbewerbs bei der Trennung der Zuständigen von den Inkompetenten verbessern sollen. Sie tendieren zudem dazu, das geltende Recht einer gesetzlichen Autorität zu unterstützen und das Verhalten stärker einzuschränken als Libertäre. Darüber hinaus tendieren sie dazu, verhaltenseinschränkende Hindernisse zu bevorzugen, welche eine (in ihren Augen) bessere Kindererziehung und Moral fördern sollen.

Wenn Libertarismus die Fortpflanzungsstrategie ist, die entsteht, wenn die Bedingungen so hart sind, dass die Bevölkerungsdichte auf ein Niveau absinkt, das die persönlichen Interaktionen nicht unterstützt, die notwendig sind, um »r« oder »K« optimal zu machen, dann sollte es am häufigsten bei jenen auftreten, die sich in relativer Isolation entwickeln. Dort müssen die meisten Hindernisse ohne fremde Hilfe persönlich überwunden werden, was zu einer sehr eigenständigen Psychologie führt – mit einem starken Bestreben, die persönlich auftretenden Hindernisse sofort anzugreifen und zu überwinden. **Libertäre sind natürliche Rebellen.**

Libertarismus ist das, was man in der Tierwelt, wie bereits gesagt, bei Grizzlybären sehen kann; diese sind so weit verstreut, dass sie nur selten auf andere ihrer Spezies treffen. Aus diesem Grund könnte er (der Libertarismus) sich nur selten bei Menschen bemerkbar machen, und am häufigsten dort, wo sie weit verstreut leben, zum Beispiel Alaska oder die westlichen US-Staaten.[200] Deutschland ist diesbezüglich (beschämenderweise) erst gar nicht der Rede wert.[201]

Alle Logik und Vernunft der Welt werden r- und K-Stra-tegen nicht dazu bringen, ihren Instinkt zu ignorieren. Die libertäre Erkenntnis, wonach es kein dauerhaft minimales Staatswesen geben kann, weil das Prinzip von Staat Wachstum ist, nachdem das Prinzip von Staat gleichermaßen Masse ist (*»Die wichtigste Eigenschaft von Masse ist ihr Drang zu wachsen.«*[202]) – all das nützte und nützt Libertären nichts. Das Problem besteht nicht darin, dass Erkenntnisse nur noch nicht nachvollziehbar genug erklärt wurden beziehungsweise r- und K-Strategen zu dumm wären, sondern dass, so meine These, letztere gegen ihre eigene Genetik respektive Fortpflanzungsstrategie agieren müssten.

Zu verstehen, woher die Politik kommt, ist für die Strategieentwicklung von unschätzbarem Wert. Rand Paul war nicht perfekt, aber er hätte die Tatsachen von »r« und »K« besser erkennen und seinen Libertarismus »herunterspielen« können, um an K-Strategen zu appellieren. Beispielsweise hätte er betonen können, wo er ihnen zustimmen würde. – Donald Trump hatte genau das getan:

»Laut einer Umfrage [August 2015 – Anm. d. Verf.] *des unabhängigen Meinungsforschungsunternehmens Eschelon Insights ist Donald Trump der landesweit mit Abstand beliebteste Kandidat unter den Republikanern mit libertären Neigungen, also der am wenigsten libertäre Kandidat* [unter den republikanischen Kandidaten – Anm. d. Verf.] *im Rennen.«*[203]

---

[200] Keisling, J./Tuccille, J.D.: *Which States Have The Most Libertarians? This Map Will Tell You*, in: reason, 26.06.2015, URL: https://tinyurl.com/trjkhrb, Abruf am 04.03.2019.
[201] Die einzige libertäre Partei im dicht besiedelten Deutschland heißt *Partei der Vernunft*. Bei der Bundestagswahl 2017 trat sie lediglich mit einer Landesliste im Saarland an. Mit 532 Stimmen (0,0 %) war ihr Ergebnis das niedrigste aller Parteien.
[202] Elias Canetti (1905-1994).
[203] Taylor: *The collapse of Rand Paul and the libertarian moment that never was.*

2.3 r und K im politischen Diskurs oder: links versus rechts

Angesichts dessen, was wir bisher erfuhren, aber auch im Hinblick auf noch Kommendes ist es, so denke ich, nicht vermessen, zu behaupten, bestimmte politische Vorgänge in der Welt werde (und würde) man besser verstehen können – zum Beispiel den Aufstieg und Niedergang von gesamten Zivilisationen –, sofern man »r versus K« versteht.

Rekapituliere: Im Allgemeinen lässt sich sagen, dass »r« eher politisch links anzutreffen ist, »K« hingegen eher politisch rechts, wobei »r« und »K« **als Gen-Sets** betrachtet werden können; und wie alle Gen-Sets möchten sie sich reproduzieren und stehen in direktem Wettbewerb zueinander. Je mehr »K«, desto weniger wird »r« beim Reproduzieren unterstützt und umgekehrt. Je mehr r-Strategen sich in unserer Gesellschaft befinden, umso heftiger werden K-Strategen gehetzt, bedroht, diffamiert – und besteuert.

Stellen Sie sich vor, dass wir jene Kaninchen und Wölfe, von denen oben die Rede ist, »in uns tragen«. Diese Tiere wollen eine Umwelt erschaffen, in der sie aufblühen können. Dort, wo es ein Übermaß an Ressourcen gibt, wird tendenziell »r« gedeihen. Und jetzt denken Sie an politisch Linke als Gruppe. **Hat diese Gruppe grundlegende Probleme mit dem Wohlfahrtsstaat? Hat sie Probleme mit ungedecktem Papiergeld, Gelddruck, Schulden, Staatsanleihen** et cetera?

Antwort: Nein.

Denken Sie an die (bisweilen) sprachlich geschickten Linken und den Wohlfahrtsstaat.[204] Letzterer lässt Ressourcen auf vor allem ärmere Menschen herunter regnen. Billionen von Dollars, Euros et cetera wurden im Westen in arme Gemeinden gepumpt, was eine Situation des enormen Übermaßes schuf. Natürlich ist damit nicht gesagt, dass die betroffenen Leute dadurch reicher wurden, sondern nur, dass – in Relation zu tatsächlicher, das heißt privater Wohlfahrt – ein enormes aus dem Nichts geschaffenes und somit unnatürliches Übermaß an Ressourcen entsteht. Linke scheinen mit einer angeborenen Wahrnehmung zu agieren, wonach Ressourcenknappheit nicht auf einen allgemeinen, natürlichen Ressourcenmangel zurückzuführen ist, sondern eher auf den übermäßigen Verbrauch »gieriger« Individuen (»Kapitalisten«). Jedwede Andeutung, dass **Ressourcen naturgemäß knapp** sind, dass zwischenmenschliche Wettbewerbe um Ressourcen von daher ebenso natürlich seien und damit zulässig sein sollten, und dass diese wiederum Auswirkungen auf Reproduktion beziehungsweise Fortpflanzung haben sollten, wird mit dem Terminus »Sozialdarwinismus« verhöhnt und keulenartig abgewürgt. Dabei handelt es sich um nichts anderes als ei-

---

[204] Nicht zu verwechseln mit Wohlfahrtsverbänden respektive gemeinnützigen Einrichtungen oder Wohltätigkeitsorganisationen. Solche sind begrenzt und weit verbreitet in K-Gesellschaften. Leute der politisch Rechten sind, wie wir bereits hörten, im Allgemeinen freigebiger als Linke, wenn es um tatsächliche Solidarität, das heißt freiwillige Wohlfahrt geht.

nen unbewussten Hinweis auf die Abscheu der Linken gegenüber Konkurrenzsituationen K-artiger Umgebungen, die in Bevölkerungen vorkommen, welche die Tragfähigkeit ihrer jeweiligen Umgebung erreicht haben.

Wo immer (beispielsweise mittels Wohlfahrtsstaat) ein künstliches Übermaß respektive die Illusion schier unendlicher Ressourcen geschaffen wird, blühen r-Strategien. Der Umstand, dass Linke, die r-Strategien verfolgen (enorm viel spricht dafür), dafür plädieren, immer mehr Ressourcen an Leute zu verteilen, ist ein Kennzeichen davon, wie sich das »r« reproduziert – es schafft die Illusion von Reichhaltigkeit, indem Geld geliehen und gedruckt wird; indem man den Goldstandard abschuf[205], der nichts anderes verkörperte als eine K-artige Begrenzung. All dies ist Teil der politischen r-Philosophie, die Situationen, Gesellschaften, Ökonomien, Systeme, kurz eine Welt schafft, die mehr r-Menschen (r-Gen-Sets) hervorbringt, welche wiederum langfristige Konsequenzen in der Zukunft ignorieren oder kaum bis gar nicht abschätzen (können). Aus diesem Grund werden r-getriebene Linke in Debatten in der Regel auch sehr stur, aggressiv und/oder gar hysterisch. Wenn Leute nämlich erfolgreich für private Wohlfahrt (statt staatlicher) eintreten, wenn sie auf einen ausgeglichenen Finanzhaushalt pochen, wenn sie dafür eintreten, die Rolle des Vaters innerhalb der Familie wertzuschätzen und zu respektieren et cetera, bedeutet das den mittel- bis langfristigen Tod für das r-Gen-Set.

Nochmal: Das Verheerende an der (sich mittlerweile jenseits von Gut und Böse befindenden) Staatsverschuldung besteht darin, dass sie die **Illusion unendlicher Ressourcen** vorgaukelt. Genau um diese Illusion geht es r-Strategen. Basierend auf diesem Fehlschluss entwickelte sich stetig das linke Narrativ – das inzwischen längst die »Mitte der Gesellschaft« erreicht hat –, wonach jede Begrenzung beziehungsweise Eindämmung von Ressourcen nur das Resultat böswilligen Egoismus sein könne. Wer anderen keine medizinische Gratisversorgung, keine Gratisbildung und so weiter zuschanzt, könne nur böse sein beziehungsweise aus egoistischen Motiven heraus handeln, schließlich seien Ressourcen unendlich vorhanden. Wozu sparen, wenn Ressourcen unendlich sind? Haben Stämme in den Tropen Angst, dass ihnen die Bananen ausgehen? Horten die Inuit Schnee?

Gleichzeitig bewirkt die Staatsverschuldung weniger Unbehagen, Sorgen oder gar Ängste in r-Strategen, da sie weniger in die Erziehung und Aufzucht ihrer Kinder investieren. Ob künftigen Generationen (längst nicht mehr zu bewältigende) Schuldenberge in Billionenhöhe hinterlassen werden oder nicht, können r-Strategen tendenziell

---

[205] Zwar ist der Name des republikanischen Präsidenten Richard M. Nixon (1913-1994) untrennbar mit der 1971 erfolgten Aufkündigung des Goldstandards verbunden, Tatsache ist jedoch, dass die Amerikaner bereits in den Jahren zuvor (Lyndon B. Johnson, John F. Kennedy) zu viele Dollars produzierten, die nicht durch Gold gedeckt waren. Als die Halter von Dollars von dem Schwindel erfuhren, tauschten sie zusehends ihre US-Dollars in Gold – wobei die Amerikaner schlicht nicht über genügend Goldreserven verfügten. So wurden die letzten Überreste des Goldstandards also abgeschafft, da sie der Politik im Wege standen. In den darauffolgenden drei Jahrzehnten verlor er 80% seiner Kaufkraft, einer Kaufkraft, die während der Zeit der Goldwährung in den USA 200 Jahre lang annähernd konstant geblieben war.

nicht erfassen, und selbst wenn, so interessiert es sie nicht weiter, da sie das kurzfristige, scheinbar angenehme Konsumieren im Hier und Jetzt dem Sparen und langfristigen Planen immer vorziehen werden. Die Praxis (oder allein der Gedanke), Ressourcen für die Zukunft zu erhalten, zu **konservieren**, gilt ihnen als irrational respektive menschenunwürdige Vorenthaltung durch kalten »Kapitalismus« et cetera.

Denken Sie im Folgenden also an Rechte, das heißt, um es zu wiederholen, tatsächlich Konservative. Sie sträuben sich **gegen Staatsverschuldung**[206], da sie sich um langfristige Konsequenzen sorgen. Dieses natürliche Gebaren ist Teil der K-Strategie, und zwar jener Teil, der aus der Landwirtschaft und Tierhaltung erwuchs. Wir erinnern uns: Das Saatgut durfte während des Winters nicht einfach gegessen werden, um eine nachhaltige Zukunft zu haben. Die Staatsverschuldung ist nichts anderes als eine postmoderne Variante rücksichtslosen Saatgutkonsums.

Für K-selektierte Individuen erzeugen Schulden prinzipiell eine Rückzahlungspflicht. Die Anhäufung von Schulden macht die Lage nur immer schlimmer und stellt zudem eine psychische Belastung dar. Wer knappe Ressourcen an faule und/oder verantwortungslose Individuen verteilt, zerstört damit die Ressourcen. In K-Gesellschaften müssen Ressourcen von (tendenziell) inkompetenten zu kompetenten Individuen fließen, da letztere am besten in der Lage sind, jene Ressourcen auf Basis ihrer Kompetenz zu vermehren und somit langfristig die Lebensumstände **aller** zu verbessern (siehe Pareto-Verteilung). Denkweisen und Praktiken, wonach Ressourcen für die Zukunft konserviert werden müssen, sind für K-selektierte Individuen und Gesellschaften entscheidend und unverzichtbar.

In dieselbe Kerbe schlägt die Tatsache, dass die r-Denkweise eine (starke) **Aversion gegenüber Wettbewerb und freien Märkten** aufweist. Stattdessen sollten, flapsig formuliert, alle einfach irgendwie miteinander auskommen. Ein Grund dafür ist mitunter der, dass r-selektierte Linke das ökonomische Investitionsrisiko hassen. Sie wissen und sie akzeptieren es nicht, dass Volatilität das notwendige Nebenprodukt der Veränderung ist, die man Fortschritt nennt. Fortschritt ist die Ansammlung von Information und Wissen, auch Lernen genannt. Fortschritt erfolgt durch Versuch und Irrtum. Irrtum bedeutet Verluste.[207]

Sofern es ferner zu ernsten Konflikten und Auseinandersetzungen kommt (und es liegt in der Natur des Menschen, dass es dazu kommt), wollen sie tendenziell nicht, dass Individuen diese untereinander und miteinander lösen, sondern dass sie von der Regierung »behoben« werden. Es wird also sehr schnell eine Unvereinbarkeit zwischen beiden Gen-Sets deutlich, die sich, auch wenn es martialisch klingen mag, hin-

---

[206] Der Begriff »Staatsverschuldung« ist eigentlich irreführend. Treffender wäre »Bürgerverschuldung«, da es letztlich die Bürger sind, welche sich verschulden. Der Staat erwirtschaftet nichts. Alles, was er tun kann (und tut), besteht darin, des Bürgers Eigentum qua Steuern zu enteignen, um es a) willkürlich umzuverteilen und b) irreversibel zu zerstören, wie die objektive Realität zeigt. Von Joseph Alois Schumpeter (1883-1950) stammt der Satz: »*Eher legt sich ein Hund einen Wurstvorrat an als eine demokratische Regierung eine Budgetreserve.*«

[207] Krall (2019), S. 34 f.

sichtlich menschlicher Gesellschaften im Krieg miteinander befinden. Es wird noch sehr deutlich werden, warum und dass die r-Denkweise eine Welt anstrebt, in der sich Unbeständigkeit und Labilität, Raub und Gefahr mit vermeintlich grenzenlosen Ressourcen paaren. Diese Unbeständigkeit beziehungsweise Labilität kennzeichnet sich durch die Tatsache, dass Linke zum Utopismus neigen. Hierunter fallen typische Komponenten wie Gesellschaftsklempnerei, zentrale Planung und der Irrglaube, alle Probleme der Welt lösen zu können: Mehr und mehr Gesetze sowie das Schrauben an diesen; permanente Regulierungen und Nachregulierungen, neue Steuern, andere Steuern, mehr Steuern, Sondersteuern und so weiter und so fort. Was dadurch erreicht wird, ist eine gefährliche und labile Umgebung, in der es nach und nach unmöglich wird, irgendwelche Vorhersagen treffen zu können. Mit anderen Worten:

So entsteht der perfekte Nährboden für die r-Denkweise respektive r-Fortpflanzungsstrategien.

Im Gegensatz dazu streben Rechte verlässliche, das heißt möglichst **stabile und vorhersagbare Regeln** an, die sich nicht nach Lust und Laune ändern (lassen) und sich auf dem Grundsatz des Fairplay (»Möge der Beste gewinnen«) bewegen. Rechte, das heißt Konservative neigen dazu, weniger bis kaum bis überhaupt nicht utopisch zu denken.

Zur r-Strategie der Linken zählt ferner **das Loswerden von Vätern**, denn in dem Moment, da man jene aus den Familien zieht, werden »r's« wie Kaninchen produziert. Erreicht wird das Ziel unter anderem durch die Verunglimpfung der Ehe, durch die Verunglimpfung von (weißen) Männern im Allgemeinen, durch den Hass auf ein (weißes) Patriarchat, und nicht zuletzt durch die Hervorhebung und Förderung vermeintlich starker, heldenhafter, feministischer, alleinerziehender Mütter. An die Stelle traditioneller Väter soll zunehmend »Vater Staat« treten, der schließlich, wie gehört, grenzenlose Ressourcen herniederregnen lassen kann. Das unendliche Gras der Kaninchenwelt wird durch die scheinbar unendliche Staatswährung ersetzt. Gleichzeitig erklärt sich dadurch die Feindseligkeit vieler Linker gegenüber (weißen) Männern und/oder »Patriarchen«.

Auf der anderen Seite strebt die K-Strategie der Rechten nach **stabilen Familien** beziehungsweise stabilen Familienverhältnissen sowie **Monogamie**. Konservative wollen **starke Väter**, die gemeinsam mit ihren Frauen intensiven Aufwand bei der Aufzucht und Erziehung ihrer gemeinsamen Kinder betreiben, inklusive einer relativ gut ausgeprägten Vorhersag-barkeit von Handlungen sowie Ressourcen-Begrenzung, damit infolge das K-Gen-Set blühen kann.

Manche werden kritisieren, die Charakterisierungen in diesem Buch seien durch Voreingenommenheit gegenüber Linken und Rechten gekennzeichnet. Das liegt jedoch daran, dass die Schwierigkeit des Präsentierens beider »Konzepte« in der Tatsache liegt, dass wir Menschen während unserer Evolutionsgeschichte von Natur aus voreingenommen waren und sind. Menschen verkörpern insgesamt eine K-selektierte

Spezies[208], die sich zunächst weiterentwickelt hat, um individuell konkurrenzfähig zu sein, und sich daraufhin weiterentwickelt hat, um an Gruppenwettkämpfen teilzunehmen.

Diese hart umkämpfte Evolutionsgeschichte hat den immensen evolutionären Fortschritt, den wir in unserer Spezies sehen, und sogar die Kultiviertheit und Komplexität unserer Kulturen und Zivilisationen hervorgebracht. Diese Evolutionsgeschichte hat auch psychologisch alle – r- und K-Strategen – dazu veranlasst, die Überlegenheit der K-Strategie anzuerkennen. Innerhalb unserer Spezies bildet die r-selektierte Psychologie eigentlich eine Minderheit, die psychologische Merkmale verkörpert, welche denjenigen, die unsere Spezies als Ganzes vorangebracht haben, direkt entgegenstehen. Ein Beispiel für diese angeborene »Befangenheit« besteht zum Beispiel darin, dass unsere Spezies dazu neigt, **Monogamie grundsätzlich wertvoller als Promiskuität zu beurteilen** (womit nicht gesagt ist, dass sich Beurteilende auch entsprechend verhalten).

Sie neigt ferner dazu, Wettbewerbsfähigkeit, Ehrgeiz und Verantwortung in Bezug auf das Erreichen von Ergebnissen (moralisch) wertvoller zu beurteilen als bloße Anspruchsbekundung, Verantwortungslosigkeit und Trägheit. Sie neigt dazu, die Freiheit der Interaktion und ein verdienter Erfolg seien einheitlichen Ergebnissen, die willkürlich von einer externen Partei vorgegeben werden, moralisch überlegen. Wir werden Kinder, die von zwei monogamen Elternteilen großgezogen werden, in einer Umgebung, die dazu bestimmt ist, ihr reproduktives Verhalten bis zur Reife zu verschieben, als weitaus positiver betrachten als ein Umfeld, in dem Kinder von Alleinerziehenden aufgezogen und Reizen ausgesetzt werden, die so früh wie möglich zu sexueller Reife anregen. Wir werden tendenziell auch immer diejenigen bevorzugen, die unserer Nation gegenüber loyal sind, gegenüber denen, die mit Außenstehenden sympathisieren, und unsere Bevölkerung wird instinktiv die K-selektierten, konkurrierenden Krieger unserer Gesellschaft, wie etwa ein Mitglied des Militärs oder einen Polizeibeamten, immer mehr respektieren als den Pazifisten oder den Hippie (ohne hier eine moralische Wertung vorzunehmen). Jedenfalls bisher.

Eine Zivilisation beginnt immer mit einem dominanten »K« (wenngleich auch »r's« heranwachsen, vor allem in den frühesten Stadien einer Besiedelung, wenn der Bevölkerungswachstum noch uneingeschränkt möglich ist[209]): Hoher Aufwand bezüglich Aufzucht und Erziehung der Nachkommen, Selbstbeschränkung, Kontrolle, Sorge um langfristige Konsequenzen gegenwärtigen Verhaltens, der Wunsch oder das Verlangen eines vorhersagbaren »Spielfeldes« mit Regeln, die für alle dieselben sind. Auf diese Weise blüht eine Zivilisation auf. Auf diese Weise wird eine Zivilisation wohlhabend. Es wird also zunächst etwas geschaffen. Aufgebaut.

Dieser Umstand lässt sodann die r-Strategen auf den Plan treten und verlauten, »man« müsse an die Schwachen und Armen denken, »man« müsse an die Ungebilde-

---

[208] Kelley (1987), S. 64.
[209] MacArthur & Wilson (2001), S. 178.

ten denken, »man« müsse an die alleinerziehenden Mütter denken und so weiter. Sie beginnen daraufhin, mehr und mehr Ressourcen abzusaugen, die letztlich zu immer mehr und immer größeren sozialen Problemen führen, in denen utopisches Denken stetig mitwächst. In konstanter Regelmäßigkeit werden immer neue Regeln sowohl aufgestellt als auch verschoben. Abertausende von Verordnungen strömen aus der Regierung, um vorgeblich jedes Problem, ob klein oder groß, zu lösen. Stattdessen entsteht anhand einer schier unaufhaltsamen Interventionsspirale[210] eine labile Umgebung, welche den Nährboden für das r-Gen-Set offeriert.

Der Erste und Zweite Weltkrieg tötete sehr viele »K's« im Westen. Als Resultat davon starb mit diesen die K-Ingroup-Präferenz. Auf der Seite der Linken ist man einerseits sehr darum bemüht, Ingroup-Präferenzen zu verunglimpfen, solange es sich um weiße, westliche Europäer handelt (»Ausbeuter«, »Kapitalisten«, »Patriarchen«, »Imperialisten«, »Rassisten«, »Sexisten« und so weiter), andererseits wird das Narrativ von den Vorzügen des Multikulturalismus und Egalitarismus möglichst flächendeckend implementiert. Es gibt keine Ingroup-Präferenz aufseiten der Linken, weil sie »r« sind. Aber damit nicht genug. In menschlicher Hinsicht werden sie sich sogar mit »K's« eines anderen Stammes/einer anderen Sippe gemein machen, um die »K's« des eigenen Stammes/der eigenen Sippe sukzessive auszumerzen (oder sukzessive zu vertreiben) und somit den »r's« mehr Macht zuzuspielen. Oder anders ausgedrückt: Mit der fehlenden Ingroup-Präferenz gegenüber dem eigenen Stamm/der eigenen Sippe geht zudem eine fehlende (natürliche) Skepsis gegenüber »Outgroups« einher.

Es gibt technologische und philosophische Entwicklungen in unserer Spezies, die die Funktionsweise der beiden hier dargelegten, grundlegenden psychologischen Bedürfnisse sowie ihre Auswirkungen auf unsere evolutionäre Entwicklung verändert haben. Es soll im Folgenden untersucht werden, was uns die r/K-Theorie insofern etwas darüber sagen kann, wie einige der neueren Entwicklungen die Entwicklung der Natur unserer Spezies und unserer inhärenten Ideologie beeinflussen werden.

Die Teilung zwischen r- und K-Genetik beziehungsweise r- und K-Denkweisen innerhalb der Menschheit manifestiert sich nicht zuletzt in politischer Philosophie. Diesbezüglich werden nun einige Beispiele aufgezeigt. Es bietet sich an, zunächst einen Blick auf den unterschiedlichen Umgang mit der Entstehung von Leben an sich zu richten.

---

[210] »Der Interventionismus kann nicht als ein Wirtschaftssystem betrachtet werden, dem Dauerhaftigkeit bestimmt ist. Es ist eine Methode für die Umwandlung des Kapitalismus [= freie Marktwirtschaft = Teil einer K-Welt – Anm. d. Verf.] in den Sozialismus [= der Inbegriff einer r-Welt – Anm. d. Verf.] durch eine Serie von aufeinanderfolgenden Schritten. Als solches ist er von den Bestrebungen der Kommunisten zu unterscheiden, den Sozialismus mit einem Schlag einzuführen. Der Unterschied bezieht sich nicht auf das Endziel der politischen Bewegung; er beruht hauptsächlich in der Taktik, zu der gegriffen wird, um das Ziel zu erreichen, nach dem beide Gruppen streben. Der Interventionismus (...) ist eine Methode zur Verwirklichung des Sozialismus auf Raten.« (Ludwig von Mises: Planning for Freedom. And twelve other essays and addresses. South Holland: Libertarian Press, 1952, S. 28/33 – Übersetzung Helmut Krebs); lesen Sie auch: Ludwig von Mises: Kritik des Interventionismus.

2.3.1 Geburtenkontrolle: Abtreibung und »Pille«

Die langwährende Debatte um Abtreibung birgt enormen gesellschaftlichen Zündstoff. Häufig wird sie von Befürwortern und Gegnern sehr emotional und erbittert geführt.

Im Folgenden geht es nicht darum, einzelne Argumente zu benennen und zu beurteilen, sondern stattdessen aufzuzeigen, wie und warum sich die unterschiedlichen Positionen vor dem Hintergrund der r/K-Selektionstheorie konkret erklären lassen. Hierbei sei wiederholt, dass Linke aus dargestellten Gründen im Allgemeinen in die Rubrik der r-Organismen fallen, Rechte, das heißt Konservative tendenziell in die Rubrik der K-Organismen.

Zuvor sei allerdings noch auf eine allgemeine Vermutung hingewiesen, wonach Empfängnisverhütungsmittel innerhalb von Zivilisationen immer erst ab einem bestimmten Entwicklungsstadium an Bedeutung gewinnen und dann auch eher von intelligenteren Personen eingesetzt werden, die ohnehin weniger Kinder haben, nachdem sie beispielsweise weniger instinktiv agieren und eine geringere Kindersterblichkeit aufweisen.[211] Dementsprechend kehrt sich die positive Assoziation zwischen Intelligenz und Fruchtbarkeit in vorindustriellen Gesellschaften um[212], die Gesellschaft wird weniger intelligent und kehrt sich zurück.[213] Der Westen hatte es geschafft, die industrielle Revolution zu erreichen, **bevor** dies geschah, da er religiöse Abweichungen nicht tolerierte beziehungsweise sehr stark nach Religiosität selektiert war[214] und ein starkes Tabu hinsichtlich der Empfängnisverhütung vorherrschte.[215]

Mittlerweile ist die Situation jedoch weiter vorangeschritten und entsprechend anders.

Wie bereits dargelegt, betreiben **r-Organismen** wenig(er) Aufwand, wenn es um ihre Nachkommen geht. Sie vermeiden Monogamie und Paarbindung. Die Qualität ihrer Nachkommen ist relativ unwichtig; es geht Kanincheneltern beispielsweise nicht darum, dass ihr Junges in seinen individuellen Fähigkeiten andere Kaninchen möglichst übertreffen sollte, sprich es existiert nur eine geringe Differenzierung in Sachen Qualität. Man könnte sogar sagen, dass das Gegenteil der Fall ist: Ein »besseres«, das heißt »komplexeres« Kaninchen hätte sogar Nachteile, nachdem es, ob komplex oder nicht, immer noch vom Wolf gefressen wird. Würden Eltern demnach mehr Zeit in die Aufzucht und nicht in die Reproduktion investieren und beispielsweise versuchen, das Gehirn ihrer Nachkommen sukzessive zu trainieren, liefen sie eher Gefahr, aufgrund einer geringeren Anzahl von Nachkommen durch das Gefressenwerden den Gentod zu sterben. In der Natur liegt der praktische Fokus auf der Maximierung der Paarungsmöglichkeiten und der Minimierung des Aufzuchtsaufwands.

---

[211] Dutton (2019), S. 179 f.
[212] Clark (2007).
[213] Meisenberg (2007).
[214] Dutton & Madison (2017).
[215] Meisenberg (2007).

Des Weiteren stellt es für r-Organismen einen weiteren negativen Faktor dar, sofern Nachkommen das Produzieren weiterer Nachkommen stören. Hat man Nachkommen um sich, so dass sich niemand mit einem paaren möchte/kann, kann man nicht so schnell wie möglich neue Nachkommen zeugen. Man denke, übertragen auf den Menschen, zum Beispiel an das Stillen: Je länger eine Frau stillt, desto unwahrscheinlicher ist es im Allgemeinen, dass sie ein weiteres Kind bekommt – grundsätzlich und während der Stillphase.

Daraus folgt, dass Babies für r-Organismen tendenziell weniger »kostbar« sind und man, salopp gesprochen, einfach weitere machen und bekommen kann. Nicht selten hört man von entsprechenden Personen im Zusammenhang mit Abtreibung etwas wie *»Es handelt sich nur um Zellhaufen«*, *»Parasiten haben keine Rechte«* et cetera.

Der Sexualtrieb unter r-Organismen ist sehr stark ausgeprägt, um in der Folge so viele Nachkommen wie möglich zu haben. In diesem Zusammenhang übertreffen die Präferenzen der Eltern bei weitem die der Kinder. Was zählt, sind die Wünsche der Eltern, insbesondere der Mütter.

Am Ende scheint es wenig verwunderlich, wieso beispielsweise unter Linken etwas wie die »Pro-Choice«-Bewegung (und damit Pro-Abtreibung) als natürliches Endresultat gesellschaftlich erwächst und sich weiträumiger Zustimmung und Beliebtheit erfreut. Abtreibung sei Sache der Mutter, sprich: Die Präferenz der Mutter steht über der des Fötusses, dessen Präferenz darin besteht, sich zu entwickeln und geboren zu werden. Man **muss** einem Baby allgemeinhin weniger Wert zuschreiben, damit man weniger bis keine Probleme mit Abtreibung hat.

K-Organismen betreiben im Gegensatz dazu hohen Aufwand, wenn es um ihre Nachkommen geht – monogam und paargebunden. Die Qualität ihrer Nachkommen ist hier wesentlich und entscheidend, was dazu führt, dass bereits viel Zeit und Mühe investiert wird, um einen fähigen und qualitativ hochwertigen Partner zu finden, der ebenfalls bereit ist, viel Aufwand bei der Pflege seiner Nachkommen zu betreiben, sprich es existiert eine hohe Differenzierung in Sachen Qualität. Ein Wolf, der sehr gut jagen kann, ist wesentlich wertvoller als einer, der nicht gut jagen kann. Tatsächlich wird einen letzterer sowohl kurz- als auch langfristig »nach unten ziehen«. (Während es bei einem Kaninchen grundsätzlich nicht auf derartige Qualitäten ankommt, nachdem Gras nicht gejagt werden muss.) Ein besserer, das heißt komplexerer Wolf hat dementsprechend Vorteile, nicht nur für den Partner, sondern für das Rudel als Ganzes. Nun denke man beispielsweise an den Sportunterricht zurück: Wen will man beim Fußballspielen im eigenen Team haben? Antwort: Den besten Spieler. Nicht, weil man neben ihm »schlecht« aussieht, sondern weil man dank seiner Qualitäten mit höherer Wahrscheinlichkeit Erfolge erzielen kann. Der Umstand, dass Nachkommen Auswirkungen auf die Anzahl weiterer Nachkommen haben, ist in Ordnung, nicht störend. Von daher werden K-Organismen länger gestillt. Zu viele Nachkommen sind schlecht, da das qualitative Level des Aufwands nicht beibehalten werden kann beziehungsweise könnte. Dies und die Tatsache, dass Nachkommen als besonders »kostbar« angesehen werden, ist der Grund, »nicht einfach« weitere Nachkommen zu produzieren. Von Anfang bis Ende ist jede Phase mit viel (mehr) Aufwand und »Investition« verbunden. K-Organismen achten sehr lange Zeit darauf, dass ihre Nachkommen sicher sind. Von daher ist ihr Sexualtrieb auch weniger stark ausgeprägt. Die Devise lautet tendenziell: Weniger Nachkommen sind besser. Dabei übertreffen nun die Präferenzen der Kinder bei weitem die der Eltern. Der Mensch als grundsätzlich K-selektierter Organismus wird, sowie das Baby in der Nacht schreit, aufstehen und sich kümmern – die Präferenz des Elternteils (Schlaf) ist im Vergleich zur Präferenz des Babys unbedeutend.

Nachdem K-Organismen ihren Nachkommen einen besonders hohen Stellenwert zuschreiben, ferner alle Indikatoren darauf hindeuten, dass auch Menschen im r/K-Kontinuum aufgeteilt werden können, wird deutlich, warum und dass sich Konservative, die im Vergleich zu ihrem tendenziell (und vermeintlich) eher »atheistischen«, säkularen und materialistischen linken Pendant häufig auch religiös(er) sind[216], gegen Abtreibung positionieren. Eine Studie von 2002 kam nicht nur zu dem Ergebnis, dass religiöse Menschen – einen entsprechenden Durchschnitts-IQ vorausgesetzt – etwas verträglicher und gewissenhafter sind als nichtreligiöse Menschen, sondern dass sie auch starke und geordnete Gemeinschaften pflegen.[217] Religiosität wird seit jeher allgemein als Zeichen von Moral und sexueller Kontrolle betrachtet. So verwundert es beispielsweise nicht, dass religiöse Menschen in monogamen Gesellschaften stärkere Paarbindungen vorweisen (was sich unter anderem in geringeren Scheidungsraten zeigt oder zeigte), haben seltener Geschlechtsverkehr außerhalb der Ehe, haben seltener uneheliche Kinder, beschäftigen sich seltener mit Drogen jeglicher Art und haben seltener psychische Probleme.[218] (Zudem haben sie eine längere Lebenserwartung.[219])

Während Linke tendenziell nicht an eine Art »magische« Seele innerhalb des menschlichen Körpers glauben, verhält sich dies bei Rechten anders, wobei die Seele als eine Metapher für die Wichtigkeit des menschlichen Nachwuchses verstanden werden kann.

Es ist zwar auch richtig, dass religiöse Menschen im Allgemeinen mehr Kinder haben, allerdings spielt neben dem Umstand, dass sie auch dann noch tendenziell höheren (paargebundenen) Aufwand beim Großziehen betreiben, vor allem der Umgang mit Familienplanung respektive Geburtenkontrolle (Antibabypille) die entscheidende Rolle, warum nicht-religiöse, r-selektierte Menschen weniger Kinder haben könnten. Eine logische Erklärung liegt hierbei nicht im (fehlenden) »biologischen Antrieb«, sondern vielmehr in der »Pille« und eben – Abtreibung.

Das (Aus-)Tragen von Kindern ist mit finanziellen Kosten und rechtlicher Verantwortung für beide Elternteile sowie neun Monaten außergewöhnlicher körperlicher Belastung für Mütter während der Schwangerschaft verbunden. Darüber hinaus bedeuten niedrige Investitionsanreize für Eltern, dass Psychologien vom r-Typ weniger

---

[216] Mende (2018/19), S. 300-308.
[217] Saroglou (2002).
[218] Blume (2009), S. 117-126.
[219] Koenig (2012).

an Elternschaft interessiert sind, häufig aufgrund negativer Ansichten über Kinder und Kindererziehung. Aus diesen Gründen hat das Aufkommen der durch die Antibabypille möglich gewordene Geburtenkontrolle die Art und Weise verändert, wie r-selektierte Verhaltensweisen in unserer Spezies funktionieren (werden).

Heute können Personen, die keine Verantwortung für Nachkommen tragen möchten, eine einfache, schmerzlose Behandlung in Anspruch nehmen, um die Empfängnis und den leisesten Anflug eines Risikos bezüglich einer Verantwortung für ein Kind zu verhindern. In Kombination mit der ultimativen Form von geringem, elterlichen Aufwand – der Abtreibung – wird dies die Reproduktionsrate der r-ausgewählten Personen in unserer Gesellschaft verringern[220], selbst wenn Linke eine immer promiskuitivere Gesellschaft vorantreiben. (Interessanterweise würde dieser verminderte Wunsch, Kinder zu erziehen, auch eine Abnahme der Geburtenrate in wirtschaftlich erfolgreichen Gesellschaften – in denen Geburtenkontrolle leicht verfügbar ist –, bedeuten.) Diese reduzierte Reproduktion unter r-Strategen erzeugt wahrscheinlich einen längeren Zeitraum, in dem Ressourcen reichlich vorhanden sein werden, und die damit verbundenen nachteiligen Auswirkungen, die sich aus der r-typischen, starken Vermehrung ergeben, werden sich als weniger wirksam erweisen.

Dies aktiviert jedoch schrittweise r-selektierte Nebenformen, die sich trotz der Möglichkeit, diese leicht zu vermeiden, noch stark vermehren. Dies bedeutet, dass Varianten der r-Typ-Psychologie, beispielsweise die Komponente der r-selektierten Bevölkerung, die zu unverantwortlich ist, eine so einfache Lebensweise wie die auf Basis moderner Geburtenkontrolle in Anspruch zu nehmen, weiterhin schneller anwachsen als ihre K- und sogar r-selektierten Zeitgenossen, welche die »Pille« verwenden. Dies kann wiederum bedeuten, dass der verantwortungsbewusste, intellektuelle Linke, welcher die »Pille« verwendet, zudem Ursache und Wirkung wahrnehmen kann und während des Erwerbens von Wohlstand Ressourcen erzeugt, zu einer aussterbenden Art zählt. Solange Ressourcen (dank Wohlfahrtsstaat künstlich) zur Verfügung stehen, um ein unbegrenztes Bevölkerungswachstum zu unterstützen, wird dies voraussichtlich zu einer immer stärkeren ideologischen Kluft innerhalb unserer Gesellschaft führen.

Die K-selektierten Individuen bleiben sich relativ ähnlich, wenn auch fortgeschrittener. Es ist jedoch wahrscheinlich, dass das r-selektierte Kontingent der Bevölkerung allmählich weniger fleißig und intelligent, zudem weniger in der Lage sein wird, dasjenige Verhalten zu kontrollieren, um Lebensereignisse und damit Ergebnisse zu verändern. Stattdessen wird es stetig neidischer, fruchtbarer und fordernder werden. Angesichts dieser Tendenzen könnte der heutige Linke im Vergleich zu seiner zukünftigen Version sogar noch regelrecht vertrauenswürdig, verantwortungsbewusst und vernünftig erscheinen.

---

[220] r-Politiker scheinen diesem Trend seit geraumer Zeit mit einer »künstlichen« Zuführung von überwiegend kulturfremden r-Stratgen durch Massenimport entgegenzusteuern.

2.3.2 Sexuelle versus ökonomische Freiheit

Wie festgestellt wurde, haben r-Organismen einen hohen Sexualtrieb, der sich in einem schier unersättlichen Durst nach Abwechslung äußert. (Kaninchen haben sehr viel Sex mit sehr vielen, verschiedenen Kaninchen.) Aufgrund des fehlenden oder mangelhaften Aufwandes bei der Aufzucht ihrer Nachkommen sowie aufgrund des Umstandes, dass sie zu geringerer Komplexität und Intelligenz neigen und zudem weniger Ingroup-Präferenzen haben, verfügen Linke in ökonomischer Hinsicht über eine nur geringe Wettbewerbsfähigkeit auf dem freien Markt. (Gleichzeitig wachsen r-Strategen sehr häufig ohne Vater auf, worauf später noch detaillierter eingegangen wird.) Wichtiger als ökonomische Freiheit ist ihnen von daher ihre sexuelle Freiheit, getreu dem Motto: *Mag ich zwar in ökonomischer Hinsicht nicht konkurrieren können, so kann ich stattdessen mit vielen Leuten Sex haben und will von daher, dass sexuelle Einschränkungen möglichst aufgehoben werden.* (Eine logische Folge bestünde zum Beispiel darin, dass r-strategische Linke tendenziell damit prahlen, mit wem sie alles im Bett waren, während die ökonomisch erfolgreicheren, K-strategischen Konservativen dazu neigen, ihr Sexleben für Privatsache zu halten und entsprechend zu behandeln.)

Entsprechend sind r-Strategen ohne Weiteres bereit, **wirtschaftliche Freiheiten für sexuelle Freiheiten einzutauschen**, wie zum Beispiel geschehen in den größtenteils r-selektierten 1960/70er Jahren, die sich gleichermaßen durch massive Einschränkungen (und den entsprechenden Folgen) in wirtschaftlicher Hinsicht einerseits sowie durch diverse Slogans *(»Make love, not war«)* und massive Durchbrüche in sexueller Hinsicht andererseits kennzeichneten (*»No-fault divorce«* unter Ronald Reagan, 1911-2004, et cetera). Natürlich sind diese r-selektierten Zeiten nicht vom Himmel gefallen (das tun sie nie), sondern ihrerseits das Resultat eines vorangegangenen Selektionsprozesses. Wie schon im Kapitel über Epigenetik deutlich gemacht wurde, gibt es mehrere Indizien dafür, dass auch politische Ideologien von Eltern auf Kinder übertragen werden können. Viele Studien zeigen ferner, dass familiäre Tendenzen zu bestimmten politischen Ideologien existieren.[221] In Zwillingsstudien wurde gezeigt, dass sowohl die Richtung des politischen Neigungsprozesses als auch die Stärke des Festhaltens an der Ideologie eine genetische Wurzel zu haben scheinen.[222] Andere Studien deuten an, dass eine familiäre Tendenz zu einer bestimmten sozialen Einstellung und die Stärke des Festhaltens an dieser Haltung vererbbar sind.[223]

Wenn es eine übertragbare Komponente politischer Psychologien gibt, ist zu erwarten, dass historische Ereignisse, die das Überleben und/oder die Reproduktion von r- oder K-Strategen begünstigen, ihre relativen Proportionen verzerren. Man könnte dann davon ausgehen, dass sich die allgemeine Psychologie der betroffenen Generation im Vergleich zu den Ausgangsstandards und den Grundsätzen ihrer Kultur ändert

---

[221] Cloninger et al. (1993); Eaves & Eysenck (1974); Bouchard & McGue (2003).
[222] Alford et al. (2005).
[223] Hatemi et al. (2007); Hatemi et al. (2009); Settle et al. (2009).

beziehungsweise dass ein solcher Effekt auch die politischen Ideologien von Gesellschaften weiträumiger verändern würde.

In diesem Szenario böte sich Gruppen (und den Einzelpersonen in ihnen) ein Wettbewerbsvorteil, da es eine schnelle psychologische Anpassung an sich ändernde historische und evolutionäre Umstände ermöglichen würde. Zum Beispiel wäre die r-Strategie (die in Gruppeninteraktionen dem Stockholm-Syndrom ähnelt, wenn nicht identisch ist) unter Kriegsbedingungen von Vorteil. Wenn alle K-selektierten Krieger einer Gesellschaft in der Schlacht getötet würden, wäre es von Vorteil, wenn sich die allgemeine Psychologie besagter Gesellschaft anpasste und von einer aggressiveren, konkurrenzfähigen K-Psychologie zu einer weniger bedrohlichen, pazifistischeren r-Psychologie überginge, welche die Kontrollübernahme durch eine von feindlichen Outsidern gebildeten Regierung tolerierte. Wenn eine Bevölkerung demnach einen Krieg verlieren würde, wäre es im Interesse dieser Gruppe, möglichst rasch eine Mentalität oder den Drang zu einer spezifischen Verhaltensweise zu adaptieren und in diesem Zusammenhang willens zu sein, den Wünschen der Eroberer-Truppe nachzugeben. Würde also nach den Grundsätzen dieser Theorie ein selektiver Druck, welcher entweder r- oder K-Strategen entsprechend »ausmerzt«, auf eine Population von Menschen ausgeübt werden, sollten sich deren politische Ideologien radikal ändern. In Anbetracht der Tatsache, dass wir behaupten, dass Gruppenwettbewerbsprozesse eine noch stärkere Rolle in unserer ideologischen Entwicklung spielen beziehungsweise gespielt haben als »bloße« r/K-Überlegungen, sollte von selektivem Druck, der speziell K-selektierte Krieger aus einer Bevölkerung entfernt (hat), ein noch stärkerer Druck hinsichtlich der politischen Ideologie innerhalb einer Bevölkerung ausgehen, anstatt »lediglich« durch r- oder K-selektierten Umweltdruck.

Nehmen wir Amerika, das stets enormen gesellschaftlichen Einfluss auf Europa und insbesondere Deutschland hat(te), als Beispiel. Als die Vereinigten Staaten während des Zweiten Weltkrieges so viele K-selektierte Krieger wie möglich einsetzte (um zu gewinnen), könnte die darauf folgende, plötzliche Erschöpfung von fähigen K-strategischen Männern den Bedingungen ähneln, die unter der r-Selektion einer Bevölkerung auftreten, beispielsweise aufgrund einer enorm ansteigenden Prädation – oder einer durch feindliche Kräfte (Krieg) erlittenen Niederlage.

Gemäß der in diesem Buch vorgestellten Theorie, hätte dieser massive Einsatz von Gewalt einen deutlichen r-Selektionsdruck in der US-Bevölkerung bewirkt. Diejenigen, die während des Krieges zurückgeblieben waren, trugen wesentlich zum Genpool der Generation bei, die in den frühen 1940er Jahren geboren wurde. Diese Individuen erzeugten eine Generation, deren Psychologie sich gegen die traditionelle amerikanische Kultur richtete, dass sie 20 Jahre später sogar als Revolution der »Gegenkultur« bezeichnet wurde (Hippie-Bewegung, in Deutschland speziell die »68er-Bewegung« und daran anknüpfend die »Neuen Sozialen Bewegungen« oder »Alternativbewegungen«).[224]

---

[224] Roszak (1968).

Die Revolution der »Gegenkultur« zeigte viele thematische Einflüsse, die denen ähneln, von denen wir behaupten, dass sie eine r-selektierte Psychologie begleiten würden. Sie, also jene r-selektierten Individuen, such(t)en nach einer wettbewerbsfreien, gemeinschaftsähnlichen Gesellschaftsstruktur.[225] Sie verunglimpf(t)en den »Kapitalismus« (ein in linken Kreisen geborener Kampfbegriff zur Diffamierung der freien Marktwirtschaft) und sie verunglimpf(t)en wirtschaftlichen Ehrgeiz[226], indem sie dem Anti-Materialismus huldig(t)en.[227] Sie – und hier spannen wir den Bogen zum aktuellen Kapitel – nahmen/nehmen eine radikale Form der sexuellen Promiskuität an, die die Monogamie abschwächt(e), und forder(te)n, dass Frauen sich der »freien Liebe« hingäben, ungeachtet irgendeiner sorgfältigen Auswahl von potenziellen, sich durch Fitness auszeichnenden Partnern.[228]

Schließlich verbünde(te)n sie sich in einer geradezu extremen Form von »Outgroup«-Toleranz mit einem fremden Feind (damals mit der Vietnamesischen Volksarmee und dem Vietcong) und protestier(te)n und demonstrier(te)n auf der Seite des Feindes beziehungsweise in dessen Namen, während sich – um das konkrete historische Beispiel aufzugreifen – die Vereinigten Staaten im Krieg mit diesem Feind befanden.[229] Es herrschte (und herrscht) darüber hinaus Feindseligkeit zwischen körperlich aggressive(re)n Männern, die darwinistische, K-selektierte Wettbewerbe begrüßten (zum Beispiel Militärangehörige und Polizisten) und Mitgliedern jener Generation der r-strategischen »Gegenkultur«.[230]

Tatsächlich war diese Feindseligkeit so stark, dass die r-selektierten Gegenkultur-Hippies sogar auf zurückkehrende Soldaten spuckten und sie als Baby- und Kindermörder verspotteten.[231]

Doch zurück zur Sexualität.

Die r-Organismen bevorzug(t)en, wenn man so will, »sexuelle Subventionen« gegenüber niedrigen Steuern, da es wesentlich wahrscheinlicher ist, dass sie weitaus mehr Sexualpartner haben (werden) anstelle höherer Steuern. Da r-selektierte Menschen in der Regel nicht sonderlich viel Geld verdienen (werden), sind allgemein hohe Steuern nichts, das sie stören oder gar ärgern würde. Stattdessen ist es wichtig – aus Sicht der Männer –, über Regierungsprogramme den »Zugang« zu einer Vielzahl von Frauen zu erleichtern, beispielsweise mittels Sozialleistungen für alleinerziehende Mütter, »kostenloser« Beschulung und Gesundheitsversorgung für Kinder et cetera, also allesamt Faktoren, welche die negativen Konsequenzen sexueller Verfügbarkeit reduzieren. Auch Abtreibung sei hier noch einmal genannt, nachdem sich dadurch, auch wenn es makaber klingt, der Zugang zu »sexueller Vielfalt« vergrößern lässt. Mit ande-

---

[225] Levitt & Rubenstein (1974).
[226] Lattin (2003), S. 186.
[227] Douglas (1970), S. 131.
[228] Lattin (2003), S. 186.
[229] Hagopian (2009), S. 66.
[230] Sale (1973), S. 648-653.
[231] Hagopian (2009), S. 66.

ren Worten bedeutet dies, dass r-Strategen Regierungsrichtlinien bevorzugen, welche Sexualstandards im Allgemeinen senken sowie Hemmungen reduzieren. **Verantwortungslosigkeit wird belohnt.**

Auf der anderen Seite haben K-Organismen einen schwächeren Sexualtrieb, verbunden mit einem geringeren Wunsch nach Abwechslung. Sie hätten sich andernfalls nicht dauerhaft fortpflanzen können, nachdem diejenigen K-Organismen, die aufgrund eines enormen Sexualtriebs quasi mit jedem Sex haben wollen, von anderen K-Organismen ausgeschlossen (Ostrazismus) oder attackiert worden wären und somit entweder den genetischen oder persönlichen Tod erfahren hätten.

Stattdessen verfügen sie über eine hohe Wettbewerbsfähigkeit auf dem freien Markt, weil ihre Eltern große Mühe respektive viel Aufwand in ihre Aufzucht und Entwicklung stecken beziehungsweise gesteckt haben. Von daher sind sie gerne bereit, sexuelle Freiheiten für wirtschaftliche Freiheiten einzutauschen.

Ökonomische Freiheit bedeutet für K-Organismen nichts anderes als am freien Markt zu konkurrieren (vorausgesetzt, sie dürfen), um Erfolge zu erzielen und Ressourcen zu gewinnen. Diese Freiheit wiederum ermöglicht oder »kauft« **den Zugang zu qualitativ hochwertigen, monogamen Partnern.** Es ist wahr, hier werden Begebenheiten eben an die biologischen Basisbedürfnisse gekoppelt, und sicherlich findet dies aktuell aus einer überwiegend männlichen Perspektive statt, aber wie sang bereits Sam Cooke (1931-1964) im Jahre 1957: *»Your daddy's rich and your ma is goodlooking.«*

Von daher ist es nur logisch, dass K-Organismen geringe Steuern gegenüber »sexuellen Subventionen« bevorzugen. Auf letztere sind sie nicht angewiesen. Sie wollen Ressourcen anhäufen, die ihnen den Zugang zu besagten hochwertigen Partnern ermöglichen. Entsprechend werden sie Regierungsrichtlinien und -politik ablehnen, welche die bereits genannten Sexualstandards im Allgemeinen senken sowie Hemmungen reduzieren. Sexuelle Verantwortungslosigkeit wird hier im Gegensatz zu den r-Organismen nicht belohnt, sondern aufgrund der damit für den ganzen Stamm verbundenen Gefahren geahndet.

2.3.3 Radikaler Feminismus

In der Regel blühen r-Organismen und deren Gen-Sets auf, wenn keine Väter anwesend sind. Ohne Vater aufzuwachsen, signalisiert einem zwei Umstände. Entweder wurde der Vater getötet, was bedeutet, in einer gefährlichen und labilen Umgebung (Prädation) aufzuwachsen, welche wiederum den Fortpflanzungsnährboden für das r-selektierte Gen-Set darstellt. Oder der Vater bleibt schlichtweg nicht in der Nähe, was bedeutet, sich in einer Situation des geringen elterlichen Aufwands zu befinden. Auch in diesem Fall setzt sich ein r-Gen-Set mit höherer (epigenetischer) Wahrscheinlichkeit durch.

Der radikale Feminismus (als ein sozialistischer Ableger der r-Strategie) **fördert im Allgemeinen die Feindseligkeit gegenüber Männern**. Wenn Männer labil oder häufig abwesend sind, wird der Sexualtrieb unter Frauen gefördert, die infolgedessen anstatt ethisch-moralisch »stabilen«, verantwortungsbewussten und zuverlässigen eher nach physisch robusten Partnern Ausschau halten, was sich zum Beispiel in dem Umstand zeigt, dass sich viele junge Frauen von »bad boys« angezogen fühlen. Wird die Feindseligkeit gegenüber (weißen) Männern in einer Gesellschaft (oder einem ganzen Land) mittels Panikmache und Schrecken gefördert (»Rape Culture«, »Patriarchat«, »Unterdrückung« et cetera), fördert dies einen höheren Sexualtrieb beziehungsweise unverantwortliche Sexualität in Bezug auf K-selektierte Präferenzen. Wenn Frauen ferner beständig eingeredet wird, sie würden in permanenter Gefahr leben (Prädation), wird dadurch zusätzlich das r-Gen-Set gefördert.

Der radikale Feminismus **fördert darüber hinaus Männlichkeit unter Frauen**, zumal Väter »böse« seien. Es bedarf nicht viel, diesen Umstand heutzutage zu erkennen. Wahnsinnsfrauen in Filmen, Wahnsinnsfrauen in Computerspielen, die stark, hart, zäh, robust, frech und vieles mehr sind, vor allem aber mit Leichtigkeit jeden noch so scheinbar mächtigen und monströsen Mann in die Knie zwingen. Auch das deckt sich mit r-Organismen, unter denen die Differenzierung zwischen männlichen und weiblichen Charakteristika im Allgemeinen verschwimmt. Männliche Organismen können beispielsweise die hübsche Rolle verkörpern (zum Beispiel Enten oder Pfauen), während weibliche Organismen (zum Beispiel Kaninchen) ziemlich männlich sein können, da sie sich allein um den Nachwuchs kümmern müssen und sich nicht auf die Männchen verlassen können. Von einem biologischen Standpunkt aus betrachtet ist Weiblichkeit das, was sich durch männlichen Schutz entfaltet: Wenn Männer die Rolle von Versorgern annehmen, können Frauen stärker differenzieren beziehungsweise femininer werden.

Als Folge einer zunehmenden Förderung von Männlichkeit unter Frauen werden Männer promiskuitiver und »hedonistischer«, verantwortungsloser und femininer, während sich Frauen zunehmend männlicher, aggressiver, »schriller« und wetteifernder gebärden. Hierin liegt unter anderem die Wurzel für den in r-selektierter Umwelt stattfindenden Aufstieg von »Metrosexualität«, »Manscaping«[232] und dergleichen.

Dass es sich bei radikalen Feministen letztlich um nichts anderes als um Linke beziehungsweise Marxisten handelt (welche ihre politische Ideologie **immer** über das vorgebliche Wohl von Frauen stellen werden)[233], propagieren und unterstützen sie staatliche Ressourcen-Transfers respektive Umverteilung, um damit die angebliche Überflüssigkeit von Männern vorzuspiegeln. Hat eine Frau in einer K-selektierten Umgebung ein Kind ohne männlichen Beschützer, ist die Wahrscheinlichkeit für das Kind geringer, sich gut zu entwickeln, es sei denn, die r-selektierten Feministen schaffen es, die Regierung davon zu überzeugen, alleinerziehenden Müttern in massiver Form Subventionen zukommen zu lassen, die ironischerweise überwiegend von Männern erwirtschaftet wurden.[234] Innerhalb eines an sich (ethisch-moralisch) widersprüchlichen und destruktiven r-Systems (»Wohlfahrtsstaat«) ist es keine Überraschung, sofern (weiße) Männer zu einem nicht unbeträchtlichen Teil »dämonisiert« werden (»müssen«), sind sie es doch, die die meisten Steuern zahlen. Eine Gruppe, die exzessiv ausgebeutet wird, darf schon allein aus potenziellen Gewissensgründen sowie aus Gründen der angeblichen »Legitimation« nicht vorbehaltlos humanisiert werden.

So gesehen werden Männer doch benötigt, und zwar als Steuerproduzenten. Eher unwahrscheinlich bis unmöglich wird es sein, eine radikalfeministische Gruppe anzutreffen, die sich beispielsweise enorme Sorgen aufgrund der Staatsverschuldung macht, da sie sich damit gegen ihr eigenes Gen-Set positionieren würde. Wir erinnern uns: r-Organismen müssen die Illusion unendlicher Ressourcen schaffen und aufrechterhalten, was der Grund ist, warum Linke konstant vermeintlich »kostenlose« Dienste oder Produkte fordern oder in Aussicht stellen. Wer darauf anspringt, verfolgt eine r-selektierte Strategie, wer mit der Frage *»Und wer zahlt dafür?«* reagiert, ist mit höherer Wahrscheinlichkeit K-selektiert.

Radikale Feministen lehnen das sogenannte »Slut-shaming« ab. Diesen Begriff beschreibt Wikipedia (Stand: März 2019) als *»die Praxis, Menschen, vor allem Frauen und Mädchen, zu kritisieren, von denen angenommen wird, dass sie Erwartungen an Verhalten und Aussehen in Bezug auf Sexualität verletzen.«*

Die Kritik fällt natürlich nicht einfach vom Himmel, um Frauen angeblich »Böses« zu wollen (wie der Wikipedia-Artikel vermuten lässt), sondern weil durch massive weibliche Sexualität mit vielen Partnern das r-Verhalten, also unter anderem Unverantwortlichkeit, gefördert wird. Radikale Feministen betrachten allerdings die (in K-Umgebungen) natürliche und im Übrigen universale Aufforderung nach Verantwortungsübernahme als »anmaßend«, »patriarchalisch« oder einen »Beleg« für den ebenfalls propagierten »institutionellen Sexismus«, welcher nach ihrer Auffassung quasi all-

---

[232] Intimrasur für den Mann.
[233] Mende (2017), S. 77-94.
[234] Lott & Kenny (1998); Lott & Kenny (1999); Aziz et al. (2013); Andersen, Torben: *Kvinder er en »underskudsforretning«*, in: mandagmorgen, 31.01.2013, URL: https://tinyurl.com/yxrwceum, Abruf am 08.03.2019.

gegenwärtig sei. Allerdings nur, sofern Frauen mit dieser Aufforderung konfrontiert werden. Alleinerziehende Mütter entschieden sich schließlich nicht dazu, schwanger geworden zu sein, so ein allgemeiner Tenor. Antwort: Doch. Wer sonst sollte die Entscheidung getroffen haben? Sie entschieden sich dazu, ungeschützten Sex zu haben. In diesem Zusammenhang spielt auch der Umstand eine Rolle, dass r-Organismen, wie bereits dargelegt, weniger komplex und intelligent sind, so auch im Allgemeinen (nicht Generellen) alleinerziehende Mütter[235], deren durchschnittlicher IQ im unteren 90er-Bereich liegt [236], also etwa 10 Punkte unter dem allgemeinen (sinkenden) Durchschnitt im Westen. Hierbei sei zudem darauf hingewiesen, dass neben dem Brandmarken individueller Verantwortlichkeit ebenso Rationalität abgelehnt wird – bewusst oder unbewusst. Das hängt damit zusammen, dass Rationalität prinzipiell Raum für eine Widerlegung lässt. Indem sich der Irrationalität hingegeben wird, immunisieren sich radikale Feministen gegen eine Widerlegung, und zwar in dem Sinne, dass nichts als Widerlegung für sie gelten könnte. Auf diese Weise wird es möglich, Versagen zu rechtfertigen, um Ansichten zu verteidigen. Als r-Stratege möchte man sich nicht um eine Verantwortung sorgen müssen, auch nicht um eine solche, stichhaltige Argumente und Gründe für Meinungen anzubieten.

Auf der anderen Seite **fördern K-Organismen im Allgemeinen Zuneigung gegenüber Männern**, da sie um die Tatsache Bescheid wissen, dass Hass gegenüber Männern zu mehr Sex und »Partner-Vielfalt«, das heißt auch zu mehr ungewolltem Nachwuchs führt und damit die Gemeinschaft als Ganzes schwächt. K-Organismen akzeptieren Unterschiede zwischen den Geschlechtern. In der Tat ist es so, dass Wissenschaftler enorme Arbeit geleistet haben, Unterschiede zwischen männlichen und weiblichen Gehirnen nachzuweisen.[237]

K-selektierte Organismen werden dies als vollkommen normal und natürlich hinnehmen, r-selektierte Organismen hingegen werden sich herausgefordert und sogar angegriffen fühlen. Der Grad, zu dem man akzeptiert, dass es Unterschiede zwischen den Geschlechtern gibt, beispielsweise eine Art »Arbeitsteilung« bezüglich intellektueller Kapazitäten zwischen Männern und Frauen (was weder »besser« oder »schlechter« impliziert), bestimmt gleichzeitig den Grad an K-Selektion, da letztere unter anderem bedeutet, dass Männer etwas anderes tun als Frauen und Frauen etwas anderes als Männer.

K-Organismen wissen, dass Männer für das K-Gen-Set benötigt werden, von daher neigen sie stark dazu, Macht und Einfluss von Regierungen zu reduzieren und in Schach zu halten. Sie wollen beispielsweise den Grad an Besteuerung, also der er-

---

[235] Bacharach & Baumeister (1998); Lawlor et al. (2005).
[236] The Unz Review: *Shocker – Married Mothers Smarter Than Single Moms,* 07.04.2013, URL: https://tinyurl.com/y4hdz6k7, Abruf am 09.03.2019.
[237] Jantz, Gregory L.: *Brain Differences Between Genders. Do you ever wonder why men and women think so differently?,* in: Psychology Today, 27.02.2014, URL: https://tinyurl.com/y75phrqo, Abruf am 09.03.2019; Goldman, Bruce: *Two minds. The cognitive differences between men and women,* in: Stanford Medicine (Spring 2017), URL: https://tinyurl.com/y8xzuhou, Abruf am 09.03.2019.

zwungenen Geldentnahme verantwortungsbewusster, K-selektierter Familien begrenzen, um es sodann unverantwortlichen, r-selektierten, alleinerziehenden Müttern zu geben, schlicht und ergreifend, da sich auf Dauer nicht genug K-Gen-Sets fortpflanzen können, sofern r-Gen-Sets gewaltsam subventioniert werden (müssen). K-Organismen fördern und fordern verantwortungsbewusste Frauen, sie bestreiten etwas wie »institutionalisierten Sexismus« und wissen zudem um die essenzielle Notwendigkeit Bescheid, r-Verhalten auszugrenzen (Ostrazismus). Sie wissen um die Macht der Ausgrenzung und haben kein Problem damit. Tatsächlich handelt es sich dabei um eine friedvollere und weniger riskante Methode als die offene physische Attacke (siehe oben). In K-selektierten Gesellschaften ist der Ausschluss alleinerziehender Mütter nichts Ungewöhnliches. Man blicke hierfür zum Beispiel nach Fernost- und Südostasien – Japan, Südkorea, China, Hong Kong, Singapur, allesamt Länder, die einen Wohlfahrtsstaat entweder gar nicht oder nur in deutlich abgespeckter Version als in den USA, Deutschland, Frankreich et cetera initiiert haben.

Selbstverständlich können r-Organismen Ostrazismus nicht ausstehen (später mehr dazu).

Ein Ergebnis, das durch das Ignorieren oder großzügige Gewähren-lassen irrationaler, radikaler Feministen sowohl erwartet als auch beobachtet werden kann, ist, dass der Dogmatismus eine vernünftige und intelligente Diskussion (zum Beispiel an Universitäten) weiterhin sukzessive untergraben und ersetzen wird, und diejenigen, die am lautesten schreien, und nicht diejenigen, die die besten Argumente hervorbringen, gehört werden – mit dem weiteren Ergebnis, dass sich deren irrationale Ansichten durchsetzen.

2.3.4 Alleinerziehende Mütter

> »Vielleicht besteht der einzige Zweck Ihres Lebens darin,
> als warnendes Beispiel für andere zu dienen.«
> (Ashleigh Brilliant)

Wie unter 2.1.3 und 2.1.4 dargelegt, spielt Stress eine wichtige Rolle, wenn es um die Entwicklung von r-Strategien geht. Dabei sind r-Organismen verhältnismäßig hohen Stresssituationen nicht einfach nur »ausgesetzt«, sondern sie erzeugen diese durch ihre innere Beschaffenheit. Man könnte auch sagen, dass sie sie geradezu verlangen. – Kombiniert mit (dem starken Wunsch nach) geringem Aufwand sowie vaterlosen Familien entsteht so eine Art Petrischale – der Fortpflanzungsnährboden für das r-Gen-Set. Auch hörten wir bereits, dass r-Organismen wie Kaninchen nicht für bekannte oder verwandte Kaninchen einstehen können, wenn letztere beispielsweise von einem Wolf attackiert werden. Die Gefahr, selbst gefressen zu werden, wäre zu groß, von daher wird die Szenerie fluchtartig verlassen.

Alleinerziehende Mütter[238] zeichnen sich in der Regel nicht durch ein hohes Maß an Empathie aus, im Gegenteil, sie »müssen« selbstsüchtig sein. Das hat mehrere Gründe. Zunächst einmal wenden sie sich ohne Skrupel an Regierungen, um Ressourcen zu verlangen, die anderen Personen zuvor logischerweise entzogen werden müssen. Es existiert von daher keine Empathie mit denjenigen, dessen (erarbeitete) Ressourcen sie auf Basis ihrer Unverantwortlichkeit beschlagnahmen (lassen). Grundsätzlich geht es dem r-Gen-Set darum, eine möglichst große Truppe von abhängigen r-Organismen zu schaffen, welche gemeinsam die K-Gruppen zu plündern vermag. Wären alle »r«, gäbe es nur wenig zu entziehende Ressourcen. Ist jeder ein Dieb und Räuber, gibt es nichts zu stehlen. Es muss von daher einige »K's« geben, damit für »r's« Ressourcen existieren, die gestohlen beziehungsweise geraubt werden (lassen) können.

Nun greifen die entsprechenden r-Mütter zu einem sehr erfolgreichen, wenn auch ethisch-moralisch mehr als fragwürdigen Trick: Sie verwenden ihre Kinder als Mittel zum Zweck, indem sie diese öffentlichkeitswirksam entgegenstrecken und auf die eine oder andere Weise zu verstehen geben:

»Helft diesen Kindern! Ihr müsst sie retten! Sind euch Kinder etwa egal? Was ist mit den Kindern?«

Wissend, dass »K's« darauf anspringen werden, da Kinder für »K's« unglaublich wertvoll und kostbar sind. Mit anderen Worten: Sagt eine alleinerziehende Mutter, sie könne ihre Kinder nicht ernähren, ist das für K-Strategen sehr hart, da ihnen am Wohl von Kindern im Allgemeinen sehr gelegen ist (echte Empathie) – im Gegensatz zu r-Strategen. Allerdings kann eine Antwort eines K-Strategen auch darin bestehen,

---

[238] Natürlich gibt es auch alleinerziehende Väter, allerdings stellen diese, wie bereits gezeigt, die Minderheit/Ausnahme dar. Wir beschäftigen uns also mit der großen Mehrheit. (Zur Erinnerung: 91 Prozent der alleinerziehenden Eltern sind weiblich, siehe 2.2.4.)

offen auf die Unverantwortlichkeit hinzudeuten und zu verlangen, das (unschuldige) Kind einer K-Familie zu übergeben (Adoption). Hierbei handelt es sich um eine freiheitlichere, marktwirtschaftlichere, das heißt typisch K-selektierte Antwort, anstatt kurzerhand nach dem Staat zu rufen, was wiederum eine r-selektierte Antwort darstellte.

Darüber hinaus produziert alleinerziehende Mutterschaft im Allgemeinen einen Nährboden für **mehr Unstabilität und Kriminalität**[239], aber auch Depressionen[240] innerhalb einer Gesellschaft. Allein in den USA wuchsen im Jahre 2010 fünfundzwanzig Millionen Kinder ohne Väter auf.[241] Nach der Fachliteratur ist die Abwesenheit des Vaters nicht nur die wichtigste Ursache für Armut[242], sondern auch für Kriminalität: Von allen Jugendlichen geht von denjenigen, die aus intakten, verheirateten Familien kommen, die geringste Gefahr aus, straffällige Handlungen zu begehen.[243] Kinder von alleinerziehenden Eltern werden häufiger missbraucht[244], leiden häufiger unter emotionalen Problemen, legen fragwürdiges Verhalten[245] an den Tag, tun sich im schulisch-akademischen Bereich schwerer[246] und werden öfters straffällig.[247]

Probleme mit Kindern aus vaterlosen Familien können sich bis ins Erwachsenenalter fortsetzen. Diese Kinder enden dreimal häufiger im Gefängnis, wenn sie das 30. Lebensjahr erreicht haben, als Kinder, die in intakten Familien aufgewachsen sind und haben die höchsten Inhaftierungsraten in den Vereinigten Staaten.[248] Das Wachstum der armen Familie hängt heute direkt mit dem Wachstum derjenigen Familie zusammen, die von der immer alleinstehenden Mutter[249] »geleitet« wird. Kinder, die in weiblich geführten Familien ohne Ehemänner leben, haben eine Armutsquote von 45,8 Prozent, mehr als das Vierfache der Kinder in traditionellen Familien, bestehend aus

---

[239] Schneider et al.: *Auf die Familie kommt es an. Familienstruktur und Entwicklung des Kindes. Ergebnisse soziologischer Familienforschung aus den USA*, in: Deutsches Institut für Jugend und Gesellschaft (DIJG), URL: https://tinyurl.com/y4hxcm77, Abruf am 10.03.2019; The Fatherless Generation, *Statistics*, URL: https://tinyurl.com/mq9d9ov, Abruf am 10.03.2019.
[240] Daryanai et al. (2016).
[241] U.S. Census Bureau, Current Population Survey: Living Arrangements of Children under 18 Years/1 and Marital Status of Parents by Age, Sex, Race, and Hispanic Origin/2 and Selected Characteristics of the Child for all Children 2010. Table C3.
[242] Hill & O'Neill (1990); Rector, Robert: *Married Fathers: America's Greatest Weapon Against Child Poverty*, in: The Heritage Foundation, 16.06.2010, URL: https://tinyurl.com/y2csbue4, Abruf am 10.03.2019.
[243] Manning & Lamb (2003).
[244] Marripedia: *Effects of Family Structure on Child Abuse* (mit einer Vielzahl weiterführender Quellen), URL: https://tinyurl.com/p5hz5nu, Abruf am 10.03.2019.
[245] Morrison & Coiro (1999); Weaver & Schofield (2015).
[246] Kinard & Reinherz (1986); Amato (2001); Potter (2010).
[247] Rector, Robert: *Marriage: America's Greatest Weapon Against Child Poverty*, in: The Heritage Foundation, 16.09.2010, URL: https://tinyurl.com/y28bcd6h, Abruf am 10.03.2019.
[248] Harper & McLanahan (2004).
[249] Marripedia, *Effects of Out-of-Wedlock Births on Poverty* (ebenfalls mit einer Vielzahl weiterführender Quellen), URL: https://tinyurl.com/q6rfwmr, Abruf am 10.03.2019.

zwei Ehepartnern (9,5 Prozent).[250] Diese postmoderne Form der Auflösung der Familie – oder besser gesagt »Nichtformierung« – hat Folgen hinsichtlich kriminellen Verhaltens. Die Zunahme der Kriminalität wächst parallel mit der Zunahme der von Vätern verlassenen Familien.[251]

Entgegen der öffentlichen Wahrnehmung beziehungsweise dem allgemeinen Narrativ zeigen Untersuchungen zudem, dass körperlicher Missbrauch eines Kindes im Haushalt am wahrscheinlichsten von der Mutter dieses Kindes ausgeht, nicht vom Mann, obwohl die Misere der Mutter oft noch durch ihre Beziehung mit einem mit ihr zusammenlebenden Mann erschwert wird. In diesem Zusammenhang wurde auch nachgewiesen, dass Stiefkinder 65 Mal wahrscheinlicher sterben als Kinder, die mit ihren leiblichen Eltern (und zwar beiden) aufwachsen.[252] Missbräuchliche Mütter leben häufig isoliert und verfügen nicht über die elterliche und erweiterte Familie oder die Unterstützung von Gleichaltrigen (Ingroup), die zur Aufrechterhaltung ihres Selbstwertgefühls und zur Abmilderung des Stresses bei der Kindererziehung notwendig sind.[253] Frauen mit einem höheren Maß an Einbindung in die eigene Gemeinschaft (Ingroup) haben zudem ein geringeres Gefühl von psychologischer Aggression und missbrauchen ihr Kind mit wesentlich geringerer Wahrscheinlichkeit.[254]

Denjenigen, die sich darüber echauffieren könnten, meine Zahlen und Recherchen gründeten sich überwiegend auf amerikanische Studien und Lebensrealitäten (da ich ein allgemeines Bild »des Westens« zeichne, welcher im Wesentlichen durch die Vereinigten Staaten repräsentiert wird), sei gesagt: Speziell für Deutschland sehen die Zahlen selten bis überhaupt nicht besser aus, ganz im Gegenteil. Der deutsche Journalist, Publizist und Autor Matthias Matussek arbeitete in seinem Buch *»Die vaterlose Gesellschaft«*[255] heraus, dass **Kinder, die ohne Väter aufwachsen,**

- ✓ 5mal mehr gefährdet sind, Selbstmord zu begehen,
- ✓ 32mal mehr sind, von zuhause wegzulaufen,
- ✓ 14mal mehr gefährdet sind, eine Vergewaltigung zu begehen,
- ✓ 9mal mehr gefährdet sind, frühzeitig aus der Schule auszusteigen,
- ✓ 10mal mehr gefährdet sind, Drogen zu nehmen,
- ✓ 9mal mehr gefährdet sind, in einer Erziehungsanstalt zu landen,
- ✓ 20mal mehr gefährdet sind, sich im Gefängnis wiederzufinden,

---

[250] Office of the Assistant Secretary for Planning and Evaluation: *Information on Poverty and Income Statistics: A Summary of 2014 Current Population Survey Data, U.S. Department of Health and Human Services 2014.*
[251] Loeber et al. (1991); Demuth & Brown (2004). Zu denselben Schlüssen kamen darüber hinaus noch eine Vielzahl weiterer Wissenschaftler, unter anderem H. B. Gibson (1969), Michael Rutter (1971), Karen Wilkinson (1980), R.J. Canter (1982), Joseph H. Rankin (1983), Ross L. Matsueda und Karen Heimer (1987) sowie Larry LeFlore (1988).
[252] Ridley (1993), S. 207.
[253] Milner et al. (1990).
[254] Kim & Maguire-Jack (2015).
[255] Matussek (2006), S. 111-125.

- ✓ 33mal mehr gefährdet sind, ernstlich körperlich misshandelt zu werden und
- ✓ 73mal mehr gefährdet sind, Opfer tödlichen Missbrauchs zu sein.

Neben der erhöhten Kriminalität, die sich im Zuge alleinerziehender Mütter ergibt, besteht eine weitere Folge darin, dass auch die frühere sexuelle Reife ein Kennzeichen des r-Gen-Sets ist, Mädchen infolgedessen einen stärkeren und weniger verantwortungsbewussten Sexualtrieb entwickeln werden, insbesondere nachdem die r-selektierten Töchter, die ohne biologischen Vater im Haushalt aufwachsen, früher in die Pubertät gelangen.[256]

Bei Jungen, so zeigen Untersuchungen, verhält es sich hingegen eher so, dass sich die Pubertät bei Abwesenheit des Vaters – womöglich stressbedingt – einerseits zwar hinauszögert, andererseits jedoch früher Familien gegründet werden. Wissenschaftler nehmen an, dass dies damit zusammenhängen könnte, dass Söhne, die selbst sehr jung Väter werden, beispielsweise ein unverbindliches, promiskuitives Verhalten ihrer Väter vererbt bekommen haben könnten. Eine weitere Erklärung könnte darin bestehen, dass hingegen anwesende Väter ihre Söhne dazu anhalten, ihre (akademische) Ausbildung abzuschließen und dadurch die Familiengründung aufzuschieben.[257]

Wenn es einen Wohlfahrtsstaat gibt, bedeuten Kinder für r-selektierte Mütter im Allgemeinen ein gegenwärtiges »Geschenk«, allerdings einen zukünftigen Kostenfaktor für die Gesellschaft als Ganzes. Je mehr Kinder die Mütter haben, desto mehr Ressourcen werden ihnen durch den Wohlfahrtsstaat zuteil (zwangszugeführt).

Sehen wir uns im Folgenden an, wie das genetische Pendant mit der Thematik umgeht. Als Erstes stellen wir fest, dass **K-selektierte Individuen** Kinder tendenziell nicht den Händen unverantwortlicher Mütter überlassen werden. Ist in einer K-selektierten Gesellschaft eine Frau eine alleinerziehende Mutter, so hat sie schlechte Entscheidungen getroffen und sollte ihr Kind zur Adoption freigeben. Es ließe sich argumentieren, dass dies im Allgemeinen das Beste für das Kind wäre. Alleinerziehende Mütter, die an ihren Kindern festhalten, sind ziemlich selbstsüchtig, nachdem sich Kinder, wie oben gezeigt, in einem von alleinerziehenden Müttern geführten Haushalt schlecht(er) entwickeln. Tatsächlich existiert hierfür statistisch kein größerer Einzelindikator, was die negativen Entwicklungen eines Kindes betreffen. Auch wenn es, wie immer und überall, **selbstverständlich** Ausnahmen gibt, belegen die Daten, dass alleinerziehende Mütter im Allgemeinen sehr schlechte Eltern sind, wohingegen adoptierte Kinder sich in paargebundenen Haushalten überwiegend gut, das heißt wie andere Kinder mit biologischen, paargebundenen K-Eltern entwickeln.

Von daher werden alleinerziehenden Müttern in K-selektierten Gesellschaften keine Ressourcen »übertragen«, stattdessen »müssen« sie ihr(e) Kind(er) jemand anderem

---

[256] Tither & Ellis (2008).
[257] Condon, Deborah: *Absent fathers delay puberty in boys*, in: Irish Health, 17.09.2011, URL: https://tinyurl.com/yynezb6s, Abruf am 14.03.2019; The London School of Economics and Political Science: *Boys with absent fathers more likely to be young fathers*, 07.09.2011, URL: https://tinyurl.com/yxfeoo8g, Abruf am 14.03.2019.

anvertrauen. Somit ergeben sich Konsequenzen für spezielles Verhalten und spezielle Handlungen ohne Anstrengung. Es muss/müsste demzufolge zum Beispiel niemand inhaftiert werden. Stattdessen ist/wäre ein inexistenter Ressourcentransfer an unverantwortliche Individuen effektiv(er). Ebenso werden alleinerziehende Mütter in K-Gesellschaften sexuell geächtet und ausgeschlossen, was insgesamt die Fortpflanzungsmöglichkeiten für r-selektierte Individuen, worunter alleinerziehende Mütter im Allgemeinen (nicht Generellen) fallen, reduziert. Gleichzeitig werden Kinder, die durch die Weigerung, besagten Müttern Subventionen zukommen zu lassen, nicht bestraft, nachdem sie von der Mutter getrennt wurden. Die Mütter mögen geächtet und ausgeschlossen werden, nicht die Kinder, die sich fortan in K-Familien mit verheirateten Ehepartnern entwickeln. Diese Praxis war vor dem Aufkommen und explosionsartigen Anwachsen des Wohlfahrtsstaates nicht unüblich. In einer K-selektierten Umwelt bedeutet Nachwuchs zwar einen gegenwärtigen Kostenfaktor, dafür aber ein zukünftiges »Geschenk«, nachdem unglaublich viel Aufwand in das Aufziehen der Nachkommen gesteckt wird – also das Gegenteil der r-selektierten Umwelt, welche in sozialistischen respektive kommunistischen respektive marxistischen Gesellschaften ihren Höhepunkt findet.

2.3.5 Geschlechtsreife

Da das r-selektierte Gen-Set umso stärker gefördert wird, je früher auf sexuelle Aktivität aufmerksam gemacht beziehungsweise zur sexuellen Aktivität angeregt wird, fördern r-Organismen genau dies. Beim Menschen gesellt sich darüber hinaus noch die Förderung frühzeitiger Gedanken hinzu, die auf Sexualität referieren. Beides wird deshalb folgelogisch unter anderem in staatlichen, das heißt gegenwärtig r-selektierten Schulen (r-Fabriken) in Form der **Frühsexualisierung**[258] gelehrt – sich in euphemistischer Weise als »frühkindliche Sexualaufklärung« gerierend. Staatliche Schulen und Universitäten waren schon immer Systemkaderschmieden, das heißt verlängerte Werkzeuge zur Propagierung derjenigen Ideologien, die sich aufgrund des jeweils die Oberhand genießenden Gen-Sets abzeichne(te)n.

K-selektierte Individuen protestieren diesbezüglich entschieden, da das Aufklären über Sexualität in K-Gesellschaf-ten natürliche Aufgabe der Familie ist. Bereits 2009 anerkannte das Verfassungsgericht der Bundesrepublik Deutschland, dass der Schulunterricht in der »Sexualerziehung« für alle Schüler obligatorisch sei. In der Entscheidung des Gerichts wurde dabei ausdrücklich festgehalten, jene obligatorische Schulpflicht (Schulzwang), inklusive die »Sexualerziehung«, habe Vorrang vor dem Recht der Eltern, ihre Kinder großzuziehen.[259] Inwiefern sich dies mit Artikel 6 (2) des Grundgesetzes widerspricht, wonach *»die Pflege und Erziehung der Kinder (...) das natürliche Recht und die Pflicht der Eltern und die ihnen obliegende Pflicht«* seien, der Staat demnach mit der schulischen »Sexualerziehung« seine Befugnisse klar übertritt, soll jeder für sich selbst beantworten.

Das r-selektierte Gen-Set fördert frühe sexuelle Aktivität in starkem Maße, da dadurch die Notwendigkeit für Qualität sinkt. Alles, was sexuelle Kapazitäten in Bezug auf Qualität verringert, fördert r-selektiertes Sexualverhalten und infolgedessen die Fortpflanzung des r-Gen-Sets. Es ist gewiss kein Zufall, dass mit der »Sexualerziehung« mittlerweile schon bei Erstklässlern begonnen wird, die unter anderem Fragen diskutieren sollen wie *»Was ist, wenn dein Freund oder deine Freundin Sex haben wollen, du aber nicht?«*.

Dr. Markus Krall schreibt diesbezüglich:

»Kinder werden im Alter von fünf Jahren mit allen Arten von sexuellen Praktiken, Abweichungen, und Präferenzen konfrontiert, unter dem Vorwand, sie zur Toleranz gegenüber sexuellen Minderheiten erziehen zu wollen. Richtlinien, die dazu von der EU und ihren Mitgliedstaaten publiziert wurden, beweisen das leider ohne jeden Zweifel (...)

---

[258] Linke r-Strategen werden tendenziell nicht die entsprechenden Gegenargumente entkräften, sondern sich stattdessen einer sachlichen Debatte (fairer Wettbewerb) entziehen, indem sie den Begriff »Frühsexualisierung« an sich als »rechts« oder »rechtspopulistisch« brandmarken und die Angelegenheit damit als erledigt glauben.
[259] Vergleiche Bundesverfassungsgericht: *Aktenzeichen 1 BvR 1358/09*, 21.07.2009, URL: https://tinyurl.com/yxze92bf, Abruf am 14.03.2019.

Indem man Kinder sexualisiert, enttarnt sich eine Bewegung, die von den gleichen politischen Kräften getragen wird, die in den 1980er und 1990er Jahren die Legalisierung von ‚einvernehmlichem' Sex mit Kindern forderten. Als ob Einvernehmlichkeit in dieser Sache angesichts des Machtgefälles zwischen Erwachsenen und Kindern überhaupt möglich wäre. Mit der gleichen Logik kann man Vergewaltigung einvernehmlich nennen.« [260]

Spätestens ab der siebten Klasse sollen sodann Termini wie »Sadomaso«, »Selbstbefriedigung/Onanie«, »Orgasmus«, »Homosexualität« und »Darkroom« interpretiert und dargestellt werden[261] – natürlich alles im Namen der »Aufklärung«. Mit der pseudowissenschaftlichen Disziplin des **»Gender-Mainstreaming«** manifestiert sich die r-selektierte und (deswegen) beinahe ausschließlich in linken Kreisen unterstützte und praktizierte Strategie und setzt sich (mittlerweile) an Universitäten fort.[262] Was ich persönlich sehr interessant finde, wenn es um das Thema Kinder geht, ist der Um-

---

[260] Krall, S. 149. (Einige Beispiele finden Sie u.a. hier: BzgA: *Publikationen*, URL: https://tinyurl.com/yy4bgsds, Abruf am 14.03.2019; Deutscher Bundestag: *Sexuelle Vielfalt und Sexualerziehung in den Lehrplänen der Bundesländer*, 31.10.2016, URL: https://tinyurl.com/yxzt2qj7, Abruf am 14.03.2019; van de Rydt, Wolfgang: *Frühsexualisierung für Kitas: »Murat spielt Prinzessin, Alex hat zwei Mütter und Sophie heißt jetzt Ben«*, in: Die Unbestechlichen, 16.02.2018, URL: https://tinyurl.com/yytjvutq, Abruf am 14.03.2019)

[261] So Hedwig Freifrau von Beverfoerde, Sprecherin der Initiative Familienschutz, in einem Interview mit der Freien Welt, vergleiche Die Freie Welt, *Frühsexualisierung manipuliert und verführt unsere Kinder*, 09.03.2012, URL: https://tinyurl.com/y36u4qjd, Abruf am 14.03.2019.

[262] Eine lesenswerte Kritik des Gendermainstreaming und der Frühsexualisierung bietet beispielsweise Dimitri Rempel, der unter anderem schreibt: »Ratschläge, wann man anfangen soll, Kinder Blasen zu lehren etc., gibt zum Beispiel das Lehrbuch *Sexualpädagogik der Vielfalt* (Sexualpädagogik der Vielfalt: Praxismethoden zu Identitäten, Beziehungen, Körper und Prävention für Schule und Jugendarbeit (Edition Sozial)). Für sein Autorenteam sollte ein Teenager spätestens im Alter von 12 Jahren genau wissen, wo er überall seinen Penis reinstecken kann. Ab 14 Jahren werden praktische Versuche mit einem Vibrator, einer künstlichen ‚Taschenmuschi' und einer Lederpeitsche empfohlen. *Sexualpädagogik der Vielfalt* ist nicht nur irgendein Nachschlagewerk.

Wenn Sie Zweifel an seiner Ernsthaftigkeit haben, dann sollten Sie wissen, dass dieses Buch zu einem Standard-Lehrmittel erklärt wurde und von den führenden sexualwissenschaftlichen Institutionen des Landes für Schulbildung empfohlen wird. Unter seinen Autoren gibt es viele herausragende Professoren. Oder noch ein ‚autoritativer Experte auf diesem Gebiet' – Ann-Marlene Henning ist Hamburger Sexualtherapeutin, die sich auf die Therapie von Ehepaaren spezialisiert und Autorin des Buches *Make Love* für Teenager ist. Dieses Buch wurde wiederholt von Eltern und Fachleuten kritisiert, in erster Linie wegen der Fotos von nackten Teenagerpaaren (einschließlich Homosexuellen) in erotischen Stellungen.

Genau dieses Buch benutzt Henning für Vorlesungen in Schulen. Und so wurde der Unterricht beschrieben. Der Unterricht ist wie folgt: Jeder Schüler zieht einen Aufgabenzettel mit der Beschriftung ‚Mein erstes Mal' mit dem entsprechenden Thema, zu dem er dann in Form eines Gedichtes, Bildes, einer Erzählung oder Skizze vor der Klasse einen Bericht erstatten soll. Die Themen auf den Aufgabenzettel sind: ‚Zum ersten Mal ein Kondom anziehen', ‚zum ersten Mal einen Tampon einlegen', ‚zum ersten Mal Analsex haben'. Worüber Jugendliche natürlich besonders ‚gerne' im Alter von 12 Jahren vor der ganzen Klasse reden. Eine andere Unterrichtsaufgabe heißt ‚Neuer Puff für alle', dabei geht es darum, ein Bordell zu modernisieren, um Menschen ganz unterschiedlicher Richtungen, mit ganz unterschiedlichen Vorlieben und Lebensstil zu befriedigen.« (Vergleiche Rempel, Dimitri: *Gendermainstreaming und Frühsexualisierung*, in: Deutsche Mitte, 30.07.2018, URL: https://tinyurl.com/yycm5hok, Abruf am 16.03.2019.

stand, dass viele Linke eiserne Beweise verlangen, dass das, was sie tun (oder wollen), ein Kind verletzt – bevor sie davon ablassen beziehungsweise damit aufhören. Es existiert keine Vorsicht, keine Sorge oder auch nur vage Bedenken über etwaige Folgen, kein brennendes Verlangen, das Verletzen eines Kindes um jeden Preis zu vermeiden. Natürlich liegt das, wie bereits gehört, im elterlichen Aufwand, also einem fundamentalen r-K-Merkmal begründet. Wer viel Aufwand betreibt, würde nichts unternehmen, sofern das geringste Risiko bestünde, einem Kind Schaden zuzufügen, unabhängig von den Belegen.

Das ist die Definition von hohem elterlichem Aufwand.

Linke hingegen verfolgen tendenziell die r-typische Strategie des niedrigen elterlichen Aufwands, die sich weniger um das Wohlergehen des Kindes kümmert. Wenn es das Kind nicht eindeutig tötet oder schädigt, muss es eben damit umgehen, bis jemand zweifelsfrei nachweisen kann, dass das Kind verletzt wird (und selbst dann muss dies nicht zwingend zum Umdenken führen). Alleinerziehende Mütter erhöhen die Kriminalitätsrate (2.3.4)? Begründete Zweifel am vermeintlichen Segen einer homosexuellen Elternschaft?[263] Auch wenn nur mögliche Gefahren bestünden, würden sich Konservative tendenziell dagegen aussprechen, bis sie auf die eine oder andere Weise Bescheid wüssten. Linke hingegen? Alles in Ordnung, wen interessierts? – »Ihr könnt nichts beweisen!«

Der Unterschied in den jeweiligen Standards ist frappierend.

Ein anderes Beispiel, wiederum in etwas fortgeschrittenerem Alter, sind kollektive Besäufnisse (»Komasaufen«, »Wetttrinken«, »Kampftrinken« et cetera), die sich insbesondere unter Adoleszenten zunehmender Beliebtheit erfreuen.[264] Hierbei kann man feststellen, dass Trinken Hemmungen vertreibt, was nichts anderes bedeutet als dass – auch wenn es seltsam klingen mag – vor dem Geschlechtsverkehr kein Qualitätscheck beziehungsweise keine Qualitätssicherung in die Quere kommt, was natürliches Kennzeichen K-selektierten Verhaltens bedeutete. Alkohol und andere Drogen, bisweilen aber auch bloße physische Schönheit reduzieren (»betäuben«) tendenziell die individuelle Kapazität, die Qualität des Sexualpartners einschätzen zu können.

Eine frühe sexuelle Aktivität erhöht ferner die Fruchtbar-keitsspanne. **Fruchtbarkeit** – wir erinnern uns – ist mitunter hervorstechendster Teil der r-selektierten Fortpflanzungstaktik und fördert (vor allem in jungem Alter) eher gesünderen Nachwuchs denn qualitativ hochwertigeren. Ein Wolf, der etwas langsamer rennt, dafür aber viel klüger ist als der Durchschnitt, ist insgesamt ein wesentlich besserer Jäger. Ob ein Kaninchen hingegen ein bisschen schneller rennen kann, aber nicht allzu schlau ist, spielt keine große Rolle. Es muss nicht schneller als seine Spezies-Gefährten sein, sondern schneller als alle seine Jäger.

---

[263] Regnerus (2012); Lopez, Robert O.: *Son of a Lesbian Mother Backs Regnerus Study*, in: The Chronicles of Higher Education, 29.08.2012, URL: https://tinyurl.com/r6q9kjb, Abruf am 17.03.2019.
[264] Sicherlich nicht im selben Ausmaß wie zur Zeit, als beispielsweise deren Urgroßeltern Heranwachsende waren.

Gleichzeitig ermöglicht frühere sexuelle Aktivität eine Auflösung von sexueller Spannung, die unter r-Organismen ein konstantes Problem darstellt (»Sex-Maniacs«). »Verehrt« werden allgemeinhin körperliche Grund- oder Basisqualitäten, die Devise lautet **»Sexiness statt Tugend«**. Es verwundert von daher nicht, dass r-selektierte Individuen ihren Fokus nicht auf traditionelle (konservative) sexuelle Standards legen, sondern vielmehr auf die frühkindliche, sexuelle Aufklärung beziehungsweise »Sexualkunde«.

K-Organismen auf der anderen Seite verzögern sexuelle Aktivität und Gedanken. Rechte alias Konservative neigen dazu, sich tendenziell für »*Kein Sex vor der Ehe*« auszusprechen, denn zunächst müssen sowohl Zeit als auch Aufwand in das Finden eines qualitativ hochwertigen Partners investiert werden. Eine erst zu einem späteren Zeitpunkt vollzogene, sexuelle Aktivität sei grundsätzlich notwendig, um Qualität bestimmen zu können und, daran anknüpfend, qualitativ hochwertigeren Nachwuchs zu fördern, auch wenn dies bedeutet, dass die Ovarien der weiblichen K-Organismen nicht mehr so jung sind wie deren r-strategisches Pendant. Nochmal: Lieber möchte man einen Wolf, der ein paar Prozent langsamer, doch dafür zehn Prozent intelligenter ist. Ein Kaninchen hingegen muss/sollte lediglich zehn Prozent schneller sein.

Eine geringere sexuelle Spannung benötigt ferner weniger »Befreiung«, was bedeutet, entweder gar nicht oder in weit geringerem Ausmaß nach potenziellen Sexualpartnern Ausschau zu halten. An die Stelle der r-strategischen »Verehrung« körperlicher Grund- oder Basisqualitäten tritt unter K-Individuen Skepsis, die Devise lautet **»Tugend statt Sexiness«**. In den K-selektierten Gesellschaften Chinas beispielsweise ist offen zur Schau gestellte Sexualität nach wie vor verpönt. Kaum lassen sich in der chinesischen, bildenden Kunst Darstellungen von nackten Frauenkörpern finden, erotische Filme oder Werbung sind im Fernsehen nicht zu sehen.

Pornographie und Prostitution, Baden oben ohne oder FKK sind gesetzlich untersagt. Ebenso gilt »sexy« Kleidung, die »tiefe Einblicke« zulässt, tendenziell als vulgär. Bei ihren kleinen Kindern sprechen Eltern das Thema Sexualität so gut wie nicht an, »Aufklärungsunterricht« in den Schulen gibt es nicht. Für die chinesische Frau ist ein Mann im Allgemeinen attraktiv, sofern er (wirtschaftlich, das heißt im Wettbewerb) erfolgreich, reich und mächtig ist.[265] Womöglich ist es infolgedessen (selbstverständlich auch infolge mehrerer anderer Gründe) kein Zufall, dass fernostasiatische »K-Nationen« über die weltweit höchsten, durchschnittlichen Intelligenzquotienten verfügen.[266] Auch hier sei abschließend konstatiert, dass die frühkindliche, sexuelle Aufklärung beziehungsweise »Sexualkunde« abgelehnt wird.

---

[265] Baron & Yin-Baron (2018), S. 213-231.
[266] Vergleiche Laenderdaten.info, *Der IQ im Ländervergleich*, URL: https://www.laenderdaten.info/iq-nach-laendern.php, Abruf am 16.03.2019. (Der dargestellte IQ wurde aus den Ergebnissen von neun internationalen Studien gebildet.)

2.3.6 Ergebnisungleichheit

In Fragen der **Ökonomie** bevorzugen K-selektierte Rechte tendenziell ein freie(re)s, marktwirtschaftliches (»kapitalistisches«) System, in dem jeder Einzelne so frei wie möglich Interaktionen mit anderen eingeht und dann die Ergebnisse beziehungsweise Konsequenzen dieser Interaktionen trägt, ob gut oder schlecht. Warum? Weil der hohe elterliche Aufwand innerhalb der K-selektierten Welt tendenziell Nachwuchs mit qualitativ hochwertige(re)n Fähigkeiten bedeutet. K-Organismen bevorzugen den Wettbewerb mit qualitativ hochwertige(re)n Individuen, da sich Erfolge unter diesen Bedingungen besser genießen lassen. Dies schafft eine Umgebung, in der sich unter der Befürwortung des freien Willens und persönlicher Verantwortung Unternehmen frei bilden und auflösen können. Der freie Wille ist von Nöten, um Qualitäten vergleichen, einschätzen und unterscheiden zu können.[267]

Befasst man sich mit dem evolutionspsychologischen r-K-Modell, so lässt sich auch die ökonomische **Theorie der Zeitpräferenz** beziehungsweise die mit ihr verbundenen, ökonomischen Verhaltensweisen (besser) nachvollziehen.

Zeitpräferenz ist eine Zinstheorie und ein zentrales wirtschaftliches Konzept, da es für das Gleichgewicht der Präferenzen der Menschen erforderlich ist, im Laufe der Zeit zu produzieren, zu konsumieren und zu investieren. **Niedrigere Zeitpräferenzen bedeuten eine Präferenz für höhere Renditen auf längere Sicht, während höhere Zeitpräferenzen eine Präferenz für niedrigere Renditen auf kürzere Sicht bedeuten.** Stellen Sie sich ein Verhältnis zwischen Arbeitnehmern und Arbeitgebern vor, bei dem der Arbeitnehmer einen ermäßigten Satz des Wertes erhält, den er im Austausch für ein sofortiges Einkommen erzielt. Der »Kapitalist« zahlt kurzfristig einen Teil seines Vermögens aus und hofft, seine Kosten wieder gut zu machen (einige andere zudem zu einem späteren Zeitpunkt). In dieser Situation zeigt der Angestellte eine hohe Zeitpräferenz, während der Kapitalist eine niedrigere aufweist.

Die Zeitpräferenz kann durch eine Reihe verschiedener Faktoren bestimmt werden, von denen viele von einer Person oder Personengruppe nicht kontrollierbar sind (obwohl dies sicherlich viele sind). **Aus diesem Grund ist die Zeitpräferenz (und Ökonomie an sich) von Natur aus nicht mit Gleichheit vereinbar.** Diejenigen mit geringeren Zeitpräferenzen werden sich naturgemäß auf längerfristige, fruchtbarere Produktionsprozesse und Investitionen einlassen, die auf lange Sicht hohe Renditen bringen. Diejenigen mit höheren Zeitpräferenzen handeln jedoch genauso im Einklang mit ihrem eigenen Interesse, verfolgen jedoch kurzfristigere Produktionsprozesse und Investitionen, die kleinere, unmittelbarere Renditen erzielen. Sobald jedoch ein langfristiger Produktionsprozess oder eine Investition Früchte trägt, wird der Reichtum desjenigen, der sich damit befasst, dies widerspiegeln und somit größer sein als der Reichtum desjenigen, der unter einer höheren zeitlichen Präferenz gearbeitet hatte. Natürlich ändert sich die Zeitpräferenz ständig, und so kann unter günstigen Be-

---

[267] Mende (2018/19), S. 45-68.

dingungen auch eine Person mit einer hohen Zeitpräferenz zu einem späteren Zeitpunkt eine niedrigere haben. Tatsächlich sind es oft diejenigen mit niedrigeren Zeitpräferenzen, die es denjenigen mit höheren Zeitpräferenzen ermöglichen, entsprechend zu handeln.

Darüber hinaus schaffen diejenigen mit geringeren Zeitpräferenzen, die sich systematisch mit längerfristigen Produktionsprozessen befassen, auch einen großen Teil des Wohlstands. Wenn die »sozialen« Zeitpräferenzen steigen, sinken die nationale Entwicklung, die Einkommen und der Wohlstand der Gesellschaft. Es steht jedoch fest, dass Gleichheit zu keinem Zeitpunkt wirklich wirtschaftlich zum Ausdruck gebracht werden kann. Zeitpräferenz ist von Natur aus egalitätsfeindlich. Sie ist hierarchisch in dem Sinne, dass eine hohe Zeitpräferenz nur als hohe Zeitpräferenz angesehen werden kann, weil jemand anderes eine niedrige Zeitpräferenz hat. »Hoch« und »niedrig« sind nicht willkürlich, sondern relativ. »Hoch« ist nur hoch, weil es mit dem verglichen wird, was niedrig ist, und umgekehrt. Es scheint, wie auch Matthew Battaglioli feststellt[268], ein biologisches Element in der Zeitpräferenz und im IQ zu geben, was teilweise erklärt, warum afrikanische Nationen so viel ärmer sind als der Rest der Welt (siehe 3.1), vor allem ostasiatische und europäische Länder. Tatsächlich ist eine im Allgemeinen niedrige Zeitpräferenz in vielen Fällen eine Folge eines überdurchschnittlichen IQ.

Verfolgt man die Debatte um die IQ-Glockenkurve und den Einfluss des IQ, stellt man fest, dass die r-selektierten Linken prinzipiell der Auffassung sind, jeder könne schlau sein, sofern man ihn nur mit der »richtigen Umgebung« versorge. Da es abgesehen von der Umgebung beziehungsweise Umwelt keine fundamentalen Unterschiede zwischen Menschen gebe (schon gar nicht genetisch bedingte), würde sich folglich eine Person mit einem IQ von 80 am *California Institute of Technology* (Caltech) sehr gut schlagen, auch wenn sämtliche Daten eine andere Sprache sprechen (mehr dazu unter 3.1).[269] Die Daten sprechen eine andere Sprache, da Menschen unterschiedlich sind. In K-selektierten Gesellschaften genießt, respektiert, bevorzugt, versteht und akzeptiert man die Tatsache, dass es angeborene Unterschiede zwischen Individuen gibt. Von daher ist alles, das Qualität bestraft, der Feind. Ökonomische Ungleichheit resultiert in der K-Welt aus Intelligenz und den davon abhängigen, individuellen Entscheidungen.

Man hasst »die Reichen« beziehungsweise Wohlhabenden nicht, sondern respektiert und beneidet sie tendenziell im Sinne eines Ansporns, durch Intelligenz, Fleiß und harte Arbeit ebenso wohlhabend zu werden. Bevor Gleichheit (besser: der Wunsch nach, wenn nötig, radikaler Gleichmachung) in der Bevölkerung aufgrund kontinuierlich anwachsender r-Stra-tegen einen höheren Stellenwert erlangte als der Wettbewerb, gab es trotz der wahrgenommenen Ungleichheiten wenig Widerstand gegen das natürliche Gleichgewicht der Zeitpräferenzen. Ungleichheit mochte/mag zwar in

---

[268] Battaglioli (2016), S. 10 f.
[269] Lesen Sie hierzu auch Mende (2018/19), S. 214-237.

wirtschaftlicher Hinsicht gedeihen, doch gleichzeitig stieg/steigt **der allgemeine Wohlstand und Lebensstandard.**

Wieder lohnt hier ein Blick nach China – Nordostasiaten bilden die K-strategischste Rasse der Welt[270] –, respektive in deren auch in ökonomischer Hinsicht sehr rechte K-Gesellschaft.[271]

Stefan Baron stellt richtigerweise fest (Hervorhebung von mir):

»Anders als im Westen vielfach angenommen, verstehen Chinesen unter gesellschaftlicher Harmonie nicht etwa Uniformität, Konformität oder Gleichmacherei. Ihnen geht es dabei vielmehr um die friedliche Koexistenz beziehungsweise Bewältigung von Differenzen, die sich **aus der natürlichen Ungleichheit der Menschen** *und einer in der Folge hierarchisch strukturierten Gesellschaft ergeben. (...) Mit Ungleichheit haben Chinesen viel weniger Probleme als die Menschen in westlichen Ländern* [mittlerweile! – Anm. d. Verf.] *und gerade auch in Deutschland. Sie gilt ihnen als unvermeidliche Begleiterscheinung des Lebens. Und sie haben schmerzvoll am eigenen Leibe erfahren, dass sich (Ergebnis-)Gleichheit, wenn überhaupt, nur durch Nivellierung nach unten erreichen lässt. Maos Egalitarismus war ein geistiger Import aus dem Westen und ist den konfuzianisch geprägten Chinesen stets fremd geblieben. Soweit auf meritokratische Weise, also durch Fleiß, Intelligenz und Bildung zustande gekommen, betrachten Chinesen Ungleichheit und hierarchische Ordnung der Gesellschaft als gerecht und erstrebenswert. In Tests zeigen sie sich daher grundsätzlich eher bereit, diese zu respektieren, als Angehörige westlicher Völker.«* [272]

Außerdem: *»Viele Deutsche halten China (...) nach wie vor für eine Art große DDR und die Chinesen für ein konformistisches Ameisenvolk. Die Bilder von uniformen Volksmassen im sogenannten Mao-Look haben bei ihnen offenbar einen unauslöschlichen Eindruck hinterlassen. Dabei macht der Staatssektor in dem Land heute nur noch gut ein Viertel der Wirtschaft aus, der* [sehr

---

[270] Dutton (2018), S. 36.

[271] Ich verweise diesbezüglich auf meine China-Artikel, die unter *www.philippantonmende.com* gelesen werden können. Über das Wirtschaftssystem in China wird viel und heiß diskutiert. Der »Sozialismus chinesischer Prägung« (Deng Xiaoping) enthält in der Tat Merkmale sowohl des Sozialismus (zentrale Planwirtschaft) als auch der »freien« Marktwirtschaft, welche recht umfänglich gewährt wird, erfahrungsgemäß in allen Größenordnungen respektive Gesellschaftsschichten. (Freilich besteht das ethisch-moralische Problem darin, dass sie sich nicht von sich aus frei entfalten darf, sondern eben »von oben« gewährt wird.)

Maximilian Benner von der *»Deutschen Gesellschaft für Außenpolitik«* beschreibt die Situation meines Erachtens recht gut, wenn er darlegt, dass sich das System der Volksrepublik China in seiner heutigen Erscheinungsform im Grundsatz durch eine Kombination an weitgehend dezentraler Ressourcenallokation im Sinne einer Marktwirtschaft und einem bedeutenden Anteil des Staates am Eigentum an Produktionsmitteln auszeichnet, allerdings bei der gleichzeitigen Möglichkeit des Privateigentums an Produktionsmitteln. Im Ergebnis hat sich das Wirtschaftssystem Chinas im Zuge der Reform- und Öffnungspolitik grundsätzlich in Richtung einer Marktwirtschaft entwickelt, allerdings mit einer nach wie vor erheblichen Bedeutung von Staatsbetrieben in Branchen, die die Regierung als strategisch wichtig erachtet. Trotzdem wird der größte Teil des Wirtschaftswachstums in China dem privaten Sektor zugeschrieben, der zweimal so schnell wächst wie die offiziellen Wachstumszahlen insgesamt und der kontinuierlich größer wird. Allerdings ist die Größe des Privatsektors schwierig zu bemessen, weil dieser Sektor oftmals von den offiziellen Quellen bei der Berechnung des BIPs zu klein geschätzt wird. Hierbei tendiert die Statistik dazu, kleine Unternehmer zu ignorieren oder private Unternehmen nicht als solche in die Bewertung mit aufzunehmen.

[272] Baron & Yin-Baron (2018), S. 120 ff.

rudimentäre, lokale und in der Regel kapitalgedeckte – Anm. d. Verf.] *Sozialstaat ist erheblich kleiner als der deutsche, die Ungleichheit bei Einkommen und Vermögen um vieles größer, der Wettbewerb wesentlich härter.«* [273]

Kurzum: In China wird augenblicklich seit einigen Dekaden in Rekordtempo eine fernöstliche Variante der industriellen Revolution nachgeholt. Das Original in England sorgte im Laufe der zweiten Hälfte des 18. und verstärkt im 19. Jahrhundert dafür, dass das reale Einkommen pro Person um ein Vielfaches stieg[274], was vor dem Hintergrund der letzten tausend Jahre der Menschheitsgeschichte einen noch nie dagewesenen Anstieg bedeutete.[275]

»Äußere Einflüsse« auf die Wirtschaft (wie Regierungen) sollten möglichst klein gehalten werden, so dass Schicksale anhand der Ergebnisse von freien, »Darwin'schen« Wirtschaftswettbewerben bestimmt werden (können). In diesem System werden Einzelpersonen und Unternehmen unterschiedliche Erfolge erzielen. Einige werden ein hohes Maß an Fähigkeiten, Entschlossenheit und Anstrengung aufweisen und folglich mit weit mehr Ressourcen belohnt, als für den bloßen Lebensunterhalt erforderlich sind. Andere werden sich in diesen wirtschaftlichen Wettbewerben als weniger fit und fähig erweisen und die Strapazen der Armut ertragen (welche im Falle starker Familienzusammenschlüsse wiederum abgefedert und bewältigt werden könnten). Durch den Erwerb überschüssiger Ressourcen werden die erfolgreichen K-Organis-men über das, was zum bloßen Überleben notwendig ist, einen erheblichen Wettbewerbsvorteil gegenüber Gleichaltrigen gewinnen, was sich in besseren Überlebensraten, einer besseren Partnerauswahl und mehr Vorteilen für ihre Nachkommen manifestiert.

Im Gegensatz dazu wird die r-selektierte, politische Linke – und darunter fallen in Deutschland gegenwärtig fast alle, auch diejenigen, die den Begriff nicht offen im Namen tragen – ein weit stärker staatskontrolliertes, das heißt reguliertes wirtschaftliches System bevorzugen. Linke werden die r-strategische Gleichheit (Gleichmachung) tendenziell stets über einem hohen Lebensstandard, Gesundheit und Wohlstand ansiedeln. Linksgerichtete Wirtschaftsmodelle sollen tendenziell alle möglichen freien Wettbewerbe zwischen Einzelnen verhindern, das (natürliche) Versagen eines bestimmten Einzelnen im Wettbewerb abwenden oder beheben und gleichermaßen Ressourcen und Vorteile, die ungleichmäßig in freien Wettbewerben oder Interaktionen verteilt wurden, neu verteilen.

Der Staat spielt dann eine Schlüsselrolle bei den Bemühungen, beispielsweise durch die Anwendung einer hohen, progressiven Einkommensteuer.

Betreiben Eltern nur einen geringen Aufwand bei der Erziehung beziehungsweise Aufzucht ihres Nachwuchses, wird sich dies, wie bereits gehört, in qualitativer Hin-

---

[273] Ebenda, S. 25.
[274] Clark (2007). Eine sehr lesenswerte Analyse bietet auch das Buch *»Eine kurze Geschichte der Menschheit. Fortschritt und Niedergang«* von Hans-Hermann Hoppe.
[275] Es herrschen allerlei Schauermärchen um die industrielle Revolution und den sogenannten »Manchester-Kapitalismus«. Eine lesenswerte Entgegnung bietet unter anderem das Buch *»Die belogene Generation. Politisch manipuliert statt zukunftsfähig informiert«* von Roland Baader.

sicht bemerkbar machen. In einer r-selektierten Umgebung, die sich nicht selten durch physische Gewalt, Vernachlässigung, Verwahrlosung, Missbrauch et cetera kennzeichnet, ist es für den Nachwuchs infolgedessen weniger negativ (schmerzhaft), wenn keine Individuen mit qualitativ hochwertigeren Fähigkeiten zugegen sind.

Des Weiteren tragen r-Organismen eine Feindseligkeit gegenüber dem freien Willen sowie persönlicher Verantwortung in sich, da, um ein Beispiel zu geben, die Qualitätsanforderungen für die Monogamie höher sind als für One-Night-Stands (die nicht einmal zwingend Nüchternheit erfordern). Von daher ist im Gegensatz zum K-selektierten Gen-Set nicht alles, was Qualität bestraft, sondern **alles, was Qualität belohnt, der natürliche Feind des r-selektierten Gen-Sets**. Dadurch lässt sich erklären, warum es Linke nicht mögen, dass manche Leute reich werden, das heißt über mehr Ressourcen verfügen, kurz »besser« dastehen. Hieraus wird der Rückschluss gesponnen, dass ökonomische Ungleichheit nur das Ergebnis von Ungerechtigkeit sein kann. Von Raub. Von Diebstahl.

Die extremste Form des Linkstums finden wir im **Sozialismus und Kommunismus**, die in wirtschaftspolitischer Hinsicht identisch sind.[276] Dort werden alle Vorteile, die der Einzelne durch Anstrengung oder Verdienst erworben hat, eliminiert. Im Idealfall erhält jeder den exakt gleichen Vorteil. Dies schafft ein soziales Umfeld, das sich an das r-ausgewählte Umfeld annähert, in dem Ressourcen leicht beschafft werden können, ohne mit anderen konkurrieren zu müssen. Wie im Falle des wettbewerbsfeindlichen Tintenfischs (siehe 2.2.2) geht diese Vereitelung von verdienstbasierten Wettbewerben auch mit dem Streben des r-selektierten Sozialisten und Kommunisten einher, wo immer möglich, persönliche Vorteile (durch Korruption) anzustreben. Im Rahmen einer darwinistischen Strategie stellt diese Art, einen individuellen Wettbewerbsvorteil zu erlangen (besser: zu ergaunern), keine Überraschung dar. Die Geschichte zeigt, dass sich diese Strategie quasi in einer Art Endlosschleife wiederholt.

Wenn man sich der »gemäßigten Linken« zuwendet, erkennt man, dass deren Modelle die Einschränkungen der Freiheit und des Wettbewerbs sowie die Beschlagnahme und Umverteilung von Ressourcen lediglich ein bisschen mildern. Innerhalb der »gemäßigten Linken« werden deren Vertreter selbst dann, wenn Einzelne im begrenzten freien Wettbewerb noch Erfolge verbuchen sollten, immer noch versuchen, die Regierung dazu zu nutzen, im Austausch gegen Wählerstimmen willkürlich einen Großteil der von erfolgreichen Marktteilnehmern verdienten Ressourcen an andere zu verteilen, die nicht so erfolgreich waren (oder völlig versagten). Dabei schwächen sie, soweit dies politisch möglich ist, die durch den Erfolg erworbenen Vorteile der einen und »verbessern« (künstlich) die Nachteile der anderen, die selbst im bereits (stark über-)regulierten Markt nicht bestehen konnten. Dabei ist zu beachten, dass der Linke nicht versucht, das erfolgreiche, K-selektierte Individuum zu überbieten, um sodann (große) Teile seines eigenen linken Einkommens den »Unglücklichen« zu übertragen.

---

[276] Mises (1919), S. 146.

Vielmehr versucht der politische Linke, Regierungsgewalt einzusetzen, um den Erfolg des erfolgreiche(re)n Konkurrenten zu zerstückeln und neu zu verteilen.

Diese Ideologie ist eine Wettbewerbsstrategie, die darauf ausgelegt ist, den eigenen relativen Erfolg zu steigern, indem der überdurchschnittliche Erfolg einer anderen Person gemindert wird. In einer bizarren Weise sind Linke, wenn man so will, dem Wettbewerb mit Zeitgenossen nicht abgeneigt, **sie lehnen lediglich freie, faire, von Regeln bestimmte Wettkämpfe ab**, welche Verdienste und Fähigkeiten fördern. Der Wettbewerb ist gut für sie, solange er zu ihren Gunsten manipuliert wird oder werden kann, und Tugenden wie Talent, Entschlossenheit oder Anstrengung tendenziell nicht belohnt.

Zur Rechtfertigung politischer Aktionen, die die Einebnung von Ungleichheiten zum Ziele haben, gesellen sich dann in der einen oder anderen Weise r-typische Aussagen: *»Menschen sind Menschen«* – *»Wir sind alle gleich«* – *»Wir sind alle eins«* – *»Wir sind eine Welt«*. Wie tausende aus der Vogelperspektive betrachtete, nicht unterscheidbare Kaninchen auf einer großen Wiese seien alle Menschen gleich – oder sollten es zumindest sein. Und wenn A mehr Gras besitzt als B, bedeutet das, dass A sein Gras von B gestohlen hat, anstatt mit ihm zu teilen.

Der Umstand, dass Linke im Allgemeinen eine für Konservative natürliche (Ergebnis-)Ungleichheit kaum bis gar nicht ertragen können, führt gleichermaßen zum Hass gegenüber »den Reichen« – und infolge zu regelrechten Kreuzzügen (siehe 3.4).

Da für r-Strategen alle gleich sind, müssen **Situationen des Versagens oder Scheiterns** entweder auf »einem Versehen«, einem Unfall oder »einer Institution« basieren, allerdings nie auf persönlichen Entscheidungen. (Für K-Strategen kommen Unfälle zwar auch in Betracht – tatsächlich gibt es sie natürlich –, ansonsten basiert persönliches Versagen allerdings auf persönlichen Intentionen respektive individuellen Entscheidungen.) Begebenheiten wie (ungewollte) Schwangerschaften oder Seitensprünge »geschehen« gemäß r-Logik schlichtweg, und da »wir alle gleich sind«, könnte Situation X oder Y »schließlich jedem widerfahren.« Von daher wiederum müsse jede Form von Leiden, ob nun selbstverschuldet oder nicht, auf der Stelle »behoben«, in jedem Falle aber gemildert, verringert oder erleichtert werden. Situationen, in denen man jemanden sieht, der traurig ist, sind für r-Strategen schier unerträglich – ungeachtet der Umstände und Gründe. Wer nicht hilft, ist egoistisch.

Nicht so bei K-Strategen. Da Individuen nicht gleich sind, können prekäre Situationen eben **nicht** jedem widerfahren. Das Leiden einer Person soll nicht grundsätzlich und auch nicht unverzüglich gemildert werden, sondern nach nüchtern-sachlicher Analyse der Gründe, wieso die Person leidet.

Auch im Alter werden r- und K-Strategen aufgrund ihrer unterschiedlichen Psychologie vor unterschiedlichen Ergebnissen stehen. Wie kommt das? Da für r-Strategen tendenziell alle Menschen gleich sind (Kollektivismus), neigen sie dazu, Liebe, die nur das Resultat individueller Erfahrung und Wertung darstellt, als illusorisch zu verunglimpfen oder der Lächerlichkeit preiszugeben. Geschlechtsverkehr sei nicht etwa von Liebe getrieben, sondern ausschließlich von Lust. Folglich spielen (»ewige«) Jugend und Sex-Appeal eine bedeutende Rolle für r-Strategen. Nimmt deren sexuelle Attraktivität ab, verringert sich auch ihr Bedürfnis oder der Gedanke an **Sicherheit im Leben**. Zusammen mit dem geringe(re)n Aufwand bezüglich Kindererziehung, zügellosem Materialismus und einer fehlenden Bindung zeichnet sich so eine unsichere Zeit im Alter ab. Nachdem r-Strategen auch keine oder kaum Ingroup-Präferenzen hegen und demnach wenig bis gar nichts zur Gemeinschaft beitragen, entfällt auch eine Art gesellschaftliches Auffangtuch respektive Rückhalt durch die Gruppe (Familie, Freunde, Nachbarn) im Falle eines Unglücks oder Schicksalsschlages. Aufgrund solch fehlender Beziehungen und Strukturen liegt der (aggressive) politische Fokus des r-Strategen auf Dingen wie Arbeitslosenversicherungen, (staatlicher) Altersversorgung, kostenloser Gesundheitsversorgung und so weiter. Mit anderen Worten: Selbstsucht müsse subventioniert werden, was gleichzeitig den Widerstand der Linken gegen (natürliche) Ausgrenzung (Ostrazismus) erklärt.

Für K-Strategen auf der anderen Seite sind Menschen nicht alle gleich, von daher neigen sie dazu, Liebe als verdiente Belohnung zu betrachten. Ayn Rand (1905-1982) ließ diesbezüglich John Galt verkünden:

»Liebe ist der Ausdruck von Werten, die jemand hält; die größte Belohnung, die du ernten kannst für die moralischen Qualitäten, die du in deinem Charakter und in deiner Person erreicht hast; der gefühlsmäßige Preis, den ein Mensch zahlt für die Freude, die er von den Tugenden eines anderen erhält.« [277]

Im Leben der K-Strategen nimmt die Sicherheit tendenziell kontinuierlich zu, da gleichzeitig Tugenden, Ressourcen und die eigene Reputation wachsen. Zusammen mit einem hohen Aufwand hinsichtlich der Kindererziehung, vernünftigem Sparverhalten sowie Monogamie zeichnet sich eine sichere Zeit im Alter ab. Ferner steht K-Strategen aufgrund ihres hohen gemeinschaftlichen Beitrags ein starkes gesellschaftliches Auffangtuch respektive Rückhalt durch die Gruppe (Familienbande, enge Freunde, Nachbarn) im Falle eines Unglücks oder Schicksalsschlages zur Verfügung.

Ihr politischer Fokus ist demzufolge freiheitlicher und liegt tendenziell darauf, **selbst entscheiden zu können, was mit ihrem Geld geschieht.** Sie wollen ohne Gängelung und erzwungener Umverteilung eigenständig vorsorgen, ziehen die private Wohltätigkeit der staatlichen Wohlfahrt grundsätzlich vor et cetera. Mit anderen Worten: Selbstsucht müsse negative Folgen haben, was gleichzeitig die Akzeptanz der Rechten bezüglich natürlicher Ausgrenzung erklärt. Wer keinen nennenswerten, privaten Rückhalt aufgebaut hat, kann mit Ostrazismus logischerweise weniger gut umgehen als umgekehrt.

---

[277] Rand (2012), S. 1115.

2.3.7 Einwanderung

Auch hinsichtlich der explosiven Einwanderungsdebatte können im Wesentlichen zwei Positionen identifiziert werden, die sich mit r- und K-Strategien decken. Als r-strategischer Linker ist man prinzipiell der Ansicht, dass die USA oder Deutschland oder allgemein schlicht »der Westen« über reichlich Ressourcen verfüge, und es von daher keinen Grund gebe, die »Mitbürger« dieser Welt daran zu hindern, gen Westen zu marschieren und sich »unserer« Großzügigkeit zu bedienen (in Wahrheit des logischer- und notwendigerweise vorher von Steuerproduzenten erarbeiteten Wohlstands). Für die r-Psychologie sind Ressourcen immer »frei« verfügbar (siehe oben), Konflikte oder die Verweigerung von Ressourcen an Dritte folglich falsch und/oder unmoralisch.

Zudem, so vor allem die aktuell scheinbar laufend dominanter werdende neomarxistische Version des Linkstums, gebe es **weder etwas wie Gruppen von Außenstehenden (Outgroups) noch etwas wie Ingroups**, denen man Loyalität tendenziell entweder vorenthalten oder entgegenbringen sollte. Linke – in all ihren Etikettierungen – haben, wenn überhaupt, nur sehr geringe Ingroup-Präferenzen.

Die USA beispielsweise sind seit mehreren hundert Jahren überwiegend christlich-protestantisch geprägt, nachdem sie in dieser Form gegründet wurden. Linken ist dies im Allgemeinen entweder egal oder mittlerweile ein Dorn im Auge.

»Menschen sind Menschen« – *»Alle sind gleich«* – *»Es gibt keine Unterschiede bezüglich IQ«* – *»Es gibt keine wertvolleren oder wertloseren Kulturen«* – *»Es gibt keine unterschiedlichen Ambitionen«* – *»We are one people«* und so weiter.

Folglich wäre es unlogisch, irgendjemanden nicht hereinzulassen, sorge doch allein die entsprechende Umgebung respektive Umwelt dafür, Amerikaner, Deutscher, Brite, Schwede et cetera zu sein. Unter der Annahme, dass »alle gleich« sind, kann derjenige mit Präferenzen gegenüber der eigenen Gruppe ausschließlich eine »xenophobe«, »rassistische«, »fanatische«, kurzum fürchterliche Person sein.[278] Von daher werden r-selektierte Individuen jeden mit Ingroup-Präferenzen bekämpfen, ihn (bei Arbeitgebern) anschwärzen, in seiner Meinungsfreiheit einschränken (oder dies begrüßen), und/oder sogar offen attackieren.

In dem Bestreben, Ausländern bedingungslos das Recht zukommen zu lassen, Regierungen zu wählen, welche daraufhin einheimischen Bürgern die Politik diktieren, schafft die r-Strategie auch die zukünftige Bühne für Konflikte zwischen Individuen und Gruppen. Die r-Strategen werden versuchen, die Voraussetzungen für Individuen mit K-Wesensmerkmalen zu schaffen (sowohl im Inland als auch im Ausland), die dazu führen, sich in einen (K-)entvölkernden Kampf zu verstricken, den die r-Strategen

---

[278] Mittlerweile allerdings nur im Falle, dass er weiß ist. Es ist wie in diesem einen »Witz«: *»Ich bin stolz darauf, schwarz zu sein«*, sagt der Schwarze. *»Ich bin stolz darauf, asiatisch zu sein«*, sagt der Asiate. *»Ich bin stolz darauf, weiß zu sein«*, sagt der Rassist. Wenn Sie an Musterbeispielen tendenziöser Artikel interessiert sein sollten, können Sie in der englischen Wikipedia hintereinander »Black pride«, »Asian pride«, meinetwegen auch noch »Gay pride« eingeben, und abschließend »White pride« (Stand: März 2019).

instinktiv vermeiden oder dies zumindest versuchen werden. Gewissermaßen handelt es sich hierbei um eine brillante Wettbewerbsstrategie, nachdem konfliktfeindliches Verhalten, wie oben dargelegt, ein klassisches Wesensmerkmal unter r-Strategen darstellt.

Man darf niemals vergessen, dass sich die beiden Gen-Sets in einer permanenten Schlacht beziehungsweise in ständigem Widerstand zueinander befinden. Aus diesem Grund ist alles, was K-Personen und K-Denkweisen zerstört, ein Vorteil für r-selektierte Individuen. Eine **natürliche Skepsis gegenüber einem angeblich bedingungslosen (Mehr-)Wert durch Außenstehende** ist für sie unbegreiflich. Kaninchen sind nicht stammesbezogen. Wölfe schon. Worin sollte der konkrete Mehrwert für die einheimische Bevölkerung liegen, sofern hunderttausende Mexikaner in die USA wollen? Worin der Mehrwert, sofern hunderttausende Menschen aus Nahost und Afrika nach Deutschland, Frankreich, England oder Schweden wollen? Für manche Individuen stellt sich diese Frage. Für andere nicht.

In diesem Zusammenhang hat der **Import von r-selektierten Frauen** einen hohen Wert beziehungsweise positive Auswirkungen auf das r-selektierte Gen-Set, da sich durch deren niedrigere Standards nicht nur der sexuelle Zugriff erhöht (oder überhaupt ergibt), sondern gleichzeitig der allgemeine Standard der Frauen vor Ort herabgesetzt wird. Die r-selektierten Individuen ziehen außenstehende »r's« den internen »K's« vor. Vor dem maßgeblich von den »sozialdemokratischen« Politikern Emanuel Celler (1888-1981), Philip Hart (1912-1976) und Ted Kennedy (1932-2009) initiierten *Immigration and Naturalization Act of 1965* (Hart-Celler Act) brachte man vor allem K-selektierte Europäer dazu, einzuwandern, seitdem verstärkt r-selektierte Menschen aus der Dritten Welt.

Warum? Weil sich die einheimischen r-Strategen mit den dazustoßenden »r's« kurz-, mittel- und langfristig fortpflanzen und dadurch eine mit harter Arbeit und Mühsal verbundene Herausforderung (leichter) umgehen konnten und können; weil die dazustoßenden »r's« in absehbarer Zeit Stimmrechte erhielten und erhalten, um den Umverteilungsstaat auszubauen – was nichts anderes bedeutet, als Ressourcen ganz legal von »K« nach »r« zu kanalisieren. Deswegen spielen auch Abwechslung und »Vielfalt« eine ins schier Unermessliche propagierte (politische) Rolle für r-selektierte Individuen, die sich von konstanten oder »zu wenigen« Stimuli sehr leicht gelangweilt fühlen (siehe oben).

Es ist nur natürlich, dass eine Formel wie *»Vielfalt ist unsere Stärke«* für r-selektierte Individuen quasi heilig ist. Schließlich handelt es sich bei dieser Art von Vielfalt um nichts anderes als eine Waffe innerhalb der Genschlacht, um die K-selektierte Kultur gen Zusammenbruch zu treiben. Linke begründen die Zwangsumverteilung der Ressourcen von den Produktiven und/oder Wohlhabende(re)n zu den Unproduktiven und/oder weniger Wohlhabenden sehr gerne damit, dass wir als »soziale Wesen« stets die Pflicht zur »Solidarität« untereinander hätten. (In diesem Zusammenhang gibt es dann plötzlich durchaus eine deutsche Nation respektive Deutsche, die zur Alimentierung von einheimischen r-Strategen und/oder fremden Migranten/Flüchtlingen moralisch verpflichtet seien.) **Damit implizieren sie nichts anderes als Gruppendenken** (basierend auf der faktischen Existenz von **unterschiedlichen** Gruppen), von dem sie an anderer Stelle allerdings nichts wissen wollen. Sofern man auf den evolutionspsychologischen und -biologischen Umstand hinweist, dass sich Menschen stets in autochthonen Gruppen zusammengeschlossen haben, um im sowohl genetischen als auch ökonomischen Überlebenskampf (besser) zu bestehen (und dies von daher nach wie vor ratsam sei), gilt das reflexartig als »gruppenzentriert«, »Nationalismus«, »Rassismus« – oder eben als »Gefahr von rechts«.

Der Umstand, dass zum Beispiel das Forschungsteam um den Belgier Prof. Dr. Marc Hooghe von der *Katholischen Universität Löwen* (KU Leuven) klar auf eine Unmenge von Forschungsergebnissen[279] hinwies, dass eine negative Beziehung zwischen ethnischer Vielfalt und sozialem Zusammenhalt (insbesondere Vertrauen) besteht, interessiert nicht. Die italienischen Professoren Dr. Alberto Alesina und Dr. Eliana La Ferrara von der *Harvard University* legten Beweismaterial vor, wonach sich in multiethnischen Gemeinschaften das Vertrauensniveau nicht nur zwischen ethnischen Minderheiten und ethnischen Mehrheiten verringert, sondern auch zwischen Angehörigen der ethnischen Mehrheit, die in der ethnisch vielfältigen Gemeinschaft leben.[280]

Erneut bestätigt wurde dieser Befund von einem britischen Forschungsteam des *Department of Methodology London* um Prof. Dr. Patrick Sturgis, wonach das allgemeine Vertrauen auch innerhalb ethnischer Gruppen umso geringer ist, je höher die ethnische Vielfalt einer Gemeinde ist.[281] Dies deckt sich auch mit der Arbeit der britischen Forscher James Laurence und Anthony Heath: Der Zusammenhalt der Gemeinschaft nimmt in Großbritannien mit zunehmender ethnischer Vielfalt ab, was impliziert, dass das allgemeine Vertrauen wahrscheinlich ebenfalls abnimmt.[282]

Obwohl natürlich auch der Umstand, **welche** verschiedenen Ethnien zusammenleben, (vor allem heutzutage) eine Rolle spielt, kann der allgemeine empirisch-wissenschaftliche Befund mitsamt seiner Indikatoren als sehr robust betrachtet werden. Vanhanen stellte bei einer über achtjährigen **Analyse von 176 Ländern** fest, dass eine Korrelation von 0,66 zwischen dem Ausmaß ethnischer Konflikte und dem Ausmaß ethnischer Heterogenität besteht.[283] Diese Feststellung würde mit der Ansicht übereinstimmen, dass dort, wo es keine eindeutig dominierende ethnische Gruppe gibt, jede Gruppe (einschließlich der größten) von jeder anderen Gruppe bedroht ist. Andererseits ergab dieselbe Analyse, dass ein negativer Zusammenhang zwischen ethnischen Konflikten (**EK**) und dem Lebensstandard besteht. Auf Basis derselben 176 Länder liegt die Korrelation zwischen EK und einer Demokratisierung bei -0,22 (siehe auch *Vanhanen-Index*), zwischen EK und dem Index für menschliche Entwicklung

---

[279] Hooghe et al. (2009).
[280] Alesina & La Ferrara (2002).
[281] Sturgis et al. (2011).
[282] Laurence & Heath (2008); Laurence (2011).
[283] Vanhanen (2012), S, 98 ff., S. 111 ff., S. 233 ff; Tepfenhart (2015).

bei -0,39 (Stand: 2010), und zwischen EK und Kaufkraftparität / Bruttonationaleinkommen (BNE) pro Kopf bei -0,253 (Stand: 2008).

Es ist, wie wiederum Dutton betont, aus mehreren Gründen nur sinnvoll, ethnische Konflikte mit einem reduzierten Lebensstandard in Verbindung zu bringen: Ein hohes Maß an EK würde die Gesellschaft gefährlich und instabil machen und somit Menschen abschrecken, langfristige Projekte zu planen und umzusetzen. Dies würde sich beispielsweise wiederum in einem Mangel an Kooperation und Vertrauen in die Gesellschaft niederschlagen, der sich im Wesentlichen anhand eines Konfliktes unterschiedlicher Intensität (bis hin zum Krieg) bemerkbar machte.[284]

Die K-selektierte, konservativ-rechte Psychologie zeichnet sich durch ein **hohes Maß an Loyalität gegenüber der eigenen Gruppe oder Sippe aus** (Ingroup-Präferenz). Das bedeutet, dass man sich einerseits intensiv um die eigene Familie kümmert (und um deren Wohlergehen besorgt ist), andererseits aber auch um die etwas »weitere genetische Gruppe«, deren man selbst ein Teil ist, und die als eine Art »genetisch erweiterte Familie« angesehen werden kann.[285]

Wölfe bevorzugen nicht nur ihre eigene Spezies gegenüber anderen Spezies, sondern ziehen auch **innerhalb ihrer Spezies** bestimmte Wölfe anderen Wölfen vor.[286] Hier, in der K-selektierten Umwelt, ist nun alles von Vorteil, was sowohl r-Denkweisen als auch r-Strategen zerstört oder verdrängt (Ostrazismus). Man betrachtet beispielsweise den amerikanischen oder deutschen oder gemeinhin »westlichen« Wohlstand als **begrenzt**, was er faktisch ist, da er untrennbar an die Produktivität beziehungsweise Arbeitskraft seiner ihn erschaffenden Individuen gekoppelt ist. Ausländer werden von daher zwar nicht prinzipiell gehasst (der Vorwurf ist Teil der r-Strategie), sehr wohl aber kritisch und skeptisch beäugt.

Tendenziell werden sie als Außengruppe (Outgroup) wahrgenommen, welcher Einheimische nichts schulden – und die bekämpft werden sollte, wenn sie sich aggressiv und fordernd in die internen Belange der Einheimischen einmischt. Jede Outgroup, der die Einwanderung gestattet wird, wird als eine potenzielle, die begrenzten, inländischen Ressourcen konsumierende Gruppe angesehen, welche aus Gründen der Loyalität gegenüber der eigenen Gruppe eben letzterer vorbehalten bleiben sollten. Anders als bei r-Strategen ist für K-Strategen eine **natürliche Skepsis gegenüber einem scheinbar bedingungslosen (Mehr-)Wert durch »Insider« unbegreiflich.**

Wenn europäische r-Politiker davon sprechen, möglichst vielen oder gar allen »Flüchtlingen« zu helfen, werden die verbleibenden K-Strategen darauf aufmerksam machen, hierfür zum einen nicht über die nötigen finanziellen Mittel, Jobs et cetera zu verfügen und zum anderen schon genügend Probleme mit den bereits anwesenden zu haben. Die K-Psychologie ist von Natur aus darauf ausgelegt, eine Welt vor dem Hintergrund begrenzter Ressourcen und Gruppenkonkurrenz zu betrachten. Oder anders:

---

[284] Dutton (2019), S. 198.
[285] Rushton (2005); Salter (2006); Dutton (2019), S. 19 f., S. 31, S. 49.
[286] Mazzini et al. (2013).

Die eine Psychologie sieht eine Welt der unbegrenzten Ressourcen, in welcher der Wettbewerb falsch und unmoralisch ist (»Ellenbogen-Kapitalismus«). Die andere sieht eine aus begrenzten Ressourcen bestehende Welt und Gruppen, die miteinander konkurrieren, und die notfalls abgewehrt werden müssen, um Ressourcen und das langfristige Überleben zu sichern.

Der **Import von K-selektierten Frauen** hat einen hohen Wert beziehungsweise positive Auswirkungen auf das K-selektierte Gen-Set (so lange Zeit geschehen mit europäischen Frauen in den USA). Die bereits anwesenden, K-selektierten Individuen ziehen **weder** außenstehende »K's« **noch** interne »r's« vor. Erstere nicht, da es sich um außenstehende »Krieger« anderer Stämme handelt, letztere nicht, da es sich um interne Verräter handelt. Dennoch wird beispielsweise die Verschiebung der Einwanderungspraxis in den USA zugunsten r-selektierter, nicht-europäischer Ausländer (statt K-selektierter, europäischer Ausländer) tendenziell als Katastrophe wahrgenommen. Wo für politische r-Strategen Abwechslung und »Vielfalt« eine wichtige Rolle einnehmen, liegt der Fokus bei K-Strategen – nachdem Menschen **nicht** alle gleich sind und Kultur, Intelligenz und Religion kostbare Güter darstellen – auf Tradition und Qualität.

Evolutionspsychologisch[287] handelt es sich, wie immer wieder betont werden muss, keinesfalls um Zufälle, welche die beiden Strategien bedingten. Vor allem im Hinblick auf das gegenwärtige Gebaren bezüglich Einwanderung und Migration lohnt es sich deshalb, ein wenig weiter auszuholen, um die Genschlacht im heutigen Postmodernismus besser nachvollziehen zu können.

Hierbei muss man zunächst verstehen, dass die Psychologie der Menschheit über Äonen hinweg durch Kriege geprägt wurde. Im Zuge der Menschheitsgeschichte war es unvermeidlich, dass sich innerhalb einer Spezies, in der die Ressourcen knapp und die Konkurrenz hart waren, einige Individuen zusammenschlossen, um im Überlebenskampf (worunter natürlich auch die Fortpflanzung fällt) einen Vorteil gegenüber anderen Individuen zu haben.

Oben (2.1) wurden die Hauptmerkmale beider Strategien dargelegt. Von dieser Perspektive ausgehend, gewann das Wettbewerbsmerkmal seinen Vorteil lange durch das Ausrotten derjenigen Elemente, die eben jenes Merkmal nicht in sich trugen (»Nicht-Träger«) und damit nicht weitergeben konnten. Dabei fielen die Ressourcen der »Nicht-Träger« vor allem in Zeiten von Knappheit an diejenigen mit Affinität zum Wettbewerb. Einzelne Konkurrenten, die sich zu Gruppen zusammenschlossen und weniger wettbewerbsfähige, pazifistischere »Nicht-Träger« ausrotteten, verhalfen dem Wettbewerbsmerkmal in bestimmten Zeiten demnach schnell dazu, die jeweilige Population zu beherrschen. In der Tat könnte die aktive Ausrottung oder Verdrängung eines ungewöhnlich fruchtbaren, konkurrierenden Phänotyps eine radikal wirksame Strategie zur Überwindung der erhöhten maximalen Reproduktionskapazität des r-

---

[287] Conservative (2017), S. 67 ff.

selektierten, wettbewerbsfeindlichen Individuums geboten haben, selbst unter Bedingungen der r-Selektion.

Sobald der sprichwörtliche Rubikon in Sachen Kriegsführung überschritten wurde, könnte der gruppenbezogene Konkurrent die einzelnen Konkurrenten, insbesondere unter den Bedingungen der K-Selektion, schnell hinter sich gelassen haben. Gruppenorientierte K-Strategen stiegen sodann womöglich innerhalb kürzester Zeit zu vorherrschenden Repräsentanten des K-selektierten Wettbewerbers innerhalb der Spezies auf. Eine »**Kriegerart**« schien geboren zu sein. Nachdem sich die Spezies aus vielen Gruppen zusammensetzte, die alle miteinander im Wettbewerb standen, wäre es nur logisch, sofern die Evolution ihre Finger im Spiel hatte. Im Laufe der Zeit hätte sich ein endloser Strom von Individuen spontan zu einer nahezu unendlichen Vielfalt von Gruppen zusammengeschlossen und miteinander konkurriert.

Einige pflanzten sich fort, andere waren den Mühen eines offenen Wettbewerbs nicht gewachsen und verschwanden, was mitunter bedeutete, ausgelöscht worden zu sein. Natürlich konnte es dabei auch evolutionäre Kollateralschäden geben, das heißt gute Exemplare waren durch Zufall gestorben und schlechte hatten gelegentlich durch Glück überlebt. Statistischen Wahrscheinlichkeiten zufolge müsste sich jedoch unweigerlich eine Population von Individuen ergeben haben, die psychologisch so konzipiert war, spontan eine möglichst leistungsfähige und wettbewerbsorientierte Gruppe herzustellen und zudem aktiv Landsleute mit ähnlichen Dispositionen zu suchen, um die Stärke und den Fortbestand der Gruppe auszubauen beziehungsweise zu sichern.

Die individuelle Wettbewerbsfähigkeit beziehungsweise das Bevorzugen von Wettbewerben kann als evolutionäre Verfeinerung der einfachen, kontextabhängigen Aggression der **K-selektierten Psychologie** betrachtet werden. In ähnlicher Weise könnte die Anpassung an Gruppenwettbewerbe eine weitere Verfeinerung der wettbewerbsorientierten K-selektierten Psychologie darstellen. Versuchen wir im Folgenden, einige Verhaltensmerkmale dieser Psychologie zu beschreiben, auch in Hinsicht auf die ihr folgende Entwicklung r-selektierter Merkmale. Der Einfachheit halber – und weil es evolutionspsychologisch sinnvoll scheint – werden gruppenbezogene Wettbewerbsteilnehmer fortan als »Krieger« bezeichnet. Mehrere Facetten dieser gruppenbezogenen Wettbewerbs-Psychologie mussten sich aufgrund ihrer Vorteile für die Gruppen, deren Mitglieder sie verkörperten, natürlich entwickelt haben. Darunter fielen offensichtlich:

1. *Loyalität*. Diese musste von Einzelpersonen selektiv ausgedrückt werden. Personen, die den Selbstsüchtigen Treue schworen, wurden aussortiert, wenn ihre Gruppe besiegt wurde oder wenn sie betrogen wurden. Daher musste Loyalität selektiv nur auf diejenigen ausgedehnt werden, die sie im Gegenzug zeigten. Gruppenzusammenhalt konnte nur mittels Gruppenloyalität bewerkstelligt werden. Ein Gefühl der Loyalität ist in der menschlichen K-Psychologie tief verwurzelt. Sofern sich Einzelpersonen in hohem Maße mit einer Gruppe identifizieren können, entwickeln sie ein starkes Gefühl der Gruppenloyalität, was die Gruppenzugehörigkeit wiederum auf Kosten von

Alternativen attraktiver macht.[288]

2. *Intoleranz gegenüber Illoyalität.* Wie bei der Vergeltung an Kriegsgefangenen entwickelte sich auch ein hartes Bestreben im Umgang mit Treulosigkeit. Aus diesem Grund könnte es beispielsweise erlaubt (gewesen) sein, Verräter auf dem Schlachtfeld hinzurichten.

3. *Wettbewerbsfähigkeit.* Krieger waren wettbewerbsfähig und wollten, dass ihre Gruppe (Ingroup) erfolgreich ist, auch auf Kosten anderer Gruppen.

4. *Intoleranz und Missachtung fremder Interessen.* Krieger werden sich nicht allzu sehr mit dem Erfolg anderer Gruppen beschäftigen, da sie sich auf die Belange ihrer eigenen konzentrieren. Unter den Bedingungen der K-Selektion lautet die Wahl »Leb oder stirb«, und diejenigen, die sich (indirekt) für das Sterben entscheiden, geben ihre Gene nicht weiter. In der Tat wird der Krieger den Erfolg seiner eigenen Gruppe auf Kosten externer Gruppen als Teil eines natürlichen, gesunden Prozesses betrachten, der nicht in Frage gestellt oder bekämpft werden muss.

5. *Unterstützung der Führung.* Als Konkurrenten fallen Krieger naturgemäß in eine Hierarchie, die auf den Ergebnissen der einzelnen Wettkämpfe innerhalb ihrer Gruppe basiert (eine Art spontane, auf Verdienst und/oder Erfahrung basierende Hierarchiestruktur). Nach der Schaffung einer solchen Hierarchie werden Krieger die Einhaltung und Unterstützung der Führung innerhalb einer Situation der Gruppenkonkurrenz verlangen. Dieser Drang steht allerdings dem Wunsch des individuellen Wettkämpfers entgegen, in Einzelwettbewerben mit anderen keinerlei Beeinträchtigung (Regulierung) durch »Autoritäten« (Behörden) zu erfahren. Demnach werden Krieger in Gruppenkonflikten dazu neigen, die Unterwerfung aller vor einer Führung anzustreben. Ohne eine Gruppenherausforderung beziehungsweise einen Gruppenkonflikt werden die Krieger jedoch auf ihre grundlegendere, individuell konkurrenzfähige Psychologie zurückgreifen und die Freiheit von jeglicher Unterwerfung oder Unterdrückung durch jede externe Autorität fordern. Dies gilt insbesondere für jede Autorität (Behörde), welche die in einzelnen Wettbewerben ehrlich erarbeiteten Ergebnisse zu untergraben droht.

6. *Traditionalismus.* Traditionalismus bietet einen Grund zum Kampf (um zu verhindern, dass sich die Wertestruktur innerhalb einer Kultur ändert, die von einem Feind neu auferlegt werden könnte). Er befriedigt auch das Streben des Kriegers, die traditionellen, K-selektierten, das heißt wettbewerbsaffinen Verhaltensstandards und -regeln unserer Spezies einzuhalten. Da sich letztere exakt aufgrund jenes Festhaltens an K-selek-tierten, wettbewerbsorientierten psychologischen Trieben so weit entwickelt hat,

---

[288] Van Vugt & Hart (2004); Van Vugt (2012).

bedeutet der Traditionalismus genau dieses Festhalten (Konservieren) an traditionellen, K-selektierten Sitten und Tugenden – und nicht zwingend, wie häufig fälschlicherweise angenommen, das Festhalten an der jeweils aktuellen Regierung. Der dem Konservatismus innewohnende Traditionalismus beinhaltet deshalb wahrscheinlich auch eine natürliche Abneigung gegen den unvermeidlichen, schrittweisen Abstieg der K-selektierten Gesellschaft, sofern sie sich sukzessive tolerant gegenüber r-selektierten, sozialen Strukturen gebärdet. Am Ende einer dominanten r-Struktur stehen stets das völlige Versagen und schließlich der (ökonomische/ethisch-moralische) Kollaps. Eine große Anzahl von Untersuchungen hat zum Beispiel gezeigt, dass Skepsis gegenüber Outgroups sowie ethnozentristisches Verhalten innerhalb der Ingroup zunehmen, sofern bestimmte Bedrohungen, insbesondere des allgemeinen Gruppenwohls sowie Bedrohungen der Gruppenwerte durch Gruppen, die in ihrem Gebaren als irritierend und erschreckend wahrgenommen werden, registriert werden.[289]

7. *Darstellung pro-sozialer, einheitlicher Verhaltensweisen in Gruppen.* Der Krieger entwickelte pro-soziales Verhalten als Mittel zur Förderung der Gruppenintegrität und damit des Gruppenerfolgs. Freundlichkeit, Höflichkeit, vereinender Patriotismus, persönliche Integrität, Moral, Altruismus gegenüber der Ingroup sowie die Forderung, sich gruppenübergreifenden zwischenmenschlichen Verhaltensweisen anzupassen, dienen dazu, die Bindungen zu festigen, die eine Gruppe für einen erfolgreichen Wettbewerb benötigt. In diesem Zuammenhang hatte bereits der britische Evolutionsbiologe Prof. Dr. William Donald Hamilton (1936-2000) argumentiert, dass sich Allele, die zu Altruismus führen, normalerweise nicht ausbreiten würden, da das altruisitische Individuum nicht überlebte. Sehr wohl würden sie sich jedoch ausbreiten, wenn sie speziell auf genetische Verwandte abzielen und die daraus resultierende Steigerung der integrativen Fitness die Kosten für die individuelle Fitness übersteigen würde, welche der Altruist tragen würde (*Hamiltons Regel*).[290]

Van den Berghe stützte sich auf Hamiltons Ideen und argumentierte, dass eine Verwandtschaftsgruppe – vor dem Hintergrund einer gemeinsamen ethnischen Identiät – ein ähnlich altruisitisches Verhalten an den Tag legen sollte, das mit Familien verbunden ist (die Leute würden beispielsweise nach Verwandtschaftsmerkmalen suchen – wie Sprache oder Kleidung –, welche das altruistische Verhalten auslösten).[291] Gleichzeitig wurde der Altruismus der Tiere bis zur Selbstaufopferung massiv bestätigt.[292] Von der Forderung nach Patriotismus unter Zeit- und Altersgenossen bis hin zum Wunsch nach einer gemeinsamen Kultur und Sprache will der Krieger, dass seine Ingroup vereint steht und bereit ist, Herausforderungen als Team anzunehmen. Es ist hierbei auch erwähnenswert, dass, obwohl die K-Selektion Monogamie und das Bewachen des Sexualpartners unter primitiveren Organismen bevorzugt, angenommen

---

[289] Riek et al. (2006).
[290] Hamilton (1964).
[291] Van den Berghe (1978).
[292] Wilson (1980), S. 59 f.

wird, dass Gruppenkonkurrenz die Monogamie sogar noch mehr begünstigt, indem sie den Konflikt innerhalb der Gruppe minimiert und somit einen besseren Zusammenhalt unter den Gruppenmitgliedern fördert.[293]

8. *Intoleranz gegenüber Abweichungen vom Kriegerethos.* Krieger werden jeden, der gegen ihre Verhaltensweisen verstößt, von Natur aus verunglimpfen und/oder schmähen, da der Krieger durch derartiges Verhalten – in einem sehr realen, darwinistischen Sinne – voraussichtlich einen hohen Preis zahlen wird (durch die Zerstörung seiner Gruppe, wodurch auch er getötet werden könnte). Diejenigen aus individuellen Kriegern bestehenden Gruppen, die Abweichungen von der »Krieger-Programmierung« tolerieren, wurden in der gewalttätigen, vom Krieg durchtränkten, K-selektierten Umgebung der Menschheitsgeschichte ausgesondert. So wie der englische Genetiker und Theoretische Biologe auf dem Gebiet der Evolutionären Spieltheorie, Prof. Dr. John Maynard Smith (1920-2004) die Hypothese aufstellte, dass eine stabile Bevölkerung ihre stabile Natur (irgendwann) immer den Selbstsüchtigsten in ihr überlässt, so waren es auch die Krieger, die Verrat innerhalb ihrer Reihen tolerierten und alsdann im Meer der darwinistischen Selektion untergingen.[294]

Ethnozentristische Gruppenunterschiede waren bereits für Charles Darwin von Interesse, der in *Die Abstammung des Menschen und die geschlechtliche Zuchtwahl* erklärte:
»Ein Stamm, welcher viele Glieder umfasst, die in einem hohen Grade den Geist des Patriotismus, der Treue, des Gehorsams, Muths und der Sympathie besitzen und daher stets bereit sind, einander zu helfen und sich für das allgemeine Beste zu opfern, wird über die meisten andern Stämme den Sieg davontragen; und dies würde natürliche Zuchtwahl sein.« [295]

Innerhalb einer überaus wettbewerbsorientierten beziehungsweise stark konkurrierenden Spezies, in der die einzige Chance zum Überleben in der Möglichkeit bestand, Gruppen zu bilden und um Ressourcen zu kämpfen, würde es demzufolge eine schier endlose Abfolge von Individuen gegeben haben, die Gruppen bildeten und sich innerhalb ihrer Gruppen in den Kampf stürzten. Einige verkörperten die gesamte Palette an Kriegercharakteristiken und überlebten. Einige andere nicht. Im Verlauf der Zeit wurden schwächere Gruppen ausgerottet, sodass der *Homo sapiens* schließlich vorwiegend Individuen produzierte, die spontan ihre Zeit- und Altersgenossen auf Einhaltung der K-selektierten, konkurrenzfähigen Kriegerideale überprüften, während sie sich gleichzeitig bemühten, diese Eigenschaften stolz zu zeigen.

Diese Psychologie entwickelte sich dereinst zum »Kriegerethos«, welches die Evolution unserer Neurobiologie sowie die Fähigkeiten und Tendenzen, die sie uns übertrug, beeinflussten. Als wir begannen, unseren Verstand zu nutzen, um Regierungsstrukturen zu entwerfen, musste diese subtile psychologische Programmierung die

---

[293] Henrich et al. (2012).
[294] Smith (1964); Smith (1976).
[295] Darwin (1875), S. 172.

grundlegenden Gebote beeinflusst haben, die wir zur Steuerung unserer Bemühungen verwendeten. Auf diese Weise erzeugte jener »Kriegerethos« nicht nur die Psychologie, die dem modernen Konservatismus zugrunde liegt (und definierte quasi jede Position zu jedem Thema in ihm), sondern prägte überhaupt die gesamte Geschichte unserer Zivilisationen und unserer Spezies.

Die Entwicklung der modernen K-selektierten Psychologie ist insgesamt leicht nachzuvollziehen, da sie »lediglich« Wettbewerbsaffinität und -fähigkeit erforderte und dem Ganzen bisweilen noch den Aspekt der Gruppendynamik hinzufügte.

Anders verhält es sich bei der modernen r-selektierten Psychologie, welche am besten anhand eines komplexeren, mehrstufigen Evolutionsprozesses verstanden werden kann.

Ursprünglich war sie nur aus dem Umstand oder der Möglichkeit hervorgegangen, **freie Ressourcen** auszunutzen, beispielsweise nach einem großen zufälligen Mortalitätsereignis wie einer Naturkatastrophe oder einer Pandemie. All dies würde sehr geringe Bevölkerungsdichten erzeugen. (Organismen in konstanten Umgebungen unterliegen einer natürlichen Selektion, die die Populationsgleichgewichtsdichte beeinflusst. In Organismen in zeitlich variablen Umgebungen wirkt sich die natürliche Selektion jedoch stärker auf Unterschiede in der Wachstumsrate der Population aus.[296])

Sofern dann die Sterblichkeit zurückging, würde sich die Tragfähigkeit der Umgebung rasch in die neu entstandene Lücke ausdehnen. Dies würde die, wenn man so will, r-selektiertesten unter den r-Strategen begünstigen, die am schnellsten expandierten. Wenn sich solche (im Vergleich) primitiven r-Menschen vervielfachten, übervölkerten sie schlussendlich ihre Reichweite, bis die Ressourcen abnahmen und die K-Selektion einsetzte (einsetzen musste). Daraufhin würden die überlebenden r-Strategen in unbewohnte Gebiete in der Nähe migrieren, wo wiederum freie Ressourcen zur Verfügung stünden. Dies zeigte sich in der **ersten Abwanderung des Homo sapiens** und seiner Ausbreitung auf der ganzen Welt nach einem noch immer diskutierten Beinahe-Aussterben und »genetischem Engpass« in unserer Geschichte, die einige Ursachen gehabt haben könnten, die von klimatischen Bedingungen[297] bis hin zu Seuchen et cetera reichen, hier jedoch nicht diskutiert werden.

Diese Ausbreitung führte dann **zur zweiten Phase** der Entwicklung dessen, was irgendwann die »linke Psychologie« werden würde. Was sich zuvor so angepasst hatte, dass es sich in Gegenwart freier Ressourcen so schnell wie möglich vermehrte, würde sich fortan insofern entwickeln, zu neuen, nahegelegenen, unbesetzten und fruchtbaren Umgebungen zu migrieren, um dem K-selektierten Wettbewerb zu entkommen. Nach der Migration würden sie anders als in ihrer (sehr) stark bevölkerten Heimat keinen Wettbewerb erleben. Als sie die K-Selektion wiederum einholte, würden diejenigen, die am stärksten zur Migration neigten, einfach wieder migrieren. Diejenigen, die aus dieser neuen, ständig mobilen Gruppe von r-Strategen bestanden, würden

---

[296] Brookfield (1986).
[297] Siehe zum Beispiel die *Toba-Katastrophentheorie*.

neue Merkmale erwerben und besitzen, die diese Migrationsstrategie unterstützten und förderten.

Sobald die Menschen den Globus eroberten, begann die **dritte Phase der r-strategischen Entwicklung**, und zwar die Migration zwischen den Bevölkerungsgruppen, das heißt Migration nicht etwa in unbewohnte Länder, sondern in fremde, bewohnte Länder mit einer höheren Verfügbarkeit von Ressourcen. Hier wurde der menschliche r-Stratege nach Trieben und Wünschen selektiert, welche die Ausführung der Verhaltensweisen ermöglichten, die diese noch komplexere Strategie beinhalteten.

Viele der Forderungen der modernen politischen Linken, von der ständigen Suche nach Neuem (*»novelty-seeking«*, siehe 2.2.1), dem Wunsch, von Outgroups umgeben zu sein sowie der Bereitschaft zu präventivem Appeasement gegenüber Ausländern, lassen sich am besten vor dem Kontext sehr spezieller, schmeichlerisch-konfliktvermeidender, in vorauseilendem Gehorsam integrationswilliger, bevölkerungsübergreifender Migrationsbedürfnisse verstehen.

Wenn man r-Stratege ist, der mit dem Auftreten der K-Selektion in seiner Bevölkerung konfrontiert wird, und zu einer neuen Bevölkerungsgruppe mit freier Ressourcenverfügbarkeit wechseln muss, benötigt man bestimmte Anreize, um das Migrationsverhalten in Gang zu setzen. Zudem bedarf es weiterer Anreize, die das Überleben erleichtern, sobald man in der neuen Heimat angelangt ist. Wird einem ein bestimmter Komfort als eine Art »Trost« in Aussicht gestellt oder glaubt man als r-Stratege auch nur an diese Aussicht, eigene Begierden in einer fremden Kultur erfüllt zu sehen, würde sich die Motivation erhöhen, einen ansonsten schwierigen, emotionalen Entscheidungsprozess in Gang zu setzen, nämlich das, was einem vertraut ist, hinter sich zu lassen und sich fortan dem Fremden zu überlassen. Hierin liegt wahrscheinlich der evolutionäre Ursprung der neuheitssuchenden Triebe (*»novelty-seeking«*), die sich als integraler Bestandteil der linken Psychologie erwiesen haben. Menschliche r-Strategen, die in dieser neuen, vollständig vom Menschen kolonialisierten Welt leben und diesen Drang zum »novelty-seeking« verspüren, hätten gegenüber den anderen r-Strategen einen darwinistischen Vorteil, von daher war es nur logisch, dass dieser Drang zum Kanon der r-Verhaltensweisen hinzugefügt wurde.

Das Bedürfnis in Form des »novelty-seeking«, sei es ein Verlangen, immer neue fremdartige Küchen auszuprobieren, sei es ein Paarungsbedürfnis mit häufig wechselnden (und anders aussehenden) Partnern oder der Wunsch, unter vielen unterschiedlichen Rassen zu leben, sei es das Verlangen nach unterschiedlicher Architektur, Flora, Kleidung, Sprache, Klima, geographischen Orten und so weiter – alles davon würde den r-strategischen Migranten mit höherer Wahrscheinlichkeit dazu bewegt haben und bewegen, den Absprung in Richtung neuer Bevölkerung zu vollziehen, sowie sich hinter ihm eine Welle der K-Selektion aufzutürmen drohte. Heutige Linke stellen diese Bedürfnisse so intensiv zur Schau (häufig auch nur mündlich), dass sie diejenigen, die zum Beispiel kein allzu großes Verlangen nach Reisen verspüren, als irgendwie minderwertig empfinden. Sie betrachten Reisemuffel, als würde ihnen ein wichtiger Teil intellektuell bedingter Neugierde und damit der Wille zum Auskundschaften

135

des Ungewöhnlichen fehlen, was aus evolutionspsychologischer Sicht tatsächlich letztlich nur das Resultat linker Migrationsbedürfnisse darstellen könnte.

Ähnlich verhielt und verhält es sich mit einer fehlenden Loyalität beziehungsweise emotionalen Verbundenheit zum eigenen Stamm (Volk), die ebenfalls Migrationstendenzen ermöglicht und befeuert. Diejenigen, die Ausländern skeptisch(er) gegenüberstehen und sich stattdessen den eigenen Nachbarn verbundener fühlen, würden sich mit geringerer Wahrscheinlichkeit dazu anschicken, auszuwandern, um unter Fremden zu leben. Tatsächlich würde eine Feindseligkeit gegenüber den eigenen Leuten menschliche r-Strategen darin unterstützen, bei den ersten Anzeichen bevorstehender K-Selektion aufbruchsbereit zu sein. (**Achtung**: Diese Situation darf nicht mit jener verwechselt werden, wonach sich K-Strategen aufgrund der zahlenmäßigen Dominanz von heimischen r-Strategen – also nach der »verlorenen Genschlacht« – quasi gezwungen fühlen, in die Fremde zu ziehen. K-Strategen werden dort nicht mit dem Ziel hinziehen, freie Ressourcen zu erwerben, sondern um mit den dortigen K-Strategen in einen ökonomischen Wettbewerb um Ressourcen zu treten. Die Integration erfolgt hierbei zunächst immer in ökonomischer Hinsicht.)

Verachtung für das Eigene in Kombination mit einer Psychologie, Ausländern gefallen zu wollen, würde auch die Anpassung an ein neues Land (Ressourcengebiet) erleichtern. Bei seiner Ankunft würde sich der r-Stratege instinktiv bei seinem Gastland einschmeicheln, indem er eine Feindseligkeit gegenüber seiner alten Heimat demonstrierte. Gleichzeitig würde er sich dadurch unter den Bewohnern seiner neuen Heimat einen unbedrohlichen Status sichern. Er würde mittels eigener präventiver Beschwichtigung seine Bereitschaft zeigen, für seine neuen ausländischen Gastgeber Opfer zu bringen, und darüber hinaus auch lautstark auf die Gefahrlosigkeit aller anderen Migranten aus seiner alten Heimat hinweisen. Dies würde ihm zunächst helfen, Konflikte zu vermeiden und sich in die Bürgerschaft seiner neuen Heimat (vermeintlich) zu integrieren. Sollten seine neuen Gastgeber mit seinen Mitmigranten in Konflikt geraten, würde dies auch sicherstellen, dass seine neuen Gastgeber ihn nicht mit den Störenfrieden in Verbindung brächten *(»Nicht alle sind so«)*.

So wie ein K-Stratege als Teil seiner Strategie zum Sieg seiner Ingroup einen starken Drang nach Loyalität empfindet, empfindet der abwandernde r-Stratege einen ebenso starken Drang, mangelnde Loyalität gegenüber seiner ursprünglichen Gruppe zu demonstrieren – quasi als »letztes Aufgebot« –, um sein Überleben zu sichern, sofern sich die neuen Gastgeber gegen seine Mitmigranten richten sollten. Man erkennt hier den Druck, der hinter diesen Trieben steht, sowie den Vorteil, den eine derartig vorintegrierte Migrationspsychologie einem r-Strategen bieten würde. Egal, ob man die bisweilen sehr aggressiven Bemühungen der Linken betrachtet, »physische und kulturelle Vielfalt« flächendeckend zu implementieren (tatsächlich handelt es sich dabei, wie wir noch feststellen werden, lediglich um die Aufnahme ganz bestimmter Individuen), ihre stellenweise an Besessenheit erinnernden Bemühungen, gemischtrassiges

136

»Dating« zur Norm zu erheben[298], ihr angeborener Drang, die Interessen von Ausländern zu unterstützen, während gleichzeitig die Interessen des eigenen Stammes / Volkes verunglimpft werden, ihr oben genanntes Bedürfnis in Form des »*novelty-seeking*« – all diese Triebe können gut verstanden werden, sofern sie als Überbleibsel einer r-strategischen »Migrationspsychologie« betrachtet werden, die dazu bestimmt ist, in einer neuen Gesellschaft aufzugehen.

Sofern man Fruchtbarkeit, Migration in unbewohntes Land und Migration zwischen den Bevölkerungsgruppen als die ersten drei Schritte der menschlichen r-Strategie identifiziert, so gibt es noch eine **vierte Phase** der Entwicklung des linken r-Strategen. In dieser Phase werden r-strategische Migranten, welche in Ländern mit langanhaltender, hoher Ressourcenverfügbarkeit leben, feststellen, dass die tatsächliche Migration aus ihren scheinbar dauerhaft reichen Ländern der ersten Welt nachteilig ist, auch wenn sich eine K-Selektion nähern sollte. Diese wohlhabenden r-Strategen der Ersten Welt wandern nicht ab, da beispielsweise ein sich im Überfluss befindender Sudan kaum ein besseres Umfeld als meinetwegen Paris oder Berlin sein kann, selbst wenn, beziehungsweise obwohl Frankreich und Deutschland stetig ihre (zu K-dominanten Zeiten aufgebauten) ökonomischen Substanzen aufzehren. Vielmehr drücken diese modernen Erste-Welt-r-Strategen ihren Migrationsdrang dadurch aus, indem sie Ausländer, unter denen sie leben möchten, importieren (oder dies begrüßen), und dann ihre eigenen Leute an sie verraten. Dieser »Verrat« ist wahrscheinlich auf die »Loyalität« ihrer Psychologie zurückzuführen, die auf natürlich gewachsene Weise mit Outgroups und Ausländern »vorintegriert« beziehungsweise verwoben ist.

Diese r-strategische Iteration soll in der Ersten Welt bestehen bleiben, in der die Ressourcen nie so stark abfallen, als dass die Migration von Vorteil wäre, wo sich der r-Stratege jedoch in einer Form des zunehmenden Wettbewerbs mit den ihn umgebenden K-Strategen befindet. Wenn man so will, kann man diese Strategie und diejenigen, die sie praktizieren, als eine Art »genetisches Trojanisches Pferd« betrachten. Entsprechende Strategen »verbergen« ihre r-Gene in der Bevölkerung und versuchen, Ausländer – r-strategische Migranten – zu importieren, welche die einheimischen K-Strategen (ökonomisch) ausbremsen, unterdrücken oder töten, um die Langlebigkeit, Beständigkeit und den Erfolg von r-strategischen Genen in den jeweiligen Territorien zu fördern.

Wir haben es hier mit der zum Abschluss gebrachten Entwicklung der r-Strategie zu tun, **die wir heute als modernes, politisches Linkstum in der Ersten Welt** erkennen können. Es handelt sich um eine Strategie, die darauf abzielt, mit den K-Strategen ihres Landes zu konkurrieren, aber nur, sofern die r-Strategen so weit aufgestiegen beziehungsweise zahlreich geworden sind, dass sie ihre Bedürfnisse über den Weg des sozialen Drucks und/oder mittels »legaler«, staatlicher Systemkomponenten durchset-

---

[298] Ein bezeichnendes Beispiel findet man u.a. hier: Wolf, Thembi/Doll, Hannah: »*Ich steh auf blond«: Nein. Du hast keinen »Typ« – du hast Vorurteile*, in: bento, 29.03.2019, URL: https://tinyurl.com/yxppjq4l, Abruf am 07.04.2019.

zen können. Diese neuere, nicht-abwandernde r-Strategie wird nicht überall auf der Welt gleichermaßen existieren. Die eben beschriebene Iteration ist eindeutig eine Anpassung an Bedingungen, unter denen die K-Selektion droht, jedoch die Migration in andere Länder nicht zu einer überlegenen Verfügbarkeit von Ressourcen oder ihrem neurochemischen Stellvertreter, dem »Glückshormon« Dopamin führt beziehungsweise führen würde.

In sehr armen Gegenden wie in der Dritten Welt könnten r-Strategen während der entwickelten Phase der verhältnismäßig einfachen Migration auf der Suche nach freien Ressourcen aus unterschiedlichen Gründen stecken geblieben sein. Deshalb wird dort die r-strategische Einladung von Ausländern (um sie als »Wettbewerbsvertreter« zu gebrauchen) nicht sonderlich populär sein. In reicheren europäischen Ländern hingegen wird man diese neuere Iteration vorfinden. Europäische r-Strategen, die nach Burundi oder in den Kongo zögen, wenn die K-Selektion in Europa unmittelbar bevorsteht, würden keinen zureichenden Vorteil im darwinistischen Sinne haben. Wir erkennen hier einen sich (vorerst?) letzten Entwicklungsschritt, wonach r-Strategen ihren Migrationsdrang ohne Migration zum Ausdruck bringen.

Im Wesentlichen **rekonstruieren sie die fremde Umgebung**, die ihr Migrationsdrang in ihrem vergleichsweise wohlhabenden Heimatland begehrt, und versuchen dann, die Umstände zu nutzen, die dazu führen, die K-Strategen ihres eigenen Stammes, ihres eigenen Landes oder ihrer eigenen Gesellschaft zu besiegen, und die Interessen ihrer r-strategischen Gene zu fördern.

Dieser Import des Fremden ist ein mehr schlechtes als rechtes Mittel, um den kognitiven Druck zu verringern, der im linken Geist erzeugt wird, während man sich der K-Selektion nähert. Die r-Strategen sind wahrscheinlich darauf ausgelegt, Stress, Angst, Ärger, Abscheu, Abscheu, Depression und Verachtung zu erleben, um ihre Migration angesichts der zunehmenden K-Selektion zu Hause zu begründen beziehungsweise voranzutreiben. (Nach ihrer Migration würden sie in ein Land mit (möglichst) ausgezeichneter Ressourcenverfügbarkeit gelangen, umgeben von Ausländern, die sie nicht hassten und dafür sorgten, dass ihnen »leichter ums Herz würde.«) Emotionen dieser Art scheinen ein evidenter Bestanteil einer derartigen »Migrantenpsychologie« zu sein. Wohlstands-r-Strategen können jedoch nicht migrieren, um sie zu entlasten.

Wie bei einem Gehirn, das einen Juckreiz erlebt, sich aber nicht kratzen kann, würde man erwarten, dass eine solche Denkweise verzweifelt hohe kognitive Kräfte aufbaut, welche die Migration provozieren sollen. Diese Kräfte, die nicht durch Migration entlastet werden können, werden letztendlich unerträglich. In solchen Individuen scheint sich im Laufe der Zeit eine Problemumgehung entwickelt zu haben, die das Importieren von Ausländern beinhaltet. Es ist jedoch eine schwache Lösung, daher werden sie ein immer größeres Bedürfnis verspüren, Ausländer zu importieren, da sowohl Knappheit als auch K-Selektion zunehmen. Darüber hinaus werden r-Strategen mit einer kognitiven Funktionsstörung exponentiell stärker betroffen sein, sofern die Einfuhr von Migranten behindert wird. Im Wesentlichen wendet das Gehirn – wenn die K-Selektion einsetzt – die erforderlichen Emotionen in immer größerem Maße an, aber aufgrund der Unfähigkeit zur Migration bleiben sie in einem zunehmend neurotischen Zustand gefangen.

Man bemerkt sogar Verhaltensweisen, die durchaus als pathologische Ebenen der Depression, Panik, Angst, Hoffnungslosigkeit, Verachtung, des Stresses und des Ärgers bezeichnet werden können, was normalerweise Migrationsverhalten auslösen würde. Diese **emotionalen Ungleichgewichte** sind so geschaffen, nur durch die Landung in einem fremden Land mit sehr umfangreicher Ressourcenverfügbarkeit und stark reduzierten K-selektierten Konfliktreizen abgemildert werden zu können. Stellt dies keine Option dar, kann das Gehirn leicht außer Kontrolle geraten. Was unter Linken als psychische Erkrankung erscheinen würde, wenn sich die K-Selektion in einer Gesellschaft durchsetzt, ist daher möglicherweise nicht pathologisch. Vielmehr kann es sich lediglich um ein Gehirn handeln, das versucht, einen gut entwickelten Satz emotionaler Triebe anzuwenden, um hierauf wiederum ein »programmiertes« Verhalten zu motivieren, dem aufgrund der (für die r-Strategen) ungewöhnlichen äußeren Umstände jedoch nicht entsprochen wird.

Kurz gesagt, das sich in der Gesellschaft manifestierende linke Gebaren (da andernfalls die K-Selektion drohte) ist womöglich nichts anderes als das Ergebnis dessen, worauf das r-strategische Gehirn »programmiert« wurde. Ist es dann so, dass die Umgebung ihnen nicht erlaubt, die Verhaltensweisen auszuführen, die ihre Programmierung ansteuert, so kommt es förmlich zum Kurzschluss.

Es könnte zudem eine andere Iteration der r-Strategie geben, die sich quasi als Reaktion auf die Entstehung des wohlhabenden, nicht migrierenden Erste-Welt-r-Strategen entwickelt (hat). Da r-Strategen Opportunisten sind, könnten sie es in einer Bevölkerung, die aus willensschwachen, präventiv-beschwichtigenden, nicht migratorischen, Erste-Welt-r-Strategen besteht, als vorteilhaft empfinden, die Schwäche ihrer Gastgeber durch Gewalt und Aggression auszunutzen, um die kostenlose Bereitstellung von Ressourcen zu fordern.

Von r-Strategen könnte man erwarten, dass sie die sich nach und nach vollends manifestierte Psychologie der r-Selek-tion verfolgen, wonach die Inanspruchnahme von Ressourcen immer frei sein sollte. Ebenso könnten sie behaupten, dass Ungleichheiten in der Ressourcenzuteilung in gewisser Weise der »moralischen Ordnung« der Welt zuwiderliefen und einer »Korrektur« von außen bedürften. Sie werden weniger bereit sein, offen um Ressourcen zu konkurrieren und erwarten stattdessen mehr und mehr kostenlose Ressourcenbereitstellung, was bedeutet, dass die Wahrscheinlichkeit geringer wird, dass sie produktive Mitglieder der Gesellschaft werden. Stattdessen wird die Wahrscheinlichkeit zunehmen, dass sie von staatlichen Leistungen abhängig werden – oder kurzerhand kriminell werden und sich somit einem mittels Verbrechen zu erreichenden Ressourcenstrom zuwenden.

Zudem werden sie wahrscheinlich auch aggressivere sexuelle Triebe und weniger sexuelle Zurückhaltung an den Tag legen, einschließlich weniger Drang zur Monogamie, und dafür ein stärkeres Streben nach Promiskuität, Vergewaltigung und sogar, wie ebenfalls bereits gehört, dem Begrüßen frühkindlicher, sexueller Aktivität (die im Extremfall auf Pädophilie und homosexuelle Pädophilie im Extremen ausgeweitet wird). Sie werden weniger Antrieb verspüren, sich einer gewissenhaften Sorge für die Kindererziehung und den Schutz von Kindern zu verschreiben. Dafür werden sie vermehrt selbstsüchtige und generell eine weniger kooperative, tatsächlich soziale Einstellung demonstrieren.

Dem geneigten Leser ist natürlich aufgefallen, dass es sich bisher nur um (bereits bekannte) allgemeine r-Strategie-Eigenschaften handelt, die oben bereits dargelegt und in diesem Abschnitt für diverse Erklärungsversuche bezüglich r-selektierten Verhaltens weitergesponnen sowie konkretisiert wurden.

Darüber hinaus kann der r-Stratege jedoch eine impulsive Aggression aufweisen, die auf den ersten Blick der des K-Strategen ähnlich ist. Dabei ist er allerdings weniger bereit, den anhaltenden Widerstand von Konkurrenten oder Gleichgestellten in Kauf zu nehmen oder die unterschiedlichen Ergebnisse der Ressourcenzuteilung zu ertragen, die mit der wahren K-Selektion einhergehen würden. Die Gewalt dieser wandernden r-Strategen wäre opportunistischer und auf die Schwachen und Unfähigen ausgerichtet. Man könnte sagen, dass sie der Gewalt des gewöhnlichen Verbrechers mehr ähnelt als der des Soldaten. Obwohl wir hier auf migrierende r-Strategen Bezug nehmen, ist es wahrscheinlich, dass Kriminelle als Ganzes eine solche r-Strategie aufweisen, unabhängig vom Migrationsstatus. Es ist wahrscheinlich auch von Bedeutung, dass die nicht-migratorischen Erste-Welt-r-Strategen, die gewalttätige Ausländer importieren, grundsätzlich auch ein »Faible« für gewalttätige einheimische Kriminelle hegen. Warum? In ihrem Kernverbrechen, ob nun migrantischer oder indigener Art, ist die Suche nach freien, »einfachen« Ressourcen identisch, dazu oft begleitet von mangelnder sexueller Zurückhaltung, verminderter Monogamie, geringer ökonomischer Kooperationsbereitschaft und Loyalität, sowie schwachen Bedürfnissen hinsichtlich der Aufzucht von Nachkommen. Seltsamerweise (oder auch nicht) scheinen alle r-Strategen ihre Gene »vereint« in der Bevölkerung zu fördern, unabhängig von welcher Aggression und Gewalt auch immer. In dieser Hinsicht scheinen sie sich (instinktiv?) untereinander zu »erkennen«, ungeachtet scheinbarer Unterschiede, die uns sorgfältigen Beobachtern wiederum auffallen.

Wenn die Ressourcenbeschränkung nach einer Periode der r-Selektion in der modernen Ersten Welt einsetzt, sollte man also mit einem Anstieg solcher Art aggressiver, r-strategischer Migranten rechnen, nachdem die r-Strategen der ärmeren Dritte-Welt-Länder als Erste den entsprechenden Druck verspüren werden, in wohlhabendere Länder mit freien Ressourcen auszuwandern. Solange die r-Selektion in diesen Ländern der Ersten Welt regiert, werden die aggressiven migrierenden Invasoren wahrscheinlich insgesamt toleriert, egal wie aggressiv sie sind. Ironischerweise werden es die scheinbar pazifistischen, einheimischen Erste-Welt-r-Strategen sein, die die Ausländer trotz ihrer Aggression inbrünstig (und in einer Art vorauseilenden Gehorsams) umarmen und bejubeln werden; nicht zuletzt deshalb, da sie sich überhaupt aus jenem Grund zu r-Strategen entwickelt haben: Um (gefährliche) Ausländer für ihre

Zwecke nicht nur ausfindig zu machen, sondern zudem fortwährend zu beschwichtigen und schließlich mit ihnen – nach einer scheinbaren Integration – zusammenzuarbeiten.

Diese aggressiven, r-strategischen Migranten werden nicht von Dauer sein, sowie eine echte K-Selektion eintritt beziehungsweise die K-strategische Psychologie in der Bevölkerung in den Vordergrund treten und einen offenen, gewalttätigen Widerstand gegen sie auslösen wird. An diesem Punkt könnte man erwarten, dass eine neue r-selektierte Massenmigration beginnt. Bis zu diesem Zeitpunkt kann jedoch der aggressive Dritte-Welt-r-Stratege, der in eine Erste-Welt-Nation eindringt, allerhand Vorteile genießen, aber nur, nachdem vergleichsweise extrem reiche, bereits stark r-selektierte Nationen auf einfallende, primitivere und gewalttätigere r-Strategen treffen. (Zeitgleich ist, wie Hooghe zeigte, zu erwarten, dass »importierte« Dritte-Welt-r-Strategen, die zu einer ethnischen Minderheit gehören, weitere Einwanderung tendenziell unterstützen. Dies liegt daran, dass die Verdrängung der Mehrheitsbevölkerung in ihrem Interesse liegt, da dies den Einfluss dieser Bevölkerung verringern und möglicherweise den Einfluss ihrer »Minderheitengruppe« erhöhen wird.[299] Es ist von daher sogar zu erwarten, dass bestimmte Minderheitengruppen aktiv mit einer Invasionstruppe zusammenarbeiten, insbesondere wenn sie genetisch ähnlicher als die Mehrheitsbevölkerung sind.[300])

Dabei muss man verstehen, dass diese aggressive »Migrantenpsychologie« **nicht Teil der K-selektierten Psychologie darstellt**, sondern lediglich eine r-Strategie, die in opportunistischer Manier eine einfache, unriskante Möglichkeit nutzt, um freie Ressourcen zu erlangen. Dabei übt sie Gewalt auf einen sogar noch schwächeren und weniger leistungsfähigen Grundstock lebender Exemplare aus, und zwar auf die wohlhabenden, nicht migrierenden r-Strategen der Ersten Welt. Es ist natürlich kontraintuitiv, Gewalt als risikoarmes Bemühen zur Erlangung freier Ressourcen zu betrachten. Wo jedoch aggressive, von linken (r-strategischen) Medien und Regierungen unterstützte Migranten aus der Dritten Welt auf schwache, ältere, gebrechliche und größtenteils unfähige, aber vergleichsweise wohlhabende r-Strategen der ersten Welt treffen, sowie »politisch korrekte« Gerichte, die sie verhältnismäßig milder, kaum oder sogar gar nicht bestrafen werden, ist dies zweifellos der Fall – zumindest so lange, bis in der Ersten Welt (wiederum) eine echte K-Selektion und damit Widerstand einsetzt.

Es bietet sich an, von einer **Appeasement-Strategie** zu sprechen, um die nichtmigrierende Evolution der r-Strategie innerhalb der Ersten Welt zu beschreiben, da diese Strategie offensichtlich als Wunsch dargestellt wird, eine Outgroup auf Kosten der eigenen Krieger/Leistungsträger (unnötig) zu besänftigen. Dies geschieht häufig, wenn gleichzeitig Umstände gefördert werden, die zu Konflikten führen können, wie beispielsweise die Annäherung verschiedener Gruppen, das Anschüren von Spannungen oder das Einfordern von Konzessionen der eigenen Gruppe an andere Gruppen

---

[299] Hooghe et al. (2009).
[300] Ebenda.

mit unterschiedlichen Merkmalen (Rasse, Religion, sozialer Status, durchschnittlicher IQ et cetera). Die Appeasement-Strategie geht sogar so weit, **feindselige Außengruppen zu importieren und darauf zu bestehen, dass sie akzeptiert werden**, obwohl die menschliche Geschichte eindeutig zeigt oder darauf hinweist, dass eine solche »Akzeptanz« in der Regel nur vorübergehend ist – und mit Gewalt endet.

Aus Sicht der K-Strategen handelt es sich dabei um eine gleichermaßen komplexe wie besorgniserregende Strategie, da sie im Kern versucht, K genetisch zu »besiegen«. Sie entwickelte sich aus einer Kombination aus Konfliktvermeidung beziehungsweise Wettbewerbsunfähigkeit, dem Migrationsdrang nach Neuem (*novelty-seeking*) sowie der instinktiven Neigung der r-Psychologie, die eigene Gruppe oder Sippe zu verraten, um sich selbst zu retten. Die r-Strategen werden mit potenziellen Feinden auf Schmusekurs gehen und sukzessive Bedingungen schaffen, die zu stetig wachsenden Konflikten führen. Die Psychologie, die dieser Strategie zugrunde liegt, ist für das r-selektierte Individuum dann am vorteilhaftesten, wenn es die folgenden Facetten besitzt:

1. Grundsätzliche Feindseligkeit gegenüber dem einheimischen / autochthonen Krieger / Leistungsträger. Der Krieger ist die Manifestation K-selektierten Erfolgs, der eine individuell konkurrierende, K-selektierte Bevölkerung dominieren wird. Sein Wettbewerbsgebaren steht in direktem Konkurrenzkampf zu dem wettbewerbsfeindlichen Verhalten der Individuen vom Typ r. Diejenigen, die die r-selektierte Psychologie verkörpern, werden den Krieger / Leistungsträger von Natur aus als Konkurrenz wahrnehmen und nach Möglichkeiten suchen, ihn zu kontrollieren, zu unterdrücken und unerbittlich zu übervorteilen. Die offensichtlichste Manifestation davon wird durch Verrat im »Gruppenkampf« auftreten, nämlich anhand einer Strategie, die darauf ausgelegt ist, Ausländer als Stellvertreter einzusetzen, um die K-selektierten Krieger der eigenen Bevölkerung des »Appeasers« auf die eine oder andere Weise zu eliminieren, zu vertreiben, zu erpressen, zu unterdrücken, ökonomisch zu ruinieren und so weiter. Die Feindseligkeit gegenüber den Kriegern / Leistungsträgern der eigenen Gruppe kann sich auch durch eine Forderung äußern, wonach letztere immer mehr Risiken und Lasten schultern sollen, um das Leben von Ausländern zu ermöglichen (also zu retten), sogar von denjenigen, die der eigenen Gruppe respektive den Kriegern / Leistungsträgern des »Appeasers« feindlich gesinnt sind. All dies entsteht aus einem Mitgefühl und Verständnis für die Interessen von Outgroups, das sich so maßgeblich, eigentümlich und von Grund auf mit der Strategie entwickelt, dass der r-selektierte »Appeaser« nicht einmal wahrnehmen kann, wie sie seinen Wahrnehmungsrahmen gestaltet oder seinen Entscheidungsprozess steuert und kontrolliert.

2. Verminderte oder fehlende Loyalität gegenüber der eigenen Gruppe. Die Ausnutzung eines Gruppenwettbewerbs zum persönlichen Vorteil kann auf verschiedene Weise erfolgen, sei es durch offene Unterstützung eines Feindes zum Ziele der Ausrottung oder Verdrängung der K-selektierten Konkurrenten in der eigenen Bevölkerung, oder durch bloßes Vereiteln des Sieges des Kriegers, um ihn daran zu hindern, (beispielsweise) anhand eines Krieges ein höheres soziales Ansehen einzunehmen, das ihn nach der Niederlage seines Feindes zuhause erwarten würde. Alle diese Strategien erfordern eine mangelnde Loyalität gegenüber der Ingroup oder die Tendenz, die Definition von Ingroup kurzerhand auf alle möglichen Individuen auszudehnen, wodurch der Begriff der Loyalität innerhalb der Gruppe freilich vollständig eliminiert wird. Dieses Konzept ist sehr vielen r-selektierten Linken ebenso angeboren wie es auf der anderen Seite die Wahrnehmung von Wettbewerben und Ingroups bei K-selektierten Konservativen ist.

3. Vermeidung von Konflikten und Wettbewerb. Wir erinnern uns: Ein psychologischer Drang, der darauf abzielt, die reichhaltigen Ressourcen, die unter den Bedingungen der r-Selektion vorhanden sind, zu nutzen und dabei jeglichen Wettbewerb und Konflikt zu vermeiden. Hierbei entsteht ein Vorteil, sofern Handlungen, die auf Konfrontation mit einem Feind hinauslaufen, verzögert werden, da somit das denkbar schlimmste Ergebnis für den »Appeaser« verhindert (unterdrückt oder aufgeschoben) wird, und zwar erfolgreiche, K-selektierte Krieger / Leistungsträger, die entschlossen handeln und als (hoch) angesehene Individuen zu qualitativ hochwertigen Geschlechtspartnern vor Ort zurückkehren, nachdem sie schnell und effektiv eine feindliche Truppe bezwungen haben.[301] Dieses Verhalten hat sich wahrscheinlich aus der Fehlanpassung eines r-Organismus an ein hart umkämpftes, gewalttätiges Umfeld entwickelt. Wenn sich eine Umgebung verändert und K-selektiv wird, ist dies kein gutes Vorzeichen für die Zukunft des r-selektierten Gen-Sets – es sei denn, die »Appeaser« können die gewalttätige Umgebung weitestgehend bis komplett auf ihre K-selektierten Wettbewerber konzentrieren, während sie selbst diese entsprechend mit Krieg / Konkurrenzkampf versehene Umgebung vermeiden. Die objektive Realität zeigt diese Entwicklung sehr deutlich.

4. Ständige Offenheit für die Interessen von Outgroups. Eine Offenheit für die Interessen von fremden Gruppen wird die Verfolgung der eigenen Interessen erleichtern, die im Widerspruch zu den Zielen der eigenen Gruppe stehen. So ist es zum Beispiel einfacher, einem Feind beim Sturz der eigenen Regierung zu helfen, wenn man die Sache des Feindes als gerecht betrachten kann. Es ist einfacher, die Ermordung der eigenen Krieger zu unterstützen, wenn man von Natur aus glaubt, dass sich seine eigenen Krieger unmoralisch oder ungerecht verhalten. Dieser Wesenszug wird eine pazifistische oder verräterische Strategie ermöglichen, die darauf abzielt, die Erfolgspläne des K-selektierten Kriegers / Leistungsträgers zu verhindern und die offensichtlichere Strategie des Verrats zu erleichtern.

Aggressives Verteidigen und Etablieren des Multikulturalismus kann (wie der Marxismus) als Mittel betrachtet werden, auch ohne einen aus harter Arbeit, Eigenleistung und Disziplin bestehenden, steinigen Weg um vermeintliches Ansehen zu konkurrie-

---

[301] Van Vugt et al. (2007).

ren, indem sich moralisch (selbst-)überhöht wird. Man tue »Gutes«. Dies geschieht beispielsweise dadurch, indem man eine Koalition mit beliebigen Minderheiten eingeht und diesen erlaubt beziehungsweise hilft, eine natürlich gereifte »Elite« sukzessive zu unterwandern und zu ersetzen. Allerdings unterscheidet sich Multikulturalismus insoweit vom Marxismus, da sich ersterer von Natur aus dadurch kennzeichnet, die genetischen Interessen der gesamten einheimischen Gruppe zu beschädigen (inklusive derjenigen der neuen »Elite«). Einige Anthropologen sind der Auffassung, dass diejenigen, die sich für Multikulturalismus stark machen, einen wichtigen Instinkt für die Gruppen- und damit genetische Erhaltung **verloren** haben. Wenn eine Gesellschaft als Ganzes den Multikulturalismus als vorherrschende Ideologie befürwortet, handelt sie gegen ihre eigenen genetischen Interessen und wird sich letztendlich selbst zerstören.[302] Ich denke hingegen, exakter wäre es, nicht davon zu sprechen, dass dieser Instinkt verloren wurde, sondern dass sich Entitäten wie der (mittlerweile schier fanatisch propagierte) Multikulturalismus als Teil einer r-Strategie evolutionär **entwickelt** haben.

5. Tendenz, die Autorität der Leitung zu ignorieren. Diese Begebenheit erlaubt es dem »Appeaser«, sich im Umfeld des Gruppenwettbewerbs einen persönlichen Vorteil zu verschaffen. Wenn sie nicht nur ihre Führung in Kriegszeiten, sondern auch den tendenziellen Willen ihrer Bevölkerung, den die Leitung vertritt, leicht ignorieren können, wird es leichter sein, ihre eigenen persönlichen Interessen zu verfolgen oder sogar Umstände herbeizuführen, welche die K-selektierten Krieger ihrer Nation abschrecken.

6. Ablehnung von Traditionalismus. Wahrscheinlich handelt es sich hierbei um einen Auswuchs des *»novelty-seeking«*, der die Selbstsucht innerhalb der Gruppenkonkurrenz erleichtert. Sie lässt den »Appeaser« von der vergangenen Kultur und Geschichte seines Volkes unberührt und versetzt ihn in die Lage, jede erdenklich (andere) Form der Zukunft anzunehmen, selbst wenn dies bedeutet, die Kultur, Sitten und »Natur« eines fremden Feindes nach dessen Sieg anzunehmen beziehungsweise zu übernehmen.

7. Ablehnung arbeitsteilig-kooperativer, einheitlicher Verhaltensweisen in der Gruppe. Krieger / Leistungsträger fordern, dass sich die Menschen höflich und rücksichtsvoll verhalten, um engere Bindungen innerhalb ihrer Gruppe zu fördern. Der »Appeaser« wird dem entgegenwirken, indem er Unanständigkeit, Vulgarität und Konflikte innerhalb der Gruppe unterstützt, wenn auch nur so viel wie möglich, ohne die Bevölkerung dabei völlig vor den Kopf zu stoßen oder Vergeltung zu riskieren. Der »Appeaser« ist unbewusst darauf programmiert, die Niederlage seiner Gruppe anzustreben. Die Aufspaltung der eigenen Gruppe in konkurrierende Cliquen, die ständige Förderung von Zwietracht und die Verringerung der Loyalität, die die Einzelnen gegenüber der

---

[302] Dutton (2019), S. 223.

Gruppe empfinden, all das dient dazu, sein Ziel zu erreichen. Ob Angriffe auf den Patriotismus oder die Unterstützung einer gespaltenen, multikulturellen Gesellschaft, ob die Unterstützung der Mehrsprachigkeit, die Unterstützung von Unanständigkeit und Unhöflichkeit innerhalb der eigenen Kultur, ob Forderung nach militärischen (und zivilen) Opfern (oder die schulterzuckende Hinnahme derselben), um selbst feindlich gesinnte und aggressive Ausländer vor Schaden zu schützen – all das dient dem letztendlichen Ziel, die eigenen Leute schrittweise zu zerbrechen und ihre Bindungen auszuhöhlen.

8. Trügerische Natur. Wie bereits betont wurde, versucht der »Appeaser« in einer Umgebung zu bestehen, in der die K-selektierten Individuen durch Gruppenkonflikte aufgerieben und/oder getötet werden. Sie können jedoch nur innerhalb einer Kriegerbeziehungsweise Leistungsgesellschaft existieren, solange sie sich selbst als treue Bürger darzustellen in der Lage sehen. Zur Bewerkstelligung haben r-Strategen hierfür eine Reihe von Techniken entwickelt, von der öffentlichen Bekanntmachung ihres Patriotismus *(»Dissent is patriotic«)*, über das offene Attackieren aller, die ihren vermeintlichen Patriotismus als verräterisch und gegen die Werte der Gruppe gerichtet kritisieren, bis hin zum Leben in Populationen, die so groß wie möglich, so vielfältig wie möglich und so zerklüftet wie möglich sind, um die Auswirkungen von Reputation und Vergeltung zu minimieren.

Man könnte die Arbeits- und Betriebsweise dieser r-Strategie als eine Strategie zur Verringerung von Größe und Erhabenheit ansehen – vollzogen von denen, die nicht mithalten können. Stellen Sie sich im Folgenden vor, Sie sind ein leicht begriffsstutziger Typ mit durchschnittlichen Fähigkeiten, der großes Glück hatte und Teil eines elfköpfigen Teams mit zehn Genies vom Schlage eines Steve Jobs (1955-2011) wurde. Zeitgleich stehen auch elf Frauen als potenzielle Partnerinnen zur Verfügung. Zehn von ihnen sehen aus wie Supermodels, doch eine ist unattraktiv und adipös. Normalerweise gäbe es eine starke Tendenz, wonach Sie mit letzterer vorliebnehmen müssen. Aufgrund des Erfolgs Ihrer Gruppe und der Verfügbarkeit freier Ressourcen werden jedoch alle selbst ein wenig mehr »r«, ebenso toleranter gegenüber »r«.
Wegen des Reichtums, der Ruhe und Behaglichkeit tolerieren alle sogar offenen Verrat (und einiges mehr), den wir typischerweise bei den sogenannten »Anti-Deutschen« (oder »Anti-Amerikanern« et cetera) sehen, aus denen sich nicht wenige linke Migrationsaktivisten zusammensetzen. Und nun überlegen Sie, wie vorteilhaft es für Sie wäre, wenn Sie Ihr Team an einen Haufen geistig zurückgebliebener Individuen aus Land X mit Religion Y verraten könnten. Stellen Sie sich vor, Sie könnten diese zehn Steve Jobs herausnehmen und durch zehn solcher Personen ersetzen, die jeweils einen IQ von 69 aufweisen, der durchschnittlich in Land X der Fall ist. Obwohl Ihre Gruppe nun offiziell nach deutschen (oder amerikanischen) Standards (noch) als geistig zurückgeblieben eingestuft werden kann, stünden Ihnen zehn ultimative Supermodel-Frauen zur Auswahl, und Ihre r-selektierten Gene dominierten eine Bevölkerung,

die nunmehr von r-strategischen Migrantengenen wimmelte. Es mag einige geben, die sagen, dass der Wunsch, von Fremden umgeben zu sein, nicht unbedingt dazu bestimmt sei, einheimische K-Strategen des Wettbewerbs wegen zu töten. Vielleicht mag das so sein. Ich möchte allerdings darauf hinweisen, dass überall dort, wo es eine r-strategische Besessenheit bezüglich des Imports von Fremden gab und gibt, seien es die Barbaren des alten Roms[303] oder die Islamisten des modernen Europas, die importierten Migranten **niemals diejenigen waren oder sind**, die die Heimat der r-Strategen beziehungsweise Linken friedlicher gemacht hätten. Oder wohlhabender. Oder erfolgreicher. Linke sind nicht besessen davon, Buddhisten, Konfuzianisten, Taoisten, Christen, Juden oder ausländische Wirtschaftsgenies zu importieren, schon gar nicht in Millionenstärke. Wann immer linke r-Strategen davon besessen sind, Ausländer zu importieren, sind diese in ihrer Tendenz sehr stark von einer Art: Es sind die aggressiven und gewalttätigen Ausländer, die durchaus zum Töten bereit sind, doch trotz (in Wahrheit wegen) einer bekannten Feindseligkeit respektive Inkompatibilität gegenüber religiösen, philosophischen oder kulturellen Werten der Nation und dem Volk der hiesigen r-Strategen eingeschleust werden (wollen).

Man kann diese Strategie am deutlichsten zum Ausdruck bringen, wenn die Nationen der r-Strategen in aggressive Konflikte mit Outgroups verwickelt sind. Dort wird eine normalerweise fabianische Strategie der geringfügigen Sabotage durch den Import einer kleinen Anzahl von feindlichen Migranten deutlicher, und zwar in Form von offener Unterstützung für die Interessen der Feinde sowie offensichtliche Versuche, Regeln und Richtlinien zu erlassen, mit denen K-Strategen, die an der Schlacht beteiligt sind, getötet werden. Im Krieg steht das Verhalten des r-Strategen in krassem Gegensatz zu dem des K-strategischen Gruppenkonkurrenten, der den Feind durch Stärke auf Distanz halten, eine starke Bindung zu seinem eigenen Volk eingehen und unermüdlich versuchen wird, seine eigenen K-strategischen Krieger auf Kosten der Außenstehenden zu schützen.

Der Verrat der »anti-deutschen« (oder »anti-amerikanischen«), nicht-migrierenden r-Strategen ist ein wesentlicher Bestandteil ihrer Fortpflanzungsstrategie. Es handelt sich um eine Wettbewerbsstrategie mit dem Ziel, die K-Gene in ihren Ländern auszuschalten und schrittweise zu ersetzen. Es ist kein Zufall, dass dadurch ein besserer Partnerzugang und ein höheres Maß an Ressourcenverfügbarkeit freigesetzt werden, da das relative Verhältnis zwischen r- und K-Genen (gewaltsam) verschoben wird.

---

[303] In seinem Buch *»In God's Image. The Natural History of Intelligence and Ethics«* (Sussex 2007) legt der deutsche Professor für Physiologie und Biochemie, Dr. Gerhard Meisenberg, Beweismaterial vor, wonach der Zusammenbruch des Römischen Reichs teilweise auch durch die Entwicklung der Empfängnisverhütung und deren Einsatz bei den intelligenteren Personen verursacht wurde, was zu einem allgemein sinkenden IQ führte. Man kann durchaus den Schluss ziehen, dass vor dem von außen bedingten Untergang (Germanen, Hunnen, Perser) der innere (schleichende) Untergang stand. Die dadurch ausgelösten Kriege hätten den Rückgang der K-Strategie noch verstärkt, da es die aus höheren Klassen stammenden K-Strategen waren, die in erster Linie in den Krieg geschickt wurden, vergleiche Rushton (1995) und Tobin (2004), S. 82.

Aus diesem Grund konzentriert sich die Linke (mittels abstruser, offizieller Gründe) auf den Import von größtenteils wilden Ausländern mit niedrigem IQ aus der Dritten Welt, deren erfolgreiche Integration in eine technologisch hoch entwickelte Nation der Ersten Welt am unwahrscheinlichsten ist. Hätten sie eine ähnlich hohe Anzahl an technologisch hoch entwickelten, zivilisierten und für ihre Friedfertigkeit bekannten Ausländern mit hohem IQ importiert, die ihren Landsleuten ähneln und sich eindeutig besser integrieren ließen (zumal sie sich von allein assimilierten), so hätte dies keinen Vorteil für die r-Strategen, da sowohl Geschlechtspartner als auch Ressourcen mehr Wettbewerb bedeuteten beziehungsweise erforderten.

Selbst einfache Spiele zur Simulation von kooperativem Verhalten haben gezeigt, dass der Einsatz von Verrat als Wettbewerbsstrategie ein natürlicher Auswuchs der Gruppenkooperation darstellt.[304] Prof. Dr. Robert A. Laird von der *University of Lethbridge* schreibt diesbezüglich unter anderem:

»Kooperation, eine kostspielige Interaktion, bei der Menschen gegenseitig voneinander profitieren, spielt bei vielen der großen Übergänge der Evolution eine entscheidende Rolle. Doch wie das Gefangenendilemma zeigt, sind kooperative Systeme zerbrechlich, da die kooperierenden Mitwirkenden von Überläufern und Abtrünnigen ausgenutzt werden können, welche die Vorteile der Zusammenarbeit nicht erwidern. Dieses Hindernis für die Zusammenarbeit kann überwunden werden, wenn die Kooperationspartner ein erkennbares, phänotypisches Kennzeichen (tag) haben, mit dem sie die an Bedingungen geknüpfte Strategie der Zusammenarbeit mit anderen gekennzeichneten Kollegen übernehmen können, während sie andere ausschließen – ein Mechanismus, der auch **Grüner-Bart-Effekt** *genannt wird.*

Die sich daraus ergebende ‚Intra-tag'-Kooperationsstrategie ist besonders in strukturierten Bevölkerungsgruppen wirksam, in denen lokale Gruppen kooperativer tag-Kollegen Zuflucht finden können. Während die ‚Intra-tag'-Kooperation robust gegenüber bedingungslosen Überläufern im räumlichen Gefangenendilemma ist (zumindest wenn die Kosten für die Zusammenarbeit gering sind), erhielt die Rolle der zusätzlich hinzukommenden Mitwirkenden – Individuen, die nur mit solchen zusammenarbeiten, die ein anderes Kennzeichen tragen – wenig Beachtung, ungeachtet der Tatsache, dass diese Verräter Mixed-tag-Aggregationen bilden, deren heterogene Aufmachungen (makeup) möglicherweise die Ausnutzung mehrerer anderer Strategien erlaubt. Anhand eines räumlichen Modells des Zwei-tag-Gefangenendilemmas zeige ich, dass sich die Zusammenarbeit mit zusätzlichen tags leicht unter einem niedrigen bis mittleren Kosten-Nutzen-Verhältnis der gegenseitigen Zusammenarbeit (r) entwickelt (...)«

Mit anderen Worten: Wenn eine Gruppe von Individuen, die ein kooperatives Merkmal teilen, eine Ingroup bilden und miteinander kooperieren, ist es unvermeidlich, dass sich andere entwickeln, um ihre Gruppe zu durchdringen und sodann gemeinsam daran arbeiten, eine Strategie des Verrats zum persönlichen Vorteil auszunutzen.

---

[304] Laird (2011).

Es ist daher nicht verwunderlich, wenn dieses Verhalten in einer sowohl kooperativen als auch (gruppen-)konkurrierenden, K-selektierten Spezies wie dem Menschen auftritt; vor allem, wenn man bedenkt, dass, sofern die r-Psychologie keinen Weg gefunden hätte, den Schutz einer Gruppe zu erlangen, eine solch abgeschiedene Person innerhalb des Prozesses der Gruppenkonkurrenz leicht abgestoßen worden wäre. Eine ähnliche wettbewerbsfeindliche Strategie in der Natur ist uns beim australischen Riesen-Tintenfisch begegnet.

Der Appeasement-Stratege verlässt sich auf Täuschung, um die Folgen seiner Verletzungen des kooperativen, gruppenzentrierten Verhaltens des Kriegers / Leistungsträgers zu vermeiden. Wenn ein wettbewerbsunfähiger beziehungsweise -feindlicher, männlicher Tintenfisch beim Versuch der Paarung als männlich erkannt werden würde, würde er schnell von den fitteren, gewalttätigeren Konkurrenten angegriffen. Würde der »Appeaser« als Nachkomme des r-selektierten Menschen erkannt werden und würde zudem erkannt werden, dass er eine selbstsüchtige, inhärent illoyale darwinistische Strategie innerhalb einer loyalen, Krieger / Leistungsträger-Spezies verfolgt, so würden ihn seine Falschheit und das doppelte Spiel (im besten Falle nur) für eine Ächtung und einen Ausschluss (Ostrazismus) kennzeichnen.

Man sieht hier, wie sich ein Setting moderner, politischer Instinkte der r-strategischen Erste-Welt-Linken schrittweise entwickelt. Alles würde mit der grundlegenden r-selektierten Fortpflanzungsstrategie beginnen, zum Migrationsbedürfnis oder, wenn man so will, Migranteninstinkt übergehen, um die frequentierte Reise ins Ausland zu begehren, dann zum nicht migratorischen Instinkt übergehen, um das Fremde zu importieren, und mit einer vollständigen, verräterischen Appeasement-Strategie enden, die alle gewalttätigen r-Strategen begrüßt, von gewalttätigen ausländischen Wilden, die vergewaltigen und töten, bis zu gewalttätigen, heimischen Verbrechern, die sie tendenziell milde behandeln oder gar zu befreien versuchen werden. Man kann sich in etwa die langfristigen Konsequenzen vorstellen, wenn dieses Setting immer weiter und exzessiver gedeiht, also »freie Ressourcen« die Einhaltung ethisch-moralischer Grundwerte innerhalb einer Gesellschaft verfälschen und die Anforderungen an die Loyalität der eigenen Bürger untergraben. Dort, wo eine effektive K-Selektion greift, wird man solcherlei nicht oder kaum bemerken. Vielmehr wird der höchst aggressive, neurotische Ausdruck durch panische Linke ein Zeichen gipfelnder r-Selektion, gleichzeitig aber auch Vorbote einer bevorstehenden K-Selektion sein.

Untersuchungen haben gezeigt und lassen Schlussfolgerungen zu, wonach es kooperativen Kriegern / Leistungsträgern leichter fällt, ihre Reihen nach selbstsüchtigen »Appeasern« vor allem **in zusammenhängenden, homogenen Gruppen** zu kontrollieren, in denen sich nicht selten jeder kennt.[305] Dort werden sowohl Außenseiter als auch illoyale Individuen leicht erkannt und ausgeschlossen. Es ist kein Zufall, dass sich Linke in großen, bevölkerungsreichen Städten versammeln, die »multikulturelle

---

[305] Putnam (2000); Axelrod & Hammond (2003); Hammond & Axelrod (2006); Putnam (2007); Laird (2011); Masuda & Fu (2015).

Vielfalt« in den Städten befeuern, um die Bevölkerung zu spalten, die Wahrnehmung von Unterschieden und Konflikten zwischen verschiedenen Elementen ihrer Ingroups zu fördern, sogar gegen eine gemeinsame, einheitliche Sprache ihres Volkes zu agieren und schließlich dieses zusammengewürfelte »Salatmodell« unterstützen und nicht eine geordnete, auf Eigenverantwortung fußende Einwanderung beziehungsweise das »Schmelztiegelmodell«, wonach sich Individuen mit unterschiedlichen kulturellen Hintergründen **einer gemeinsamen, integrierten, nationalen Kultur und entsprechenden Werten unterordnen** respektive sich an diese assimilieren.

Die r-Strategen sind so programmiert, dass sie sich die zersplitterte, unpersönliche Umgebung wünschen, weil sie selbst so konzipiert sind, diese am effektivsten auszunutzen. Eine derartige Zersplitterung einer großen Bevölkerung steht im genauen Widerspruch zu den Bedingungen, unter denen wettbewerbsfähige Krieger / Leistungsträger, welche Loyalität gegenüber einer produktiven, arbeitsteiligen Gruppe fordern, die effektive Kontrolle von kleinen, einzelnen, homogenen Ingroups hegen können. (Im größeren Maßstab drängen Linke deshalb auf vereinheitlichte »Superstaaten« wie die Sowjetunion oder aktuell die EU und die »Vereinigten Staaten von Europa«, während Rechte tendenziell Nationalstaaten vorziehen.)

Es ist kein Zufall, dass Linke in Streitigkeiten zwischen Mitgliedern ihrer (eigentlichen) Ingroup und Mitgliedern einer Outgroup sehr häufig reflexartig der letzteren zur Seite stehen. Sie werden sich auch energisch gegen alle Aktionen wehren, welche die Ingroup auf Kosten der Outgroup bereichern würden (zum Beispiel die für die Ingroup vorteilhafte Wahrnehmung von Ölinteressen, nachdem man radikalislamistische Feindregime im Nahen Osten besiegt). Selbst wenn sich die Ingroup nicht auf Kosten einer Outgroup bereicherte, so würden sie darauf aufmerksam machen, wie unfair dies gegenüber Outgroup X oder Y sei, der es doch viel schlechter gehe (»Waffe der Schuld«). Sie sind darauf programmiert, die Outgroup gewinnen sehen zu wollen, weil sie dadurch, wie oben gezeigt, bei der Umsetzung ihrer Strategie Vorteile erzielen. Obwohl jede Aktion ausdrücklich darauf ausgelegt ist, sogar feindliche Outgroups auf Kosten ihrer (eigentlichen) eigenen Ingroup zu unterstützen, wird dies niemals als illoyal oder unpatriotisch bezeichnet.

Durch Selektionsdruck bedingt wurden frühere r-Strate-gen, die ihre eigene Illoyalität oder verräterische Absicht nicht lautstark leugneten, ausgemerzt. In der Tat sind diese Triebe ihrer Natur nach so angeboren, dass sie nicht einmal ahnen können, dass ihre Verhaltensweisen von irgendwem als illoyal betrachtet werden könnten. Sie werden ihren eigenen Patriotismus aufrechterhalten, auch wenn der r-selektierte Linke das Wort »Patriot« als etwas herabwürdigt, das von einem Mangel an Intellekt geprägt ist. Allein der bloße Anflug einer Leidenschaft für das Nationale, beispielsweise anhand nationaler Symbole[306] oder Feste[307] betrachtet er als gefährlich, töricht und geradezu abscheulich.

Ich denke, man kann davon ausgehen, dass der r-Stratege keine Ahnung hat, dass seine Wünsche oder Verhaltensweisen, aus einer neutralen Perspektive betrachtet, irgendwie abwegig oder sogar abstoßend wirken könnten. Sie halten ihren Drang für logisch und ihr Verhalten für vernünftig und moralisch, weil sie nicht in der Lage sind, über ihren eigenen, r-selektierten Drang hinaus die (desaströsen) **Folgen ihrer Handlungen** zu erkennen. Für den r-Strategen bedeutet der Import von Millionen von Menschen mit überwiegend besorgniserregend niedrigem IQ und nicht selten hochaggressivem Gebaren gesunder Menschenverstand. Ob es sich dabei um Wilde oder Kriminelle aus der Dritten Welt handelt, spielt keine Rolle. Jede Kritik wird reflexartig politisch gebrandmarkt (der Linke steht reflexartig auf der Seite der Outgroup). Er wird in keiner Weise irgendeine Bedrohung für die eigene Nation registrieren. Diese Bedrohung mag für den K-Strategen offensichtlich sein, der r-Stratege hingegen wird sie weder begreifen noch nachvollziehen, da ihm die entsprechende »Verdrahtung« oder Schaltung im Gehirn fehlt (oder beschädigt wurde), um sie zu erkennen (Amygdala, PFC, siehe oben). Ihr Gehirn ist so beschaffen, dass es den relativ kurzfristigen Ressourcenüberfluss »blind« ausnutzt und dabei versucht, sich mit r-selektierten »Kaninchen« zu umgeben. **Es ist nicht darauf ausgelegt, für kommende Jahrzehnte vorauszuplanen.**

Der K-selektierte Rechte hat selbstverständlich dasselbe Problem, tendenziell von Instinkten statt Logik gesteuert zu werden. Da die K-Selektion eher unserer Spezies innewohnt (Erinnerung: Eine Zivilisation beginnt immer mit einem dominanten »K«), sind deren K-strategischen Bedürfnisse und Anliegen den Standards unserer Spezies besser zugänglich. Da die K-Selektion außerdem darauf ausgelegt ist, Leistung, Fitness, Tauglichkeit und Größe zu erzeugen, können K-Strate-gen quasi blindlings ihren K-selektierten Instinkten zum Erfolg nachgehen oder sogar sehen, wo Logik in Kombination mit dem Wunsch nach Erfolg ihre instinktive Einhaltung der K-Strategie unterstützen würde.

Wer will, dass eine Nation insgesamt zur Großartigkeit neigen sollte, wird selbstverständlich eine diskriminierende, selektive Denkweise hegen, er wird tatsächlich produktive Schaffenskraft (Größe) dort belohnen, wo sie entsteht, und er wird die Interessen seiner Ingroup und/oder Nation loyal gegen die Einmischung von Außenstehenden und/oder Outgroups schützen. Neigt man gar zur Pathetik, so könnte man hinzufügen, dass die politische Rechte immerhin insofern »gesegnet« ist, da die (auf sie) folgende Logik mit unseren Instinkten übereinstimmt und beides dazu bestimmt ist, Größe und Glück für K-Individuen zu schaffen.

---

[306] Es ist tendenziell unwahrscheinlich, dass Linke etwa Nationalflaggen besitzen oder hissen, vergleiche Carney et al. (2008); selbst durch das Betrachten von Nationalflaggen (ihrer eigentlichen Ingroup) fühlen sich Linke unterdrückt, Konservative hingegen gestärkt, vergleiche Carter et al. (2011).
[307] Madestam & Yanagizawa-Drott (2011).

Die r- und K-Strategien setzen sich beim Menschen etwas anders um als in der Natur. Einerseits haben sich »r« und »K« beim Menschen in mancher Hinsicht komplexer entwickelt, andererseits haben sie sich aber auch schier überhaupt nicht entwickelt, um auf neue Begebenheiten beziehungsweise Technologien, welche beispielsweise Geburtenkontrolle und Abtreibung ermöglichen, zu reagieren. Infolgedessen bedeuten »r« und »K« in der Politik nicht immer und ausschließlich dieselben Dinge wie in der Biologie.

In der Biologie bedeutet »r« beispielsweise eine hohe Produktion von Nachwuchs durch Maximierung der Paarung und Minimierung der Aufzucht. Beim Menschen bedeutet r-Selektion, (nur) die Paarung zu maximieren und die Aufzucht durch Geburtenkontrolle und Abtreibung zu minimieren. Dadurch wird die Produktion des Nachwuchses oft ganz unterbunden. **Es ist dieselbe Psychologie, dieselbe Strategie und dieselbe Forderung, auch wenn die Technologie das Ergebnis verändert.**

Es gibt jedoch keinen besseren Weg, um diese politischen Psychologien zu beschreiben, als durch die Verwendung ihrer evolutionären Abstammungslinie. Daher wurde und wird die Mem-Terminologie von »r« und »K« im gesamten bisherigen und noch folgenden Verlauf verwendet, auch wenn die »biologischen Programme« durch die Technologie bisweilen von ihren biologischen Absichten und Ergebnissen gelöst wurden. Diese alten r- und K-Kräfte waren und sind die Magnetpole der Politik. Sie schaffen ideologische Feldstärken, die Bevölkerungen durchdringen und die Masse auf Basis unserer beiden populärsten, politischen Ideologien vorantreibt. Sie bilden das Aggregat von Individuen, das Massen ähnlicher Psychologien in politische Gruppen zu ziehen scheint. Diese politischen Gruppen haben ähnliche psychologische Merkmale wie r- und K-selektierte Tiere, die wir in der Natur beobachten können. Wie dieses Kapitel gezeigt hat, können die Entwicklungen selbst dann, wenn sich diese menschlichen Strategie-Versionen zu noch wesentlich komplexeren Strategien entwickelt haben, am besten durch das Prisma der r/K-Theorie verstanden werden.

2.3.8 Wohlfahrtsstaat versus Rechtsstaat mit privater Wohltätigkeit

Schon bei Adam Smith (1723-1790) können wir schlussfolgern, dass Wohltätigkeit immer etwas ist, das freiwillig geschieht. Sie kann aus ethischer Sicht nicht erzwungen, ihr Fehlen nicht bestraft werden.[308] Und in der Tat handelt es sich um ein anspruchsvolles Thema, zumal sich immer die Frage stellt, wer Wohltätigkeit tatsächlich verdient und wer sie ausnützt. Grundsätzlich muss deshalb gesagt werden, dass Güte und Hilfsbereitschaft keines Regierungsprogrammes bedürfen. Für viele klingt das ungeheuerlich und wie ein Schock. Fakt ist jedoch, dass staatliche Wohlfahrt sehr leicht korrumpierbar ist, vor allem wesentlich leichter als private Wohltätigkeit. Individuen, die sich aufgrund eigener Fehler in prekäre Situationen bringen, imitieren diejenigen, denen aufgrund echter Schicksalsschläge tatsächlich geholfen werden sollte, und erhalten (teilweise lebenslang) »freie« Ressourcen.

Staatliche Wohlfahrt kennzeichnet sich durch umverteiltes Steuergeld. Geld wurde dementsprechend nicht auf Basis von Freiwilligkeit, sondern Zwang (und der Androhung von Gewalt bei Zuwiderhandeln) oder Schulden eingetrieben beziehungsweise »bereitgestellt«. Wenn Geld auf Basis von Zwang und gegen den Willen einer Person eingetrieben wird, um es sodann an Person X weiterzugeben, erfüllt das den Tatbestand des Raubes. Ein Straßenräuber, der mir mittels vorgezückter Waffe 100 Euro entwendet, bleibt auch dann ein Räuber, wenn er dieses Geld zu 100 Prozent einem Bettler gibt. Schon Friedrich Schiller (1759-1805) schrieb:

»Zur moralischen Schönheit der Handlung ist Freiheit des Willens die erste Bedingung, und diese Freiheit ist dahin, sobald man moralische Tugend durch gesetzliche Strafen erzwingen will. Das edelste Vorrecht der menschlichen Natur ist, sich selbst zu bestimmen, und das Gute um des Guten willen zu thun. Kein bürgerliches Gesetz darf Treue gegenüber dem Freund, Grossmuth gegen den Feind, Dankbarkeit gegen Vater und Mutter zwangsmässig gebieten; denn sobald es dieses thut, wird eine freie moralische Empfindung in ein Werk der Furcht, in eine sklavische Regung verwandelt.« [309]

Die Zeit ist gekommen, sich solch **grundlegenden Basiswissens** wieder zu erinnern und entsprechend zu handeln. Deutschland stieg nicht als alles regulierender, zentralistischer Wohlfahrtsstaat zum »Land der Dichter und Denker« auf. Bedauerlicherweise muss man weit zurückblicken, um K-strategische, deutsche Politiker in Regierungsverantwortung sowie mit ökonomischem Sachverstand vorzufinden. Einer von ihnen war der zweite deutsche Bundeskanzler Ludwig Erhard (1897-1977), welcher in seinem 1957 veröffentlichten Buch *Wohlstand für alle* Sätze niederschrieb, die sich vor der objektiven Realität stets bewahrheiteten, im heutigen Klima der r-strategischen »Übermacht« jedoch hauptsächlich Empörung und Unverständnis auslösen (würden). So wies er beispielsweise in Kapitel 12 (*Versorgungsstaat – der moderne*

---

[308] Ballestrem (2001), S. 71.
[309] Friedrich's von Schillers sämmtliche Werke (1830), S. 1103.

Wahn) *auf die Gefahr hin,* »*die Hand in der Tasche des Nachbarn*« *zu haben.*
»*Nachdrücklich*«*, so Erhard, müsse* »*dieser Gefahr entgegengewirkt werden. In dieser Auseinandersetzung scheiden sich die Geister mehr als in jeder anderen Frage. Die einen wähnen, dass das Wohl und das Glück der Menschen in irgendeiner Form kollektiver Generalhaftung begründet liege und dass man auf diesem Wege, an dessen Ende natürlich immer die Allmacht des Staates steht, fortschreiten müsse. Das ruhige und bequeme Leben, das man damit ansteuern will, wird vielleicht nicht allzu üppig, aber dafür umso gesicherter sein. Diese Form des Lebens und Denkens findet ihren sichtbaren Ausdruck in der Konstruktion des sogenannten Wohlfahrtsstaats. Auf der anderen Seite aber ist das* **natürliche Streben** *des einzelnen Menschen, in* **eigener Verantwortung** *Vorsorge zu treffen und an seine Zukunft, seine Familie und sein Alter zu denken, nicht aus der Welt zu schaffen – sosehr man sich auch indirekt bemüht, das menschliche Gewissen ertöten zu wollen.*

Ich bin in der letzten Zeit allenthalben erschrocken, **wie übermächtig der Ruf nach kollektiver Sicherheit** *im sozialen Bereich erschallte. Wo aber sollen wir hinkommen und wie wollen wir den Fortschritt aufrechterhalten, wenn wir uns immer mehr in eine Form des Zusammenlebens von Menschen begeben, in der niemand mehr die Verantwortung für sich selbst zu übernehmen bereit ist und jedermann Sicherheit im Kollektiv gewinnen möchte. Ich habe diese Flucht vor der Eigenverantwortung drastisch genug gekennzeichnet, wenn ich sagte, dass, falls diese Sucht weiter um sich greift, wir in eine gesellschaftliche Ordnung schlittern, in der* **jeder die Hand in der Tasche des anderen hat.** *Das Prinzip heißt dann: Ich sorge für die anderen und die anderen sorgen für mich!*

Die Blindheit und **intellektuelle Fahrlässigkeit***, mit der wir dem Versorgungs- und Wohlfahrtsstaat zusteuern, kann nur zu unserem Unheil ausschlagen. Dieser Drang und Hang ist mehr als alles andere geeignet, die echten menschlichen Tugenden – Verantwortungsfreudigkeit, Nächsten- und Menschenliebe, das Verlangen nach Bewährung, die Bereitschaft zur Selbstvorsorge und noch vieles Gute mehr – allmählich, aber sicher absterben zu lassen (...)*« [310]

Das Konzept der staatlichen Wohlfahrt zu kritisieren, löst unter r-Strategen instinktiv einen Abwehrreflex aus, wonach man angeblich niemandem helfen möchte und demnach kaltherzig sei. Freilich ist diese Unterstellung natürlicher Teil der r-Strategie und grundsätzlich falsch. Es ist zwar richtig, dass bei privater Wohltätigkeit die Situation eine völlig andere ist, allerdings insofern, dass Menschen wesentlich effektiver geholfen werden kann/könnte. Stellen wir also auch diese beiden Konzepte gegenüber.

Staatliche Wohlfahrt fördert sexuelle Verantwortungslosigkeit und damit r-Strategen. Man muss nicht sonderlich darauf achten, mit wem man schläft, denn so oder so erhält man Ressourcen von der Regierung. Hieraus folgt wiederum, dass die staatliche Wohlfahrt in Form des über allem und jedem schwebenden »Versorger« die Anforderungen und Voraussetzungen für Qualität nach unten schraubt. Diese Form von ökonomischem Determinismus (ein marxistisches Konzept) zerstört das gesamte Kon-

---

[310] Erhard (2009), S. 286 f. (Erhards Hervorhebungen wurden beibehalten. Die Originalausgabe erschien zunächst im Februar 1957 im Econ Verlag, Düsseldorf. Textgrundlage der hier verwendeten Ausgabe ist die 8. Auflage von 1964, welche gleichzeitig die letzte von Ludwig Erhard autorisierte Fassung darstellt.)

zept von Qualität, individueller Wahl, Verantwortungsbewusstsein und so weiter. Außerdem reduziert die staatliche Wohlfahrt die Notwendigkeit, viel Aufwand bei der Aufzucht von Nachkommen zu betreiben, was wiederum die nächste r-Generation hervorbringen wird. Wer im freien Markt bestehen beziehungsweise Erfolg haben möchte, muss Eltern haben, die viel Zeit und Mühe in das Unterrichten ihrer Kinder investieren.

Darüber hinaus wird, wie bereits gehört, das r-Gen-Set durch den Aberglauben an unendliche Ressourcen genährt. Dinge wie der Goldstandard oder Bitcoin, wobei die Produktion von Ressourcen und insbesondere die Währung limitiert sind, sind sehr stark K-selektiert. Aus diesem Grund setzen sich in erster Linie Libertäre, tendenziell aber auch wesentlich mehr (echte) Konservative als Linke für das Ende des Zentralbankwesens ein, und damit für das Ende des Ignorierens natürlicher Restriktionen anhand des Schaffens von Fiat-Scheingeld aus dem Nichts.

Zuletzt sei darauf hingewiesen, dass die staatliche Wohlfahrt eine Feindseligkeit gegenüber Männern tendenziell nicht nur ermöglicht, sondern sogar befeuert. Wenn es einen Wohlfahrtsstaat gibt, werden, salopp gesagt, viele Frauen – sexuell verantwortungslos(er) – mit mehr Dummköpfen eine sexuelle Beziehung eingehen, welche dann wiederum die Frauen verlassen, da es sich um Dummköpfe handelt, denen vonseiten der Frauen vorher nicht auf den Zahn gefühlt wurde. Dies wiederum erzeugt in den Frauen Hass auf Männer, den sie nicht selten auf ihre Söhne projizieren und dadurch weitere Dummköpfe in der Zukunft »erschaffen«, die wiederum das r-Gen-Set vorantreiben.

Dem gegenüber steht das K-Gen-Set, deren Protagonisten für freiwillige Wohltätigkeit eintreten. Diese freiwillige Wohlfahrt fördert im Gegensatz zur staatlichen Wohlfahrt sexuelles Verantwortungsbewusstsein, da man sich ohne Staat als »Ersatzehemann und -versorger« sehr genau überlegen muss, wer als potenzieller Erzeuger von Nachwuchs in Frage kommt. Nochmal: Selbstverständlich muss man unterscheiden, ob jemand aufgrund eines tragischen Unfalls auf Hilfe angewiesen ist, zum Beispiel eine Witwe, die ihren Mann durch einen Unfall verloren hat und deswegen Kinder alleine großzieht (statistisch geht es diesen Kindern besser als unter alleinerziehenden Müttern[311]), oder ob sich jemand bewusst dafür entschieden hat, alleinerziehend zu sein, sei es durch Scheidung oder die Entscheidung, außereheliche Kinder in die Welt zu setzen. Auf eine kurze Formel herunter gebrochen könnte man sagen: K-Strategen sind tendenziell der Auffassung, schlechte Entscheidungen unter keinen Umständen belohnen zu dürfen, während es eine ethisch-moralische Pflicht darstellt, Individuen zu helfen, die unverschuldet eine sehr schwere Zeit durchmachen.

Private Wohltätigkeit steigert die Anforderungen und Voraussetzungen für Qualität, während sie gleichzeitig sehr darauf bedacht ist, herauszufinden, wer in echter Not ist und wer lediglich vorgibt, in echter Not zu sein und die Schuld für die eigene, missliche Lage tendenziell stets auf »die äußeren Umstände« schiebt. Überall, wo es Regie-

---

[311] Biblarz & Gottainer (2000).

rungsmonopole und Regierungsgewerkschaften gibt, innerhalb derer nicht auf der Grundlage von Qualität unterschieden werden kann (darf), befindet man sich in einer r-selektierten Umgebung.

Das r-Gen-Set impliziert auch einen Hang zu permanenten Ausreden: *»Es ist nicht meine Schuld«* – *»Ich habe nichts getan«* – *»Es ist einfach geschehen«* – *»Ich wollte niemanden verletzten«* und so weiter. (Selbst tendenziell auf der Suche nach der passenden Ausrede oder Entschuldigung sind es allerdings die qualitativ hochwertigen K-Individuen, denen keinerlei Entschuldigungen zugestanden werden.)

Anders als unter r-Strategen wird das Konzept von Qualität anhand der Ablehnung beziehungsweise Zurückweisung von (solch) ökonomischem Determinismus **gestärkt**, denn wenn wir alle immer nur Opfer ökonomischer Umstände wären, gäbe es weder etwas wie Qualität noch etwas wie »besser« oder »schlechter«. Die grundsätzliche Ablehnung dieses Determinismus bedeutet natürlich auch nicht, einen Einfluss durch äußere Umstände vollständig abzustreiten. Es bedeutet nur, dass derjenige r-selektiert ist, der behauptet, **nur** die äußeren Umstände respektive Umgebung hätten Einfluss auf ökonomischen Erfolg. Neben dem Determinismus stellen Egalitarismus und Relativismus natürliche Feinde für das K-Gen-Set dar, da sie Verantwortungsbewusstsein allesamt auf die eine oder andere Weise untergraben.

Private Wohltätigkeit steigert die Notwendigkeit, viel Mühe und Sorgfalt in die Aufzucht des Nachwuchses zu investieren, aus dem die nächste K-Generation hervorgehen wird. Außerdem nährt sich das K-Gen-Set nicht durch den Aberglauben an unendliche Ressourcen, sondern auf Basis der Tatsache, dass letztere begrenzt sind.

Zuletzt bestraft private Wohltätigkeit eine Feindseligkeit gegenüber Männern. Wer sich grundlos scheiden lässt, wird ausgeschlossen, da es gegenüber dem Nachwuchs rücksichtslos ist. Das K-Gen-Set wächst und gedeiht unter anderem auf der Grundlage, dass Väter anwesend sind.

Im Grunde scheint es offensichtlich zu sein, dass jedes System die Psychologie vom Typ »r« begünstigen wird, welches die Möglichkeit kopfloser Reproduktion sowie eine ausreichende Versorgung bietet, die wiederum ein bequemes Überleben ohne jegliche Produktivität erlaubt. Wenn man tatsächlich von der Regierung dafür bezahlt wird, einfach Kinder zu produzieren, ohne auf irgendeine Weise produktiv und konstruktiv zu einer Gemeinschaft beizutragen, wird dies weitaus mehr Folgen haben als einfach »nur« ein Gleichgewicht zu stören. K-Strategen sind hier zwischen widersprüchlichen Bestrebungen hin und her gerissen, da der von den K-Mitgliedern mit viel Aufwand versehene Elterntrieb nach größtmöglicher Wettbewerbsfähigkeit für alle Kinder strebt. Eltern vom r-Typ, die reichlich staatlich subventionierte Nachkommen produzieren, ohne sich in irgendeiner Form in der Pflicht oder Verantwortung zu sehen, produktiv zu werden oder sich anzustrengen, werden mit höchster Wahrscheinlichkeit eine auf Ansprüche pochende r-Klasse hervorbringen, die sich unweigerlich als untragbar erweisen wird.

Heute sind Menschen, die sich nicht selbst ernähren können und Kinder haben, um Einnahmen in Form von staatlicher Unterstützung zu erzielen, völlig normal geworden. Eine solche unproduktive Reproduktion zu belohnen, wird eine bereits finanziell untragbare Situation nur noch verschlimmern und eine (noch) ungewöhnlich unangenehme Zeit innerhalb unserer Geschichte beschleunigen beziehungsweise befeuern.

In der Natur ist dieses Problem selbstlimitierend, jedoch sind wir diesem Stress offenbar noch nicht lange genug ausgesetzt gewesen, um ein (Gegen-)Mittel entdeckt zu haben, mit dem wir es in unseren Zivilisationen erfolgreich kontrollieren können. Kombiniert mit den oben erwähnten selektiven Auswirkungen der Geburtenkontrolle wird dies letztendlich eine ziemlich tiefe ideologische Kluft in westlichen Nationen schaffen. Es gibt möglicherweise keine Lösung für diese Probleme, und dies ist eventuell der Grund, warum Nationen unvermeidlich zusammenbrechen, stagnieren und dann als freiere, produktivere Inkarnationen ihres vorherigen Selbst wiedergeboren werden.

Aufgrund der evolutionsbiologisch erwachsenen, unterschiedlichen Psychologien wird es immer eine **Debatte über die Größe und den Umfang der Regierung** geben.

Die Menschen auf der linken Seite des politischen Spektrums wünschen sich ein Leben in einer r-selektierten Umgebung – mit frei verfügbaren Ressourcen und, falls irgendwie möglich, ohne jeglichen Wettbewerb zwischen Individuen oder Ungleichheiten auf Basis von Wettbewerbsergebnissen. Nach der Überzeugung der Linken wird dieser »faire« und vorteilhafte Zustand von einigen wenigen gierigen Individuen (»Kapitalisten«) verhindert, welche Reichtum zu Unrecht anhäufen. Für Linke ist die Regierung ein Instrument, um eine »si-chere«, r-selektierte Umgebung in einem Volk durchzusetzen. Dabei nehmen sie an, dass eine Bevölkerung, wenn sie nicht vollumfänglich kontrolliert wird, in primitive und bösartige Verhaltensmuster des Sich-Bemühens und Konkurrierens »zurückkehren« würde, nicht verstehend, dass daraus überhaupt erst alle Annehmlichkeiten, die als selbstverständ-lich betrachtet werden, erwuchsen. Diese »primitiven« Wett-kampfbedürfnisse, sofern unkontrolliert und immer weiter reguliert, würden schnell außer Kontrolle geraten, was zu einer unterschiedlichen Aufteilung der Ressourcen unter den Individuen und der Schaffung von Gewinnern und Verlierern in der Gesellschaft führe.

Je weiter man sich nach links bewegt, umso mehr wird die Aufgabe der Regierung darin bestehen, den gesamten Wettbewerb zu regulieren (unterdrücken) und die Ressourcen, die überproportional anfallen, neu zu verteilen, umzuverteilen, zuzuteilen. In seiner reinsten ideologischen Form wird sich dieser Drang als ein Versuch erweisen, jedem, ungeachtet seiner Fähigkeiten oder seines Einsatzes, die gleichen Ressourcen zur Verfügung zu stellen, genau so, wie man Ressourcen in einer r-selektierten Umgebung »zugeteilt« sehen würde. Je weiter man sich im Spektrum nach links bewegt, desto mehr wird man diese Wünsche manifestieren. Natürlich sucht auch der gemäßigte Linke immer noch die Umverteilung von Wohlstand und die Unterdrückung des freien Wettbewerbs, um etwaigen Ungleichheiten in Bezug auf Fähigkeiten gegenzusteuern. Sie mildern nur ihre Triebe aus praktischen Gründen. Der K-selektierte Drang nach Freiheit und freiem Wettbewerb bestand einst in der Mehrheit unserer

Bürger. (In den USA ist es glücklicherweise auch heute noch überwiegend der Fall.) Da das r-selektierte Linkstum eine Regierung erfordert(e), die in der Lage war/ist, die natürlichen Bedürfnisse dieser Bürger zu unterdrücken, werden Linke stets einen Bedarf an einer Regierung sehen, die so groß und mächtig ist, dass sie möglichst alle Individuen kontrollieren kann. Je linker ihre politischen Neigungen sind, desto größer der Wunsch respektive das Verlangen, dass die Regierung wächst, und desto mehr Macht und Regulierungsbefugnis werden sie ihr gewähren (wollen). Ungehemmtes Linkstum wird stets diese Entwicklung durchlaufen.

Konkret heißt das, dass linke r-Strategen im Westen stets mit Sozialismus und dessen Variationen liebäugeln, so beispielsweise mit der **uneingeschränkten Mehrheitsdemokratie**[312], in der die Sozialpolitik vor allem durch Lippenbekenntnisse und verbaler Aggression geprägt wird. (Wenn der Sozialismus die ökonomische Manifestation der Gleichheit ist, so ist die Mehrheitsdemokratie deren politische Manifestation.) *»Hegst du Zweifel am Nutzen und Mehrwert durch Einwanderer aus gewalttätigen und intellektuell wie ökonomisch inkompatiblen Kulturen? – Rassist!«* Objektive Zahlen und Fakten, die gegen ein das r-Gen-Set begünstigendes Narrativ verstoßen, werden tendenziell ignoriert, frisiert, dämonisiert oder zensiert. Die konstante Reaktion auf Sorgen und Ängste besteht in Aggression. Aus diesem Grund existiert etwas wie **»politische Korrektheit«**.[313] Aus diesem Grund enden »Hexenjagden« aktuell nicht mehr. Aus diesem

---

[312] Diese Form der gegenwärtigen r-Demokratie hat im Übrigen nichts mit dem klassisch-griechischen K-Modell zu tun. In letzterem haben nicht irgendwelche Parteien Grabenkämpfe geführt und wurden anschließend gewählt. Stattdessen mussten Politiker zunächst den Nachweis eines unabhängigen, das heißt nicht von Steuergeldern finanzierten Lebensunterhalts nachweisen, bevor sie über ein Losverfahren in Amt und Würden gelangten. Antike Griechen wie Aristoteles würden sich vom gegenwärtigen BRD-Modell mit großer Wahrscheinlichkeit distanzieren. Mehr dazu in Mende (2017).

[313] Das Streben nach »politischer Korrektheit« ist ein weiteres Beispiel dafür, wie Linke versuchen, das wettbewerbsfeindliche Umfeld des r-selektierten Organismus (wieder-)herzustellen. »Politische Korrektheit« ist ein offensichtlicher Versuch, eine Umgebung zu schaffen, in der jegliche Anreize, die einen möglichen Konflikt und Wettbewerb anzeigen, eliminiert werden. Dies geschieht, indem alle Personen gezwungen werden, jegliche Form der persönlichen Interaktion zu vermeiden, die als anstößig empfunden werden könnte und daher Konflikte auslösen kann. Wenn niemand etwas sagt, was als anstößig angesehen werden könnte, und kein Individuum einen Wettbewerb zwischen Gruppen anerkennt, gibt es keine aggressiven Reize, die Konflikte auslösen könnten. Wenn sich Linke an dieses künstlich-hyperpazifistische Umfeld gewöhnen, wird jede Verletzung dieser ungeschriebenen Verhaltensregel als äußerst unangenehmer, »verhaltensgestörter« und »gefährlicher« Fauxpas wahrgenommen.

Im Gegensatz dazu tendieren K-selektierte Wettbewerber dazu, mehr »Macho« und dreist in ihren persönlichen Verhältnissen zu sein, wobei sie die Grundsätze »politischer Korrektheit« sowohl instinktiv als auch bewusst ablehnen. Diese eher konfrontativen Verhaltensmerkmale werden in der gesamten Spezies unter aggressiven K-Typ-Männchen gefunden. »Keckes« Selbstbewusstsein provoziert Konflikte und treibt diejenigen, die es fürchten, entweder in die passive Unterwerfung oder aus der Gruppe. Diejenigen, die sich regelmäßig mit K-selektierten Bemühungen und Aktionen befassen (zum Beispiel Kriegsführung), werden nach den Maßstäben des »politisch korrekten«, r-selektierten Linken oft als dreist und konfrontativ empfunden.

Unter Kriegern/Leistungsträgern bauen freundliche Beleidigungen und Sticheleien gute Verhältnisse auf, indem Einzelpersonen ihre Behaglichkeit in einer konfrontativen, K-selektierten Gruppe demonstrieren (gleichzeitig auch Trost spenden) und sich weigern, Anstoß an dem Gesagten eines Verbündeten

Grund müssen permanent Phantome als Feinde identifiziert, niedergerungen beziehungsweise niedergeschrien werden (»Nazis«, »gierige Kapitalisten«, »Klimasünder« et cetera). Warum? Weil die Amygdala der r-Strategen mit negativen Stimuli nicht umgehen kann beziehungsweise keine Mechanismen entwickelt werden (können), diese vernünftig zu verarbeiten. Stattdessen wird schlichtweg »reagiert«.

Verbales Niederschreien betrachten K-Strategen eher als Eingeständnis von Versagen und Hilflosigkeit, was allerdings nicht bedeutet, dass sie für Sprechverbote einträten. Im Gegenteil: Rechte haben tendenziell keine Angst vor Sprache, zumal Wörter niemanden verletzen können. Gefühle und Emotionen stehen nicht über der Meinungsfreiheit, welche nur dann als solche bezeichnet werden kann, sofern sie zu 100 Prozent, das heißt ohne Wenn und Aber existiert.

Stabile Gesetze werden von r-Strategen zugunsten eines bevorzugten und tendenziell niemals endenden Ressourcen-Transfers abgelehnt oder (stetig) aufgeweicht. Was auch immer nötig ist, um an freie Ressourcen zu gelangen, ihre Kreativität wird diesbezüglich schwerlich an Grenzen stoßen. Lautes Schreien, emotionale Erpressung, konstantes Appellieren an Gefühle und Mitleid, Lügen, Indoktrination, Manipulation und so weiter. Eigentumsrechte erschweren oder verhindern – wie oben beschrieben – für r-Strategen den sexuellen Zugang, was mitunter eine Erklärung für den rasch entstehenden Furor der Linken bezüglich (Privat-)Eigentum bietet (mittlerweile selbst gegenüber Privatwohnungen).

Wo Eigentumsrechte existieren, welche die Bezeichnung verdienen, kann es keinen Wohlfahrtsstaat geben, vor allem keinen überbordenden (stattdessen private Wohltätigkeit und Karitas), welcher letztlich nur deshalb besteht, um selbstsüchtige, emotionale Bedürfnisbefriedigung zu bewerkstelligen, ungeachtet der Konsequenzen beziehungsweise der irreversiblen ökonomischen Schäden. Bekommen oder bekämen Linke keine freien Ressourcen zugeschanzt (zwangsumverteilt), worauf sie angeblich »ein Recht« hätten, sind infantil anmutende Wutanfälle und (gewalttätige) Demonstrationen nicht weit. Die Gier, die sie »den Reichen«, Kreativen und Fleißigen unterstellen, ist eine typisch r-strategische Taktik, um sie als moralisches Druckmittel zu gebrauchen. In Wahrheit, so ließe sich schlüssig argumentieren, verhält es sich genau umgedreht, was der US-amerikanische, konservative Ökonom Thomas Sowell wie folgt beschreibt:

»Ich habe noch nie verstanden, warum es ‚Gier' genannt wird, das eigene, verdiente Geld behalten zu wollen, es aber keine Gier ist, sich das Geld anderer Leute aneignen zu wollen.« [314]

---

zu nehmen. Solche Beleidigungen werden jedoch (eher) r-selektierten Personen unangenehm sein, da sie den Beginn eines wettbewerbsfähigeren und selektiveren Umfelds einläuten könnten. Von daher werden r-Strategen Tendenzen zur Schroffheit beispielsweise als »anti-intellektuell« darstellen, Tendenzen zur »politischen Korrektheit« werden von K-selektierten Menschen hingegen als schwach und feige dargestellt. In Wirklichkeit ist auch hier allesamt nur der Versuch gemein, eine Umgebung (wieder-)herzustellen, für die die jeweilige darwinistische Strategie entwickelt wurde, nachdem die Merkmale des Typs r und K dazu beitragen, die Chancen zu verbessern, das Genom der jeweiligen Art voranzubringen.

[314] Sowell (1999), Part VII: Random Thoughts. (E-Book)

Linke betrachten einen Staat als stark, sofern dieser legitimiert ist, sich in alle Bereiche des wirtschaftlichen und gesellschaftlichen Lebens einzuklinken. Tatsächlich macht ihn das jedoch nicht stark, sondern zunehmend totalitär. Gleichzeitig befindet er sich dadurch bereits im natürlichen Niedergang, freilich ohne dies – in Vergangenheit und Gegenwart – zu registrieren oder zu akzeptieren.

Daraus folgt, dass er in Wahrheit nicht stark, sondern schwach ist. Dimitrios Kisoudis vergleicht den schwachen Staat mit einer Flüssigkeit, die sich über die Gesellschaft legt und sich in alle möglichen Bereiche einmischt, *»in die Energieversorgung, die Sozialversicherung, das Arbeitsrecht, bis er seiner Ordnungsfunktion verlustig geht und nur noch mit selbst geschaffenen Problemen beschäftigt ist. Unter all dem Verteilen und Umverteilen, all dem Social Engineering legt er an Gewicht zu, verliert aber an Autorität«*, die er mit schrittweise extremeren (totalitären) Methoden aufrecht zu erhalten (zu erzwingen) sucht. Der schwache Staat könne somit zur Beute wirtschaftlicher Privatinteressen (Lobbyismus), öffentlicher Willensträger oder ideologischer Parteien werden.

»Oder wie im Sozialismus die Beute einer Einheitspartei, die mit ihren Untergliederungen sein Gewaltmonopol usurpiert, um es für ihre weltanschaulichen Endziele zu missbrauchen.« [315]

Nach Ansicht K-selektierter Konservativer sollten alle Bürger nach einem **wettbewerbsfähigen, K-selektierten Umfeld in Freiheit** streben und bereit sein, die Konsequenzen schlechter Entscheidungen zu ertragen. In diesem Umfeld können die Bürger so frei wie möglich miteinander interagieren. Da jeder Einzelne anderen Bürgern Wert und Dienstleistungen bietet, wird dies einen individuellen Wettbewerb zur Gewinnung von Ressourcen erzeugen, der auf den eigenen Fähigkeiten und Bemühungen sowie auf Entschlossenheit basiert. Infolgedessen wird jeder Bürger indirekt in regelkonformem, konkurrenzbezogenem Maße der relativen Tauglichkeit und Fähigkeit konkurrieren. Nach Ansicht von Konservativen des K-Typs wird dies im Idealfall ohne Einmischung von außen stattfinden, und die Ergebnisse werden genaue Messwerte für die relative Eignung und die Fähigkeit der miteinander konkurrierenden Entitäten bieten.

Deshalb besteht die Aufgabe des Staates in den Augen eines Konservativen darin, ein möglichst effizientes Wettbewerbsumfeld zu fördern. Im Rahmen dieses Modells sollte die Regierung lediglich die freie Interaktion gewährleisten, erstens anhand des Schutzes der Freiheit des Einzelnen, mit anderen nach eigenem Ermessen zu interagieren, zweitens anhand der Durchsetzung von fairen und sittlichen Regeln bei Interaktionen, drittens anhand des Gewährens von Möglichkeiten, die den Austausch von Werten (Währung) darstellen.

Zudem soll die Regierung die Geschäftstätigkeit durch Unterstützung der Transport- und Finanzinfrastruktur erleichtern und die Sicherung des von Individuen erworbenen Vermögens vor der Beschlagnahme durch Dritte garantieren, entweder mittels Gesetzen gegen Diebstahl und/oder mittels Aufsicht von Finanzinstituten. All dies soll die institutionelle Stabilität und das Vertrauen fördern, damit der freie Wett-

---

[315] Kisoudis (2017), S. 13.

bewerb gedeihen kann. Dies führt unter Konservativen beziehungsweise Rechten zu der allgemeinen Wahrnehmung, dass die Regierung in ihrer Größe und ihrem Umfang eher gering sein sollte und lediglich die **persönliche Interaktion** zwischen den Bürgern erleichtern, das heißt **nicht stören sollte.**

Konservative K-Strategen bevorzugen in Regierungsfragen deshalb tendenziell eine **begrenzte**, demokratische Republik (*Rule of law*), und wenn auch kein voluntaristisches Gesellschaftsmodell, so immerhin eines mit zahlreichen voluntaristischen [316] Elementen. Für Konservative ist ein starker Staat gleichzeitig ein **schlanker Staat**, der sich nicht in die Belange der Gesellschaft einmischt, sondern sich auf seine oben genannten (einzigen) Aufgaben fokussiert. Einige Konservative sind sogar der Auffassung, ein Staat habe abgesehen vom Schutz der persönlichen Freiheit (inklusive Privateigentum) sowie der Erhaltung der inneren und äußeren Sicherheit keinerlei Aufgabe und damit weitreichendere Befugnisse. (Hier gibt es eine Überschneidung mit einer Variante des Libertarismus.)

Für Konservative ist es völlig normal, stets einen gewissen Grad an Sorge in sich zu tragen. Letztere dient sogar als Leistungsanreiz. Die oben genannten stabilen und vorhersagbaren Gesetze, die r-Strategen ablehnen, sind für K-Strategen eine Selbstverständlichkeit, allerdings innerhalb einer Herrschaft des Pöbels alias Mehrheitsdemokratie nicht zu bewerkstelligen, vor allem nicht dauerhaft. So schrieb schon Immanuel Kant (1724-1804) 1795 im Kapitel »*Die bürgerliche Verfassung in jedem Staate soll republikanisch sein*« seines »*philosophischen Entwurfs zum ewigen Frieden*«:

»*Unter den drei Staatsformen ist die der Demokratie, im eigentlichen Verstande des Wortes, notwendig ein Despotism, weil sie eine exekutive Gewalt gründet, da alle über und allenfalls auch wider einen (der also nicht mit einstimmt), mithin alle, die doch nicht alle sind, beschließen; welches ein Widerspruch des allgemeinen Willens mit sich selbst und mit der Freiheit ist.*« [317]

Unvorhersehbarkeit und Prädation fördern das r-Gen-Set. Für rechte K-Strategen muss die Gesetzmäßigkeit den Raub bekämpfen, sie darf unter keinen Umständen **selbst zum Raubtier** werden – ein Raubtier, das auch vor grenzenlosen Staatsschulden nicht zurückschreckt. Diese betrachten Konservative alias Rechte als destruktiv, da ihre Kinder davon betroffen sind beziehungsweise sein werden. Aus diesem Grund ist für K-strategische Rechte **legaler Waffenbesitz** für unbescholtene Bürger tendenziell unabdingbar. Letztere müssen zu jeder Zeit in der Lage sein, die Regierung in Schach zu halten. Nicht umgekehrt. Eine Regierung müsse stets Respekt und nicht zuletzt eine gewisse Furcht gegenüber seinen Bürgern verspüren. Nicht umgekehrt. Vor jedem staatlich bedingten Massentöten und Massensterben der vergangenen Jahrhunderte stand zunächst die sukzessive Entwaffnung der Bevölkerung.[318] Die

---

[316] Mehr zum Voluntarismus in: Mende (2018/19), u.a. S. 28 ff.
[317] Kant (1796), S. 24.
[318] »Verbleiben wir noch ein Weilchen bei diversen Staatsmännern und berühmten politischen Aktivisten und überlegen, wer in der Geschichte (...) das Recht auf freien Waffenbesitz innerhalb eines Volkes vertrat: Da hätten wir unter anderem George Washington, John Adams, Thomas Jefferson, James Madison, Abraham Lincoln, Martin Luther King oder Mahatma Gandhi. Staatsmänner, die hingegen strikte Waf-

psychologisch bedingten, unterschiedlichen Standpunkte bezüglich des legalen Waffenbesitzes innerhalb eines Volkes haben darüber hinaus noch weitere, interessante Komponenten.

Da r-Strategen K-Strategen in physischer Hinsicht tendenziell nichts entgegenzusetzen haben (Kaninchen bekämpfen keine Wölfe), demzufolge physische Aggression quasi Selbstmord für das r-Gen-Set bedeutete, setzen sie auf Flucht oder – unter Menschen – auf verbale Attacken bis hin zu diffamierenden Missbrauch, während für K-Strategen ein Durchsetzungsvermögen natürlicher Bestandteil des menschlichen Wesens, hingegen wildes, verbales Um-sich-schlagen (»Deutschland verrecke!«, »Rechtspopulist«) eher dem Eingeständnis von Unterlegenheit gleichkommt. Wenn es überhaupt zur direkten Auseinandersetzung kommt, so erkennt der geneigte Beobachter beispielsweise, dass Linke dazu neigen, einen (politischen) Gegner nur in Überzahl zu konfrontieren, etwa in politischen »Talkrunden«, aber auch auf der Straße (Affinität gegen Regeln/fairen Wettbewerb).

Wir erinnern uns, dass eine konstante Gefahr das r-Gen-Set nährt. Nachdem entgegen der landläufigen Meinung Waffen in den Händen von rechtschaffenen Bürgern nachweislich dazu führen, Kriminalität zu reduzieren[319], stellt (legaler) **Waffenbesitz einen negativen Aspekt für das r-Gen-Set** dar. Letzteres muss sich gegenüber Raubtieren (beziehungsweise Kriminellen) gefährdet fühlen. Da sich Kriminelle – und sonst wären sie keine – nicht an Waffengesetze halten, werden durch entsprechende Verbote ausschließlich rechtschaffene, das heißt gute Bürger entwaffnet, was die r-Strategen begrüßen. Steigt die Zahl der Kriminellen, wird die r-strategische Reproduktion gefördert. Wenn sich dann zusätzlich auch gute K-Bürger aufgrund von Waffenverboten weder gegen Kriminelle noch r-strategische Regierungen zur Wehr setzen können, ist das doppelt gut für die Individuen vom Typ r.

Und da »alle gleich sind«, entstehen selbst Mitgefühl und Sympathien für Verbrecher und Kriminelle, getreu dem »Umwelt-Motto« folgend:

»Wäre ich in solch einer Umgebung aufgewachsen, wäre ich wohl auch so.«

K-Strategen sehen die Sache völlig anders. Da nicht alle gleich sind, ist man folglich auch kein (potenzieller) Verbrecher und setzt sich, wenn nötig, schießend zur Wehr. Das K-Gen-Set wird durch Stabilität und verringerte Gefahr genährt, ergo durch das Eliminieren von Verbrechern.

Da r-strategische Individuen in einem fairen Wettbewerb kaum bis gar nicht mithalten können (oder überhaupt gewillt dazu sind), würden sie selbstverständlich niemals selbst für die Umsetzung und Erfüllung ihrer Begierden eintreten und dadurch per-

---

fenverbote zum Ziele ihrer Vorhaben und ihres Wirkens für unabdingbar hielten, waren unter anderem Georg III. (nachweislich geisteskranker, englischer Monarch und entschiedener Gegner der amerikanischen Unabhängigkeitsbewegung), Josef Stalin, Adolf Hitler, Mao Zedong, Pol Pot, Kim Jong Il (und Nachkommen), Fidel Castro, Idi Amin, Muammar al-Gaddafi sowie Barack Hussein Obama II«, vergleiche Mende (2017), S. 283.

[319] Für Interessierte sei hier nochmals auf Mende (2017) verwiesen, wo ich mich eingehend mit der Waffenthematik auseinandersetze.

sönliche Risiken eingehen. Sie würden beispielsweise nicht selbst zu Waffenbesitzern gehen und ihnen deren Waffen entreißen. Ebenso wenig würden sie Krieger / Leistungsträger persönlich mit Waffen aufsuchen, um ihnen ihre »freien« Ressourcen abzupressen, denn letztere könnten sich energisch wehren. Aus diesem Grund werden r-Strategen die Politik beziehungsweise Regierung und Polizei beauftragen, damit sie »in ihrem Auftrag handeln«. Ein Konflikt zwischen K-Strategen und der Polizei, die im Allgemeinen ebenfalls hauptsächlich aus K-Strategen besteht, wird von r-Strategen begrüßt. Der K-Stratege kann es freilich nur schwerlich (falls überhaupt) sowohl mit r-Strategen als auch einer entsprechenden Regierungsmacht aufnehmen, auch wenn er noch so sehr bereit ist, grundsätzlich in einen Wettbewerb (selbst mit Kriminellen) zu treten. Aus diesem Grund sterben Individuen vom Typ K im Westen gegenwärtig schrittweise aus oder sehen sich ihrerseits gezwungen, ihre jeweilige Heimat zu verlassen. Zumindest macht es den Eindruck. Kaninchen können keine Wölfe sein. Verbieten Kaninchen Reißzähne und Klauen – und lassen sich dies die Wölfe langfristig gefallen –, überleben die Kaninchen. Wölfe nicht.

3. Widerstand –
Einige aktuelle Schlachtbeispiele

3.1 Staunen mit Blac-K Panther

Als ehemaliger Marvel-Fan möchte ich im Folgenden zunächst über den wichtigsten Film, wenn nicht das wichtigste Großereignis in der Geschichte der Menschheit schreiben. Vergessen Sie die niemals wirklich stattgefundene Sklavenbefreiung vor 200 Jahren anhand der damaligen Bürgerrechtsbewegung, die nicht im Geringsten zu denselben Bundesgesetzen und Bürgerrechten für die schwarze Bevölkerung führte. Nichts davon ist von Bedeutung – bis, ja, bis schließlich dieser eine Marvel-Film über einen schwarzen Superhelden in einem ausschließlich von Schwarzen bewohnten Land auf den Plan trat und den wahren »change« einläutete. *Blade* mit Wesley Snipes war nicht genug. *Catwoman* mit (der umwerfenden) Halle Berry war nicht genug. Vergessen Sie das alles.

Denn: *»Black Panther ist Kult!«*, wie ich irgendwo hörte. Und Wakanda! Black Panther und Wakanda bilden offensichtlich den wichtigsten Moment innerhalb der afroamerikani-schen Geschichte. Mindestens. Nicht Dr. Martin Luther King (1929–1968), nicht Frederick Douglass (1817/1818–1895), nicht der Bürgerkrieg, nicht das Ende von »Jim Crow«, nicht Barack Obama, der sogar wiedergewählt wurde, nichts davon. Nichts davon impliziert, dass die laut Mainstream-Presse so furchtbar »rassistischen« USA[320] selbstverständlich auch für Schwarze das Land der unbegrenzten Möglichkeiten darstellt. Nein. Der wichtigste Moment, der dies nun endlich, endlich zeigt, ist Chadwick Boseman, der sich Krallen an die Hände steckt, eine Maske aufsetzt und in CGI-Manier über Autos springt (nebenbei bemerkt in der Rolle einer Figur, die von zwei weißen Juden – Jack Kirby (1917–1994) sowie Stan Lee (1922-2018) – erschaffen wurde). Fortan werden unzählige schwarze Kids endlich daran glauben können, dass sie, nun ja, Superhelden in fiktionalen Welten sein können.

Doch jetzt im Ernst. Der Film »Black Panther« (2018) ist auf so vielen Ebenen hochinteressant, dass man schier nicht weiß, wo man anfangen soll. Auf gewisse Weise beschäftigt er sich sogar mit einer der dringlichsten Fragen unserer Zeit.

Warnung: Wer keine Spoiler lesen will, sollte im Folgenden nicht weiterlesen. Die Frage lautet: **Warum tun sich schwarze Gemeinschaften weltweit – im Allgemeinen, nicht Generellen – so schwer bezüglich gesellschaftlicher Stabilität, wirtschaftlicher Freiheit, Wirtschaftswachstum, friedfertiger Machtübergabe und so weiter?**

Hierbei sind mit Gemeinschaften nicht nur Länder, sondern auch Städte gemeint, beispielsweise war Detroit lange Zeit eine der reichsten Städte der Welt und wurde noch im späten 19. Jahrhundert gar »das Paris des Westens« genannt. Heutzutage kann Detroit als Trauerspiel bezeichnet werden. Die Frage lautet demnach auch, warum eine Stadt wie Detroit mit solch schwerwiegenden Problemen endet. Eine Stadt,

---

[320] Vergleiche unter anderem Glaude, Eddie S.: *Don't Let the Loud Bigots Distract You. America's Real Problem With Race Cuts Far Deeper*, in: Time, 06.09.2018, URL: https://tinyurl.com/y4qjwkkc, Abruf am 30.03.2019.

von deren 713.777 Einwohnern (laut Zensus 2010) 590.226 Bürger afroamerikanisch sind (82,7%).

Erfreulicherweise bietet »Black Panther« eine Antwort darauf. Sie lautet: Böser, weißer, europäischer Kolonialismus. Eine Antwort, die sowohl im »Lehrbetrieb« als auch (dadurch) im allgemeinen Geschichtsverständnis Legion ist und weitestgehend als unbestreitbar gilt. Etwas ausführlicher lautet die Antwort in etwa so: Der Grund, warum Europa reich und Afrika arm ist, ist der, dass »die Europäer« beziehungsweise »die Kolonialisten« (der Begriff fällt im Film einige Male) nach Afrika kamen, seine Ressourcen abbauten sowie Sklaven und damit Teile der Bevölkerung an sich rissen. Man kann die Idee hinter diesem Szenario beispielsweise mit einem Juwelier vergleichen, der überfallen und ausgeraubt wird: Im Anschluss ist der Räuber aufgrund des Wohlstandstransfers reich und der Juwelier arm. Es handelt sich hierbei um eine typisch marxistische Argumentation, die in dieselbe Richtung abzielt wie die Frage, warum der Firmenbesitzer wohlhabender ist als dessen Arbeiter. Die marxistische Antwort lautet, dass der Firmenbesitzer »zufällig« und/oder »rücksichtslos« die Produktionsmittel kontrolliere und im Zuge dessen die Resultate der Produktivität seiner Arbeiter fleißig – und ohne Gegenleistung – abschöpfe, was ihn zum (unmoralischen) »Kapitalisten« mache, der reicher sei als der »Proletarier«.[321]

Hierbei handelt es sich um eine sehr verführerische These (ich selbst bin ihr in meinen frühen 20ern auf den Leim gegangen), mit der ich mich bereits an anderer Stelle beschäftigt habe und auch hier beschäftigen werde. Spannend ist, wie in »Black Panther« mit dieser These umgegangen wird. In dem Film gibt es dieses fiktionale, afrikanische Königreich namens Wakanda, das in technologischer und medizinischer Hinsicht so weit fortgeschritten ist, dass selbst Star Trek daneben verblasst. Glücklicherweise besitzt Wakanda dank eines Meteoriteneinschlags eine quasi-magische Hyper-Ressource respektive Energiequelle in Form des Metalls »Vibranium«, das so gut wie alles möglich macht: Raumschiffe betreiben, Städte erleuchten lassen, Kranke heilen, kurzum: Alles, was das Herz begehrt. Aufgrund dieser überragenden Technologie war und ist es dem Volke Wakanda möglich, unabhängig von der Außenwelt zu leben. In einem Fernsehprogramm zu Beginn wird klargestellt, dass mit der Außenwelt kein Handel getrieben werde und man ferner keine Entwicklungshilfe erhalte (erinnert etwas an Haiti). Aufgrund des magischen Vibraniums erschufen die Wakanda-Bewohner mitunter Hologramme, durch die man hindurch fliegt und zu unsagbar tollen, futuristischen afrikanischen Städten gelangt. Das alles wirft die Frage nach Unterschieden in der Komplexität menschlicher Entwicklung auf. Warum generier(t)en die Mitglieder mancher Kulturen einen verhältnismäßig hohen Wohlstand, verbunden mit relativ hoher Freiheit, während andere im Mittelalter stecken blieben/bleiben?

---

[321] Freilich entsteht hierbei ein Demarkationsproblem, das Linke erfahrungsgemäß nicht sonderlich interessiert: Ist ein Arbeiter, der spart und sich von seinem Ersparten Aktien oder Immobilien kauft, ein »Kapitalist«?

Bestimmte Kreise reduzieren die Thematik bei der Beantwortung der Frage auf das Ressourcen-Argument. Wie gesagt: Verführerisch. Allerdings stellen sich hierbei einige Fragen, zum Beispiel:

Was genau bedeutet es, wenn in regelmäßigen Abständen behauptet wird, Europa sei reich, weil es »die Ressourcen« Afrikas an sich riss?

Zunächst lässt sich einwenden, dass Afrikaner Afrika rund 150.000 Jahre besaßen, wenn man meinetwegen ab dem anatomisch modernen Menschen (Homo sapiens) ansetzen möchte. Davon ziehen wir nun einige hundert Jahre Kolonialisierung ab und begeben uns zeitlich zu deren Beginn nach Afrika südlich der Sahara. Was fanden die Europäer vor, als sie dort ankamen? Räder? Schriftsprache? Zweistöckige Gebäude? Fehlanzeige. Das Ressourcen-Argument erhält einen ersten Riss, auch wenn sich dieser Umstand nicht zuletzt aufgrund lebenslanger Konditionierung nur schwer eingestanden werden kann, zumal man bei jener überaus heiklen Thematik europäische Schiffe mit Gold, Diamanten und Sklaven vor Augen haben mag, die von Afrika nach Europa und Nordamerika segelten – Schiffe, die den Europäern Wohlstand durch gestohlene Ressourcen zuführten.

Das Problem an dieser Argumentation: Sie hält einer kritischen Untersuchung nicht stand. Es bedarf hierfür nur simpler Logik. Wenn es in erster Linie die Ressourcen sind, die einen reich machen – und Afrika war 150.000 Jahre im Besitz dieser Ressourcen und wurde nicht reich – beißt sich an dieser Stelle etwas. Oder anders: Ausschlaggebend für Wohlstand kann **nicht** ausschließlich **der bloße Besitz** von Ressourcen sein. Es zeigt nur, wie »politisch korrekt«, unaussprechlich und »kritikimmun« viele dieser Themen (gemacht) wurden.

Eine andere Hypothese, die gerne mit einer Tatsache verwechselt wird, lautet, dass Amerika seinen Wohlstand nur oder zu einem beträchtlichen Teil auf den Rücken der aus Afrika verschleppten, schwarzen Sklaven aufbauen konnte. (Da Sklaverei in Europa noch seltener vorkam als in Amerika, zielt dieses Argument hauptsächlich auf die emigrierten Europäer alias Amerikaner ab.) Hält die Hypothese nach rationaler Analyse der objektiven Realität stand? Bevor wir sie uns genauer ansehen, sollen jedoch noch einige nach wie vor (politisch gewollte?) Wissenslücken hinsichtlich der Sklaverei geschlossen werden.

Auch wenn die Sklaverei heutzutage vor allem unter jungen Leuten scheinbar ausschließlich (oder zumindest überwiegend) mit versklavten Afrikanern in den USA assoziiert wird, so handelt es sich tatsächlich um eine der ältesten und weitverbreitetsten Institutionen, die sich über den gesamten Globus erstreckte.[322] In der westlichen Hemisphäre existierte sie, noch bevor Christoph Kolumbus (1451-1506) auf den Plan trat. Sie existierte tausende Jahre in Europa, Asien, Afrika und dem Nahen Osten.

---

[322] Insgesamt dauerte die Sklaverei in Amerika 84 Jahre. Zum Vergleich: Die islamische Skaverei hält seit 1400 Jahren an, also beinahe 17 Mal länger. Dabei war letztere fast 20 Mal umfangreicher als der US-Sklavenhandel und existiert selbst heute noch. Solange sich auf diesen Umstand nicht konzentriert wird, ist es mir egal, was jemand über Sklaverei zu sagen hat.

Sie ist älter als der Islam, älter als der Buddhismus oder das Christentum. Sowohl die weltlichen als auch die religiösen Moralisten der Gesellschaften auf der ganzen Welt akzeptierten sie, nicht nur als eine normale »Tatsache des Lebens«, sondern auch als etwas, das keiner besonderen moralischen Rechtfertigung bedarf.[323] In den Vereinigten Staaten mutete Sklaverei nur deshalb »eigenartig« an, da sie sich mit den Prinzipien, auf die sich die Nation gründete, widersprach.

Gesamtwelthistorisch betrachtet waren allerdings jene (von »bösen Weißen« initiierte) Prinzipien »eigenartig«, nicht die Sklaverei.

Das Wort »Sklave« an sich leitet sich von den »Slawen« ab.[324] Letztere wurden in massivem Umfang versklavt und sehr oft innerhalb ganz Europas und des Osmanischen Reichs verkauft. Das arabische Wort für »Sklave« entspringt ebenso dem arabischen Wort für »Slawen«[325], ferner ist dies der Fall im Deutschen, Niederländischen, Französischen, Spanischen und Italienischen.[326]

Die Slawen waren nicht die einzigen Europäer, die versklavt wurden. Bei einem einzigen Überfall auf die Balearen vor der Ostküste Spaniens hatte der berühmte osmanische Pirat Khair ad-Din (1478-1546), genannt Barbarossa, Tausende von Christen in die Sklaverei verschleppt[327], und nach einem späteren Überfall auf Venedig wurden neben Stoffen und Geld auch tausend Mädchen und eintausendfünfhundert Jungen als Beute zurückgebracht.[328] Die Europäer, die in gefährdeten Küstensiedlungen auf dem Balkan lebten, wurden ebenfalls von Piraten überfallen und zu Zehntausenden verschleppt, um auf den Sklavenmärkten Nordafrikas und des Nahen Ostens verkauft zu werden.[329] Hunderttausende Russen wurden von türkischen Angreifern in den internationalen Sklavenhandel verkauft, bevor ein starker K-strategischer, russischer Staat und später ein Imperium konsolidiert wurden und diesen Einfällen widerstehen konnten.[330]

Im sechzehnten Jahrhundert mussten die besiegten Ungarn nach den von den osmanischen Türken auferlegten Friedensbedingungen 10 Prozent ihrer Bevölkerung pro Jahrzehnt als Sklaven entsenden.[331] Es war üblich, dass die Osmanen eine bestimmte Anzahl von Jungen aus der eroberten europäischen Bevölkerung anforderten, um diese Jungen in den Dienst der kaiserlichen Regierung zu stellen.[332] Im 18. Jahrhundert wurden einwandernde deutsche Bauerngemeinschaften an der unteren Wolga von mongolischen Stammesangehörigen überfallen und die gefangenen Deutschen

---

[323] Westermann (1955), S. 1, 24, 74 f.; Toledano (1982), S. 272-274; Lewis (1990), S. 3-5.
[324] Patterson (1982), S. 406 f.
[325] Watt (1972), S. 19; Lewis (1990), S. 11.
[326] Evans (1985).
[327] Kinross (1977), S. 221.
[328] Ebenda, S. 223.
[329] Lewis (1982), S. 191 f.
[330] Hellie (1982), S. 21 f.
[331] Kinross (1977), S. 188 f.
[332] Lewis (1990), S. 11 f.

auf den Sklavenmärkten Asiens verkauft.³³³ In den 1820er Jahren wurden sechstausend Griechen als Sklaven nach Ägypten geschickt, und ein halbes Jahrhundert später wurde in einem Bericht an das britische Parlament festgestellt, dass in Ägypten und in der Türkei – wohlgemerkt **nach** der Emanzipation der Schwarzen in den Vereinigten Staaten – noch immer sowohl weiße als auch schwarze Sklaven gehandelt wurden.³³⁴

Man könnte an dieser Stelle noch lange weiterschreiben, etwa über die Sklaverei in Asien, so beispielsweise über die Mandschu, die China, Korea und die Mongolei der Sklavenbeute wegen überfielen;³³⁵ über weitreichende vom Sulu-Archipel (südwestlich der Philippinen) ausgehende Sklavenexpeditionen, die das Ziel hatten, in weiten Teilen Südostasiens möglichst viele Menschen als Sklaven zu fangen;³³⁶ über die Sklaverei in Indien, wo die ursprünglichen Sklavenjäger häufig Eltern ermordeten, um an deren Kinder zu gelangen und diese in die Knechtschaft zu verkaufen³³⁷ und so weiter und so fort. Ich denke jedoch, dass man selbst anhand dieser wenigen Beispiele einen ungefähren Eindruck von den allgemeinen Ausmaßen der Sklaverei zu bekommen imstande sein kann.

Nun also zur Hypothese, die (auch) *Black Panther* implizit propagiert. Auf eine neutrale Aussage heruntergebrochen besagt sie: **Sklaverei generiert gewaltigen Wohlstand**. Vermeintlich gestützt wird die Hypothese anhand des Betrachtens der Wohlstandsentwicklung der vergangenen 150.000 Jahre, nachdem die Kurve, die persönliches Kapital symbolisiert, über den gesamten Zeitraum quasi einer Nulllinie entsprach und erst während der letzten paar hundert Jahre durch die Decke schoss.

Im nächsten Schritt ist es wichtig, das quasi-neototalitäre Damoklesschwert der »politischen Korrektheit« zu ignorieren und erneut den unaufgeregt-historischen Blick auf Länder und Zeiten zu richten, in denen Sklaverei am umfangreichsten praktiziert wurde, um uns anschließend die Frage stellen zu können:

Wurden diese Länder reich beziehungsweise wohlhabend?

- Blicken wir nach Afrika. Sklaverei in Afrika war, wie gesagt, lange vor der Ankunft weißer Europäer üblich. Wenn Sklaverei Wohlstand generiert und in so gut wie allen Ländern des Kontinents Sklaven gekauft und verkauft wurden, warum wurde Afrika nicht reich und wohlhabend?
- Die Anzahl schwarzafrikanischer Sklaven, die in muslimische Länder verschippt wurden, geht weit über 100 Millionen hinaus. (Männliche Sklaven wurden im Zuge dessen beinahe alle kastriert, weshalb man heute auch kaum Schwarze in Nahost sieht.³³⁸) Warum wurde der Nahe Osten nicht reich und wohlhabend? Und nebenbei: Der massiven Versklavung von Schwarzafrikanern durch Araber und andere Moslems folgte eine Rassenverachtung gegenüber

---

³³³ Plum Williams (1975), S. 117.
³³⁴ Beachey (1976), S. 122, 166.
³³⁵ Chia-chü (1981).
³³⁶ Warren (1978); Warren (1981).
³³⁷ Naidis (1981).
³³⁸ Siehe auch Mende (2017), S. 56-77.

Schwarzen im Nahen Osten. Diese Rassenverachtung **folgte** jedoch der Versklavung von Schwarzafrikanern, sie ging ihr nicht voraus.[339] Bei früheren Geschäften mit Äthiopiern herrschte diese Verachtung unter Arabern nicht vor.[340]

- Auch die indigene Bevölkerung Nordamerikas, *Indianer* genannt, praktizierte Sklaverei, lange bevor weiße Europäer einen Fuß auf den Kontinent setzten. Warum wurde sie nicht reich und wohlhabend?
- In Zentral- und Südamerika war Sklaverei ein natürlicher Bestandteil in den Kulturen der Maya, der Azteken und der Inkas. Warum wurden sie nicht reich und wohlhabend?

Ich denke nicht, dass es sich hierbei um sonderlich komplizierte Fragen handelt. Dennoch müssten sie von Vertretern oben genannter Hypothese beantwortet werden.

Sofern die »Plünderung und Ausbeutung von Arbeitern« Länder reich und wohlhabend macht, warum sind dann beispielsweise Ägypter nicht reich und wohlhabend? Wurde im Zuge des Pyramidenbaus kein Arbeiter ausgebeutet? Oder begeben wir uns ins Mittelalter: Könnte es sein, dass dort an das Land gebundene Leibeigene ausgebeutet wurden? Gab es im antiken Griechenland oder im Römischen Reich keine Ausbeutung? Warum erreichten sie, wenn Sklaverei Reichtum und Wohlstand erzeugen, nicht annähernd die modernen Ausmaße an Wohlstand?

Freilich ist das Stellen dieser Fragen gleichzusetzen mit deren Beantwortung. Dabei helfen uns diese Fragen, wenn wir unseren Blick auf *Black Panther* richten.

Der Film versucht sich ebenfalls an der Beantwortung der Frage, warum schwarze Gesellschaften in allen relevanten Bereichen zur Etablierung und Aufrechterhaltung einer modernen Zivilisation – Ökonomie, Technologie, Medizin, Bildung, Recht et cetera – durchschnittlich schlecht(er) abschneiden. *Black Panther* bietet die üblichen Narrative. Als da wären:

Unterdrückung durch Weiße, Sklaverei durch Weiße, Ausbeutung der schwarzen Arbeiterschaft sowie der natürlichen Ressourcen Afrikas durch Weiße und so weiter.

Es handelt sich um eine Hypothese respektive Erklärung hinsichtlich des Umstandes, warum es »weißen Ländern« relativ gut geht und »schwarzen Ländern« oder »schwarzen Gebieten« – im Vergleich – relativ schlecht.

Unsere Hypothese in Form der **r/K-Selektionstheorie** läuft der ersten zuwider. Sie würde, so man sie akzeptierte, im Gegensatz zur ersten nicht zu permanentem Konflikt führen, sondern – bei entsprechendem Willen – zu einem besseren Verständnis, basierend auf Logik und Wissenschaft. Dementsprechend lautet sie vollkommen anders.

Es gab schwarze Gemeinschaften, die kolonialisiert wurden und es gab solche, die nicht (mehr) kolonialisiert wurden, beispielsweise Haiti, das seit etwa 400 Jahren frei von Kolonialismus existiert. Im späten 18. Jahrhundert bewegte sich Haiti in zivilisa-

---

[339] Sowell (1994), S. 195.
[340] Bernard (1990), Kapitel 2, 3, 5; Patterson (1982), S 176.

torischer Hinsicht »unter Umständen« einen Schritt zurück, als man während der Haitianischen Revolution (ab 1791) begann, sukzessive alle verbliebenen Weißen auf der Insel zu eliminieren. Aus irgendwelchen Gründen sind die Zustände auf Haiti jedoch seit 400 Jahren – »befreit« vom Kolonialismus – immer noch desaströs. *»Aber sie mussten ja auch so viele Schulden begleichen und überhaupt sind das schlicht und ergreifend alles die Nachwirkungen des Kolonialismus«*, lauten typische Erklärungen.

»Nun gut«, könnte man entgegnen, *»aber sie wurden nicht mittels Nuklearbeschuss sowie Brandbomben an allen Ecken und Enden des Landes in die Steinzeit zurückgebombt wie Japan.«* Japan wurde im 2. Weltkrieg, wie Deutschland, in weiten Teilen vollständig zerstört. In beiden Ländern veränderte sich aufgrund des millionenfachen Todes die komplette Gesellschaftsstruktur (der Bombenhagel auf Tokio allein tötete in einer einzelnen Nacht über 100.000 Menschen). Dennoch erholten sich beide Länder nach dem Krieg sehr rasch, ganz zu schweigen von den jüdischen Holocaustüberlebenden, die – mit Glück – mit ein paar Groschen in der Tasche in Amerika ankamen und innerhalb weniger Jahre Einkommensgleichheit mit der einheimischen, weißen Bevölkerung erreichten. Sofern die bloße Übertragung von Ressourcen Wohlstand erzeugen würde, müsste beim Blick auf eine Vielzahl von Mechanismen des Wohlfahrts- und Umverteilungsstaates (zum Beispiel die *Head Start Programs* in den USA et cetera), im Zuge deren Hunderte Milliarden von Dollars in schwarze Gesellschaften und Gemeinden gepumpt wurden, auffallen, dass dieser enorme Wohlstandstransfer innerhalb des Westens (insbesondere in den USA) bei Weitem exzessiver ausfällt als der einstmals von Europäern getätigte Ressourcenabbau in Afrika. Ein Wohlstandstransfer, der die schwarze Community nicht wohlhabender gemacht hat. Die Hypothese, wonach reiner Ressourcentransfer zu Wohlstand führt, erklärt oben genannten Umstand folglich nicht.

Die r/K-Theorie hingegen schon.

Nicht wenige Leute wiederholen das Mantra von den afrikanischen Ressourcen, die schiffsweise nach Europa verfrachtet wurden und Europa **dadurch** reich wurde. Die Fragen müssten jedoch anders lauten: Warum gab es **überhaupt** Schiffe? Die Antwort: **Weil Europa bereits wohlhabend war.** Warum bestanden sowohl der Wunsch als auch Verwendungszwecke für all diese Ressourcen? Die Antwort: Weil die **Wirtschaft relativ frei** war, ein relativ stabiles, politisches System existierte, relativ objektive Gesetze vorherrschten und so weiter. Ursache und Wirkung.

Im Übrigen wird bei der ganzen (auf weißen Kolonialismus reduzierten) Diskussion auch gerne vergessen, dass Europas Einfluss auf Afrika, historisch betrachtet, von relativ kurzer Dauer war (etwa drei Generationen), vergleicht man ihn beispielsweise mit den Jahrhunderten, in denen Römer in Britannien, imperialistische Chinesen in Teilen Südostasiens oder Muslime in Teilen Europas herrschten.

Sehen wir den Beginn der europäischen Kolonialisierung ab den 1880er Jahren, so erkennen wir deren massiven Rückzug in den 1960ern, welcher bereits in den 1950er Jahren in den nördlichen Ebenen muslimischer Staaten begann, als Libyen, Marokko und Tunesien unabhängig wurden. Es folgten in den nächsten beiden Dekaden südwärts weitere schwarze Nationen wie Nigeria, Tansania, Uganda, der Kongo, Kenia et cetera.[341] Und so wie der Rückzug der Römer beziehungsweise des Römischen Rechts aus Britannien zu weitläufiger Rückentwicklung führte, so folgten auf den Weggang europäischer Herrscher in vielen Teilen Afrikas desaströse Umstände: Technologische Zusammenbrüche, versagende Volkswirtschaften sowie durch Militärputsche geprägtes, politisches Chaos.

Obwohl, wie auch Thomas Sowell feststellte, die moderne kapitalistische Ära eine Ära zu sein schien, in der wirtschaftliche Motive für den Imperialismus vorherrschten, war der Imperialismus dieser Ära flüchtiger und weniger kulturell durchdringend als der des Mittelalters oder der Antike. Ein Grund dafür bestand darin, dass die moderne kapitalistische Ära mit dem Aufstieg der demokratischen Politik in den führenden europäischen Mächten zusammenfiel und die Regierung für eine Vielzahl widersprüchlicher Einflüsse und Interessen öffnete.[342] Darüber hinaus würde eine rein kapitalistische Betrachtung der Kosten und Vorteile einer Eroberung dazu führen, dass die meisten Eroberungen schlichtweg das Geld nicht wert wären. Immerhin war es Adam Smith – der Vater der Laissez-faire-Ökonomie –, der seinerzeit bereits seine Briten aufforderte, die amerikanischen Kolonien und auch alle anderen Kolonien zu verlassen, die sich in wirtschaftlicher Hinsicht nicht rentierten.[343]

Zurück nach Wakanda. Die Macht Wakandas beruht einerseits zwar offensichtlich auf dem magischen »Vibranium«, andererseits, wie durchgehend immer und immer wiederholt wird, auf dem Respekt und der Liebe gegenüber den eigenen Vorfahren und Ahnen; auf dem Respekt vor beziehungsweise dem Bewusstsein der eigenen Geschichte; »Gebote« lauten ganz klar, man müsse für das eigene Volk, das eigene Land, den eigenen Staat, den eigenen Stamm leben. Der Stamm sei alles. »Wakanda forever!«[344] Kurz: Die Stärke eines Volkes basiert auf dessen Respekt vor seinen Vorfahren und Ahnen.

Was hat das vor dem realen (!) Hintergrund zu bedeuten, da die Kultur von Weißen dämonisiert und attackiert wird, Weiße (immer noch) als bösartige Kolonialisten gebrandmarkt, Statuen niedergerissen, schlichtweg quasi alles, was mit weißer Kultur, Geschichte und Zivilisation zu tun hat, verunglimpft wird? Könnte es sich um eine Art Blaupause für die Zerstörung einer Zivilisation handeln? Nicht vergessen: Im Film ist der Respekt vor den Vorfahren und Ahnen der Schlüssel zur Einheit, Eintracht, Stärke, Macht und zum Florieren Wakandas. Wenn all das also der Schlüssel, sowohl für das Florieren als auch das Überleben einer Gesellschaft darstellt, bedeutet das Attackieren der Vorfahren und Ahnen einer »anderen« Gruppe logischerweise, dass man diese zerstören möchte.

---

[341] Duignan & Gann (1969), S. 694.
[342] Sowell (1994), S. 77.
[343] Smith (2009), S. 562-654.
[344] In der (vorauseilend unterwürfigen?) deutschen Synchronisation wurde dieser Schlachtruf interessanterweise mit »*Wakanda über alles!*« übersetzt. Zum Glück ist Wakanda nicht Deutschland.

Selbstverständlich existiert keinerlei Sklaverei in Wakanda. Eine große Debatte hat damit zu tun, sich die schlechte Lage der Schwarzen weltweit zu vergegenwärtigen (*»Milliarden unserer Brüder und Schwestern brauchen unsere Hilfe«*). Vor diesem Kontext kommt es zu einem Gespräch zwischen dem König *T'Challa* und seinem Freund *W'Kabi*, im Zuge dessen der König anmerkt, **man solle vielleicht Flüchtlinge aus Afrika aufnehmen**. Ist das nicht großartig? Getreu dem Motto: »Wir haben hier einen einheitlichen, ethnozentristischen Staat, der auf Basis von Technologie und Respekt gegenüber den Vorfahren und Ahnen sehr mächtig wurde. Sollten wir Flüchtlinge aus Afrika aufnehmen, die so schwarz sind wie wir?« Die Antwort W'Kabis lautet, dass man bei der Aufnahme von Flüchtlingen auch all deren Probleme hereinhole (*«When you let in refugees, they bring their problems with them.«*), von daher: Nein. (Man stelle sich an dieser Stelle vor, der Regisseur sei weiß.)

Ist es nicht interessant, wann es sehr wohl möglich ist, »politische Korrektheit« abzulehnen und einige moderne Dilemmas in einen rationalen Kontext zu setzen? Eine schwarze Gesellschaft, ein schwarzes Land will keine schwarzen Flüchtlinge aufnehmen, da letztere ihre Probleme mitbringen würden. Mehr noch, Wakanda unternimmt nichts, um, sagen wir, die faktisch wieder eingeführten und damit real existierenden libyschen Sklavenmärkte[345] zu bekämpfen (geschweige denn Sklaverei weltweit).

Stattdessen darf gerne geraten werden, wer einst Blut und Geld in einem Ausmaß jenseits von Gut und Böse investiert hatte, um die weltweite Praxis der Sklaverei de facto zu beenden. Die Antwort: Weiße, europäische Christen. Am Rande sei hier noch angemerkt, dass nach der Hypothese, wonach Sklaverei enormen Wohlstand produziere, Volkswirtschaften demzufolge nach Beendigung der Sklaverei hätten kollabieren müssen – mit dem Resultat weltweiter Armut. Allerdings trat das exakte Gegenteil ein. Die Welt wurde wohlhabender, insbesondere dort, wo Sklaverei am schnellsten beendet wurde. Nicht nur war sie nämlich unethisch-unmoralisch, sondern darüber hinaus ein enormes Hindernis für eine wahre Quelle des Wohlstands: Technisierung. Ein Sklave in Amerika kostete in etwa so viel wie ein mittelgroßes Auto.[346]

Die Personen, die viel Geld in Sklaven investiert hatten, sträubten sich gegen technische Gerätschaften, welche Muskel- und Handarbeit übernahmen, da diese logischerweise den Wert ihrer Sklaven verringerten. Selbst ein Blick in die Antike zeigt, dass man in Rom zwar bereits über dampfgetriebene Maschinen Bescheid wusste, es jedoch nie zur industriellen Revolution kam. Warum? Weil sich die industrielle Revolution, welche uns den berühmten Wohlstand brachte, an Orten **ohne Sklaverei** vollzog. Und dort, wo es Sklaverei gab, verzögerte sie sich entweder oder existierte erst gar nicht. Arbeitssparende Gerätschaften und Maschinen sind ein, wenn nicht **der** Schlüssel zu allgemeinem Wohlstand (vorausgesetzt, niemand verhindert oder bestraft

---

[345] Weisflog, Christian: *Ein Video zeigt Versteigerungen von Sklaven in Libyen*, in: Neue Zürcher Zeitung, 23.11.2017, URL: https://tinyurl.com/y7a6nytr, Abruf am 30.03.2019
[346] The New York Times: *Market Price of Slaves*, 22.08.1863, URL: https://tinyurl.com/y2jjqd4z, Abruf am 30.04.2019.

dauerhaft die Kreativität der Kreativen beziehungsweise die Produktivität der K-selektierten Produktiven). Eine Gesellschaft, die ihr Kapital in den »Kauf von Menschen« investiert, investiert nicht (oder nicht im selben Ausmaß) in obige Gerätschafen. Und Wakanda? Nun, dort propagiert man zwar einerseits die »Verwandtschaft« zu »ausgebeuteten« und »kontrollierten« Schwarzen weltweit, doch was sagen sie? Dass sie ein Ethnostaat seien und von daher lieber isolationistisch *(isolationist)* blieben, im Klartext: »Bleibe innerhalb deiner eigenen Grenzen« nennt man »isolationistisch«, »bleibe in deinem eigenen Land« nennt man »isolationistisch«.

Beim Wort »Isolationismus« schwingt etwas Negatives, etwas Vorurteilsbehaftetes mit, als wolle man bloß nichts mit der »Außenwelt« zu tun haben. Auf mich wirkt das lächerlich. Das Amerika des 19. Jahrhunderts beispielsweise war nicht »isolationistisch«. Stattdessen nennt man das, was mittlerweile mit dem Schmähbegriff versehen wird, schlichtweg *daheim*, *Heimat* oder *Zuhause*, im Sinne von »zuhause sein« oder »etwas zuhause tun«. Das hat nichts mit »Isolationismus« zu tun. Ich gehe nach Hause, anstatt in den Haushalt anderer einzufallen und diesen zu manipulieren. Man kann es auch grundsätzlich Respekt vor Eigentum nennen.

Die Idee eines futuristischen, aber verborgenen afrikanischen Staates mit Star-Trek-Kapazitäten ist im Übrigen ein alter Hut und nichts Neues. Diese Idee verneint hinsichtlich der Frage nach dem Wohlstand beziehungsweise Aufschwung von Nationen die r/K-Theorie als mögliche Antwort. (Eine Theorie wohlgemerkt, die sich selbstverständlich mit weiteren Erklärungsansätzen verbindet, beispielsweise mit der Philosophie der freien Marktwirtschaft.) In diesem Film lautet die einzige Antwort, es komme darauf an, wer über die Ressourcen verfüge. Der Meteor landete nun mal hier und nicht dort, von daher verfüge man über das Vibranium und fertig. Dennoch existiert eine interessante Nebeneinanderstellung bezüglich technologischer Standards.

Ein Beispiel: Letitia Wright in der Rolle der *Prinzessin Shuri* lässt *Q* aus *James Bond* wie einen im Sandkasten spielenden Buben aussehen, nachdem sie technische Accessoires von unfassbarer Qualität herstellt. Auf der einen Seite sehen wir diese unglaublich fortschrittliche und hochentwickelte Technologie. Doch dem gegenüber steht im fortschrittlichsten Land der Welt wahrlich primitives Zeug. Schafsherden zum Beispiel. In der Sonne trocknende Tierhäute. Lippenteller et cetera. Nicht zuletzt auch die Art und Weise, wie sich politische Macht überträgt, ist spannend: Durch rohe Gewalt in Form brutaler Kämpfe auf Leben und Tod. Ist es nicht ein wenig irritierend, auf der einen Seite diese fantastische Technologie zu entwickeln, andererseits aber scheinbar die primitive Praxis, Steine auf Köpfe zu werfen, ebenfalls in den »Fortschrittsplan« zu involvieren?

Ebenso interessant ist der Umstand, dass der obligatorische Bösewicht – neben dem klischeehaften Südafrikaner *Klaw*, der nicht lange überlebt – ein amerikanischer, schwarzer Mann ist, oder, wem der Terminus lieber ist, ein Afroamerikaner (Michael B. Jordan alias *N'Jadaka* alias Erik *Killmonger* Stevens).

Von dem, was ich in Gesprächen mit Schwarzen (und Nicht-Schwarzen) **außerhalb** Amerikas so mitbekomme, herrscht unter jenen eine gewisse Frustration, wenn sie an

Afroamerikaner denken, weil sie sehr genau um die vielen Möglichkeiten wissen, die sich für Schwarze im angeblich ach so rassistischen und ausbeuterischen Nordamerika ergeben. Zur Verdeutlichung müsste man sich nur einen in Zimbabwe oder Somalia lebenden Schwarzen vorstellen, der die Klagen von Afroamerikanern hört, welche allesamt ein relativ stabiles politisches System, ökonomische Freiheiten, einigermaßen freie Märkte sowie Eigentumsrechte genießen können. Zumindest müssten sie sich die Frage gefallen lassen, warum sie die vielen Möglichkeiten zum Ziele der Wohlstandsmehrung nicht (besser) nützen. Wieder böte die r/K-Theorie eine logische Antwort.

Ich kann mir nicht vorstellen, dass irgendwer als Rassist auf die Welt kommt. Es gibt zwar Studien, die belegen, dass (bereits) Babies Präferenzen für ihre eigene Ethnizität hegen[347], aber dieser Umstand impliziert keinesfalls eine Abneigung oder gar Ekel gegenüber anderen Ethnizitäten. (Nachdem Sie beispielsweise Ihre Frau oder Ihren Mann geheiratet hatten, folgt daraus nicht, dass sie andere Frauen oder Männer nicht ausstehen könnten. Nein, Sie präferieren schlichtweg die Gesellschaft Ihrer Frau beziehungsweise Ihres Mannes.) Es scheint etwas wie eine »systemimmanente« beziehungsweise »eingebaute«, genetische Präferenz bezüglich »genetischer Nähe« zu geben, was von einem evolutionären Standpunkt her Sinn macht, aber ich denke nicht, dass Menschen rassistisch geboren werden. Als ich aufwuchs (und noch nicht unter jedem Grashalm »Rassismus« gewittert wurde), war ich mitunter großer Fan – wie so viele – von Bill Cosby, Jimi Hendrix, Jaleel White oder Denzel Washington, und ich kann mich nicht an einen Vorfall erinnern, da irgendwer jemals auch nur »anmahnte«, bloß keine Serien, Filme oder Musik von den genannten Herren zu schauen/hören, da sie schwarz seien.

Eine **Präferenz** gegenüber irgendeiner Rasse ist nicht gleichzusetzen mit Rassismus. Sie ist wie eine Präferenz gegenüber irgendeiner Haarfarbe. Manche ziehen eine brünette Haarfarbe einer blonden Haarfarbe vor, aber nicht aus dem Grund, da sie der Auffassung seien, Brünette seien »überlegen« und Blonde »unterlegen«. Es handelt sich um nichts anderes als eine Angelegenheit subjektiven, persönlichen Geschmacks.

Zurück zu *Black Panther*. Schon vorab wünschten sich unzählige Leute – meist aus den Reihen der aktuellen »bunten« Sozialismus-Variante –, dass der Film erfolgreich werden würde. Sie immunisierten ihn deshalb bereits im Vornherein gegenüber jedweder potenziellen Kritik, was bizarr anmutet, wenn man bedenkt, dass sich Menschen im Westen grundsätzlich darum bemühen und daran erfreuen, sofern Schwarze erfolgreich sind – nicht nur aus Gründen natürlichen menschlichen Mitgefühls, sondern auch aus praktischen Gründen:

Wäre die schwarze Community im Allgemeinen nämlich beispielsweise so erfolgreich wie die japanische, koreanische, chinesische oder vietnamesische, wären exorbitant weniger Kriminalität und Familienprobleme die Folge, ebenso müssten Steuerzahler bei weitem weniger Abgaben für »Sozialhilfe« et cetera entrichten. Es existiert

---

[347] Kelly et al. (2005); Xiao et al. (2017); Xiao et al. (2018).

also ein gewisser Enthusiasmus hinsichtlich des Erfolgs und der Stabilität innerhalb der schwarzen Gemeinschaft.

Die Unehelichkeitsrate unter Afroamerikanern in den USA beträgt heute 77 Prozent[348] (vor einigen Dekaden stattdessen um die 20 Prozent – als schwarze Familien stärker als weiße Familien waren), so dass ich mir nicht vorstellen kann, dass, abgesehen von einigen Psychopathen, irgendwer ein Problem damit hätte, wenn sich die schwarze Unehelichkeitsrate halbieren würde oder sich zumindest stark verringern würde. Bezogen auf den Film, erkennt man deutlich, dass sich der Umstand der Unehelichkeit beziehungsweise unehelicher Geburten in Verbindung mit Vaterschaft wie ein Roter Faden zieht. Überall erkennt man schwarze Männer ohne Väter – der Vater des Protagonisten wurde bei einem Bombenattentat auf die UN getötet, der Vater des Bösewichts wurde von einem anderen Schwarzen getötet.

Wenn es darum geht, mangelhafte schwarze Leistungsfähigkeit durch »weißen Rassismus« zu erklären, wird es hinsichtlich des Films eine harte Nuss, zumal man ausschließlich Schwarze sieht, die von anderen Schwarzen im Zuge von Stammeskriegen beziehungsweise Stammesfehden, Königsnachfolgekämpfen zusammengeschlagen und getötet werden. Auslöser des Ganzen ist der von einem Schwarzen getötete Vater des Bösewichts. **Vaterlosigkeit** ist ein wichtiger, wenn auch nicht kommentierter Bestandteil des Films.

Was ist Wakanda? Der Begriff »Ethnostaat« bietet keine befriedigende Antwort, schließlich werden nicht einmal angrenzende Schwarze aufgenommen. Die Frage lautet: Warum nicht? Warum will Wakanda keine anderen Schwarzen importieren, wenn der Zugang zu dem magischen Vibranium doch der Schlüssel zum Wohlbefinden darstellt? Warum gibt es gar Tattoos auf der Innenseite der Unterlippe, die einen Wakanda-Einheimischen klar als solchen definiert und von anderen abgrenzt? Fragen über Fragen. Sofern ich das richtig verstanden habe, besteht *Killmongers* Plan darin, Wakanda zu infiltrieren, um dank des Vibraniums Zugang zu unfassbar fortschrittlichen Waffen zu bekommen, um damit wiederum weltweit Weiße zu eliminieren. Immerhin geht es klipp und klar darum, »Schwarze zu befreien«.

Wovon? Albinos? Aliens? Das, was er möchte, ist mit dem Begriff »Rassenkrieg« noch untertrieben. Er möchte ein Rassen-Gemetzel, einen Rassen-Völkermord an 15% der Weltbevölkerung[349] – ja, Weiße stellen weltweit eine Minderheit dar –, welche die Schwarzen knechtet, unterdrückt und dominiert. Nur so würden die Schwarzen (im Anschluss) auf dieselbe Art und Weise aufblühen wie die Bewohner Wakandas. Nur durch Glück (für Weiße) kann er diesen Plan nicht umsetzen.

Es ist grundsätzlich erst einmal ein natürlicher Instinkt, jemandem helfen zu wollen, dem es schlecht geht. Fragt sich nur, wie man die Hilfe bewerkstelligt. Die obige Methode erinnert mich sehr an die der Kommunisten: »*Da gibt es arme Proletarier, die nicht*

---

[348] Camarota, Steven A.: Births to Unmarried Mothers by Nativity and Education, *Table 1. 2015 Births in the United States by Race and Marital Status*, in: National Center for Health Statistics, 05.05.2017, URL: https://tinyurl.com/yxr86qmc, Abruf am 01.05.2019.
[349] pdwb: *Proportionen der Weltbevölkerung* (2016), URL: http://www.pdwb.de/, Abruf am 01.05.2019.

so viel Geld verdienen wie Kapitalisten, weil Kapitalisten Proletarier ausbeuten und bestehlen! Von daher töte man die Kapitalisten, verteile deren Geld um und alle werden wohlhabender!« [350]

Die r/K-Theorie widerlegt auch diese Hypothese.

Die Frage, wie man Schwarzen am besten helfen könnte, bleibt also eine gewichtige. Während des gesamten Films weigert sich Wakanda, Flüchtlinge aufzunehmen, selbst gegen Ende hin. Grund: Dies führte dazu, dass ihre Zivilisation, Kultur und Einzigartigkeit zerstört würde. Von daher handelt es sich nicht direkt um einen »Ethnostaat«, sondern um etwas, das innerhalb der Grenzen Wakandas absolut einzigartig ist. Es handelt sich um einen nationalistischen Film, vielleicht sogar um einen »ethnonationalistischen«.[351]

Bevor wir zu einer möglichen Lösung kommen, wie Schwarzen ernsthaft geholfen werden könnte, möchte ich noch auf einen anderen Punkt eingehen, der auch eine persönliche Komponente besitzt. Dieser Punkt besteht darin, dass Jungen männliche Vorbilder benötigen, die ihnen auf natürliche Weise vorleben, wie man Erfolg im Leben erreichen kann und somit automatisch – als Nebeneffekt – zu einer gesamtgesellschaftlichen Bereicherung wird. Wenn ich in meinen eigenen Familienstammbaum sehe, erkenne ich viele interessante und zeitlebens fleißige Persönlichkeiten, deren gemeinsamer Nenner nicht nur Bodenständigkeit, Erziehung und Kultiviertheit, sondern auch Versiertheit in unterschiedlichen, meist naturwissenschaftlichen Bereichen darstellt(e): Ingenieure, Physiker, Informatiker, Innenarchitekten, Baumeister, Handwerker, aber auch Künstler, Maler et cetera.

Aus Gesprächen beziehungsweise familiären Berichten weiß ich, dass diese sich wiederum neben der unabdingbaren Notwendigkeit, selbst für den eigenen Erfolg verantwortlich zu sein, an deren älterer Verwandtschaft orientierten. Doch damit nicht genug, auch an verschiedenen berühmten Köpfen, die eine Inspiration für eigenes Tun darstellten, mangelte es nicht: Aristoteles, Einstein, Tesla, Goethe, Benz und andere, alles kreative Köpfe, die neben ihrem persönlichen Erfolg die Welt an sich »nach vorne« brachten und verbesserten. Wie an anderer Stelle (3.4) noch erklärt werden wird – »Es ist natürlich, auf etwas stolz zu sein, das einem geschenkt wurde (da es eine Ehre ist), und mein kulturelles Erbe ist solch ein Geschenk. Nein, ich habe dieses Geschenk nicht ,verdient', aber nichtsdestotrotz ist es meins« –, ist die Verbundenheit mit Vorfahren und/oder historischen Persönlichkeiten derselben Abstammung oder aus demselben Kulturkreis **etwas Natürliches**. Freilich ist jeder seines eigenen Glückes und Erfolges Schmied, fremder Erfolg steht nicht stellvertretend für den (fehlenden) eigenen Erfolg; und dennoch entspricht es unserer menschlichen Natur, auf Vorfahren und gewisse Persönlichkeiten – Vorbilder – stolz zu sein und sich durch sie Inspiration zu verschaffen, den »Funken« zu spüren, die Motivation zu bisweilen unbändigem Tatendrang aufrecht zu erhalten.

---

[350] Immer wieder fällt im Kommunistischen Manifest der Begriff „Ausbeutung". Allerdings gibt es nirgends eine Begriffsbestimmung. Noch faszinierender ist, dass es sich genauso mit »Proletarier« verhält.
[351] Martin Freeman lebte schon als *Bilbo Beutlin* in einem Ethnostaat.

In Bezug auf Jungen handelt es sich um einen Punkt, der heutzutage aus unterschiedlichen Gründen ignoriert wird, insbesondere von »Feministen«, die selbstverständlich nur davon sprechen, dass Mädchen diese Vorbilder benötigten, beispielsweise weibliche Ingenieure und Physiker, um zu erkennen, dass sie das auch werden können. (Sich aus nichtigen »Ich-bin-unzufrieden«-Gründen jederzeit scheiden lassen zu können und Jungen damit die wichtigste, männliche Bezugsperson zu nehmen – kein Problem. Anderes Thema.) Dennoch räumen sie dadurch ein, dass es diese »Vorbild-Beispiele« **an sich** geben muss, um Ambitionen zu beleben.

Eine wirklich tragische Sache nun im Hinblick auf Schwarze besteht meines Erachtens darin, dass sie sich heute in der Welt umschauen können, um festzustellen, dass sie – allgemein, nicht generell – kein Teil von einschneidenden, **konstruktiven**, revolutionären, erfolgreichen Beiträgen zur »Voranbringung« der Zivilisation darstellen. Das ist hart und traurig. Traurig ebenso in Hinblick auf den Film beziehungsweise den Umstand, Schwarzen eine Vision einer sehr erfolgreichen, schwarzen Gesellschaft zu vermitteln. Jene Gesellschaft besteht... indem man sie erfindet? Magische Asteroiden. Magische Ressource. Mehr Sein als Schein. Alles wird vor der Welt verborgen. Um Schwarze zu inspirieren und anzufeuern, bedarf es... eines Comics?

Wohin könnten sie (zurück-)schauen? Das Pantheon? Die Magna Carta? Oder meinetwegen noch wesentlich allgemeiner: Buchdruck? Elektrizität? Automobil? Flugzeug? Fernsehen? Telefon? Computer? Internet? Eine umfangreiche Studie[352] von Charles Murray[353] zeigt, **dass zwischen 800 v. Chr. und 1950 nach Christus 97% des wissenschaftlichen Fortschritts Europa und Nordamerika entsprang**, mit anderen Worten: der Kreativität und dem Erfindergeist von überwiegend Weißen. Weißen Christen, um noch genauer zu sein. Ist es nicht im Mindesten traurig, Inspiration dadurch zu erlangen, indem ein Comic erfunden werden muss (von Weißen), in dem eine nicht-existierende und niemals existiert habende Gesellschaft gezeichnet wird? Wenn ich mich in diese Lage versetze und erkenne, Inspiration weder aus der Geschichte noch der Anthropologie oder aus zeitgenössischen Gesellschaften ziehen zu können, muss ich zugeben, dass das sehr hart ist – und mit dem Finger auf »Umstand« X oder Y zu zeigen – »X und Y sind Schuld daran!« – zumindest zu einem gewissen Grad einen natürlichen Selbstschutzmechanismus darstellen könnte.

Kommen wir schließlich zum Ende des Films. Wie bereits gesagt, weigert sich Wakanda, Flüchtlinge aufzunehmen. Nicht nur sind seine Grenzen geschlossen, sondern mehr noch: Man kann das hochtechnisierte Paradies von außen erst gar nicht sehen. Der Bösewicht, der alle Weißen eliminieren will, wird gerade noch rechtzeitig an seinem Unterfangen gehindert. Am Ende will man Schwarzen weltweit immer noch helfen. Von der Welt ist nicht die Rede. Die Ansage lautet nicht etwa, es gebe weltweit sehr viele Fernostasiaten, Südostasiaten, Weiße, Schwarze, Latinos und so weiter, die an Krebs sterben oder gelähmt seien, und von daher werde man mit der überra-

---

[352] Murray (2003), insbesondere S. 295 ff.
[353] Co-Autor von *»The Bell Curve«* (1994).

genden Technik helfen. Nein, man will explizit Schwarzen – der eigenen Rasse – helfen. Ein mächtiges Statement. Was hat es zu bedeuten? Ich werde mich hier nicht festlegen.

Jedoch beschleicht mich der Gedanke, dass es, abgesehen von Weißen, für alle völlig normal und legitim ist, die oben häufig angesprochenen Ingroup-Präferenzen zu hegen, im Klartext also ein rassistisches Konstrukt zu pflegen.

Was ist *white privilege* anderes als eine hohle Phrase, die geschaffen wurde, damit sich Rassisten wie »Anti-Rassisten« fühlen können? Nicht »vielfältig« genug sind immer nur an und für sich »weiße Länder«.

Die Lösung im Film besteht darin, die Wakanda-Technologie zum Ghetto zu bringen. Das futuristische Raumschiff landet, die geniale Wissenschaftlerin steigt aus, redet mit den Ghetto-Kids und »bringt« die überragende Technik in die schwarze Community.

Doch Achtung: Die mit Abstand wichtigste Technologie ist nicht irgendwelches Zeug, sondern besteht aus **Ideen**. Keine Dinge, sondern Konzepte. Das Konzept freier Märkte, das Konzept des Respekts vor Eigentum(srechten), das Konzept der Vertragsfreiheit, das Konzept der kleinstmöglichen Regierung, das Konzept eines größtmöglichen Privatsektors.

Jede Staatstätigkeit beruht auf Zwang und der Initiierung und Androhung von Gewalt. »Wenn der Staat keine Straßen baut, bauen eben andere Leute welche!« Richtig. Mit dem Unterschied, dass der staatliche Straßenbau mit Zwang und unter Gewaltandrohung zustande kommt. Man wird gezwungen, dafür zu zahlen. Beispielsweise fällt der Ursprung des Interstate-Highway-Systems in Amerika in die Zeit Dwight. D. Eisenhowers (1890-1969), der, um Nuklearschläge besorgt, eine dezentralisierte Methode für den Personentransport schaffen wollte, für den mindestens drei Generationen zahlen mussten. Gleichzeitig entstand dadurch eine autoabhängige Kultur, die wiederum massive Geldmengen in den Nahen Osten pumpte, dessen nicht ganz so konstruktive »Exportschlager« dadurch wiederum gestärkt wurden und so weiter. Eine ganze Reihe von staatlich bedingten (interventionistischen) Dominos sozusagen. Die Regierung bleibt eine Behörde des Zwangs und der Gewalt. Ein berühmtes Zitat, das manchmal George Washington (1732-1799) zugeschrieben wird, lautet:

»Government is not reason, it is not eloquence – it is force!«

Einerseits zwar einzuräumen, dass die Regierung Zwang bedeute, doch gleich hinterher zu schieben, dass »es« sich ja angeblich um das handeln würde, was »die Gesellschaft« wolle oder »sowieso« tun würde, enthält den Logikfehler, dass »die Gesellschaft«, sofern sie »es« tatsächlich wolle, nicht dazu gezwungen werden müsste. Es wäre dann so, als würde ich sagen: *»Ich muss zehn Taler von demjenigen stehlen, der sie mir sowieso geben würde.«* Warum dann nicht einfach warten, bis mir derjenige die zehn Taler freiwillig gibt? Zu sagen, »die Gesellschaft« würde nur einen anderen Weg zum Erreichen desselben Ziels finden, ist so, als würde man sagen, dass »die Frau« so oder so Sex haben wird, von daher mache es keinen Unterschied, ob sie vergewaltigt wird.

Nur: Natürlich macht es einen Unterschied! Der Umstand, Zwang und Gewalt in

Interaktionen zu gebrauchen, bedeutet einen Unterschied wie Tag und Nacht, und unsere Sucht und Blindheit gegenüber Zwang wächst schon beinahe auf psychotische Art und Weise. Diese psychotische Blindheit verhindert beziehungsweise verdrängt die Erkenntnis, dass der Kern unserer Gesellschaften zu einem mehr als bedenklichen Ausmaß in nacktem Zwang und nackter Gewalt liegt, nachdem – wie hilflose Kinder – im Zuge von Problemlösungen augenblicklich und permanent zum (Ersatzgott und -vater) Staat gerannt wird. Völlig egal, worum es geht. Man stehle von der einen Gruppe und gebe es der anderen Gruppe, die dafür »gestimmt« hat. Die Sucht an diese Art des Zusammenlebens ist so massiv, dass es einer gehörigen Portion Optimismus bedarf, sollte man darauf bauen, noch irgendwie einen Keil in die Tür des r-strategischen, maschinenartigen Turbo-Etatismus zu bekommen. Es werden Ozeane von Schulden kreiert, damit jungen Menschen während ihrer Studien dank Subventionen gestattet ist, indoktriniert und dank der toxischen Substanz namens (postmoderner) »Hochschulbildung« schließlich ökonomisch untauglich zu werden.

Neben einer Studie, die nachwies, dass sich Studenten, die das staatlich vorgegebene (fehlerhafte) Wirtschaftsmodell studieren, im Anschluss selbstsüchtiger verhalten als andere Studenten[354], liegen gleichzeitig auch Studien vor, die zeigen, dass Studenten nach einem vierjährigen Studium weniger von Geschichte, Staatstreiben und Ökonomie verstehen als vorher, sofern sie den entsprechenden Kurs nie belegt hätten.[355] Hier wird der westliche Geist nicht mehr nur blockiert, sondern gleich rückabgewickelt. Gleichzeitig dürfen die Schulden nicht in den Bankrott geführt werden. Stattdessen ist man Schuldensklave.

Wir weigern uns, die Augen zu öffnen und zu erkennen, wie abhängig wir vom Zwang wurden, um irgendetwas gebacken zu kriegen. Irgendetwas soll erledigt werden? Verabschiede ein Gesetz! Zwinge Leute dazu, »es« zu tun. Friss oder stirb. Der r-Staat wird die Aggression gegen einen solange eskalieren lassen, bis man genau vor dieser »Wahl« steht: Zu fressen oder zu sterben. Es liegt in der Natur des Staates – der einzigen Behörde mit den Kapazitäten, »legal« Zwang und Gewalt gegen Bürger zu initiieren, welche wiederum entweder vollständig oder so gut wie vollständig entwaffnet sind.

Der Grund, warum ich all das schreibe, liegt in einer Alternative, die aufgrund eines gestörten Verhältnisses zu Vernunft, Logik und dem gesunden Menschenverstand für süchtige Geister und (überwiegend r-selektierte) Staatsabhängige wie eine aufrührerische, gefährliche, anmaßende und »utopische« Revolution klingen muss. Sie besteht in der Idee, Zwangsbeziehungen zu ersetzen. Entschuldigen Sie, wenn an dieser Stelle meine voluntaristische Grundüberzeugung hervorbricht, aber: **Das tatsächliche Ausbeutungsverhältnis heißt Staat versus Bürger.**

---

[354] Gerlach (2017).
[355] Karni, Annie: *Students know less after 4 college years*, in: The New York Sun, 19.09.2007, URL: https://tinyurl.com/y5xdtc37, Abruf am 02.05.2019.

Nicht Schwarze versus Weiße, nicht Weiße versus Schwarze, nicht »Kapitalisten« versus Angestellte, nicht »Patriarchat« versus »Feministen« und so weiter. Nein. Es lautet Staat versus Bürger. Das »Patriarchat« kann »in Ihrem Namen« (und im Namen Ihrer Kinder und Enkelkinder) keine internationalen Schuldscheine unterzeichnen. Keine ethnische Gruppe kann mit einem Zauberstab wedeln und plötzlich alle ihrem Diktat unterwerfen. Der Staat schon. Letzterer ist in Wahrheit das Konstrukt, das wir fürchten sollten. In Wahrheit ist er der Ausbeuter und Zerstörer. Das Wissen um diese Tatsache war einst stärker ausgeprägt. Möchten Sie sich eine dystopische Alptraum-Welt vorstellen? Dann stellen Sie sich eine Welt vor, die ein indoktrinierter, ahnungsloser und verlorener *Social Justice Warrior* durch das Schreiben des »Grundgesetzes« in Deutschland schaffen würde; die er durch das Schreiben der *Bill of Rights* in die Amerikanische Verfassung erschaffen würde.

Wir machen uns Sorgen wegen allerlei Dingen. Maschinen. Mechanisierung. Rassismus. Patriarchat. Ausbeutung durch »die Reichen« und, und, und. All das wurde entworfen, um die tatsächliche Raubtier-Beute-Beziehung innerhalb unserer Gesellschaft zu verschleiern, bestehend aus einem oligarchischen, hierarchischen und bis an die Zähne bewaffneten Staat, der so ziemlich alles tun kann, was er will. Sie als Bürger haben keinen Regressanspruch. Davor sollten wir uns fürchten. Nicht voreinander oder unseren verschiedenen Rassengrüppchen. Nicht vor irgendwelchen »Genderungleichheiten«. Nicht vor unserer Beziehung zu diversen Produktionsmitteln. Sondern vor dem Staat und der staatlichen »Verwaltung«, die freilich darauf bedacht ist, uns gegeneinander auszuspielen, damit wir uns immerfort zanken und darüber vergessen, wer die wahrhaftigen (Macht-)Eigentümer sind. Es sind Regierungen. Es sind staatliche Zentralbanken. Es ist die »Partei«. Die Oligarchie. Die zu diesem Zeitpunkt »herangezüchtete« und installierte Ineptokratie.[356]

Es bedarf der »Technik« namens Freiheit, des Fortschritts namens Unabhängigkeit, der Verdrängung von Zwangsbeziehungen zugunsten freiwilliger Beziehungen. Zudem wären die folgenden K-strategischen Veränderungen dienlich: Das Ersetzen von Diebstahl und Raub durch freiwillige Karitas, das Ersetzen der Fiat-Währung durch echtes Geld, das Ersetzen endlos eiternder und wuchernder Gesetze durch produktive und freiwillige, soziale Verpflichtungen, das Ersetzen von Staatskontrolle respektive Zwangsbeschulung (und damit Eltern- und Kinderkontrolle) durch produktive und freiwillig zusammengesetzte Gemeinden, in denen Menschen ernsthaft aufeinander aufpassen und sich nicht daheim verschanzen, in der (selbst-)trügerischen Hoffnung oder Annahme, dass das sterile Auf- und Abmarschieren eines aufgezwungenen und gewalttätigen Nanny-Staates alles viel besser mache. Der Umstand, dass wir uns ehrlich und harmonisch innerhalb unserer Gemeinschaften aufeinander einlassen könn-

---

[356] Ineptokratie bedeutet eine Herrschaftsform, worin die Unfähigsten von den Unproduktivsten gewählt werden (können), wobei die Mitglieder der Gesellschaft, die sich selbst am wenigsten selber erhalten oder gar Erfolg haben können, mit Gütern und Dienstleistungen belohnt werden, die aus dem konfiszierten und umverteilten Wohlstand einer schwindenden Anzahl werteschaffender Leistungsträger bezahlt werden.

ten, Probleme miteinander statt gegeneinander lösen könnten, uns schlichtweg treffen, reden und feiern könnten, statt uns mehr und mehr zurückzuziehen, marathonartig Filme und Serien konsumieren und uns einbilden, die Regierung würde schon alle Probleme irgendwie lösen, obwohl sie diese nicht nur selbst erschafft, sondern auch noch verschlimmert.

Wodurch definiert sich die Nachbarschaft, in die der König von Wakanda seine Technologie bringt? Wodurch definiert sich ein Ghetto? Durch wen definiert sich ein Ghetto? Antwort: Durch den Staat. Alleinerziehende Mütter werden »vom Staat« bezahlt. Die Behausung wird »vom Staat« gebaut und instandgehalten. Die Straßen werden »vom Staat« gebaut und instandgehalten. Der »Krieg gegen die Drogen« wird »vom Staat« geführt und unterstützt. Die »Erziehung« und »Bildung« der Kinder wird »vom Staat« beschlossen und forciert. Die Zerstörung dessen, was einst Nachbarschaft hieß und heute benachbarte Isolation darstellt, ist staatsbedingt. Es gibt kein besseres Beispiel dafür, was der Staat Gemeinden beziehungsweise Gemeinschaften antut, als auf diejenigen zu schauen, wo sich seine Macht und sein Einfluss am stärksten manifestiert: In sogenannten Problemvierteln und Ghettos.

Was Ländern besser als alles andere helfen würde, ist Freiheit. Voluntarismus. Kleinstmögliche Regierungen. Größt-mögliche Märkte. Freiwillige Transaktionen und Interaktionen. Der Wohlfahrtsstaat ist dabei, den Westen zu zerstören – so wie er bereits das antike Rom zerstört hatte. Befürworter des Wohlfahrtsstaates können sich nicht stichhaltig gegen eine flächendeckend zunehmende Dummheit und Unselbstständigkeit beschweren, bedeutet beides doch nichts anderes, als dass produktiven Kräften mit tendenziell höherem bis hohem IQ Ressourcen genommen und an tendenziell unproduktive Kräfte mit niedrigerem bis niedrigem IQ verteilt werden. Damit werden für letztere Anreize geschaffen, sich mühelos zu reproduzieren (r). Gleich einer Maschinerie des Grauens vermehren sich somit – der IQ ist laut jüngsten Untersuchungen bis zu 80 Prozent [357] oder 86 Prozent [358] genetisch vererbt – immer mehr und noch mehr unintelligente Leute, die mehr desselben verlangen werden. Es entsteht so im Laufe der Zeit ein enormer Markt für Dummheit, der sich dann unter anderem dadurch äußert, dass die immer weniger werdenden, produktiven Individuen mit hohem IQ Leute wie Alexandria Ocasio-Cortez, Greta Thunberg, Claudia Roth, Sawsan Chebli oder Martin Schulz sprechen hören und kaum glauben können, was sie da hören. Es ist jedoch kein Zufall, dass immer mehr Leute dieser Art plärrend auf den Plan treten (und damit verbunden entsprechende Positionen), ebenso wird es kein Zufall sein, dass derlei immer weiter zunehmen wird. Bis zum letztlichen Kollaps, häufig endend mit Blut, Gewalt und (Bürger-)Krieg.

Sofern wir jedoch Wege finden (und zulassen), auf freiwilliger Basis aufeinander zuzugehen, das heißt auf Basis von Handel und Verhandeln statt unmittelbar zu einer wie auch immer gearteten Regierung zu rennen, um unsere Launen mittels Zwangs,

---

[357] Plomin & Deary (2015).
[358] Panizzon et al. (2014).

Gewalt und Schuldensklaverei zu forcieren, sodann gibt es Hoffnung und Chancen für Gesellschaften. Sofern wir dem Staat weiterhin erlauben, einen Keil zwischen uns zu treiben, indem der einen Gruppe – egal, ob es sich um Schwarze, Weiße, Frauen, Männer, Gläubige, Ungläubige et cetera handelt –, auf Basis von Zwang, Schulden und moderner Versklavung Geld genommen und einer anderen übertragen wird, sieht die Zukunft düster aus. Der Staat wird damit nicht aufhören. Es gehört zu seinem Wesenskern, konstant »Gefälligkeiten« anzubieten (Stimmenkauf), um Menschen gegeneinander aufzubringen.

Wir brauchen kein von magischem Meteoritenstaub betriebenes Raumschiff, stattdessen tatsächliche Gleichheit vor dem (privaten) Gesetz. Ein Gesetz, das tatsächlich weder Geschlecht noch Rasse noch Religion bevorzugt. Wir brauchen keinen CGI-Zauber, um uns zurechtzufinden und im Wohlstand friedlich miteinander auszukommen.

Wir brauchen die »Technik«, von der im Film nicht die Rede ist, aber hoffentlich endlich in Betracht gezogen wird. Es bedarf keiner Magie, um zu florieren und zu überleben. Alles, was wir brauchen, ist Freiheit, das heißt Vertragsfreiheit. Das heißt geschütztes Privateigentum. Das heißt Selbstbestimmung statt Fremdbestimmung. Das heißt Selbstbestimmung statt Mitbestimmung.

3.2 St-r-ategische Gesellschaftsklempnerei oder: Die EU

»Es gehört zum Schwierigsten, was einem denkenden Menschen auferlegt werden kann, wissend unter Unwissenden den Ablauf eines historischen Prozesses miterleben zu müssen, dessen unausweichlichen Ausgang er längst mit Deutlichkeit kennt. Die Zeit des Irrtums der anderen, der falschen Hoffnungen, der blind begangenen Fehler wird dann sehr lang.«

(Carl J. Burckhardt)

Zum Ziele eines besseren Verständnisses hinsichtlich dessen, was aktuell in weiten Teilen europäischer Wohlfahrtsstaaten geschieht – einmal mehr, wie es scheint, mit Deutschland in der Rolle des extremsten Gesellschaftsklempners und Voran-Peitschers –, ist es interessant und spannend, sich mit einem Herrn namens **Richard Nikolaus von Coudenhove-Kalergi** (1894-1972) zu beschäftigen.

Diese Person war ein prominenter austro-japanischer Politiker und Philosoph während des 20. Jahrhunderts, den heute viele Etatisten als den spirituellen und ideologischen Vater der »Europäischen Union« verehren.

In seinem 1925 veröffentlichen Werk *Praktischer Idealismus* heißt es:

»Der Mensch der fernen Zukunft wird Mischling sein. Die heutigen Rassen und Kasten werden der zunehmenden Überwindung von Raum, Zeit und Vorurteil zum Opfer fallen. Die eurasisch-negroide Zukunftsrasse, äußerlich der altägyptischen ähnlich, wird die Vielfalt der Völker durch eine Vielfalt der Persönlichkeiten ersetzen.« [359]

Im Folgenden spricht er sodann unter anderem von den Gefahren der »Inzuchtfamilien«, da diese nur *»den einen gemeinsamen Familientypus [repräsentieren]«* – auf Deutsch: Nachkommen innerhalb einer bestimmten Ethnie. Am schlimmsten war für ihn dabei der *»insulare Brite, der hochgezüchtete Einseelenmensch, dessen Kraft im Charakter, im Willen, im Einseitigen, Typischen liegt. Ihm verdankt das moderne Europa den geschlossensten, vollendetsten Typus: den Gentleman.«* [360]

Wer kennt sie nicht, möchte man sarkastischerweise fragen, jene schrecklichen Briten mit ihrer beispiellos destruktiven Höflichkeit, ihrer unangenehmen »Gentlemanhaftigkeit«, ihrer Höhlenkultur und gastfeindlichen, verklemmten Eigen-brödlerei ohne jeden Charme und Witz, die sich vor allem beim Besuch beliebiger *Pubs* zu beliebigen Uhrzeiten bemerkbar macht. Und allesamt scheint, wie wir nun erfahren haben, das grausame Ergebnis von Inzucht zu sein. Wie konnte sowas nur Weltmacht werden und mit den USA ein schnell zum wirtschaftlich erfolgreichsten Land des Planeten aufsteigendes »Kind gebären«? Glücklicherweise wird dieser lästigen, britischen »Inzucht-Kultur« seit geraumer Zeit ebenso tatkräftig Abhilfe geschafft wie der deutschen, französischen und schwedischen.

---

[359] Coudenhove-Kalergi (1925), S. 22 f.
[360] Ebenda, S. 23.

Natürlich erinnern diese bar jeder Wissenschaftlichkeit, Realität und Evidenz getätigten Aussagen an das, was Wolfgang Schäuble (CDU) in jüngster Vergangenheit völlig ungeniert propagierte:

»Die Abschottung ist doch das, was uns kaputtmachen würde, was uns in Inzucht degenerieren ließe.« [361]

Ich frage mich, wie er wohl auf diesen Trichter kommen konnte, sieht die Realität doch so aus, dass in Europa etwa 740 Millionen Menschen mit hunderten, regionalen Kulturen leben; darüber hinaus existieren über 40 Sprachen, mehr als 500 Dialekte, der Kontinent hat etliche Nobelpreisträger hervorgebracht und vieles mehr. Das Zitat rührt entweder von einer ungeheuren Ignoranz oder einer (meta-)politischen Agenda (oder beidem), bedenkt man, dass der europäische Genpool einer der größten weltweit ist. Das fällt insbesondere dann auf, wenn man ihn mit dem nordostasiatischen vergleicht, der, wie Dutton herausarbeitete[362], kleiner als der europäische ist. Nach Schäubles Logik müssten Nordostasien folglich in »Inzucht degenerieren« oder diesbezüglich zumindest gefährdet sein. Nun weist Nordostasien jedoch weltweit den höchsten Durchschnitts-IQ auf, was bedeutet, dass ein geringer(er) Genpool nicht automatisch zu etwaigen (absichtlich gestreuten) Horrorszenarien führt, wie sie Schäuble völlig schamlos impliziert.

Dieser kleine(re) Genpool wurde und wird, wie wir mittlerweile wissen, durch die extrem raue Ökologie verursacht, was bedeutet, dass man sich in starkem Ausmaß darauf einstellen muss, um zu überleben. Selbst wenn wir die Umwelt- und Kulturvariablen berücksichtigten, würden wir laut Dutton immer noch einen relativ hohen Grad an Ethnozentrismus bei den Nordostasiaten vorhersagen können, da unter ihnen eine geringere genetische Vielfalt besteht als unter Europäern.

Der durchschnittliche Japaner ist beispielsweise wesentlich enger mit einem anderen Japaner verwandt als zwei zufällige Engländer. Von daher würde sich jede Handlung des »ethnischen Altruismus« (siehe 2.3.7) durch den Japaner in Bezug auf inklusive Fitness mehr auszahlen als genau dieselbe durch einen Engländer. Sollte eine japanische Person mit einem Ausländer konfrontiert werden, würde dies möglicherweise seine genetischen Interessen stärker schädigen als dies der Fall wäre, wenn ein Europäer aus einem größeren Genpool mit einem Ausländer konfrontiert würde.

Dementsprechend ergibt es Sinn, dass die nordostasiatische Bevölkerung ethnozentrischer ist als die europäische. Es könnte auch erklären, warum wir einen genetischen Massenimport in Nordostasien nicht registrieren (beziehungsweise diesen nicht stattfindenden Import im Übrigen auch nicht politisch oder »moralisch« beanstanden).

Ferner weist Dutton auf eine ganze Reihe von Studien hin, die implizieren, dass Nordostasiaten weniger offen für Neues *(novelty-seeking)* oder Veränderungen sind als

---

[361] Frankfurter Allgemeine: *»Abschottung würde Europa in Inzucht degenerieren lassen«*, 08.06.2016, URL: https://tinyurl.com/y3t4whe2, Abruf am 18.11.2018.
[362] Dutton (2019), S. 148 ff.

Europäer. Basierend darauf wurde argumentiert, dass Nordostasiaten nicht so neugierig sind wie Europäer; sie sind resistenter gegenüber Veränderungen, weniger offen und haben mehr Angst vor Veränderungen.[363] In den USA lebende Nordostasiaten der zweiten Generation weisen einen höheren Anteil an Neurotizismus (das heißt eine größere Neigung zu Stress und Angst) und eine geringere Offenheit als Amerikaner in Europa auf.[364] Nordostasiaten sind auch weniger extrovertiert.

Extrovertiertheit wiederum korreliert in hohem Ausmaße mit Risikobereitschaft und bestimmten Formen intellektueller Kreativität.[365] Alle genannten Unterschiede würden dazu führen, dass sich Europäer mehr für Neues begeistern (selbst Destruktives) als die Nordostasiaten. Es ist dabei auch nicht verwunderlich, dass festgestellt wurde, dass eine geringe(re) Offenheit mit politischer Rechtsgerichtetheit zusammenhängt; dass man Neuem eher skeptisch gegenübersteht und im Angesicht des Wandels konservativ ist.[366]

Zurück zu Coudenhove-Kalergi. Dieser befürwortete in seinem Buch *Pan-Europa* (1924) nachweislich die **»Vereinigten Staaten von Europa«** und war von ganzem Herzen Ideologe des Globalismus. Sein Einfluss auf die heutige EU ist gewaltig, die willfährigen Anhänger und Zwangsumsetzer seiner r-strategischen, kollektivistischen Vision zahlreich. Alle zwei Jahre wird in seinem Namen eine Auszeichnung von der *Europa-Gesellschaft Coudenhove-Kalergi* an Personen übertragen, die beispielhafte Arbeit auf dem Gebiet der »europäischen Einigungsidee« leisten. Personen, die der Namenspatron, so er noch lebte, mit höchster Wahrscheinlichkeit als große Helfer empfunden hätte. Im Jahre 2014 wurde ein gewisser Präsident der Europäischen Kommission, namentlich Jean-Claude Juncker, mit entsprechender Auszeichnung »geehrt«.

Ein Mann, der die meiste Zeit unter dem Einfluss von Alkohol zu stehen scheint, dementsprechend gerne betrunken zur »Arbeit« erscheint, aber trotz allem (pseudo-)legitimierte Machtpositionen signifikanten Ausmaßes innehält. Währenddessen muss der gemeine Bürger, der sich irgendwo auf der Welt um eine seriöse Stelle bewirbt, peinlich genau auf jedes noch so kleine Detail in seinem Lebenslauf achten, hinzu werden exzellente Abschlussnoten sowie oftmals mehrere, blitzsaubere Referenzen et cetera verlangt. Die kleinste Lücke, die kleinste vergangene Ausschweifung könnte unter seriösen Umständen zu rigorosen Rückfragen und Ablehnung führen.

Im Jahre 2012 hieß der »Geehrte« Herman Van Rom-puy, der zwar zwischen 2009 und 2014 »erster ständiger Präsident des Europäischen Rates« gewesen war, aber, wenn überhaupt, heute maximal dafür bekannt ist, von Nigel Farage beleidigt worden zu sein.

Im Jahre 2010 wurde die »Auszeichnung« einer gewissen Angela Merkel aus der Uckermark verliehen, die sich in den folgenden neun Jahren mehr als würdig erweisen sollte – vor coudenhove-kalergischem Kontext; und für noch etwas Extrakontext: Al-

---

[363] Kura et al. (2015).
[364] Eap et al. (2008).
[365] Simonton (2009).
[366] Hudson et al. (2009).

185

le drei »ausgezeichneten« Personen sind »ehrenamtliche Ratsmitglieder« innerhalb dieser Coudenhove-Kalergi-Gesellschaft. Man verarbeite diese Information, wie man möchte.

Doch wie arbeitet diese schattenhafte Personengruppe? Welche Strategien, welche Politik setzen sie in Gang, um das Coudenhove-Kalergi-Ziel eines »*gemischtrassigen, globalen Europas*« [367] zu verwirklichen?

Eine demographische Studie, die in Deutschland kürzlich veröffentlicht wurde, trägt zur Beantwortung dieser Frage bei, nachdem sich laut Statistischem Bundesamt herausstellte, dass 42 Prozent aller Kinder unter sechs Jahren einen »Migrationshintergrund« haben.[368] Angela Merkel macht das stolz. Und so würde es auch Herrn Coudenhove-Kalergi stolz machen.

Mit anderen Worten: Der letzte Satz des von letzterem zu Beginn genannten Zitats ist exakt das, was gegenwärtig in diversen Wohlfahrtsstaaten Europas (nein, nicht ganz Europa) stattfindet. Viel wurde darüber bereits gesagt und geschrieben, aber allein das Ausmaß der Einwanderung aus Dritte-Welt-Ländern – oder um mit »Invasion« einen explosiveren, wenngleich nicht weniger richtigen Begriff zu verwenden –, hat innerhalb relativ kurzer Zeit zu nichts anderem geführt als den Kontinent als Ganzes zu schwächen beziehungsweise die indigenen Bevölkerungen aller sich zur **künstlichen** »Buntheit« respektive »Vielfalt« bekennenden Länder in einem beträchtlichen Ausmaß zu verwässern.

Wir sind an einem Punkt angelangt, an dem Menschen vonseiten der Politik eingetrichtert wird, dass so etwas wie Briten, Deutsche, Schweden et cetera überhaupt nicht »richtig« existieren, geschweige denn dies jemals taten. Dass vielmehr jedermann, egal woher, diese Identitäten beliebig »annehmen« kann, und von entsprechenden Gesellschaften in vorauseilender Dankbarkeit und ohne jeden Zweifel angenommen werden würde (müsse). Wir sind an einem Punkt angelangt, an dem weiße Briten eine Minderheit in deren eigener Hauptstadt wurden – ein Muster, das sich in nunmehr immer zahlreicheren Orten innerhalb der Nation bemerkbar macht. Das sei aber schließlich alles völlig egal, meinen Medien, Regierungen, (in noch sicherer Abschottung lebende) Prominente, »Wohltätigkeitsorganisationen«, Aktivisten, die Finanzbranche und so weiter. Beinahe jeder scheint dieses Gebaren als den neuen Kult innerhalb unserer Kultur der Supervielfalt anzupreisen. Das mediale Propaganda-Trommelfeuer trichtert

---

[367] Anmerkung: Gegen eine natürliche »Vermischung« auf Basis von Freiwilligkeit, Eigenverantwortung, also natürlicher Ein- und Auswanderung, kann es – bei objektiven Maßstäben – aus ethisch-moralischer Sicht keine Einwände geben, jedenfalls nicht von meiner Seite. Es ist ein heikles Thema für sich, aber finden »Rassen« auf ungezwungen-natürlichem Wege zueinander (was millionenfachen Zwangsimport ohne Befragung der finanziell dafür Aufkommenden faktisch ausschließt), so tendieren diese im Allgemeinen auf Basis ganz bestimmter Kennzeichen zueinander. Die Rede ist von kultureller und intellektueller Kompatibilität.

[368] Leubecher, Marcel: *Deutschland gewinnt so viele Einwohner über Migration wie durch Geburten*, in: Welt, 15.10.2018, URL: https://www.welt.de/politik/deutschland/article182116686/Ein-und-Auswanderung-Deutschland-gewinnt-so-viele-Einwohner-ueber-Migration-wie-durch-Geburten.html, Abruf am 20.11.2018.

den »mündigen Bürgern« betroffener Gesellschaften in einer an die Schlagzahl einer Stalinorgel erinnernden Frequenz ein, das alles sei völlig normal, nichts Neues, der natürliche Lauf der Dinge und jeder, der es wage, laute oder leise Zweifel respektive Beschwerden anzubringen oder auch nur zaghafte Skepsis zu bekunden, sei nichts weiter als ein flaggeschwingender Rechtspopulist, Dummkopf und Ewiggestriger, um drei der noch verhältnismäßig harmlosen Schmähbegriffe zu gebrauchen. Eine Propaganda, welche die autochthonen Teile der Bevölkerung darin unterweist, sich den Gepflogenheiten ihrer neuen, nicht-europäischen Nachbarn mehr und mehr anzupassen, wobei es die »Pflicht« und »Verantwortung« der Weißen sei, ihren Besitz möglichst rasch und vorbehaltlos zu übertragen.

Der Westen ist der **einzige** Ort auf Erden, wo so etwas nicht nur absichtlich, sondern wo es aufgrund der immer zahlreicheren und an Macht und Einfluss gewinnenden, r-selektierten Individuen geflissentlich geschieht und zugelassen wird (Outgroup-Präferenz). Die Situation wurde dabei sowas von absurd, dass sich mittlerweile selbst der Dalai-Lama einschaltete und daran erinnerte, dass Europa den Europäern gehöre [369] und »Flüchtlinge« in ihre Heimatländer zurückkehren sollten, um diese aufzubauen und zu entwickeln. Selbstverständlich schäumten die Globalisten in den sozialen Netzwerken nur so vor Wut ob dieser »verrückten« Aussage. Mich würde interessieren, wem Europa nach deren Auffassung gehört, wenn nicht den Europäern. Freilich wird die Doppelmoral dann deutlich, wenn man den Spieß umdreht: Wenn die (postmodernistische) »Logik« nämlich lautet, dass das kleine Europa »jedem« gehört, also selbst Millionen Menschen ohne rückverfolgbarer Vorfahren, Millionen Menschen, die mit niemandem verbunden sind, die Europa zu dem gemacht haben, was es schließlich wurde – ein Kontinent, in den trotz »weißer Ausbeutung und Knechtschaft«, wenn möglich, die ganze Welt einwandern möchte –, dann kann ich im Umkehrschluss sicherlich auch dasselbe für – sagen wir – Nigeria oder China oder Japan beanspruchen. Vielleicht sollten wir einfach alle nach Kamerun ziehen und deren Gesellschaft ein wenig »Vielfalt« verabreichen, während wir die hiesigen Traditionen, Sitten, Gebräuche und Gesetze insoweit ändern, um uns weißen Migranten das Leben einfacher zu machen. Ich bin mir fast sicher, wir könnten zu jedem Zeitpunkt mit vollster Unterstützung rechnen. Oder auch nicht.

Es ist übrigens nicht das erste Mal, dass der Dalai-Lama rationale Einschätzungen zur Tollhaus-Situation in Teilen Europas von sich gab. Schon im Jahre 2016 merkte er gegenüber der FAZ an, es befänden sich »mittlerweile« zu viele »Flüchtlinge« in Europa:

»*Europa, zum Beispiel Deutschland, kann kein arabisches Land werden. Deutschland ist Deutschland.*« [370]

Scheinbar erkennt der über 80 Jahre alte, vierzehnte Dalai Lama eine deutsche Iden-

---

[369] Vergleiche Junge Freiheit: *Dalai Lama: Europa gehört den Europäern*, 14.09.2018, URL: https://tinyurl.com/y29pgrvn, Abruf am 20.11.2018.
[370] Fähnders, Till: *»Flüchtlinge sollten nur vorübergehend aufgenommen werden«*, in: Frankfurter Allgemeine, 31.05.2016, URL: https://tinyurl.com/yytvsmf7, Abruf am 20.11.2018.

tität sehr wohl als etwas tatsächlich Existierendes, dem ein ethnisches Fundament zugrunde liegt – ganz anders als Bundespräsident Frank-Walter Steinmeier, der unlängst behauptete, so etwas wie »Biodeutsche« gäbe es nicht (mehr).³⁷¹ Wie extrem die Situation geworden ist, erkennt man unter anderem daran, wenn es eines tibetanischen Mönchs vom anderen Ende der Welt bedarf, der erklären muss, dass Europäer beziehungsweise Deutsche beziehungsweise Völker **überhaupt** existieren.

Wie der Dalai-Lama über Massenmigration denkt, wird deutlich, sofern man sich daran erinnert, dass er in der Vergangenheit die chinesische Massenzuwanderung nach Tibet als klare Bedrohung begriff. Durch den ungehinderten Zustrom chinesischer Immigranten nach Tibet wurde die kulturelle und religiöse Identität Tibets überflutet. So sind die Tibeter in ihrem eigenen Land faktisch auf eine unbedeutende Minderheit reduziert worden. Dies sei nach seinen Worten nichts anderes als ein »kultureller Völkermord«, wie einst mehrere Medien berichteten. Es wäre demzufolge nur logisch, davon auszugehen, dass er Europas individuelle Völker ebenso von einem »kulturellen Völkermord« bedroht sieht, falls die EU ihre Politik der (politisch erzwungenen!) Völker- und Kulturvermischung weiter vorantreiben sollte.

Steinmeier schlägt indessen in einen gleichsam r-strategischen wie postmodernistischen, geisteswissenschaftlichen Trend, wonach Völker heute – oft unter dem Einfluss eines (radikalen) Konstruktivismus (siehe 2.1.1.) – als nicht real beziehungsweise als fiktive Konstrukte und Erfindungen abgetan werden. Der deutsche Historiker, Anthropologe und Publizist Andreas Vonderach (M.A.) macht auf dieses Gebaren in seinem faktenreichen Werk *Völkerpsychologie* aufmerksam. Laut besagten Geisteswissenschaften seien Völker *»die Erfindungen von Herrschenden in der Vergangenheit, um die Beherrschten in ihrem Sinne manipulieren zu können.«*³⁷² *Neuere genetische Untersuchungen bestätigen jedoch den Charakter der Völker als Verwandtschaftsgruppen. So fand man in den USA, dass die ethnische Selbstzuordnung (Weiße, Schwarze, Ostasiaten und Latinos) bei 99,86 Prozent der Personen mit den empirisch ermittelten, genetischen Clustern übereinstimmt. Selbst innerhalb Europas lassen sich die verschiedenen Völker noch* [Stand: 2014 – Anm. d. Verf.] *gut voneinander unterscheiden. So kann man zum Beispiel die Schweden mit statistischen Methoden zu 90,1 Prozent, die Polen zu 80,2 Prozent und die Deutschen (einschließlich der Österreicher) zu 64,4 Prozent genetisch richtig zuordnen. Das ist für ein großes Volk wie das deutsche, das in sich starke regionale Unterschiede aufweist, ein beträchtlicher Wert. Überschneidungen bestehen nur zu den Nachbarvölkern, im Fall der Deutschen also zu Dänen, Tschechen und so weiter.«*³⁷³

---

³⁷¹ Hale, Virginia: *German president declares ‚There are no Native Germans, we are a nation of immigrants'*, in: Breitbart, 25.08.2018, URL: https://tinyurl.com/yxp7ykvh, Abruf am 20.11.2018; Tagesschau: *»Es gibt keine Deutschen auf Bewährung«*, 22.08.2018, URL: https://tinyurl.com/y4x7g8gz, Abruf am 20.11.2018.
³⁷² Daraus würde folgen, dass Neo-Sozialisten wie Steinmeier, welche Völker an sich – in Wahrheit nur das eigene – negieren, die Beherrschten nicht (mehr) manipulieren wollten. Das darf zumindest bezweifelt werden.
³⁷³ Vonderach (2014), S. 10 f. Vonderach stützt sich neben seinen eigenen Forschungen aus der Vergangenheit auch auf weitere Studien, so beispielsweise auf Tang et al. (2005) und Heath et al. (2008).

Als Resultat von Merkels Hingabe gegenüber Couden-hove-Kalergis »Masterplan« vollzieht sich in Deutschland seit geraumer Zeit eine Transformation, die es so noch nie gab. Eine Transformation, die so extrem ist, dass die Hoffnung auf eine friedliche Umkehrung täglich schwindet. Im Jahre 2017 wurde Frankfurt am Main, fünftgrößte Stadt Deutschlands, die erste deutsche Großstadt, die offiziell autochthone Deutsche als Minderheit verzeichnete[374] (Augsburg und Stuttgart sind die nächsten Kandidaten).

Wie in jeder anderen europäischen Stadt, in der dies der Fall geworden ist (London, Amsterdam, Brüssel et cetera), treten dieselben Muster zutage, allen voran hinsichtlich des ökonomischen Missverhältnisses zwischen Deutschen und Migranten.[375] Die Anzahl der letzteren, welche unterhalb der Armutsgrenze leben, ist doppelt so hoch wie die der Deutschen. Auch Arbeitslosigkeit ist unter Migranten wesentlich höher. Das Argument, dass Migranten finanziell mehr beitrügen denn in Anspruch nehmen, verliert damit sehr schnell an Glaubwürdigkeit. Tatsächlich alimentiert in Frankfurt nun eine deutsche Minderheit die nicht-deutsche Mehrheit. Inwieweit ist das ein fairer Deal? Inwiefern ist das »progressiv«? Das ökonomische Ungleichgewicht kann jedenfalls nicht länger mit diversen Vorwürfen von wegen »institutioneller Rassismus« beiseite gewischt werden. Die Zahlen geben es schlicht und ergreifend nicht her.

Frankfurt wird möglicherweise wie London enden[376], traurigerweise mittlerweile kein Modell, dem gefolgt werden sollte. Unnötig zu erwähnen, dass die destruktive, demographische Entwicklung Deutschlands in weiten Teilen als »gesellschaftliche Gerechtigkeit« gepriesen wurde und wird, während jeder, der es wagt(e), dem neuen Narrativ mit dem (weltweit völlig normalen) Hinweis zu widersprechen, Migranten müssen sich den Gepflogenheiten des Gastlandes unterwerfen, als »ewiggestrig« oder Schlimmeres diffamiert wird. Schließlich müsse sich, sowie es keine ethnische Mehrheit mehr gibt, »jeder an jeden anpassen« und »Vielfalt« werde »die neue Norm«. Welch clevere Taktik: Da man insgeheim genau weiß, dass Integration mit dem faden Beigeschmack von Willkür, Planwirtschaft und Zwang in großem Ausmaß nicht funktioniert (hat), sollte man sich kurzerhand einfach keine Bedenken und Sorgen mehr machen, erst recht, sofern Deutsche sowieso bald flächendeckend die Minderheit stellen sollten.

Eine Nation ohne Identität, ohne Kultur, ohne kohärente Gesellschaft – allesamt sekundär bis unwichtig, solange »Vielfalt« herrscht und dabei noch nicht einmal eine ist, welche die Bezeichnung als solche verdienen würde. Noch nicht einmal in Kreisen

---

[374] Vergleiche Jouwatch: *Die islamische Zukunft Deutschlands beginnt in Frankfurt!*, 28.06.2017, URL: https://tinyurl.com/y2motm5t, Abruf am 21.11.2018;
Frankfurter Allgemeine: *Mehr als die Hälfte mit ausländischen Wurzeln*, 26.06.2017, URL: https://tinyurl.com/yxksc6x3, Abruf am 21.11.2018.
[375] Hale, Virginia: *Half of Turks in Germany do not work, Majority 'not interested in a job'*, in: Breitbart, 13.07.2017, URL:
https://tinyurl.com/y638jr24, Abruf am 21.11.2018.
[376] Für Interessierte: Watson, Paul Joseph: *What they're NOT telling you about London*, in: YouTube, 01.05.2018, URL: https://tinyurl.com/y7pe7qmu,
Abruf am 21.11.2018.

r-strategischer Linker, die jede noch so berechtigte, empirisch-ökonomische oder kulturell-philosophische Kritik mit dem Kampfruf »*Vielfalt ist unsere Stärke*« (oder Variationen davon) niederbrüllen, ist die sodann theoretisch aus ihr hervorgehende Praxis evident. Bei Vielfalt kann es jedoch nicht um Rasse, ethnische Zugehörigkeit oder Geschlecht gehen, sondern um Glaubenssysteme beziehungsweise Überzeugungen.

Wer die »Vielfalt« in »Vielfalt ist unsere Stärke« (selbst Teil eines Glaubenssystems beziehungsweise einer Überzeugung) an Rassen koppelt, ist logischerweise selbst Rassist, da man sagt, dass sich die einzige Möglichkeit, Vielfalt zu erhalten, durch den Import unterschiedlicher Rassen ergebe. Vielfalt muss demnach an unterschiedliche Glaubenssysteme, Überzeugungen und/oder Wertvorstellungen gekoppelt sein.

Demzufolge müsste es sich – der Parole »*Vielfalt ist unsere Stärke*« entsprechend – bei den Bereichen, in denen Linke am meisten Macht haben, logischerweise um die vielfältigsten handeln: Medien, Nachrichtenredaktionen, der staatliche Schul- und Hochschulbetrieb und so weiter.

Begrüßen sie dort Vielfalt?

Wie viele Konservative, klassisch Liberale, Libertäre oder gar Voluntaristen sind dort vertreten? Es gibt beispielsweise in ganz Deutschland nicht einen (dringend benötigten) Lehrstuhl, der die *Österreichische Schule der Nationalökonomie* lehrte, dafür beispielsweise aber mindestens 62 Lehrstühle, die, verteilt auf 22 Universitäten (Stand: 2012) [377], r-strategisch-postmodernistisches »Gender-Mainstreaming« als »Wissenschaft« proklamieren. Die Liste ließe sich mühelos erweitern.

Deutschland schlägt einen zunehmend suizidalen Kurs ein. Wie gesagt: 42 Prozent aller Kinder unter sechs Jahren sind keine Deutschen. Als wäre das für sich genommen nicht schon genug Grund, um einmal nachzudenken, was gegenwärtig passiert, darf auch nicht vergessen werden, dass mehr und mehr (produktive) Deutsche das Land verlassen, allein knapp eine Viertelmillion im Jahre 2017 und nochmal über 20.000 mehr im Jahre 2016.[378] Aus irgendeinem Grund verzeichnet die Statistik ab 2015 einen enormen Anstieg »deutscher Flüchtlinge«. Ich frage mich, um welchen Auslöser es sich handeln könnte.

Womöglich die merkelsche **Generaleinladung an die Dritte Welt**, nach Deutschland zu kommen, während gleichzeitig die im Durchschnitt intelligentesten, anständigsten, friedfertigsten und fleißigsten Ausländer selbst als bloße Touristen zum Zwecke einer Einreiseerlaubnis einen bürokratischen Spießrutenlauf jenseits von Gut und Böse (nebst persönlichem Offenbarungseid) über sich ergehen lassen müssen. Gleichzeitig kehrten zwar 167.000 zurück, aber die Gesamtbevölkerung unter autochthonen Deutschen schrumpfte um 82.000. Hinzu kommt der Umstand, dass 1,7 Millionen Todesfällen nur 1,2 Millionen Geburten gegenüberstehen (wobei bei diesen lediglich

---

[377] Wiarda, Jan-Martin: *Wo gibt's denn sowas?*, in: Zeit Online, 05.01.2012, URL: https://tinyurl.com/yyymcr6w, Abruf am 20.11.2018.
[378] Leubecher, Marcel: *Deutschland gewinnt so viele Einwohner über Migration wie durch Geburten*, in: Welt, 15.10.2018, URL: https://tinyurl.com/y8mhaoaw, Abruf am 20.11.2018.

»Mutter mit deutscher Staatsbürgerschaft« angegeben wurde). Mit anderen Worten: Die autochthone deutsche Population schrumpfte im Zeitraum von nur zwei Jahren um über 700.000 Menschen, was wiederum in etwa der fünftgrößten Stadt des Landes entspricht. Tatsächlich stellt Massenmigration mittlerweile den alleinigen Grund für das Bevölkerungswachstum Deutschlands dar.[379] Die absichtlich herbeigeführte Flutung durch auf dem Arbeitsmarkt größtenteils nicht vermittelbare Migranten, die noch dazu im Schnitt wesentlich krimineller sind als Deutsche[380], wird durch deren signifikant höhere Geburtenrate schrittweise dafür sorgen, dass in einigen Dekaden Frankfurt landesweit die Norm sein wird. Gleichzeitig werden mehr und mehr Deutsche, welche die Chance haben, ihr Know-how, ihren Fleiß und ihre Produktivität in die Dienste anderer Länder stellen, weiterhin auswandern.

Wieso auch sollten eine deutsche Frau oder ein deutscher Mann dauerhaft in einem Land leben wollen, das sie verlassen hat? Wo sich Nachbarschaften bis zur Unkenntlichkeit veränderten. Wo deren hart erarbeitete Steuergelder dafür missbraucht werden, zu einem großen Teil parasitäre Fremde der Dritten Welt, die in sehr vielen Fällen nicht arbeiten (werden), zu alimentieren. Wo das bloße Betreten der Straße aufgrund steigender Gang- und Bandenkriminalität, religiösem (islamischem) Fanatismus und unterdurchschnittlicher IQ-Werte zunehmend zum Sicherheitsrisiko wird. Wer kann es den Auswanderern verdenken? Schließlich wurde nicht einer gefragt, ob er mit dem neuen Aufguss eines dieses Mal exorbitant-bunt-sozialistischen Gesellschaftsklempner-Experiments einverstanden sei. Dass die Korrelation zwischen Demokratie beziehungsweise Demokratisierung und nationalem (Durchschnitts-) IQ durchgehend im Bereich zwischen 0,5 und 0,8 liegt, wie anhand der Daten aus 188 Ländern festgestellt wurde[381], scheint die vorgeblichen Demokratie-Fans nicht zu interessieren.

Einer würde sich, mit Tränen der Freude in den Augen, augenblicklich auf jeden Fall die Hände reiben. Sein Name lautet Richard von Coudenhove-Kalergi.

Ludwig Erhard warnte 1963 in Stockholm:

»Wehe dem, der glaubt, man könne Europa etwa zentralstaatlich zusammenfassen, oder man könne es unter eine mehr oder minder ausgeprägte zentrale Gewalt stellen. Nein – dieses Europa hat seinen Wert auch für die übrige Welt gerade in seiner Buntheit, in der Mannigfaltigkeit und Differenziertheit des Lebens.«

---

[379] Tomlinson, Chris: *Mass Migration Now Sole Cause Of Population Growth in Germany*, in: Breitbart, 17.01.2018, URL: https://tinyurl.com/y3qo9rtf, Abruf am 21.11.2018; Welt: *Bevölkerung in Deutschland wächst, Ausländeranteil steigt*, 16.01.2018, URL: https://tinyurl.com/y9b6lb49, Abruf am 21.11.2018.
[380] Laufer, Ines & Fritz, Jürgen: *Von der quantitativen und qualitativen Zunahme der Gewalt und Gewaltbereitschaft in Deutschland*, in: Meinungsfreiheit 2.0, 27.10.2018, URL: https://tinyurl.com/y6xe37hm, mit weiterführenden Quellen; ich verweise zudem auf den Abschnitt *Kriminalität* unter der Rubrik *Downloads & Clips* auf meinem Blog.
[381] Lynn & Vanhanen (2012), S. 124, S. 135 ff.

Unnötig zu erwähnen, dass Erhard den Begriff »Buntheit« in diesem Zusammenhang nicht in der zunehmend pervertierten Form von heute gebrauchte. Heute steht der Begriff einerseits für Beliebigkeit, um sich vor tatsächlicher, das heißt auf Basis von Selbstversorgung, Eigenverantwortlichkeit und Respekt für das Gastland erfolgender Integration drücken zu können; andererseits dient der r-strategische Terminus der stetig zunehmenden »Buntheit« (alternativ auch »Vielfalt«) dem Zweck, über den Umstand hinweg zu täuschen, dass beinahe ausschließlich Menschen aus dem islamisch und/oder afrikanisch geprägten – und nicht selten feindlich gesinnten – Kulturkreis willkommen geheißen werden sollen. (Und nochmal: Es steht grundsätzlich niemals der moralinsaure Vorwurf im Raum, wonach beispielsweise Länder wie Japan, China, Saudi-Arabien, der Niger, Äquatorialguinea oder Bolivien nicht »vielfältig« genug seien. Diese Kritik betrifft ausschließlich weiße Länder und Gesellschaften.)

Es handelt sich demnach mehr um eine postmoderne Art Durchhalteparole denn um echte Buntheit und echte Vielfalt. Letztere können nur unter natürlichen Bedingungen vorliegen. Sie entstehen auf spontane (nicht politisch gelenkte) Art und Weise und bereichern dann, wenn Menschen eigenverantwortlich und selbstbestimmt leben, also ohne einen alles regulierenden *Nanny-Staat*. Politik müsse demzufolge so wenig wie möglich (am besten überhaupt nicht) in das Leben von Bürgern intervenieren (»hineinpfuschen«). Kurz: Die Situation müsste das exakte Gegenteil von heute sein, um von natürlicher und tatsächlicher Buntheit und Vielfalt sprechen zu können. Erhard wusste das.

Unter der Voraussetzung, dass mit dem Begriff *Volk* verschiedene, sich teilweise überschneidende Gruppen von Individuen gemeint sind, die aufgrund einer gemeinsamen Sprache und vieler weiterer, bestimmter kultureller Gemeinsamkeiten und Beziehungen sowie zahlreicher Verwandtschaftsgruppen miteinander verbunden sind, ist die Frage, warum ein konstruierter, r-strategischer Vielvölkerstaat noch destruktiver ist als ein zwangskonstruierter Nationalstaat, eine recht interessante. (Die nächste Frage wäre sodann freilich, warum sezedierte, K-strategische Gemeinden einem Nationalstaat überlegen sind, aber der Zug ist vor dem Hintergrund der objektiven Realität längst abgefahren, wie es scheint.)

Man könnte nun seitenlang darüber referieren, wieso die »kleinere Version« der »größeren Version« in der Theorie überlegen ist. Dazu müsste heutzutage natürlich auch in aller Deutlichkeit darauf hingewiesen werden, dass die Ablehnung eines »Vielvölkerstaates« mitnichten Geringschätzung, Verachtung oder – bedauerlicherweise längst eine reflexartig wie absurde Unterstellung – Rassismus impliziert.

Ferner müsste klargestellt werden, dass jene Ablehnung in keinster Weise »Abschottung« (treffender wäre Abgrenzung), schon gar nicht in marktwirtschaftlicher Hinsicht bedeutet, sondern stattdessen ein Argument für die Rückkehr zum »Nationalstaat« in der tatsächlichen (nicht utopischen) Bewahrung kultureller Identitäten besteht, sofern man derlei für wichtig oder schützenswert erachten sollte.

»Die sogenannte europäische Idee«, konstatierte der Journalist und Schriftsteller Michael Klonovsky im Oktober 2017, *»bestand ursprünglich darin, den über Jahrhunderte in blutige*

Konflikte verstrickten Kontinent, dessen Nationen sich in der ersten Hälfte des 20. Jahrhunderts bis in die geopolitische Bedeutungslosigkeit gegenseitig demoliert hatten, zu befrieden, zu versöhnen und die ehemaligen Feinde in Partner zu verwandeln. Nie hätten die Gründer der EU, hätte ein de Gaulle oder ein Adenauer gedacht, dass ihre Idee der Aussöhnung in den wüstesten Zentralismus in der Geschichte ihres Kontinents führen würde.

Nie hätten sie sich alpträumen lassen, dass führende Funktionäre dieses Gebildes wie Frans Timmermans, der Vizepräsident der EU-Kommission, versuchen würden, die bunten europäischen Völker in eine graue multikulturelle Gesellschaft, die vielfältigen nationalen Kulturen in eine einheitliche Superkultur zu verwandeln. Nie hätten sie sich schwanen lassen, dass linke und neoliberale antirassistische Rassisten von der Umwandlung der europäischen Völker in eine homogene Mischethnie träumen und den Barbaren die Tore öffnen würden (gewiss, ein Richard Coudenhove-Kalergi hatte solche Visionen schon in der Zwischenkriegszeit, und Oswald Spengler umgekehrt auch, doch das waren Außenseiter).« [382]

Doch im Grunde sind alle Erklärungen, warum Nationalstaaten zumindest künstlich herbeigeklempnerten Vielvölkerstaaten vorzuziehen sind, unnötig. Warum? Da es neben der Theorie die (flächendeckend ignorierte) Praxis auf Basis historischer Objektivität gibt. Und was zeigt uns diese Praxis respektive Geschichte des Vielvölkerstaates?

Dass noch jeder blutig zerfallen ist.

Die Habsburgermonarchie (mit ihren ständigen Unruhen durch Ungarn, Serben und anderen), die aus ihr folgenden Vielvölkerstaaten Jugoslawien und Tschechoslowakei – immer gab es Terrorismus, blutige Fehden, Unruhen, Gewalt. War nicht der Erste Weltkrieg eine Folge instabiler, zerfallender Vielvölkerreiche? Wie verhielt es sich mit dem Osmanischen Reich, deren Verfall schließlich selbst durch die x-te Reform nicht mehr aufzuhalten war? Wie lange hat – trotz eiserner Knute durch Stalin und die Kommunisten – der Vielvölkerstaat Sowjetunion gehalten? Wie lange die Nachfolgestaaten des Habsburgerreiches, welche ebenfalls »Vielvölkerstaaten« waren? Tschechoslowakei, Jugoslawien? Was ist mit Indien? Kracht es dort nicht ebenfalls am laufenden Band? Herrschen dort etwa nicht ethnische sowie religiöse Unruhen (Stichwort: Pakistan, Bangladesch)?

»Ja, aber die Schweiz!«, kommt gerne als Einwand und Beispiel für einen rundum gelungenen Vielvölkerstaat. Dazu eine Frage: Welche »Völker« verstehen sich denn in der Schweiz angeblich so gut miteinander? Meinen Personen, die diesen Einwand bringen, etwa, dort existier(t)e je ein »Volk« der Italiener, Franzosen und Deutschen oder derer noch mehr? Von wegen! Die Schweizer waren immer schon Schweizer, egal unter welcher Herrschaft. Und mögen sie früher Helvetier geheißen haben, sie waren stets homogen. Der geneigte Geschichtsinteressierte kann dies schon bei Gaius Julius Cäsar (100 v. Chr. - 44 v. Chr.) nachlesen.

Ganz anders beispielsweise bei den Belgiern. Belgien würde als Beispiel wesentlich besser passen: Hier trennen sich womöglich einst zwei »Völker«, namentlich die Wal-

---

[382] Klonovsky, Michael (Blog): *Acta Diurna*, 27.10.2017, URL: https://www.michael-klonovsky.de/acta-diurna/item/682-27-oktober-2017, Abruf am 17.11.2018.

lonen und die Flamen. In Großbritannien ähnlich: Hier gehen in absehbarer Zeit womöglich die Schotten. Viele Nordiren wollen auch nicht bleiben. Wie sieht es mit Spanien und Katalonien aus? Was ist mit dem Kosovo? Oder Norditalien? Die Bayern und die Kärntner gibt es auch noch. »Drohungen« bezüglich Abspaltung sind zumindest evident. Oder Südtirol: Dort gab es in den 60er Jahren Anschläge, weil das eben Tiroler sind und keine Italiener. Und so weiter und so fort.

Betrachtet man sich den Roten (Versagens-)Faden hinsichtlich all jener künstlich herbeigeklempnerter Superstaatsgebilde, in denen stets gegen eine der natürlichsten Begebenheiten menschlicher Natur verstoßen wurde und wird – indem man sie quasi interniert beziehungsweise in ein künstliches Kollektiv presst – bleibt einem schlichtweg nichts anderes übrig als den immer wiederkehrenden, gleichsam krösusartigen wie anmaßenden Vielvölkerstaaten die empirisch nachweisbare Untauglichkeit zu konstatieren, wenn es um die friedvolle Organisation menschlichen Zusammenlebens gehen soll.

Tatsächlich handelt es sich um eine Chimäre. Eine Lüge. Ein Luftschloss. Eine Dummheit, die nicht gescheiter wird, wenn man sie ständig wiederholt. Was war einst mit Woodrow Wilsons (1856-1924) 14 Punkten? Hatte man das sogenannte Selbstbestimmungsrecht der Völker beachtet? Nein. Die Folge: Ein gewaltiger Weltkrieg.

Ludwig von Mises (1881-1973), seines Zeichens österreichisch-amerikanischer sowie staatskritischer Wirtschaftswissenschaftler, beschrieb nicht nur die Wirkungsweisen der von r-Strategen mit dem Kampf- und Schmähbegriff »Kapitalismus« versehenen freien Marktwirtschaft, sondern wies zudem in seinen Schriften, allen voran *Die Gemeinwirtschaft*, das systemimmanente Scheitern aller Formen des Sozialismus bereits in den 1920er Jahren stichhaltig nach (während er zur selben Zeit das Ende der Sowjetunion aufgrund ökonomischer Sachkenntnisse auf exakt die Zeit datierte, in der sie letztlich zusammenbrach). Und bereits 1919 schrieb er:

»Kein Volk und kein Volksteil soll wider seinen Willen in einem Staatsverbande festgehalten werden, den es nicht will. Die Gesamtheit der Freiheitlichgesinnten, die gewillt sind, einen Staat zu bilden, erscheint als die politische Nation; patrie, Vaterland, wird zur Bezeichnung des Landes, das sie bewohnen, Patriot wird synonym mit freiheitlich gesinnt.« [383]

Acht Jahre später dann unter anderem:

»Das Selbstbestimmungsrecht in Bezug auf die Zugehörigkeit zum Staate bedeutet also: wenn die Bewohner eines Gebietes, sei es einen einzelnen Dorfes, eines Landstriches oder einer Reihe von zusammenhängenden Landstrichen, durch unbeeinflusst vorgenommene Abstimmungen zu erkennen gegeben haben, dass sie nicht in den Verband jenes Staates zu bleiben wünschen, dem sie augenblicklich angehören, sondern einen selbständigen Staat bilden wollen oder einen anderen Staate zuzugehören wünschen, so ist diesem Wunsche Rechnung zu tragen. Nur dies allein kann Bürgerkriege, Revolutionen und Kriege zwischen den Staaten wirksam verhindern.« [384]

Dass Sezession von Gesellschaft und Staat nicht nur wichtig, sondern unabdingbare

---

[383] Mises (1919), S. 27.
[384] Mises (1927), S. 96.

Prämisse für ein friedfertiges Zusammenleben, kurzum Zivilisation bedeutet[385], war und ist in diesem Zusammenhang ein evidenter Fakt, der trotz weiterer Jahrhunderte flächendeckenden Ignorierens evident bleiben wird.

Auch der nächste Versuch eines kollektivistischen (und diesmal künstlich »bunten«) Zwangsvielvölkerstaates in Form der EU – nebenbei handelt es sich dabei um einen dystopischen Traum, den bereits die National**sozialisten** träumten[386] – wird sich gegen individuelle Freiheit, Verantwortung und Selbstbestimmung richten.

---

[385] In diesem Buch ist nicht der Platz, das Thema Sezession zu erörtern. Ich verweise in diesem Zusammenhang auf die Bücher *Praxeologie für Ordnung und Sezession. Ergänzung zu Human Action* (Berlin 2014) von Norbert Lennartz sowie *Freie Privatstädte. Mehr Wettbewerb im wichtigsten Markt der Welt* (Walldorf 2019) von Titus Gebel.

[386] Mende (2017), S. 171-176.

3.3 Europa und Mig-r-ation

In einem hörenswerten Vortrag erklärte der kanadische Philosoph und K-Stratege Stefan Molyneux bereits im Jahre 2015, warum Europäer Migranten im Zuge der sogenannten Flüchtlingskrise nichts schulden.

Ein Narrativ in weiten Teilen der EU laute diesbezüglich in etwa wie folgt:
»Die Flüchtlingskrise ist die logische Rache für die durch westliche Regierungen verursachte Destabilisierung des Nahen Ostens. Wenn ihr diese Flüchtlinge nicht wollt, hättet ihr deren Länder nicht bombardieren sollen! Karma! Pech gehabt, also kommt damit klar!«

Eines der Hauptkennzeichen des Postmodernismus[387] besteht darin, dass sich sukzessive von Ratio abgewandt und stattdessen blanken Emotionen hingegeben wird. (Ich spreche in diesem Zusammenhang allgemein von *Entklärung*.) Auf Emotionen ein politisches Zwangssystem gründen zu wollen, wird auf kurze, mittelfristige und lange Sicht noch destruktivere Konsequenzen nach sich ziehen als ohnehin schon.

Angesichts der seit Jahrzehnten sorgsam verabreichten, r-strategischen Dauerindoktrination verwundert es nicht, dass das obige Narrativ für viele Zeitgenossen ein emotional überzeugendes Argument darstellt. Da die Gruppe derer immer größer wird, welche ihre vermeintliche »Humanität« wie eine Monstranz vor sich hertragen, ungeachtet aller Widersprüche und Folgen, wird es für die zum (bisher weitestgehend nur moralischen) Abschuss freigegebenen Skeptiker, die ihre »hu-manen« Argumente kritisch und streng prüfen, immer schwieriger, zumal letztere sich stetig aggressiveren Anklagen, Unterstellungen und vermehrt physischen Übergriffen durch immer zahlreicher werdende r-Strategen ausgesetzt sehen (werden). Kämpfen die Attackierten in Wahrheit gegen intellektuelle Bigotterie, wird ihnen absurderweise (unter anderem) genau dieser Vorwurf gemacht: Sie seien »engstirnig«, »borniert«, »kalt«, um einige »harmlose« Behauptungen zu nennen, vielmehr aber »rassistisch«, »nationalistisch«, »sexistisch« et cetera, um einige der schweren Geschütze anzuführen, welche jedoch durch den mittlerweile hilflos-inflationären Gebrauch zunehmend in Rauch aufgehen, und zwar dort, wo sie hingehören: dem blendenden Strohfeuer.

Gerade gegen die verführerischsten (und damit nicht selten fehlerhaften) Narrative sowie (Pseudo-)Argumente muss entschiedener Widerstand geleistet werden, sofern einem Philosophie und letztlich die Bewahrung einer K-selektierten Umgebung irgendetwas bedeutet.

Kantianische Universalisierbarkeit lautet hier ein Stichwort. Ein moralisches Argument muss seiner Natur nach universalisiert werden können. Mit anderen Worten: Die Prinzipien, die entweder explizit oder implizit im moralischen Argument enthalten sind, müssen extrahiert und dann gegen andere Szenarien getestet werden. Wenn wir emotional mit einem Szenario sympathisieren, aber vor einem anderen Szenario zurückschrecken, das genau die gleichen moralischen Prinzipien widerspiegelt, dann

---

[387] Für eine eingehende Analyse unterschiedlicher, postmodernistischer Facetten und Auswüchse siehe Mende (2018/19), S. 171-237.

wissen wir, dass uns Bigotterie und Gefühlsduselei – aus oben genannten Gründen beides typische Kennzeichen einer r-Strategie –, fest im Griff haben – anstatt Rationalität. Als Folge werden so gut wie alle unsere Entscheidungen katastrophal ausfallen.

Im Hinblick auf die europäische Flüchtlings- oder Migrationskrise lautet das implizite Prinzip in etwa so:

Eine Bevölkerung muss für die Unmoral ihrer Führer bestraft werden.

Das ist natürlich nicht die ganze Geschichte, aber bereits hier besteht allein aufgrund der Formulierung ein sehr großes Problem. Demnach könnte man bequemerweise auch sagen, dass alle Juden für Handlungen bestimmter jüdischer Führer bestraft werden müssen. Sollten ferner alle Muslime für die Taten bestimmter muslimischer Führer bestraft werden? Sollten alle Afroamerikaner für die Handlungen bestimmter afroamerikanischer Führer bestraft werden? Nein, natürlich nicht. Dieses Konzept der kollektiven Schuld ist weder rational noch moralisch aufrecht zu erhalten. Man muss es lediglich auf andere Gruppen anwenden und die Unmoral des Prinzips wird klar. Die Angelegenheit wird dadurch erschwert, dass Europäer ihre Führer wählen können. Oder?

Zunächst einmal ist es wichtig, sich daran zu erinnern, dass die Bürger im Sowjet-Imperium auch für ihre Führer stimmen konnten, allerdings wird es ziemlich schwer, zu behaupten, dass der totalitäre Sowjet-Staat die tiefsten und individuellsten Präferenzen seiner Bürger widerspiegelte. Jeder vernünftige und empathische Mensch erkennt, inwieweit die in der Kindheit eingeimpfte Propaganda die praktische Umsetzung und Anwendung von Vernunft als Erwachsener einschränkt. Das ist schließlich der ganze Sinn der Propaganda. Können wir sagen, dass eine Frau, die unter Stalin lebte, eine »freiwillige Kommunistin« war? Können wir sagen, dass ein Kind, das unter der Apartheid in Südafrika aufgewachsen ist, ein »freiwilliger Befürworter der Rassentrennung« war? Kinder auf der ganzen Welt werden mit einer Vielzahl irrationaler Überzeugungen und Perspektiven indoktriniert. Das gilt für ganz Europa ebenso wie für den Rest der Welt.

Zweitens ist es unmöglich, die Absichten der Bevölkerung als Ganzes zu erkennen, auch in – oder **gerade** in einer Demokratie, und wir alle wissen, wie das dann abläuft. Politiker benötigen enorme Geldsummen, um politische Kampagnen zu finanzieren. Sie bekommen dieses Geld von denen, die in ihre zukünftige Gunst investieren wollen. Diese zukünftigen Gefallen, welche die Politiker ihren Geldgebern »garantieren«, erfolgen **immer** auf Kosten der allgemeinen Bevölkerung beziehungsweise bestimmter Bevölkerungsteile. Somit können Wähler im wahrsten Sinne des Wortes nur aus einigen wenigen, vorab »gekauften« Figuren wählen, die bereits die zukünftigen Freiheiten der Bürger verkauft haben. Politiker sind in keiner Form rechtlich dazu verpflichtet, ihre Versprechen zu erfüllen.

Wenn Sie einen Kandidaten unterstützen, der Steuern [388] zu senken verspricht, welche Versicherung, welchen Ersatzanspruch haben Sie, sofern er die Steuern stattdessen erhöht (wie es permanent geschah und geschieht)?

Was werden Sie tun?

Wähler, die einen Kandidaten unterstützen, der beispielsweise den Friedensnobelpreis erhält und dann wiederholt katastrophale Militäraktionen initiiert, haben keine praktische Möglichkeit, ihn aufzuhalten. Nun sagen nicht wenige, die Flüchtlingskrise sei ein logischer oder gerechtfertigter Vergeltungsschlag für die Beteiligung Europas an der Invasion des Iraks im Jahr 2003. Hierbei muss daran erinnert werden, dass im Vorfeld der Irak-Invasion in ganz Europa bei weitem die größten Antikriegsproteste in der gesamten Geschichte der Menschheit ausbrachen. Buchstäblich Millionen europäischer Bürger missbilligten die Militärinterventionen im Irak und äußerten energisch ihren Unmut. Mit welchen Folgen? Die Invasion wurde nicht nur nicht beendet, sondern ging weiter, als hätte sich auf den Straßen »des Westens« nichts zugetragen.

In modernen Demokratien werden Parteien fast nie mit Mehrheitsbewilligung gewählt. Oft stimmen weniger als die Hälfte der Wähler tatsächlich und so kann die Zustimmung der Führer in der Regel nur etwa 10, 20, vielleicht 25 Prozent der wahlberechtigten Bevölkerung zugeschrieben werden.

Hier ein weiteres Beispiel: Nur 31 Prozent der Afroamerikaner befürworten den Slogan »*Black Lives Matter*«.[389] (Die meisten unter ihnen würden lieber hören, dass »*all lives matter.*«) Ist es fair, die Bestrafung aller Afroamerikaner für irgendwelche negativen Folgen dieser Bewegung zu verlangen? Natürlich nicht. Nur eine Minderheit befürwortet eine bestimmte Sache. (Selbst wenn sie eine Mehrheit befürworten würde, gibt es keinerlei ethisch-moralisches Recht, sie allen aufzuzwingen.) Wenn man an diesem Karma-Ding teilnimmt, muss man sich eine sehr tiefe und wichtige Frage stellen:

Hat die europäische Bevölkerung beziehungsweise haben die europäischen Völker tatsächlichen Einfluss, geschweige denn eine wirkliche Kontrolle über die Außenpolitik ihrer Führer?

Was müsste die europäische Bevölkerung tun, um den Militarismus und den permanenten Staatsinterventionismus ihrer Führer in das ausschließlich ohne beides reibungslos laufende, volkswirtschaftliche Getriebe zur Erzeugung größtmöglichen Wohlstands zu verhindern? Flächendeckende Proteste haben offensichtlich nichts an der Invasion des Iraks geändert. Sollte es eine Steuerrevolte gegeben haben? Wie? Sollen sich Leute selbst in Brand setzen? Ich darf hier »aus Gründen« keine »Illegalität« befürworten, aber wenn wir sagen, dass Europäer kollektiv aufhören sollten, Steuern zu zahlen, um die Außenpolitik ihrer Führer zu ändern, dann müssten wir ebenso sagen, dass Sklaven für ihre Sklaverei verantwortlich waren, weil sie nie gestreikt haben;

---

[388] Mit einigen Steuer-Mythen wird hier aufgeräumt: Meinungsfreiheit 2.0, *Steuer-Mythen*, 07.05.2019, URL: https://tinyurl.com/y32twaur.
[389] Vergleiche Rasmussen Reports: *Black Lives Matter Or All Lives Matter?*, 20.08.2015, URL: https://tinyurl.com/nvskvmm, Abruf am 10.05.2019.

und natürlich werden durch Einkommenssteuern in Europa (wie an den meisten Orten im Westen) die gewichtigsten Steuern direkt an der »Quelle des Wohlstands« (vergleiche »Quellensteuer«) abgezogen, die die Auswirkungen einer solchen Steuerrevolte egalisieren. Nichtsdestotrotz halte ich den Entzug der eigenen Arbeitsleistung und damit den Entzug finanzieller Mittel, sofern irgendwie möglich, für den effektivsten, ehrlichsten und im Übrigen auch würdevollsten Weg, sich dem grassierenden beziehungsweise völlig aus dem Ruder laufenden, r-strategischen EU-Irrsinn entgegenzustellen. Pseudolegitimierte Führer interessieren sich nicht die Bohne für irgendwelche Demonstrationen, Petitionen, Wahlen und andere Bettelaktionen. Nur das Versiegen des zwangsabgepressten Geldstroms hätte konkrete Auswirkungen. Das nur am Rande.

Freilich, wenn alle Europäer ihre Steuern nicht mehr zahlen würden, würde sich zweifellos die Außenpolitik ändern, aber natürlich hätte sich die Sklaverei ebenso verändert, wenn die Sklaven nicht mehr gearbeitet hätten. Sicherlich können wir Verständnis dafür aufbringen, dass der Ungehorsam der Sklaven enorm negative (physische) Auswirkungen auf sie gehabt hätte, sofern sie alle auf dieselbe Weise gestreikt hätten.

Europäer können nicht direkt für die Außenpolitik ihrer politischen Führer verantwortlich gemacht werden. Selbst wenn jeder Bürger in Europa einen bestimmten Politiker in seinem Land befürwortet hätte, bedeutete eine solche Zustimmung keine vorbehaltlose Zustimmung aller möglichen Aktionen, die der jeweilige Politiker ergreifen könnte. Politik – welche auch immer – bedeutet immer ein **Pauschalangebot**, welches stets mit einer erheblichen Menge unappetitlicher Inhalte verbunden ist. Man könnte für einen Politiker stimmen, der verspricht, keine Kriege zu führen – Kriege führen im Übrigen ausschließlich Staaten, da sie diese im Vergleich zum Privatsektor durch Besteuerung und Gelddruck finanzieren können –, während sein Versprechen, die Steuern zu erhöhen, nicht gebilligt wird. In diesem Fall wäre die individuelle Präferenz in Form der Vermeidung von Krieg wichtiger als die Besteuerung. Es gibt keinen rationalen Weg, anzunehmen, dass, selbst wenn jeder im Land für einen bestimmten Kandidaten stimmt, er auch jeden der aktuellen und zukünftigen politischen Vorschläge oder Aktionen guthieße. Das wäre so, als würde man sagen: *»Ok, du möchtest das griechische Restaurant an der Ecke richtig gern, allerdings wurde es verkauft und jetzt ist es ein mexikanisches, von daher gehe ich davon aus, dass du es genauso magst.«* Dinge ändern sich und es kann niemals garantiert werden, alles gutzuheißen beziehungsweise zu »genehmigen«. Abgesehen davon stimmen Bürger auch gegen Politiker X, indem Sie für Politiker Y stimmen, wobei es mehr um eine Ablehnung von X denn um eine Stimme für Y (oder eine spezielle Präferenz) gehen mag.

Es ist darüber hinaus ziemlich schwer, eine Bevölkerung dafür zu kritisieren, dass sie zu keinen vernünftigen Schlussfolgerungen gelangt, wenn die öffentliche Debatte einseitig geführt oder sogar aktiv unterdrückt beziehungsweise zensiert wird. Zum Beispiel wird jedwede Skepsis – ist sie auch noch so neutral und faktenbasiert – gegenüber einer offen feindseligen Kultur in Europa allgemein mit unterschiedlich feigen Keulen übersät: Kritiker seien »Hetzer«, »Nazis«, »fremdenfeindlich«, »rassistisch«, »sexistisch«, »islamophob« und so weiter und so fort. Sichtlich genervt davon schrieb der kanadische Prof. Dr. Jordan Peterson am 22. April 2017 auf Facebook: *»Islamophobie ist ein von Faschisten erfundenes Wort, das von Feiglingen benutzt wird, um Trottel zu manipulieren.«*

Sein (im englischen Original) sehr empfehlenswertes Buch *12 Rules For Life. An Antidote To Chaos* erfährt von der politischen Linken harsche »Kritik« und steht mittlerweile hier und da sogar auf dem Index (Neuseeland). Das ist für unsere r/K-Thematik insofern interessant, da die Hauptaussage seines Buches darin besteht, dass (überwiegend junge Männer) ihr Leben auf die Reihe bekommen müssen/sollen, oder mit anderen Worten: r-Strategien hinter sich lassen müssen/sollen. Dies wäre für den politisch nunmehr weitestgehend r-strategischen Westen allerdings eine Katastrophe, von daher müssen erfolgreiche K-Strategen wie Peterson mit aller Macht bekämpft werden.

Die sogenannten Mainstream-Medien haben diesbezüglich den Schuss nicht gehört (oder wollen ihn als r-Strategen nicht hören) und seit langem ihren ethisch-moralischen Tiefpunkt erreicht. So verraten sie mehr und mehr ihren eigentlichen Auftrag, nämlich **systemkritisch** zu sein, und praktizieren stattdessen die völlig unriskante und bequeme Systemanbiederung – hängen sich hierfür allerdings auch noch gegenseitig Lametta ans Revers.

Systemmedien beschworen nach zwölf Jahren Nazi-Terror noch im Frühjahr 1945 den »Endsieg« eines ethisch-moralisch zutiefst verdorbenen, mörderischen Systems. 1989 unterstützten sie ebenso kurz vor dem Zusammenbruch – dieses Mal nach knapp 40 Jahren – die Realitätsverweigerung des nächsten verkommenen Unrechtssystems auf deutschem Boden. Heute sind es bereits über zwölf Jahre, allerdings wurde die sich stetig im Kreis drehende Medien-Propaganda seit geraumer Zeit kurzerhand »bunt« angemalt, um mittels »neuer« Etikettierung ungeniert die nächste Schattierung kollektivistisch geprägter Durchhalteparolen zu zelebrieren. Ein Großteil des Volkes lässt sich traditionsgemäß wie zu allen Zeiten an der Nase herumführen, was dieses Mal vor allem darin begründet liegt, dass, im Vergleich zu 1945, die (insbesondere irreversiblen, ökonomischen) Schäden äußerlich nicht sichtbar sind. »Brot und Spiele« tun ihr Übriges.

Die mediale Hexenjagd innerhalb des Westens mutet bizarr an. Zu sehen, wie infantile Hysterie als Ersatz für ausgewogene und faire Debatten fungiert, macht einen trotz des Umstandes sprachlos, dass sich die zerfahrene Situation lange anbahnte. Es gibt Belege für den Einfluss der politischen Einstellung auf die Beurteilung der Objektivitätsnorm. Der dänische Professor Morten Skovsgaard Jensen wies beispielsweise mit seinem Team nach, dass dänische Journalisten, die sich selbst als links bezeichneten, der Auffassung waren, Journalisten bräuchten nicht so objektiv wie möglich sein und individuelle Überzeugungen sollten durchaus Einfluss haben.[390]

---

[390] Skovsgaard et al. (2013).

Dass es sich unter deutschen Journalisten völlig anders verhalte, darf, um es vorsichtig auszudrücken, zumindest bezweifelt werden.[391] Um nur ein repräsentatives Beispiel herauszugreifen: In einem 2015 geführten Interview mit *vocer* antwortete der deutsche Journalist Patrick Gensing auf die Frage, ob ein Journalist denn »Stellung beziehen« könne (Hervorhebung von mir):

*»Ich bin ein großer Freund von Journalismus mit **Haltung**, weil ich mich daran viel besser abarbeiten kann. Ich glaube, dass man die Leute eher gewinnen kann, wenn im Journalismus eine Haltung vertreten wird, als wenn da irgendwie einfach nur **Fakten** angehäuft werden.«*[392]

Zwei Jahre später wurde dieser r-Stratege, der unter anderem von sich selbst sagt, als »Jugendlicher« »antifamäßig unterwegs« gewesen zu sein[393], der den Begriff »Heimat« ablehnt[394] (sofern man Deutscher ist) und die konservative AfD für »gefährlicher als die NPD«[395] **hält**, Leiter des *tagesschau.de*-Onlineportals ***faktenfinder***.

Die dänische Studie orientierte sich an einer anderen, die bereits Anfang der 90er Jahre zu dem Ergebnis kam, dass in Deutschland Journalisten im konservativen (rechten) Spektrum die Objektivitätsnorm für wichtiger erachteten.[396] Jüngste Studien belegen den Befund. So haben Wissenschaftler des *Reuters Institute* der *Universität Oxford* in einer Studie nachgewiesen, dass ARD und ZDF ein linkes Publikum haben.[397]

Die »Programmgrundsätze« der ARD verpflichten deren Sender eigentlich, *»das gesellschaftliche Meinungsspektrum möglichst umfassend und fair widerzuspiegeln.«* In den Grundsätzen des ZDF heißt es, man wolle *»die Vielfalt der in der Gesellschaft bestehenden Meinungen«* darstellen.

Derweil verlieren Kritiker nicht nur ihre Arbeit, ihr Einkommen, ihren Ruf, nein, bisweilen sogar ihre Gesundheit und Familien. Wegen der »falschen« (politischen) Meinung.

Können wir die europäische Bevölkerung des 16. Jahrhunderts dafür verantwortlich machen, dass sie glaubten, die Erde sei das Zentrum des Universums, als eine vernünftige Debatte über diese Angelegenheit erstickt und bestraft wurde? Natürlich nicht. Wenn es um außenpolitische Interventionen geht, ist es wichtig zu verstehen, dass eine Reihe von Ländern des Nahen Ostens (Saudi-Arabien, Katar et cetera) Waf-

---

[391] Lesen Sie auch Rasch, Michael: *Das Herz des deutschen Journalisten schlägt links*, in: Neue Zürcher Zeitung, 08.11.2018, URL:
https://tinyurl.com/y7lpx8eg, Abruf am 09.05.2019.
[392] Reveland, Carla: *Patrick Gensing: »Medien dürfen keine Ängste schüren«*, in: vocer, 21.04.2015, URL: https://tinyurl.com/y5pcpvel,
Abruf am 09.05.2019.
[393] Ebenda.
[394] Gensing, Patrick: *Das Fremde als Bedrohung*, in: taz, 07.11.2015, URL: https://tinyurl.com/yyohwzsd,
Abruf am 09.05.2019.
[395] Sarmadi, Dario: *NPD im Wahlkampfmodus: Europa – Debüt einer »sterbenden Partei«?*, in: Euractiv, 16.05.2014, URL: https://tinyurl.com/y6o7hzk9, Abruf am 09.05.2019.
[396] Donsbach & Klett (1993).
[397] Schulz et al. (2019); Hermann, Jonas: *Schlechtes Zeugnis für ARD und ZDF*, in: Neue Zürcher Zeitung, 13.09.2019, URL: https://tinyurl.com/y2ky24fp, Abruf am 14.09.2019.

fen und Geld an verschiedene Fraktionen in Syrien geliefert hat, aber nirgendwo in westlichen, insbesondere deutschen Mainstream-Medien hört man das Argument, dass beispielsweise Saudi-Arabien gezwungen werden sollte, Flüchtlinge als Quittung für seine Außenpolitik zu akzeptieren, obwohl sie über hunderttausende, klimatisierte Zelte zum Zwecke der Pilgerfahrt nach Mekka verfügen, bereit, um von Syrern (zu 74% Glaubensbrüder) bezogen zu werden. Natürlich wurde – für diejenigen, die sich an den Krieg gegen den Irak erinnern – die Invasion an die gesamte Bevölkerung verkauft, insbesondere an die amerikanische, wobei sich eine Vielzahl von Lügen offenbart hatte:

»Wir wissen sicher von Massenvernichtungswaffen.« – »Er [Saddam Hussein] versuchte, Zutaten zum Bauen von Atomwaffen zu kaufen.« – »Er hat sich al-Qaida angeschlossen.« – »Er ist in den 11. September verwickelt.«

Kurzum: Eine Unmenge von Unwahrheiten wurde bewusst gestreut. Ein Grundsatz des vernünftigen und anständigen »Gewohnheitsrechts« besagt, dass hierbei der unschuldige Empfänger von schlechten Informationen nicht verantwortlich zu machen ist.

Der **Lügner** ist rechtlich oder moralisch verantwortlich und zur Rechenschaft zu ziehen. Man bedenke auch, dass es trotz aller Anti-Kriegs-Proteste nach wie vor viele Lügen gibt, die genutzt werden, um der einheimischen Bevölkerung Kriege und Interventionen im Ausland schmackhaft zu machen. Erinnern Sie sich an Condoleezza Rices berühmte Aussage:

»Das Problem liegt doch darin, dass wir einfach nicht sicher sein können, wie schnell er [Saddam Hussein (1937-2006) – Anm. d. Verf.] *in den Besitz von Nuklearwaffen kommen kann. Aber wir wollen nicht, dass der endgültige Beweis in Gestalt einer atomaren Pilzwolke auftaucht.«*

Etatisten hatten behauptet, Massenvernichtungswaffen könnten vom Irak zum amerikanischen Festland geschickt werden, was natürlich falsch war. Wer ist also verantwortlich? Wer wird darunter leiden? Allesamt moralische Fragen, die eigentlich nicht sonderlich schwer zu beantworten sind.

Zweifellos wird auch die Qualität der Bildung für ein durchschnittliches europäisches Kind durch die Migrationskrise deutlich reduziert. Es gibt nur begrenzte Ressourcen für Bildung, und der Grad, in dem diese »unvermeidlich« und »alternativlos« für die Behandlung »multi-lingualer« und »multi-kultureller« Probleme umgeleitet werden, ist der Grad, in dem den einheimischen Kindern weniger Ressourcen zur Verfügung stehen. Je mehr Übersetzer und Sozialarbeiter, desto weniger Lehrer. Wenn es viele junge (und später ältere) Menschen gibt, die die Sprache nicht sprechen, die keinen gemeinsamen Background haben, die in einer vollkommen anderen (bisweilen prähistorisch anmutenden) Umgebung aufgewachsen sind, die im Schnitt unintelligenter und ungeschulter sind als die »länger hier Lebenden«, muss bei einer von oben diktierten »Wir-schaffen-das«-Agenda viel Zeit und Aufmerksamkeit in diese Neuankömmlinge investiert werden, und das geht zwangsläufig auf Kosten der Fortschritte der einheimischen Kinder. Ist es gerecht, die Kinder Europas für das unaufhaltsame Handeln ihrer Eltern zu bestrafen? Um diese Frage mit »Ja« zu beantworten, muss man moralische Verantwortung schon gewaltig »dehnen«.

Von daher werden perfide Einbahnstraßen-Tricks angewendet:
»Natürlich, ist doch die westliche Bombardierung schuld daran! Westliche Bombardierungen haben so viele Menschen getötet!«

Hier ist es an der Zeit, die Zahlen nachzuschlagen. Hat *die* westliche Bombardierung viele Menschen getötet?

Nun, ja und nein.

Weniger als ein halbes Prozent (0,35%) der in Syrien **und** im Irak getöteten Zivilisten wurde seit Beginn der US-Einsätze (versehentlich) als Folge von westlichen Drohnenangriffen oder Bomben getötet. Westliche Drohnen- und Bombenangriffe haben jedoch auch allein bis Dezember 2016 über 50.000 Isis-Kämpfer getötet.[398] Keine zweieinhalb Jahre später (März 2019) verkündeten die Syrischen Demokratischen Kräfte (SDF) die Befreiung der letzten IS-Bastion Baghus, was das Ende des »Islamischen Staats« in Syrien faktisch besiegelte.[399]

Nun stellt sich eine interessante Frage: Hätten diese IS-Kämpfer überlebt, wie viele Syrer und Iraker hätten sie getötet? Insgesamt wurden allein in den ersten fünf Jahren (beginnend ab 2011) über 400.000 Syrer im hiesigen Bürgerkrieg getötet.[400] Rund 200 davon durch westliche Bomben, die, wie gesagt, sehr wahrscheinlich tausende syrische Leben gerettet hatten, indem sie IS-Kämpfer beseitigten. Wer tötet(e) also Syrer?

Jedenfalls **nicht maßgeblich** »westliche Bomben«.

Viele Syrer sind Opfer der hiesigen Diktatur in ihrem Land, viele sind Opfer von IS-Kämpfern und anderen Radikalen. Fakt ist: Es sind keine westlichen Bomben, die die große Mehrheit der Syrer töteten und töten, was westliche Systemmedien nicht daran hindert, das selbstgeißelnde Narrativ von der maßgeblichen Schuld des (weißen) Westens am Leid in der Welt aufrechtzuerhalten. (Wohl eines jener unzähligen Beispiele der *White-privilege*-Propaganda.)

Wenn es darum geht, den Grad der Kontrolle, den die Bürger über ihre Führer haben, zu verstehen, muss man sich an die Präsenz und Konsequenzen von Zentralbank- beziehungsweise Fiat-Währungen erinnern. Das Zentralbankwesen profitiert weitgehend von privaten Gewinnen, aber die von Staaten regulierten und kontrollierten Banken schaffen die Währung. Die Währung ist dabei weder an Gold noch Öl oder irgendwelche Rohstoffe gebunden, das heißt sie ist nicht in der Art beschränkt, wie es beispielsweise Kryptowährungen wie Bitcoin sind. Es handelt sich um künstlich aus dem Nichts geschaffenes »Geld«.

---

[398] Zeit Online: *50.000 IS-Kämpfer durch Luftangriffe getötet*, 09.12.2016, URL: https://tinyurl.com/y3yw4ogl, Abruf am 10.05.2019.
[399] Zeit Online: *Syrien: Acht Jahre Krieg* (2019), URL: https://www.zeit.de/thema/syrien, Abruf am 10.05.2019.
[400] CNN: *Syrian Civil War Fast Facts*, 09.04.2019, URL: https://tinyurl.com/yddhhtjf, Abruf am 11.05.2019.

Die kriminellen Verantwortlichen können folglich alle möglichen Beträge ihren eigenen Bankkonten zuschreiben, das Ergebnis sehen wir schließlich in ökonomischer Hinsicht anhand von sogenannten »Booms and Busts«, permanent steigender Inflation sowie ungedeckten Verbindlichkeiten in Milliarden- und Billionenhöhe.[401] (Dieser ausschließlich auf Staatstreiben gedeihende und sich immer und immer wieder zyklisch wiederholende Irrsinn wird im Zeitalter der Entklärung sodann als Auswuchs oder Folge des »Kapitalis-mus« umgelogen, um **staatliche** Misswirtschaft vor den Augen des zu weiten Teilen ahnungslosen Bürgertums erfolgreich zu kaschieren und irgendwelchen »raffgierigen Unternehmen« unterzuschieben. Seit Erfindung des linken Kampfbegriffes »Kapitalismus« geht diese Taktik auf.)

So haben die Präsenz des brandgefährlichen Zentralbanksystems sowie die Möglichkeit der Regierungen, auf ihre eigenen Bankkonten zu schreiben, was immer sie wollen, wesentliche Elemente der Entscheidungsfindung für die europäische Bevölkerung beseitigt. Die Entscheidungen, die sich nur darauf konzentrier(t)en, in Ländern des Nahen und Mittleren Ostens zu intervenieren, haben Europa und den Westen Hunderte von Milliarden Dollars und Euros gekostet. Allerdings werden diese Machenschaften wegen des Ignorierens ökonomisch grundlegender Gesetze, aufgrund der exorbitanten Kreditexpansion und des Gelddrucks, aufgrund versteckter Steuern durch Inflation, aufgrund der Aufschiebung der Besteuerung (Staatsanleihen) versteckt und begraben beziehungsweise für den gemeinen Bürger nicht ersichtlich – und falls doch, ordnet er sie den falschen Ursachen zu (siehe oben).

Mit anderen Worten: Die europäische Bevölkerung hatte nicht die dringend notwendigen (marktwirtschaftlichen) Preissignale à la *»Wie viel kostet es uns, in diesen Ländern zu intervenieren?«* Ohne diese Preissignale, ohne das direkte Bemerken von erhöhten und stetig steigenden Steuern, können die Bürger keine vernünftigen Entscheidungen hinsichtlich des Wertes dieser Art von Interventionen treffen. Um ein Beispiel zu nennen: Allein die Kriege gegen den Irak und Afghanistan haben jeden einzelnen amerikanischen Haushalt über 75.000 Dollar gekostet[402], nur wurde noch nie eine offizielle Rechnung geschickt. Keine Steuern wurden direkt erhoben, um diese Kosten zu decken, weil die *Federal Reserve* das Geld kurzerhand **druckt**, um den Krieg zu bezahlen, was wiederum zu bereits genannten Effekten wie finanzieller Instabilität, »Booms und Busts« sowie Inflation führt, aber auch zu Arbeitslosigkeit und Problemen auf dem Wohnungsmarkt, um nur einige zu nennen. Und es gibt nicht eine Person aus tausend, die die Kausalität aufspüren und nachvollziehen vermag.

Kann man demnach tatsächlich erwarten, dass der durchschnittliche Bürger eine »gefährliche« Haltung gegenüber politischen Maßnahmen einnimmt? Politische Maßnahmen, die er nicht ändern kann und die scheinbar auch »nichts« kosten? Eines der

---

[401] Nochmal der Tipp: Lesen Sie hierzu Baader, Roland: Geldsozialismus. Die wirklichen Ursachen der neuen globalen Depression. Gräfelfing 2010.
[402] Shah, Sabir: *US Wars in Afghanistan, Iraq to Cost $6 trillion*, in: Global Research, 20.09.2013, URL: https://tinyurl.com/y48ovy4t, Abruf am 11.05.2019.

Hauptziele der staatlichen Fiat-Währung besteht darin, die Menschen von den Kosten destruktiver Politik zu trennen, so dass die Politiker nicht direkt Steuern erheben müssen, um ihre Agenda zu verfolgen. Gleichermaßen wird so der Widerstand der Bürger im Keim erstickt beziehungsweise betäubt. Wird man wütend, wenn ein Epileptiker während eines Anfalls Kaffee verschüttet? Die europäische Bevölkerung hat weniger Kontrolle über ihre Führer als sie ein Epileptiker über seine Gliedmaßen hat. Will man also damit beginnen, Europäer oder überhaupt irgendjemanden kollektiv zu verurteilen? Will man wissen, was Europäer über die Migrationskrise denken, so könnten acht Schritte in Erwägung gezogen werden, wobei womöglich vor allem der letzte interessant werden dürfte.

1. Ein anonymes **Referendum** über die Migrationskrise (hätte freilich bereits vor Jahren abgehalten werden müssen).

2. Die **tatsächlichen Kosten** für die Unterbringung und Verpflegung der Migranten (allein im Jahr 2017 beliefen sich diese auf 20.800.000.000 Euro[403] und wurden seither nicht weniger) müssten zu den Steuerrechnungen addiert werden, allerdings nur bei denjenigen, die die Unterbringung und Verpflegung der Migranten genehmigt haben. Es müsste also verkündet werden:

»Es wird ein anonymes Referendum geben. Wenn sich genügend Menschen finden, die sich für die individuelle Unterstützung der Migranten aussprechen, lassen wir die Befürworter anschließend mit ihren Namen unterschreiben. Daraufhin bekommen auch nur diese sämtliche Rechnungen, während diejenigen, die dagegen stimmten, keine Rechnungen erhalten.«

Noch kürzer formuliert lautet die Quintessenz von Punkt 2: Leute haben **mit ihrem eigenen Geld** Entscheidungen zu treffen und damit Verantwortung zu nehmen (K-Kennzei-chen). In diesem Zusammenhang könnten Migranten auch prozentual nach Wahlergebnissen in sämtlichen Kommunen Deutschlands verteilt werden. Demokratischer ginge es kaum. Denn nichts ist einfacher, sich auf einen destruktiven Berg gesellschaftsklempnerischer Realitätsverweigerung zu stellen und die ganze Welt in vermeintlich moralische Perfektion zu versetzen, wenn andere Menschen dafür bezahlen müssen. Oder um es mit den Worten Murray N. Rothbards (1926-1995) auszudrücken:

»Es ist einfach, offenkundig ‚solidarisch' zu sein, wenn andere gezwungen sind, die Kosten zu tragen.« [404]

3. Auch wenn es vonseiten r-strategischer Linker reflexartig bestritten oder als »Verschwörungstheorie« abgetan wird, so gibt es seit Jahren faktisch sogenannte **No-Go-**

---

[403] Stein, Dieter: *Die 20-Milliarden-Quittung*, in: JF, 24.05.2018, URL: https://tinyurl.com/y6toxcm8, Abruf am 11.05.2019. Zum Vergleich: Der Gesamtetat des Familienministeriums betrug mit 9,5 Milliarden EUR nicht einmal die Hälfte davon.
[404] Rothbard (1994), S. 53.

Zonen in »diversen« Ländern Europas (Frankreich[405], Großbritannien[406], Schweden[407], Deutschland[408]), in die sich selbst die Polizei kaum noch (oder bereits nicht mehr) hineinwagt. Diese sind vor allem »Migrantengemeinschaften«.

Auf der Grundlage der bestehenden No-Go-Zonen, die in ganz Europa verstreut sind, müssten diese mit der neuen Bevölkerung multipliziert werden, so dass die Europäer eindeutig darüber im Bilde sind, mit wie vielen Gebietsverlusten sie aufgrund von »Umsiedlungen« (*resettlement*) dauerhaft rechnen müssen.

Um nur ein einziges aktuelles Beispiel herauszugreifen: Sprecher der Bundesregierung, Steffen Seibert, verkündete am 02. Mai 2019 auf Twitter, der Niger habe *»Herausragendes im Kampf gegen die illegale Migration geleistet. Hier wollen wir uns solidarisch zeigen und weitere 300 besonders schutzbedürftige Resettlementflüchtlinge in Deutschland aufnehmen.«* [409]

Das durchschnittliche Jahreseinkommen im Niger liegt bei rund 320 EUR, der durchschnittliche IQ bei 63-69, das Land selbst lag 2018 auf dem letzten Platz des Index der menschlichen Entwicklung. Die Fertilitätsrate ist mit 7,2 Kindern pro Frau (2016) die höchste weltweit, wobei 94% der Nigrer Mohammedaner sind. Die Staatsverschuldung liegt bei 45,8%, der Staatshaushalt liegt bei 2,4 Mrd. USD und dem stehen Einnahmen in Höhen von 1,7 Mrd. USD entgegen. Das Defizit wird durch »Budgethilfen« (was auch immer man darunter verstehen mag) ausgeglichen. Die Inflation steht bei moderaten 2,4%. Es gibt keinen (Bürger-)Krieg im Land und auch keine politischen Unruhen. Niger gilt als »teilweise politisch frei«.

Die 300 »Resettlement-Flüchtlinge« werden aller Voraussicht nach sowohl in keiner Flüchtlingsstatistik auftauchen (weil *»resettlement«*) als auch sofort direkten Zugang zu den deutschen Sozialsystemen haben und für immer in Deutschland leben, ebenso ihre Kinder und Kindeskinder (weil *»resettlement«*). Bis zum Ende ihres Lebens werden

---

[405] Kern, Soeren: *European ‚No-Go' Zones: Fact or Fiction Part 1: France*, in: Gatestone Institute, 20.01.2015, URL: https://tinyurl.com/zq8bpp2, Abruf am 11.05.2019; Mamou, Yves: *France: No-Go Zones Now in Heart of Big Cities*, in: Gatestone Institute, 23.05.2017, URL: https://tinyurl.com/morlmoj, Abruf am 11.05.2019.
[406] Kern, Soeren: *European ‚No-Go' Zones: Fact or Fiction Part 2: Britain*, in: Gatestone Institute, 03.02.2015, URL: https://tinyurl.com/yyzljxmk, Abruf am 11.05.2019.
[407] Carlqvist, Ingrid & Hedegaard, Lars: *Sweden: Rape Capital of the West*, in: Gatestone Institute, 14.02.2015, URL: https://www.gatestoneinstitute.org/5195/sweden-rape, Abruf am 11.05.2019. Der schwedische Polizeikommissar Dan Eliasson rief später im Juni 2017 um Hilfe, nachdem die Anzahl der No-Go-Zonen innerhalb eines Jahres von 55 auf 61 anwuchs, vergleiche Borén, Erling: *Dan Eliasson: »Hjälp oss, hjälp oss«*, in: Göteborgs-Posten, 21.06.2017, URL: https://tinyurl.com/y6ow4wq9, Abruf am 11.05.2019.
[408] Kern, Soeren: *Police Warn of No-Go Zones in Germany*, in: Gatestone Institute, 01.08.2015, URL: https://tinyurl.com/yyer7956, Abruf am 11.05.2019; Kern, Soeren: *Migrants' Rape Epidemic*, in: Gatestone Institute, 18.09.2015, URL: https://tinyurl.com/gretzxb, Abruf am 11.05.2019. Im März 2018 räumte selbst Merkel ein, dass es »No-Go«-Zonen in Deutschland gebe, vergleiche unter anderem Shaw, Adam: *Angela Merkel admits that ‚no-go zones' exist in Germany*, in: Fox News, 01.03.2018, URL: https://tinyurl.com/y2vhrceu, Abruf am 11.05.2019. Es folgten bis heute keinerlei Konsequenzen, was sich dadurch erklären lässt, dass die Mehrheit der deutschen Politik und Bevölkerung mittlerweile aus r-Strategen besteht.
[409] Seibert, Steffen, in: Twitter, 02.05.2019, URL: https://tinyurl.com/y49m2rar, Abruf am 12.05.2019.

die 300 also direkte jährliche Kosten von circa 3,6 Millionen EUR verursachen, die indirekten (Bildungsausgaben, Gesundheit, Infrastruktur, Polizeieinsätze, Schäden, Gerichtskosten, mögliche Gefängnisaufenthalte et cetera) lassen sich kaum abschätzen, dürften aber wenigstens noch einmal genauso hoch liegen. Natürlich werden diese Menschen auch kaum weniger Kinder produzieren als im Niger (da Kinder in der Bundesrepublik ein direktes Einkommen darstellen, wenn man auf Kosten der Steuerzahler leben kann). Von den Kosten eines Familiennachzugs ist da noch nicht einmal die Rede, der aber laut *»Pro Asyl«* für »Resettlement-Flüchtlinge« seit 2015 deutlich erleichtert wurde.

Mit anderen Worten wird hier etwas deutlich, das sich anhand einer rhetorischen Frage wie folgt ausdrücken lässt: Hätten autochthone Deutsche von der Aufnahme dieser Menschen ausschließlich Nachteile, und zwar nicht nur allein in finanzieller Hinsicht? Antwort: Die K-Strategen schon, r-Stra-tegen hingegen nicht.

Übrigens: Laut *Statista* standen im Jahre 2016 Südkorea (1,17), Singapur (1,2) und Hong Kong (1,21) weltweit an der Spitze der Länder mit den niedrigsten Fertilitätsraten. Gleichzeitig stehen exakt dieselben Länder (betrachtet man Hong Kong als Land im Land) weltweit an der Spitze der Länder mit dem höchsten, durchschnittlichen IQ (106-110). Dem steht die durchschnittliche Frau im Niger gegenüber (durchschnittlicher IQ: 63-69) im Schnitt 7,2 Kinder zur Welt bringt.

Wie gesagt handelt es sich um No-Go-Zonen, vor denen sich die Polizei fürchtet, und wo die lokalen Gesetze kaum mehr gelten. Man müsste dies nur öffentlich und flächendeckend sagen, beispielsweise anhand einer Karte, basierend auf Einwanderern; basierend auf dem, was bisher passiert ist, wie viel von der ursprünglichen Bevölkerung wahrscheinlich dauerhaft verloren gehen wird. Diese Migranten(um)siedlungen zeigten den Menschen wieder die Fakten.

4. Die **ungeschönten Fakten** über die Kriminalität von Zuwanderern[410] und insbesondere die Statistiken über die exorbitant ansteigende Zahl von Vergewaltigungen, die sich bereits ab September 2015 abzeichneten, müssten in den Medien umfassend verbreitet werden. Bürger müssen die ungeschönten, ungefilterten Fakten haben, bevor sie entscheiden, ob und welche Menschen in ihr Land kommen. Wenn Sie in Ihrem Betrieb jemanden einstellen, ist ein Hintergrund-Check etwas völlig Normales. Die Regierung verlangt es sicherlich, wenn Sie mit delikaten Angelegenheiten arbeitstechnisch vertraut gemacht werden sollen, also verkünde man die Fakten. Fakten, die im Moment in den Mainstream-Medien beziehungsweise Öffentlich-Rechtlichen aktiv verbogen, frisiert und/oder unterdrückt werden, was jedem kritischen Geist im Grunde bereits alles sagen sollte, was er wissen muss.

---

[410] Schwartz et al. (2015); Rubenstein (2016), S. 1-16; Laufer (2017); Bundeskriminalamt: Kriminalität im Kontext von Zuwanderung. Bundeslagebild 2016, 2017 und 2018. Alle Analysen/Studien respektive entsprechende Papiere sind auf meinem Blog als PDF herunterladbar.

5. Hexenjagden gegen jeden, der rationale Zweifel an dem (Mehr-)Wert von afrikanischer und nahöstlicher Massenmigration nach Europa äußert, müssen aufhören. **Wahre Meinungsfreiheit**, offene und sachliche Debatten müssen wiederhergestellt werden. Wenn »Multi-«Kulturalismus solch ein großer Wert ist, dann müssen alle, sogar die Skeptiker eine Stimme haben. Man kann nicht *»Multikulturalismus ist ein Wert!«* skandieren und anschließend *»Haltet die Klappe!«* in Richtung aller skeptischen Stimmen schreien, die Bedenken äußern. Das ist kein Multikulturalismus, sondern eine Form des Totalitarismus – also habe man endlich eine **offene, respektvolle und ehrliche Debatte** darüber, was in einem Europa, das, wie oben bereits gehört, seit jeher ungekünstelt multikulturell war, vor sich geht.

6. Um diejenigen, die vor der Unterdrückung fliehen, von denjenigen zu unterscheiden, die lediglich auf »Sozialhilfe« aus sind, müsste ein **Moratorium** für »Sozialleistungen« für Migranten erlassen werden, da einige Menschen vor Konflikten fliehen. Viele »Flüchtende«, die beschließen, Camps, zum Beispiel in der Türkei, zu verlassen, sind oftmals sowohl sicher als auch gepflegt, wollen aber dennoch nach Europa kommen. Nicht wenige »fliehen« sodann durch europäische Länder mit niedrigeren »Sozialleistungen«, um in Staaten mit höheren zu gelangen. Streiche man also sämtliche dieser »sozialen« Leistungen, um herauszufinden, wer hereinkommt und wer es mit Selbstbestimmung, Fleiß und Anpassung wirklich ernst meint.

7. Diejenigen, die den Migranten/Flüchtlingen helfen wollen, müssen sie finanziell und rechtlich unterstützen und sich in ihren eigenen Häusern, Wohnungen und Appartements mit ihnen arrangieren. Wer die Migranten will, glaubt an die Werte der (Mono-)»Vielfalt« und des »Multi«-Kulturalismus. **Wohltätigkeit und Integrität beginnen zu Hause**, deshalb haben diejenigen diverse Gruppe junger syrischer Männer in ihren eigenen Räumlichkeiten aufzurichten und zudem finanziell und rechtlich für ihre aktuellen und zukünftigen Entscheidungen verantwortlich zu sein. Das ist die ehrlichste und ethisch-moralisch **einzig widerspruchsfreie** Möglichkeit, zu helfen.

Sie werden schnell feststellen, dass so gut wie jeder r-Stratege, der öffentlich verlangt, »wir« müssten »den Flüchtlingen« helfen, niemals sich selbst damit meint, das heißt sich selbst in die Verantwortung nimmt. Vorgeblich lieben linke r-Strategen die gesamte Menschheit, allerdings – und das ist sehr wichtig – nur als Abstraktum. Je mehr man die Menschheit jedoch als Abstraktum liebt und sich angeblich für sie einsetzt, umso höher ist die Wahrscheinlichkeit, dass man einzelne Individuen, die einem über den Weg laufen, verabscheut. Menschen sind jedoch sippen- beziehungsweise stammesbezogen. Es ist wesentlich einfacher, ein Abstraktum zu lieben, um fürderhin andere (vor allem junge) Menschen zu manipulieren.

Es gibt diesbezüglich viele empirische Experimente. Ein besonders aussagekräftiges startete *Samnytt TV* in Schweden, wobei der Reporter Passanten auf der Straße zunächst fragt, was sie von der steigenden Flüchtlingszahl in Schweden hielten und ob es eine gute Idee war, Flüchtlinge aufgenommen zu haben.⁴¹¹ Ausnahmslos alle bejahen dies und sind sich darin einig, die Situation sei eine »wichtige Angelegenheit«, und »man« (»wir«) müsse diesen Leuten helfen. Als Nächstes werden sie gefragt, ob Schweden (Einwohnerzahl im Dezember 2018: 10.230.185) über die entsprechenden Kapazitäten verfügte. Wieder sind sich alle einig, dass dem so (gewesen) sei. Nun fragt der Reporter, ob Menschen, die in Schweden leben, die Möglichkeit nützen und Flüchtlinge in ihren Häusern aufnehmen sollten. Und wieder: Alle befürworten dies. Daraufhin werden sie gefragt, ob sie, sofern sich die Gelegenheit ergebe, persönlich in Betracht ziehen würden, einen unbegleiteten Minderjährigen oder Flüchtling bei sich zuhause aufzunehmen.

Da niemand von den Befragten mit der tatsächlichen Probe aufs Exempel rechnet, versichern auch dies alle einstimmig. Sodann wird es spannend, als der Reporter den erwachsenen »Ali« präsentiert (er tritt erst jetzt in Erscheinung), welcher ein Zuhause suche. Was nun folgt, sind dreieinhalb Minuten Ausreden und Rechtfertigungen, warum dies nicht möglich sei. Man habe »nicht ausreichend Platz«, »nicht heute«, »unpassende Umstände«, man würde »am nächsten Tag verreisen«, man müsse »Mann und Tochter fragen«, es gehe nicht, da sich die Tochter schon den ganzen Tag »übergebe« und so weiter und so fort.

Kurzum: »Prinzipiell ja, aber nicht hier und heute.«

Zur Erinnerung: Wie unter 2.3.7 dargelegt, werden im Multikulturalismus (als evolutionär gewachsene r-Strategie) Angehörige von nicht nur ethnischen, sondern zudem wesentlich **ethnozen-tristischeren** Gruppen aus weniger industrialisierten Ländern aktiv in westliche Länder einladen und alsdann das Wohlergehen dieser fördern. Dutton zieht den Vergleich, dass die vom Multikulturalismus inspirierte Masseneinwanderung in gewisser Weise mit der Einführung wilder Tiere in einen Zoo voller domestizierter Tiere verglichen werden kann, wonach sich die Wildtiere einfach ausbreiten und das fragliche westliche Land übernehmen.⁴¹² Es scheint ziemlich eindeutig zu sein, dass genau dies im ersten Quartal des 21. Jahrhunderts geschieht.⁴¹³

Die Ideologie des Multikulturalismus ermögliche es seinen europäischen Befürwortern, einen sozioökonomischen Status zu erlangen, und letztere befürworten und setzen ihn durch. Sie seien aber auch oft in der Lage, sich vor vielen kurzfristigen negativen Auswirkungen wie interethnischer Gewalt zu schützen beziehungsweise abzuschotten (nicht selten finden sich die mitunter heißesten Verfechter von Multikulturalismus in den ethnisch homogensten Schickeria-Vierteln diverser Großstädte). Das Versäumnis, die langfristigen Auswirkungen einer solchen Ideologie im Hinblick auf genetische Interessen zu berücksichtigen, scheint ein geringes Maß an Ethnozentrismus zu implizieren. Noch extremer als der Multikulturalismus in Bezug auf die Schädigung genetischer Interessen wäre (als nächster Schritt) der dem Menschen überge-

---

⁴¹¹ Samnytt TV: *Vem vill egentligen ta emot en invandare? [eng subs!]*, in: YouTube, 06.03.2019, URL: https://tinyurl.com/y4sujl3s, Abruf am 12.05.2019. Der Beitrag enthält englische Untertitel.
⁴¹² Dutton (2019), S. 223 f.
⁴¹³ Murray (2017).

ordnete Tierschutz, bei dem die Interessen der menschlichen Spezies denen anderer Spezies untergeordnet werden.

8. Für diejenigen, die dazu beitragen, die Ängste und Sorgen derer zu zerstreuen, die sich Sorgen über das Wachstum und die Ausbreitung der No-Go-Zonen in bestimmten Teilen Europas machen, gibt es einiges zu tun. Ich wende mich hierbei vor allem an ganz »bestimmte« europäische Staats- und Regierungschefs (richtig gehört, Angela Merkel): Sie müssen allesamt Ihre persönliche Security, sprich bewaffnete Bodyguards, Scharfschützen et cetera aussetzen und anonym für mindestens ein paar Wochen in den oben genannten No-Go-Zonen, deren Existenz sie nicht einmal leugnen, leben. Bürger haben Angst vor diesen Zonen, sie haben Angst vor der Insellage diverser Migranten, also gehen und beweisen Sie, dass alle »Rechtspopulisten«, »Angstbürger«, »Dunkelbürger«, »Wutbürger« – und welche weiteren argumentativen Strohmänner und Schmähungen die Phalanx aus r-strategischer Politik und einer größtenteils systemhörigen Medienlandschaft auch immer für normale Leute in petto haben mag – falsch liegen.

Setzen Sie Ihre persönliche Security bis auf Weiteres aus und leben Sie für ein paar Wochen in diesen No-Go-Zonen. Sie sollen dabei *Bodycams* tragen, die automatisch Live-Filmmaterial ins Internet hochladen, so dass jeder sehen kann, wie gut oder schlecht es Ihnen als westlicher Frau, als westlichem Mann ergeht. Und natürlich tragen Sie Ihre gewöhnliche Kleidung, sprich kleiden Sie sich so, wie Sie sich (vor allem im Sommer) normalerweise kleiden: Luftig, leger, T-Shirts, Shorts, Kleid, Rock, fesch, fetzig und so weiter.

Wenn die europäischen Staats- und Regierungschefs an die Tugend ihres Handelns glauben und daran, wie gut sich alle ungeachtet von Durchschnitts-IQ und Kultur integrieren, sollten sie kein Problem damit haben, in diesen Vielfalts-Zonen zu leben und der ganzen Welt, insbesondere den »gefährlichen« europäischen Skeptikern zu zeigen, wie kulturelle Bereicherung wirklich aussieht. – Nah und persönlich.

Wenn Sie, werte Politiker und Prominente, diese Migranten wollen, die in Ihr Land kommen und darin leben, dann sollten Sie sich wenigstens **direkt** unter Sie gesellen, um allen Skeptikern zu zeigen, wie falsch sie liegen und wie gut sich alles entwickeln wird. Ich wiederhole also die Einladung entsprechend für alle europäischen Führer und Promis: Verzichten Sie auf Ihre Security, verlassen sie Ihre abgeriegelten (und größtenteils weißen) Komfortzonen, gehen Sie meinetwegen verkleidet, besorgen Sie sich *Bodycams*, sorgen Sie für »live uploads«, gehen und leben Sie in den No-Go-Zonen. Gehen Sie dort spazieren, beschäftigen Sie sich mit anderen westlich gekleideten Menschen, enthüllen Sie Ihre westlichen Werte und beobachten Sie, was passiert. Vielleicht können alle »unbegründeten« Ängste auf diese Weise abgemildert oder gar beseitigt werden, vielleicht werden Sie ja sogar eine wundervolle Zeit haben, doch wenn Sie all das nicht machen (wollen), sind Sie nichts weiter als heuchlerische Doppelmoralisten. Um genau zu sein: Jeder, der das nicht tun will, ist ein heuchlerischer Doppelmoralist, in jedem Falle aber r-Stratege.

Natürlich geschah bisher nichts davon und es wird auch in Zukunft nichts dergleichen geschehen. Nicht nur zufällig leben die pseudo-tugendhaftesten, jedoch lautesten Polit- und Promi-Schreihälse in abgeschotteten, sicheren, vor allem aber in den »weißesten« Bezirken ihrer westlichen Städte, von wo aus sie sich erdreisten, Normalsterblichen allerlei »Wir-müssen«-Pflichten gegenüber Migranten zu diktieren.

Europäer und insbesondere europäische Kinder sind **in keiner Weise** für die kriminellen Machenschaften irgendwelcher Polit-Führer verantwortlich. Anderes zu behaupten, bedeutete, einen unendlich höheren Standard für Europäer zu hegen als für jede andere (ethnische) Gruppe. Das ist sowohl (tatsächlich) rassistisch als auch unmoralisch. Wenn nur Europäer für die Aktionen »ihrer« Führer verantwortlich sind und niemand sonst auf der Welt, dann wurden die moralischen Standards für Europäer erhöht beziehungsweise für alle anderen herabgestuft. Nochmal: Das ist rassistisch gegenüber Europäern, aber auch gegenüber allen anderen, wenn man eine Minute in Ruhe darüber nachdenkt.

Überhaupt muss mit einigen weiteren Argumenten aufgeräumt werden. Insbesondere mit dem »Rückstoß-« oder (vermeintlich logisch-gerechten) »Vergeltungsargument«, oder wie auch immer man das Argument nennen möchte, wonach die Europäer afrikanische und nahöstliche »Flüchtlinge« aufnehmen müssen, weil »*der* Westen« deren Länder bombardiert und destabilisiert habe. Es scheitert neben dem obigen Punkt noch auf anderen Ebenen.

Nehmen wir an, es stimme, dass »Europa« (und hierbei vor allem Deutschland, ungeachtet der Falschheit einer solchen Behauptung) den Nahen Osten bis zu dem Punkt bombardiert habe, an dem ganze Gesellschaften zerstört wurden. Das würde bedeuten, dass sich dieses Europa **im Kriegszustand** mit dem Nahen Osten befindet. Wenn genug Bomben auf ein anderes Land abgeworfen werden, sodass die dortige Gesellschaft zerstört wird und man zum größten Teil völlig allein dafür verantwortlich ist, befindet man sich faktisch in einem Kriegszustand mit diesem Land. Freilich, wenn das der Fall ist, könnten wir uns theoretisch vernünftig über die Ursprünge einer derartigen Situation unterhalten, aber darum geht es jetzt nicht.

Der Punkt ist der: **Kein** Land in der Geschichte hat jemals rational Hunderttausende und Millionen von jungen, arbeitsfähigen Männern aus einer Region akzeptiert, mit der es zum selben Zeitpunkt Krieg führte.

England stand einst im Krieg mit Deutschland. Hätten Hunderttausende von jungen deutschen Männern versucht, England illegal zu infiltrieren, wäre dies als Invasion bezeichnet worden (und würde es noch heute) und wäre folglich auf starken Widerstand gestoßen. Wenn Israel während eines Krieges mit seinen benachbarten arabischen Staaten Hunderttausende militärisch gealterter arabischer Männer aufgenommen hätte, letztere folglich die Grenze nach Israel überquert hätten, wäre dies ebenso als eine Invasion angesehen und dementsprechend darauf reagiert worden.

Wenn das Argument lautet, dass Europa diese Länder zerstört habe, dann gibt es einen Kriegszustand zwischen Europa und diesen Ländern, was bedeutet, dass das Argument, Europa müsse Flüchtlinge aus Regionen aufnehmen, wo sich der Krieg befindet, völlig irrational ist. Selbstverständlich versucht dieses Gegenargument **nicht**, Bombardierungen auf Syrien, den Irak oder irgendein anderes Land zu rechtfertigen. Es betont schlichtweg die natürlichen Folgen eines Krieges. Und ja, eine Folge davon lautet tatsächlich, **nicht** hunderttausende junge Männer aus der Region zu importieren, mit der man sich im Kriegszustand befindet. Wenn versucht wird, diesen Widerspruch zu lösen, indem man sagt, Europa befinde sich derzeit nicht im Krieg mit dem Nahen Osten, dann gibt es immer noch keinen vernünftigen Grund, »Flüchtlinge« aufzunehmen. Es spielt hierbei eine große Rolle, wer sich zu welchem Grad im Krieg engagiert beziehungsweise involviert ist, denn es gibt sehr viele Länder, die derzeit keinen Krieg mit dem Nahen Osten führen. Warum sollte also ausgerechnet Europa alle »Flüchtlinge« aufnehmen? Es macht keinen Sinn.

Wie aber sieht es mit »ausländischen Interventionen« aus? Nun, während des Zweiten Weltkriegs lieferten Saudi-Arabien und andere Länder des Nahen Ostens Öl an die Deutschen. Bedeutet dies, dass Saudi-Arabien dafür verantwortlich zu machen war (und ist), dass Millionen von Europäern während des Zweiten Weltkriegs flohen? Amerika tätigte enorme Ausgaben, um wiederum England mit gewaltigem Kriegsmaterial versorgen zu können (siehe *Leih- und Pachtgesetz* 1941). Bedeutet das, dass Amerika Millionen von jungen japanischen Männern im besten Militäralter nach den Vorkommnissen von Pearl Harbor importiert haben hätte sollen, um die Interventionen wieder gut zu machen? Wiederum bleibt nur zu sagen: Es macht keinen Sinn.

Wenn also Europa für den Zusammenbruch der Gesellschaften des Nahen Ostens verantwortlich ist, dann führen Europa und der Nahe Osten Krieg, und Flüchtlinge aus diesem Krieg können nicht empfangen werden. Wenn Europa jedoch **nicht** für den Zusammenbruch der Gesellschaften des Nahen Ostens verantwortlich ist, ist Europa **nicht** verpflichtet, Flüchtlinge aus einem Bürgerkrieg aufzunehmen. Es wäre quasi die gleiche Situation wie während des Bürgerkrieges in den Vereinigten Staaten im 19. Jahrhundert. Hätte Mexiko gezwungen werden sollen, diejenigen jungen Männer zu akzeptieren, die vor dem Konflikt flohen?

Nun könnte man das Argument natürlich verfeinern und beispielsweise sagen, dass sich »Europa« derzeit zwar nicht im Krieg mit »*dem*« Nahen Osten befinde, »*der*« Westen jedoch eine Politik eingeleitet hatte, die unabsichtlich zum Zusammenbruch der Gesellschaften »*des*« Nahen Ostens führte und somit verpflichtet sei, Flüchtlinge aufzunehmen. Nach westlichen Maßstäben – mit Ausnahme von Israel – sind die Regierungen des Nahen Ostens im Allgemeinen despotisch und totalitär. Das Ziel des Arabischen Frühlings in vielen Ländern des Nahen Ostens und Nordafrikas bestand darin, evolutionäre oder revolutionäre Veränderungen in ihren Regierungen herbeizuführen. Wenn »*der*« Westen dazu beitragen würde, despotische Regimes zu stürzen, könnte man argumentieren, dass dies eine potentiell befreiende Gelegenheit für die leidgeprüften Völker des Nahen Ostens und Nordafrikas schuf.

Hier eine historische Analogie: Frankreich hatte den amerikanischen Revolutionären im 18. Jahrhundert, als die britische Herrschaft überwunden werden sollte, im Kampf gegen eben diese britische Herrschaft eine bedeutende Unterstützung erwiesen. Amerika war daraufhin jedoch aus irgendwelchen Gründen nicht in vormittelalterliche Barbarei verfallen. Das Ende eines despotischen Regimes bedeutet nicht automatisch einen wilden und mörderischen Bürgerkrieg. Viele der Revolutionäre während des Arabischen Frühlings wünschten sich Veränderungen in der Regierung. Die Möglichkeiten hierfür wurden zu einem gewissen Grad auch »vom Westen« zur Verfügung gestellt. Was danach geschehen war, war und ist nicht mehr die Schuld »*der*« Westmächte – schon gar nicht direkt. Wenn Ihr Haus brennt, Sie mich um Hilfe anbetteln, um das Feuer zu löschen, und ich Ihnen dabei helfe, endet meine »Verpflichtung« dort. Wenn Sie Ihr Haus anschließend wieder anzünden, gibt Ihnen das nicht das Recht, mietfrei in meinem Haus zu wohnen.

Ach, könnte man sagen, aber was ist, wenn »die europäische Einmischung« den Zusammenbruch jener Regierungen versehentlich verursacht habe? Macht das Europa verantwortlich für die Aufnahme aller Flüchtlinge? Hierbei muss man sich im Klaren darüber sein, dass es eine grundlegende Tatsache ist, dass die meisten Kriege im Laufe der Geschichte »versehentlich«, durch »Unfälle«, durch Inkompetenz oder durch Fehler ins Rollen gerieten.

Einer Legende nach begann einer der Kriege in der antiken Welt, weil ein Soldat eine Schlange angriff, die kurz davor war, in sein Bein zu beißen. Die feindliche Armee registrierte die Lichtreflexion auf seinem Schwert und »los« ging es. In der Regel ist ein Krieg vorab nicht bis ins letzte Detail geplant, sondern entsteht oft aus Verwirrung und Missverständnissen hitziger, etatistischer Gemüter mit moralisch nicht zu rechtfertigender Macht, um es vorsichtig auszudrücken. Den Ausdruck »Nebel des Krieges« gibt es aus einem guten Grund. Interessant wird es auch dann, wenn Leute einerseits sagen, europäische und westliche Regierungen seien so dermaßen inkompetent bei dem Versuch, Frieden und Freiheit in den Nahen Osten zu bringen, dass sie letzteren in ein rauchendes Höllenloch des Bürgerkriegs transformiert hätten. Andererseits werden dann aber **dieselben Regierungen**, die für so destruktiv und inkompetent gehalten werden, weiterhin mit der Beilegung unsäglicher Konflikte sowie mit der Integration dieser neuen Migranten beauftragt. Werden sie also plötzlich viel kompetenter sein?

Das Argument, dass soziale oder politische Destabilisierung automatisch zu einem brutalen Bürgerkrieg führt, hebt den freien Willen und die moralische Verantwortung der Menschen in der jeweiligen Region auf. Araber sind aber keine Dominosteine, die gedankenlos von der westlichen Außenpolitik umgestoßen werden. Sicher und guten Gewissens kann argumentiert werden, dass erwachsene arabische Männer in moralischer Hinsicht zumindest »etwas« mehr für das, was in ihren Gesellschaften passiert, verantwortlich sind als – sagen wir – europäische Kinder!

Natürlich ziehen es auch viele junge Araber vor, in Europa zu leben, wobei »Europa« sie heute nur wegen der einstmals hart erkämpften Trennung von Kirche und Staat, einer halbwegs freien Wirtschaft sowie einer (ursprünglich) begrenzten Demokratie aufnimmt beziehungsweise aufnehmen kann. Natürlich sind sich viele Araber dieser Werte bewusst. Selbst haben sie intellektuell jedoch nicht dafür gekämpft, diese

213

befreienden Werte in ihren eigenen Ländern zu verbreiten, trotz des mehrere Jahrhunderte andauernden Beispiels »nebenan« in Europa und trotz eines Internets, das die Kommunikation und Verbreitung dieser Werte wesentlich einfacher ermöglicht als es für die mutigen, europäischen Intellektuellen des 18. Jahrhunderts der Fall gewesen war.

Fazit: Die Argumentation, dass die Ursprünge der Konflikte zwischen Europa und dem Nahen Osten (und Afrika) für die aktuelle Flüchtlingskrise relevant seien, ist nicht stichhaltig. Entweder befinden sich Europa und der Nahe Osten im Krieg, was bedeutet, dass keine Flüchtlinge aufgenommen werden können. Oder Europa und der Nahe Osten führen keinen Krieg. In diesem Fall ist Europa nicht verpflichtet oder gar verantwortlich für die Aufnahme von Flüchtlingen. Europa schuldet Migranten demnach überhaupt nichts.

3.4 Der postmodernistische Kreuzzug de-r Linken

In weiten Teilen des Westens driften Journalismus, Hochschulen und letztlich Politik immer weiter nach links.[414] Die Auswirkungen sind verheerend, sowie sich spezifisches Gedankengut konkret in Gesetzen manifestiert, welche Ökonomie, Selbstbestimmung, Eigentum und Unabhängigkeit sukzessive zersetzen (sollen). Ob es nun die sogenannten *»democrats«* beziehungsweise *»liberals«*[415] in den USA sind, oder eine *»Christlich Demokratische Union«* (CDU) in Deutschland, die ursprünglich einmal als »Mitte rechts« galt, sprich als sozial-konservativ und nationalistisch, r-Strategien greifen aktuell stetig aggressiver um sich. Wir sind an einem Punkt angelangt, an dem nach dem bloßen Hören der Vokabel »nationalistisch« gesamtgesellschaftlich eine regelrechte Schnappatmung einsetzt.

Überall?

Mitnichten.

Sie setzt zwar sowohl unter weißen als auch nicht-weißen Bürgern ein, jedoch ist beiden gemein, dass der Bezugspunkt ausschließlich »weiße Gesellschaften« sind beziehungsweise sein dürfen. Oder anders: Nationalismus ist schlecht, wenn ihn (auch) Weiße für sich beanspruchen. Keiner der in Schnappatmung verfallenden Bürger regt sich über einen japanischen, nigerianischen, saudi-arabischen oder kubanischen Nationalismus auf (oder »wakandischen«, siehe 3.1), im Gegenteil. Diverse Gallionsfiguren werden bei »korrekter«, sprich linker Ideologie problemlos vergöttert, selbst dann, wenn sie selbst weiß sind und sich für Nationalismus aussprechen, meinetwegen der (tatsächlich) rassistische und homophobe Massenmörder Ernesto »Che« Guevara (1928-1967)[416], der unter anderem für seine berühmte Formel *»Vaterland oder Tod!«* bekannt war.[417] Oder denke man an die deutschen Maoisten der 60er Jahre, die sich aufopferungsvoll für einen Vietcong-Nationalismus aussprachen.

Die erzwungene Aufgabe der Souveränität von westlichen Nationen bis hin zur Abschaffung von Nationalitäten hingegen sind Dinge, woran Marxisten seit über 100 Jahren arbeiten.

In ihrem Bemühen, Gott loszuwerden, wollten und wollen (überwiegend linke) »Atheisten« gleichzeitig Religionen loswerden. Alle Religionen? Nein, lediglich »klassische«, das heißt **eine** »klassische«, das heißt die christliche. Dabei ging und geht es jedoch in erster Linie nicht um eine »rationale Überwindung« eines widersprüchlichen Gottesglaubens, sondern um die Zerstörung der sich **hinter** der klassischen Religion befindenden, christlichen **Moral**. Gott ist demnach nur eine Art Bauernopfer. Das Ausmaß an Hass gegenüber christlicher Moral ist aufseiten der Linken enorm ausge-

---

[414] Reinemann & Baugut (2014); Steindl et al. (2017); Stolzenberg et al. (2019).
[415] Noch einmal zur Erinnerung: Die US-amerikanischen »democrats« oder »liberals« haben (heute) nichts (mehr) mit dem klassischen Liberalismus zu tun, sondern entsprechen der deutschen »Sozialdemokratie«, was wiederum ein Camouflage-Wort für (Samtpfoten-)Sozialismus darstellt.
[416] Fontova (2007). Auf meinem Blog widme ich »Che« eine ganze Serie.
[417] Siehe zum Beispiel seine Ansprache vor der Vollversammlung der UNO am 11. Dezember 1964.

prägt. (Als ein Musterbeispiel dafür kommt mir die beinahe kollektiv-linksgerichtete Heavy-Metal-Szene in den Sinn, die im Allgemeinen zwar gerne gegen beinahe alles Konservative und Christliche poltert, sich aber absurderweise nach wie vor für kritisch, individuell und vor allem rebellisch hält, nicht erkennend, seit langem nur ein weiteres Mosaiksteinchen im trivialen Mainstream des diktierten Postmodernismus zu verkörpern.)

Man könnte annehmen, linke r-Strategen mögen schlichtweg keine Religion und wollten in ihrem Wunsch nach deren allgemeiner Überwindung folglich »auch« die entsprechende Moral überwinden. Doch das ist falsch. Linke haben in Wahrheit keinerlei Probleme mit der ebenfalls abrahamitischen Religion des Islam. Oder meinetwegen mit Sikhismus. Oder theistischem Satanismus (also quasi umgedrehtem Katholizismus) und so weiter und so fort.

Sie hassen das Christentum, weil es die **westliche Zivilisation moralisch untermauert** und – zumindest theoretisch – einen Staat an überbordendem Interventionismus hindert beziehungsweise in Schach hält. Als Folge davon hassen sie die aus dem Christentum hervorgegangenen Werte. Sie hassen »den Westen«, die freie Marktwirtschaft (Konkurrenz), individuelle Verantwortung und andere K-typischen Manifestationen. Nur wer diese Werte zerstört, macht den Weg frei für einen allzuständigen, sprich totalitären Staat. Wo wurde Atheismus großgeschrieben? Beispielsweise in Sowjetrussland. Beispielsweise im Mao-China. Beispielsweise im nationalsozialistischen Deutschland. Um die Ethik, die all das unterstützt, zu vernichten, mussten sie Gott loswerden. Den **christlichen** Gott. Hierfür war und ist jeder Verbündete recht, in erster Linie der Ersatzgott beziehungsweise die Ersatzreligion in Form eines alles regulierenden Staates. Aber auch der Islam, dessen Anhänger Christen »ablehnen«, da sie – trotz des Umstandes, Buchreligion zu sein – nicht Mohammed folgen.

Die (tatsächliche) Unterdrückung und Zwangsbesteuerung (Dschizya[418]) von Christen in islamischen Ländern spricht ebenfalls für sich.[419] Da wir uns nach meinem Empfinden im Zeitalter der Entklärung befinden, wird die dringend notwendige Kritik geflissentlich ausgeblendet, relativiert oder – bei unmissverständlicher Nennung von Ross und Reiter – absurderweise als »Rassismus« diskreditiert. Im Iran verbün-

---

[418] Dschizya (arabisch »Kopfsteuer«, »Tribut«) ist die Bezeichnung für die den nichtmuslimischen Schutzbefohlenen (Dhimmi) unter islamischer Herrschaft auferlegte Steuer. »Ungläubige« müssen unter einem islamischen Regime die Dschizya zahlen. Moslems sehen »unsere« Sozialleistungen als die von Allah schon in Form des Sozialsystems eingerichtete Dschizya, die ihnen automatisch zusteht. Dafür zu arbeiten und Steuern zu zahlen ist also gemäß den islamischen Regeln verboten. Die Moslems, die mit »uns Kāfir« zusammenarbeiten, sind abgefallene vom wahren Glauben und müssen daher getötet werden. Generell gilt: In diesem Kontext ist das Töten von Ungläubigen (Kāfir) für einen Muslim nicht nur eine verdienstvolle Tat vor Allah, sondern noch dazu die einzig sichere Fahrkarte zum sofortigen Eintritt ins islamische Paradies, vergleiche Zakel, Dieter: *Der Islam erklärt: Die Dschyzia*, in: Freiheits-Akademie, URL: https://tinyurl.com/y2smpz42, Abruf am 14.05.2019.
[419] Göll, Wolfram: *Christen weltweit unterdrückt*, in: Bayernkurier, 11.01.2017, URL: https://tinyurl.com/y3ococ9h, Abruf am 14.05.2019.

de(te)n sich »linke Atheisten«[420] mit den hiesigen Mullahs und fundamentalistischen Muslimen, um die Überbleibsel des freien Marktes sowie der Trennung von Kirche und Staat (so korrupt er vor der Revolution in den 70ern auch war) zu vernichten.

Ginge es solchen »Atheisten« also tatsächlich um Rationalität, müssten sie logischerweise **alle** religiösen **und** ersatzreligiösen Strukturen ablehnen.[421] Und ja, natürlich gibt es auch Atheisten, welche die Bezeichnung verdienen. Und ja, selbstverständlich ist eine säkulare Ethik möglich.[422] In diesem Kapitel geht es jedoch um etwas anderes.

Es ist wichtig, zu begreifen, dass der weiträumige Trend nach links weder aus Gründen einer natürlichen Kulturrevolution erwächst noch als zufällige oder unbeabsichtigte Konsequenz zu verstehen ist, aber auch nicht ausschließlich das Resultat einer im Voraus geplanten Operation von diversen, anmaßenden linken Gesellschaftsingenieuren darstellt, um die westliche Zivilisation zu zersetzen und sie – einmal mehr – nach ihrem Bilde künstlich neu zu gestalten.

Wie in diesem Buch hoffentlich deutlich wurde, stehen am Anfang nicht etwa politische, soziologische oder ökonomische Ideen, Gesellschaftsentwürfe, Psychopathie, Macht- oder Allmachtfantasien diverser Personen und Gruppen, **sondern die genetische Disposition**, aus der heraus alles Weitere in Form von Reproduktionsstrategien **erwächst**. Diese scheinen sich kontinuierlich von Generation zu Generation zu wiederholen. Ich denke, dass dies der ausschlaggebende Grund ist, warum sich Menschen letztlich von Argumenten nicht überzeugen lassen, mögen sie noch so rational, logisch, empirisch oder evidenzbasiert sein. Sie müssten ihrer eigenen genetischen Disposition zuwider handeln. Über Dekaden versuchten und versuchen freiheitlich gesinnte, das heißt auf Eigenverantwortung, Selbstbestimmung, freien Wettbewerb und Vertragsfreiheit setzende Individuen (K-Strategen), r-Strate-gen von ökonomischen und/oder ethisch-moralischen Irrtümern und Fehlannahmen zu überzeugen (ironischerweise auch in diesem Kapitel). Da dies – etwas überspitzt formuliert – im Endeffekt allerdings bedeutet, dass sich ein r-Stratege zwischen einem vermeintlich »geschenkten« 100-Euro-Schein und keinem 100-Euro-Schein entscheiden müsste, wird verständlich, warum Aufklärung in den meisten Fällen den sprichwörtlichen Kampf gegen Windmühlen darstellt.

Ein besonders passendes Beispiel liefert Ludwig von Mises, der bereits im Jahre 1927 hinsichtlich des antiliberalen (das heißt klassisch liberalen!) Widerstands aufklärte. Bei allem Scharfsinn, der seinem logischen Erklärungsansatz (und vielen folgenden) innewohnt, wird auf Grundlage der oben vorgestellten Theorie deutlich, dass er den tatsächlichen Grund höchstens streift beziehungsweise »nur« **die natürlichen Folgen dieses Grundes** (r-K-Strategien) korrekt erläutert:

---

[420] Ein Widerspruch in sich, da sich Linke zu einem größeren Teil lediglich dem Ersatzgott namens Staat zuwandten und seither huldigen.
[421] Ausführlich in Mende (2018/19), S. 282-308.
[422] Molyneux (2007).

»Mit Rationalismus kann man freilich nicht bis zu dem Sitze des Widerstandes gegen den Liberalismus gelangen; dieser Widerstand geht nämlich nicht von der Vernunft aus, sondern von krankhafter seelischer Einstellung: von Ressentiment und von einem neurasthenischen Komplex, den man nach dem französischen Sozialisten Fourier-Komplex nennen könnte.

Viel schwerer ist es, gegen den Fourier-Komplex anzukämpfen. Hier liegt eine schwere Erkrankung des Nervensystems, eine Neurose vor, die mehr die Psychologie interessieren sollte als die Politiker. Doch man kann an ihr heute nicht vorübergehen, wenn man die Probleme der modernen Gesellschaft untersucht. Bedauerlicherweise haben sich die Ärzte bisher kaum noch mit den Aufgaben befasst, die ihnen der Fourier-Komplex bietet; selbst Freud, der große Meister der Seelenforschung, und seine Schule haben in ihrer Neurosenlehre diese Dinge kaum beachtet, wenn man es auch der Psychoanalyse danken muss, dass sie den Weg, der allein zur Erkenntnis dieser Zusammenhänge führt, aufgespürt hat.

Der Neurotiker kann das Leben in seiner wahren Gestalt nicht ertragen. Es ist ihm zu roh, zu grob, zu schlecht. Um es sich erträglich zu gestalten, will er nicht wie der Gesunde ‚allen Gewalten zum Trutz sich erhalten‘; das wäre seiner Schwäche fremd. Er flüchtet in eine Wahnidee. Die Wahnidee ist, nach Freud, ‚selbst etwas Erwünschtes, eine Art Tröstung‘; sie ist gekennzeichnet durch ‚ihre Resistenz gegen logische und reale Angriffe‘. Es genügt daher keineswegs, sie dem Kranken durch überzeugende Beweise ihrer Unsinnigkeit ausreden zu wollen; um zu genesen, muss der Kranke selbst sie überwinden, er muss verstehen lernen, warum er die Wahrheit nicht ertragen will und zum Wahne seine Zuflucht nahm.

Auch der Marxismus kann das Bild der sozialistischen Gesellschaft nicht anders konstruieren als durch zwei schon von Fourier gemachte Annahmen, die aller Erfahrung und aller Vernunft widersprechen. Auf der einen Seite die Annahme, dass das ‚materielle Substrat‘ der Produktion, das ‚ohne Zutun des Menschen von Natur vorhanden ist‘, so reichlich zur Verfügung steht, dass mit ihm nicht gewirtschaftet werden muss [Wohlstand sei – wie die Wiese des Hasen – einfach »da« – Anm. d. Verf.]; daraus ergibt sich dann der Glauben an eine ‚praktisch schrankenlose Steigerung der Produktion‘. Auf der anderen Seite die Annahme, dass im sozialistischen Gemeinwesen die Arbeit ‚aus einer Last eine Lust‘, ja, dass sie ‚das erste Lebensbedürfnis‘ werden wird. Wo alle Güter im Überfluss zur Hand sind und die Arbeit Lust ist, kann man freilich unschwer das Schlaraffenland einrichten.

Im Leben des Neurotikers kommt der Lebenslüge eine doppelte Aufgabe zu. Sie tröstet über den Misserfolg und stellt kommende Erfolge in Aussicht. In dem Falle des sozialen Misserfolges, der uns hier allein angeht, liegt der Trost in dem Glauben, dass das Nichterreichen der angestrebten hohen Ziele nicht der eigenen Unzulänglichkeit [mangelnde Konkurrenzfähigkeit im Wettbewerb – Anm. d. Verf.], sondern der Mangelhaftigkeit der gesellschaftlichen Ordnung zuzuschreiben ist.

Von dem Umsturz der Gesellschaftsordnung erhofft der Unbefriedigte den Erfolg, den ihm die bestehende Ordnung vorenthalten hat. Da ist es nun ganz vergebens, ihm begreiflich zu machen, dass der geträumte Zukunftsstaat undurchführbar ist und dass die arbeitsteilige Gesellschaft anders als auf Grundlage des Sondereigentums an den Produktionsmitteln nicht bestehen kann. Der Neurotiker klammert sich an seine Lebenslüge, und wenn er vor die Wahl gestellt wird, entweder ihr oder dem logischen Denken zu entsagen, zieht er es vor, die Logik zu opfern. Denn das Leben wäre ihm unerträglich ohne den Trost, den er in der sozialistischen Idee findet. Sie zeigt ihm, dass die Fehler, die seinen Misserfolg verschuldet haben, nicht in seiner Person, sondern in dem Gang der Welt liegen, hebt damit sein gesunkenes Selbstbewusstsein und befreit ihn vom quälenden Minderwertigkeitsgefühl. Wie der gläubige Christ das Missgeschick, das ihm auf Erden widerfuhr, leichter hinnehmen konnte, weil er an eine Fortsetzung der individuellen Existenz in einem besseren Jenseits hoffte, in dem die, die auf Erden die Ersten gewesen waren, die Letzten sein werden und die Letzten die Ersten, so ward für den modernen Menschen der Sozialismus zum Elixier gegen irdisches Ungemach.« [423]

Nachdem mittlerweile nachvollzogen werden kann, dass der Ursprung politischer Ideologien auf Reproduktionsstrategien zurückzuführen ist, können die entsprechenden Auswüchse, Widersprüche und Konsequenzen besser nachvollzogen werden. Linke wollen (»müssen«) eine Gesellschaft dringend zersetzen und umbauen, sowie sich diese vor allem durch K-typische Merkmale auszeichnet (siehe 2.1).

Ein Mittel, dies zu erreichen, besteht darin, den Leuten mit dem altbewährten **Propagandamittel**[424] **der permanenten, gleichsam penetranten Wiederholung** sukzessive das Narrativ einzuimpfen, wonach unsere Zivilisation eine »unterdrückerische Struktur« besäße, der unter anderem eine angeblich (raubtier-)kapitalistische, imperialistische, rassistische, sexistische und patriarchale Systematik innewohne, welche wiederum Ungleichheit schaffe und von daher zerstört werden müsse, um sie alsdann durch ihre in praxi immer und ausschließlich gescheiterte und zum Scheitern verurteilte Utopie zu ersetzen.

Hierbei lohnt es sich, einen Blick auf den sogenannten »**Kulturmarxismus**«[425] zu werfen, der auch unter dem Terminus *Kritische Theorie* bekannt ist und nicht auf Revolutionen, sondern auf Reformen setzt. Einer seiner wichtigsten Vordenker war der italienische Marxist und Begründer der Kommunistischen Partei Italiens, Antonio Gramsci (1891-1937).

Inwiefern ist jene weit linksstehende Ideologie innerhalb unserer Gesellschaft tatsächlich eine im Voraus geplante Operation? Das Trauerspiel beginnt mit dem misslungenen Versuch des Marxismus, im Westen Wurzeln zu schlagen, nachdem die vorhergesagte »Arbeiterrevolution« nicht stattfand. Eine Gruppe marxistischer Intellektueller gründete in den 1920er Jahren eine *Schule der sozialen Theorie* in Frankfurt, gemeinhin bekannt als *Frankfurter Schule*. Sie gingen davon aus, dass der Modernist Karl Marx (1818-1883) durch seinen Fokus auf Ökonomie den enormen Kultureinfluss auf Menschen versäumte oder zumindest unterschätzte. Von daher griffen sie sich den (öko-

---

[423] Mises (1927/2006), S. 12 f.
[424] In der Propaganda verband sich die sozialistische Kampfmetaphorik mit Versatzstücken standardisierter Argumentation. Die stark formalisierte offizielle Sprache war bis zum partiellen Bedeutungsverlust entdifferenziert, vergleiche Jessen (1997), S. 60. »Durch die ständige Wiederholung der legitimationsstiftenden Grundwerte der marxistisch-leninistischen Ideologie erstarrte die offizielle Sprache zum Ritual. Die kommunistische Propaganda strahlte ihre Botschaften in einer *permanent rotation* aus.« (Behrends 2006, S. 25.) Die Propagandamethode der permanenten Wiederholung wurde sodann auch von den (National-)Sozialisten sorgfältig studiert und adaptiert.
[425] Sehen Sie hierzu auch meine Präsentation (YouTube/BitChute/Lbry): Meinungsfreiheit 2.0: *Die Ideologie (hinter) der »Politischen Korrektheit« ist Kulturmarxismus*, in: YouTube, 27.08.20, URL: https://tinyurl.com/yyum4sf4, Abruf am 28.08.20.

nomisch hinten und vorne gründlich widerlegten[426]) Marxismus, schieden ihn von der Ökonomie und verheirateten ihn neu mit der Kultur. Adressaten des Kulturmarxismus sind dabei nicht die Arbeiter, sondern die Intellektuellen. Gramscis Strategie bestand laut dem deutschen Professor für Ökonomie, Dr. Antony P. Mueller, darin, *»die Intellektuellen für den Marxismus zu gewinnen und mit ihrer Hilfe die Kultur und die Institutionen des Bürgertums, die Schulen, Universitäten, Kirchen, das Rechtssystem und die Medien zu unterwandern* [vergleiche den »Marsch durch die Institutionen« – Anm. d. Verf.]. *So sollte der Marxismus die ideologische Hegemonie gewinnen. Gramsci betrachtete den Sozialismus als ‚genau die Religion, die das Christentum überwinden muss'.«* [427]

Etliche Intellektuelle können einfach nicht anders als am Marxismus festzuhalten. Wenn die (klassische) Religion das »Opium des Volkes« darstellen soll, so ist der Marxismus das Opium der Intellektuellen – eine Ersatzreligion. Fortan lehrten letztere, dass die schrittweise Untergrabung westlicher Werte in einer Demokratie hinsichtlich des Erreichens ihrer Ziele effektiver sei als eine gewalttätige Revolution.

Im Jahre 1933 kam Adolf Hitler (1889-1945) an die Macht. Da dessen Agenda vorgeblich die Einstellung der Verbreitung des Marxismus vorsah (in Wahrheit war Hitler ein Bewunderer von Marx, studierte dessen Werke sehr sorgfältig und versah dem Marxismus lediglich ein anderes Etikett[428]) und die Marxisten der *Frankfurter Schule* darüber hinaus weitestgehend Juden[429] waren, verließen letztere Deutschland und flüchteten in die USA, wo man sie an der *Columbia University* (New York) willkommen hieß. Dort vollendeten sie ihre Philosophie und lehrten, wie man sie einer Gesellschaft aufpfropft oder besser: Wie man gesellschaftliche Dominanz erreicht. Marxistisch-postmodernistische »Kritiker« erwuchsen aus der »Kritischen Theorie«, so beispielsweise Kimberlé Crenshaw (auf sie geht beispielsweise die Theorie der »intersektionellen Diskriminierung« zurück, die dann vorliege, *»wenn (…) eine Person aufgrund verschiedener zusammenwirkender Persönlichkeitsmerkmale Opfer von Diskriminierung wird«* [430]). Crenshaw war Student an der »School for Social Research« in New York City, sprich der *Frankfurter Schule*. Einer der Architekten dieser Ideologie, die sich nunmehr in beinahe jedem Aspekt unserer Gesellschaft eingenistet hat, war Max Horkheimer (1895-1973), dem das folgende Zitat nachgesagt wird:

»Die Revolution wird nicht mit Waffen vonstattengehen, stattdessen stufenweise, Jahr für Jahr, Generation um Generation. Wir werden ihre Bildungseinrichtungen infiltrieren und ihre politischen Ämter, um sie langsam in marxistische Einheiten zu transformieren, während wir uns auf den uni-

---

[426] Siehe unter anderem Mises (1932), Löw (1976), Baader (1991).
[427] Interview mit Antony Mueller in der WirtschaftsWoche: *»Marx hätte seine helle Freude an den heutigen Verhältnissen«*, 09.11.2019, URL: https://tinyurl.com/yzhqwlkf, Abruf am 11.11.2019.
[428] Watson (1998).
[429] Um es deutlich zu sagen: Hier soll keinesfalls suggeriert werden, Marxismus sei untrennbar mit dem Judentum verbunden. Das Problem war nicht, dass besagte Vertreter der *Frankfurter Schule* Juden waren, sondern dass sie Marxisten waren. Marxismus und Judenhass schließen sich keinesfalls aus, wie nicht zuletzt Marx selbst, seinerzeit bekennender Antisemit, unter Beweis stellt(e). Lesen Sie hierzu auch meinen Artikel *»Über den Unsinn einer jüdischen Weltverschwörung«* (2019) auf meinem Blog.
[430] Gummich (2004), S. 12.

versellen Egalitarismus zubewegen.« [431]

Wie fanatisch Ideologen sind, erkennt man daran, dass sie eine Gesellschaft, die ihnen mit offenen Armen Zuflucht gewährt(e), nichtsdestoweniger untergraben wollen, um ihren Wahn vom Soll-sein unschuldigen Leuten, deren Lebensweisen sie nichts angeht, aufzuzwängen. Damals wie heute. (Gleichzeitig wird hierbei die Achillesferse »liberaler« Demokratien offensichtlich.)

Als Horkheimer von *universellem Egalitarismus* sprach, meinte er nicht etwa, dass Menschen dieselben Rechte haben sollten, sondern dieselben **Resultate**. Dass sie am Ende sowohl gesellschaftlich als auch ökonomisch gleich »dastehen« sollten, da sie von Haus aus gleich seien, selbst im moralischen Sinne. Wir erkennen hier die typische r-Strategie, welche ein fundamentales Prinzip linker Ideologie begründete, und mit dessen Verbreitung sich eine der für eine Gesellschaft schädlichsten Lügen verbreitet. Es versetzt Personen und Gruppen von Personen in den Glauben, dass der Grund, warum sie von etwas nicht so viel haben wie andere, der ist, dass sie ein hilfloses Opfer seien oder dazu gemacht werden, schikaniert würden et cetera. Oder anders: Das Prinzip versetzt Personen, die nicht unterdrückt werden, in den Glauben, dass sie sehr wohl unterdrückt werden. Die Folge sind Empörung, Ungehaltenheit und die ständige Betonung, »unfair« behandelt zu werden. All das ist Teil der Definition von **Missgunst**.

Linke hassen im Allgemeinen die verdiente Anhäufung von wirtschaftlicher »Macht« (die ohne die Verklüngelung mit Politik vollkommen machtlos ist), aber sie haben nichts gegen die unverdiente Ansammlung politischer, das heißt tatsächlich gefährlicher Macht.

Linke Ideologie ist nichts anderes als die Ideologie der Missgunst und permanenten Opferrolle. Linke benötigen »Opfer« so dringend wie Vampire Blut, denn ohne den »Unterdrücker und Unterdrückte«-Konflikt[432] wäre die linke Ideologie eine womöglich bereits verstorbene Philosophie, die kaum bis gar keine Auswirkung auf unsere Gesellschaft hätte.

Rekapituliere: Die linke Ideologie gründet sich, r-bedingt, auf die Prämisse, dass jeder am Ende »gleich« sein sollte, da grundsätzlich nicht Menschen für gemachte Feh-

---

[431] *»The Revolution won't happen with guns, rather it will happen incrementally, year by year, generation by generation. We will gradually infiltrate their educational institutions and their political offices, transforming them slowly into Marxist entities as we move towards universal egalitarianism.«* Auch wenn dieses Zitat mit Vorsicht zu genießen ist, deckt es sich inhaltlich mit der marxistisch-postmodernistischen Philosophie, war Marx selbst doch ein brillanter Meister der demagogischen Technik, wie bereits Ludwig von Mises offenlegte. *»Alle Politik war ihm nur Fortsetzung des Krieges mit anderen Mitteln; seine politische Kunst war immer politische Taktik. Daran haben die sozialistischen Parteien, die ihre Entstehung auf ihn zurückführen, und, die sich die marxistischen Parteien zum Muster genommen haben, festgehalten.* **Sie haben die Agitation, den Stimmen- und Seelenfang, die Arbeit der Wahlbewegung, den Straßenauflauf, den Terror zu Techniken ausgebildet,** *deren Erlernung ein jahrelanges gründliches Studium erfordert. Sie konnten auf ihren Parteitagen und in ihrer Parteiliteratur Fragen der Organisation und der Taktik mehr Aufmerksamkeit schenken als den wichtigsten Grundproblemen der Politik.«* (Mises 1932, S. 428.)

[432] Marx & Engels (1848), Abschnitt I, Bourgeois und Proletarier.

ler die Verantwortung trügen, sondern »Systeme« und »Institutionen«. Von daher wird der Schluss gezogen, dass irgendetwas »Ungerechtes« (nämlich Unterdrückung) geschieht, sofern Menschen am Ende nicht gleich »dastehen«. Kulturmarxisten glauben, dass soziale Ungleichheit innerhalb einer Gesellschaft deshalb auftritt, weil die von Vorurteilen getriebenen, aber gleichsam dominanten, sozialen Gruppen – alias: ausschließlich alle Weißen – die weniger mächtigen (und natürlich vorurteilsfreien), sozialen Gruppen »ausbeuten« würden und sich im Zuge dessen ein System von Privilegien und Vorteilen für die einen und Nachteilen für die anderen etabliere.[433] Entsprechend predigen sie, dass der Grund für die Ungleichheit in einer Gesellschaft auf unverdiente »Privilegien« der Weißen zurückzuführen sei, welche wiederum aus »Unterdrückung« hervorgingen.

Freilich ist das alles völliger Unsinn. Der Grund für Ungleichheit in einem leistungsbasierten System[434] wie dem (einstmals) unsrigen ist schlicht und ergreifend der, dass Menschen von Grund auf ungleich **sind**. Ich wiederhole: Weder sind wir gleich noch werden wir jemals alle gleich sein! Manche sind größer, manche schneller, manche sehen besser aus, manche sind intelligenter, manche sind dümmer. Manche sind kreativer und enden als Maler, Zeichner und Kunstlehrer, manche sind talentierte Analytiker und tendieren in Richtung Ingenieurwissenschaften. Manche sind damit zufrieden, ihr Leben lang auf der Couch zu sitzen und Videospiele zu spielen. Manche übernehmen Verantwortung, manche agieren unverantwortlich. Manche treffen konstant durchdachte Entscheidungen und für manche ziehen sich schlechte Entscheidungen wie ein Roter Faden durchs Leben. Folglich gelangen sowohl Menschen als auch Gruppen von Menschen als auch Zivilisationen im Durchschnitt zu **qualitativ unterschiedlichen** Resultaten.

Die Auswirkungen des Islam auf eine Gesellschaft sind beispielsweise nicht dieselben wie die des Christentums auf selbige. Die Auswirkungen eines relativ freien Marktes auf eine Gesellschaft sind nicht dieselben wie die des Sozialismus auf selbige. Die Auswirkungen eines relativ hohen Durchschnitts-IQs einer Nation sind andere als die eines relativ niedrigen Durchschnitts-IQs und so weiter.[435]

Da Kulturmarxisten Weiße (künstlich) für Ungleichheit verantwortlich machen, müssen diejenigen Weißen, die der linken Ideologie auf den Leim gehen, ihre eigene Verdrängung nicht nur unterstützen, sondern darüber hinaus alles und jeden zelebrieren, nur nicht »ihre eigenen« Leute (Ingroup). Hier stellt sich die Frage, warum so vie-

---

[433] Dabei liegen sie in der Analyse zwar nicht völlig daneben, allerdings führen sie die Ursachen fälschlicherweise (bewusst und gewollt) nicht auf einen wuchernden und so gut wie alles regulierenden »Nanny-Staat« als dem mächtigsten (und einzig wahrhaftigen) Unterdrücker zurück (da sie diesen zur gewalttätigen Ressourcenumverteilung benötigen), sondern auf die »kalte«, »böse« und »gefährliche« Marktwirtschaft (»Kapitalismus«).

[434] Freilich wäre es illusorisch, anzunehmen, dass dieses System »perfekt« ist, schlicht und ergreifend, weil Menschen nicht perfekt beziehungsweise fehlerbehaftet sind. Und nein, Marxismus kann dies nicht »reparieren«. Alles, was Marxismus tun kann (und tut), besteht darin, die produktivsten und klügsten Köpfe einer Gesellschaft auf den kleinsten gemeinsamen Nenner herunterzubrechen.

[435] Levin (1997); Lynn (2015).

le **junge** Weiße auf diese Ideologie hereinfallen. Bei der Beantwortung dieser Frage muss zunächst darauf hingewiesen werden, dass neben dem Faktor Epigenetik (siehe 2.2.3) auch der Umstand von Bedeutung ist, dass das menschliche Gehirn etwa 25 Jahre benötigt, bis es vollständig ausgereift ist (siehe 2.2.2). Es ist kein Zufall, dass vor allem Schüler und Studenten (die noch keine weitreichende Verantwortung tragen und sich in der Regel noch nicht selbst versorgen müssen) linken Ideen und Ideologien aufgeschlossen gegenüberstehen. Man kann annehmen, dass die dem Individuum eigentümliche genetische Disposition – grob – nach dem 26. Lebensjahr »ihr wahres Gesicht zeigt«.

Als jemand, der als junger Mann selbst sehr links tickte und entsprechend »involviert« war, besteht für mich ein weiterer Grund darin, dass neben der sich permanent wiederholenden, polit-medialen Dauerpropaganda sowie einer nunmehr flächendeckend etablierten, linken Frühsozialisation in Kindergärten und Schulen (später Universitäten) vor allem das **Gefühl** einer gemeinsamen Ersatz-Identität respektive eines gemeinsamen Ziels angeboten wird, das sich mit einem **Gefühl der moralischen Überlegenheit** vermischt. Man selbst sieht sich als kämpfenden »Repräsentanten der Unterdrückten«. Wacker und edel »verteidigt« man immer wieder neue, frisch erfundene »Unterdrückte«.

Wenn Menschen nicht mehr wissen, wer sie sind, woher sie kommen, worin die Natürlichkeit und Sinnhaftigkeit der Ingroup liegt, und sie zudem kein Gespür für sinnvolle, das heißt produktiv-konstruktive Ziele mehr haben (wir sehen das heute in beängstigender Weise), öffnen sie sich für allerlei Arten von Glaubenslehren, so beispielsweise der linken Ideologie und deren Verästelungen (Genderismus, Feminismus, Klimatismus und so weiter). Man kann sich diese Menschen wie einen Baum ohne Wurzeln vorstellen: Beim ersten stärkeren (Gegen-)Wind fallen sie um. Von daher trifft man gegenwärtig nicht mehr viele Menschen, insbesondere kaum noch jüngere Menschen, mit einem tieferen Verständnis für deren Identität, weitreichender Geschichte und Kultur – beziehungsweise einem Interesse daran.

Ein weiterer Grund, warum so viele Weiße dem Linkstum frönen, besteht in der natürlichen menschlichen Neigung, **einer Gruppe angehören zu wollen und sodann den Komfort des Dazugehörens zu genießen.** Dass es sich dabei nicht um natürlich gewachsene Ingroups handelt, sondern um künstliche Konstrukte, die gemeinsame Sache mit jeder nur erdenklichen Outgroup machen, ist evident. Das »Linkssein« wird im Westen massiv beworben: In Hollywood, innerhalb der Popkultur, in den Mainstream-Medien. Darüber hinaus dominiert es nunmehr öffentliche Schulen sowie die meisten Universitäten. Kids wollen nicht ausgeschlossen werden, indem sie als »Rassisten« gebrandmarkt werden.

Nebenbei: Es handelt sich hierbei um eine Taktik der alten marxistischen Schule. Das Wort »Rassist« wurde beispielsweise im Russland der 1930er Jahre unterschwellig

Teil des gesellschaftlichen Lebens [436] und verwendet, um diejenigen Leute einzuschüchtern, die nicht mit ganzem Herzen kommunistisch tickten, oder mit anderen Worten: Leute, die nicht »politisch korrekt« waren. (Ein Begriff also, der durch die Sowjets der 1930er Jahre geprägt wurde.[437]) Der Begriff »Rassist« meinte jemanden, der nationalistisch war. Gute Kommunisten identifizierten sich vorgeblich zwar über das kommunistische Kollektiv und nicht über ihr ethnisches und kulturelles Erbe, in der Praxis führten sie jedoch völlig gegensätzliche Maßnahmen durch, unter anderem die systematische »Säuberung« ethnischer Minderheiten in großem Maßstab[438], politische Unterdrückung und verschiedene Formen ethnischer und sozialer Diskriminierung, einschließlich eines staatlich erzwungenen Antisemitismus[439] und einer Polonophobie (vergleiche *Polnische Operation des NKWD*).

Von daher wirkt es heute nicht sonderlich überraschend, dass Linke den Kampfbegriff heute erneut gebrauchen, wie er auch schon im kommunistischen Sowjet-Russland verwendet wurde.

Natürlich tun sie das **nur** gegenüber Weißen.

Menschen lieben die »soziale Eingliederung« (Inklusion), wobei Linke täglich klar machen, dass eine Meinungsverschiedenheit mit ihnen schwerwiegende Konsequenzen nach sich ziehen kann. Als Beispiel kann hier unter anderem Roseanne Barr angeführt werden, die als »Rassist« abgestempelt wurde, weil sie Donald Trump unterstützt(e). Sie wurde vom Sender gefeuert, nachdem sie einen »Rassenwitz« machte. Dies dürfte sie mehrere Millionen Dollar gekostet haben. Als Krönung des Ganzen reagierten diejenigen Gestalten der Besetzung ihrer Show, welche nur aufgrund der Eigenregie von Barr reich und berühmt wurden, entweder gar nicht oder aber beschimpften sie öffentlich mit stolzgeschwellter Brust. Wohlgemerkt für etwas, das sie ihr Leben lang getan hatte: Witze über »Minderheiten«. Beziehungsweise für etwas, das sie immer war: Kontrovers. Ein weiteres Beispiel ist Taylor Swift, die, soweit ich das mitbekomme, lange Zeit unpolitisch war (zumindest öffentlich). Ihr wurde wiederum genau daraus ein Strick gedreht, nachdem sie sich weigert(e), für irgendeine Seite Partei zu ergreifen oder über Politik zu sprechen. Im Zuge dessen lehnte sie es logischerweise (auch) ab, ins allgemeine, völlig unriskante Trump-Bashing einzustimmen. Selbst dieses Nicht-Handeln brachte Vorwürfe mit sich, sie sei ein »racist« und »white supremacist«. Welch noble Revolution.

Ein weiterer Grund, warum so viele Weiße im linken Kult gefangen sind, könnte zudem in ganz **altmodischer Konditionierung** begründet liegen, welche vor allem in von Linken regierten europäischen Ländern verbreitet ist. Viele Menschen wurden

---

[436] Khazaleh, Lorenz: *Ethnologe Victor Shnirelman: »Rassismus in Russland kein neues Problem«*, in: antropologi.info – Ethnologie / Sozialanthropologie Blog, 09.12.2007, URL: https://tinyurl.com/yxk35cdg, Abruf am 15.05.2019.
[437] The Washington Times: *A little history of ‚politically correct'*, 15.11.2015, URL: https://tinyurl.com/y38a6as4, Abruf am 15.05.2019.
[438] Ellman (2002); Polian (2004); Rosefielde (2009).
[439] Azadovskii & Egorov (2002).

über die Regierung, die Medien und traurigerweise nicht zuletzt auch häufig über ihre Eltern darauf konditioniert, »linke Ideale« wie Multikulturalismus, Werte- und Kulturrelativismus als gut zu erachten, die bloße Vorstellung hingegen, beispielsweise Schweden sollte im Allgemeinen ein Land für ethnisch schwedische Menschen sein, als böse.

Allerdings ist es nach wie vor nicht allzu einfach für Linke, die Massen davon zu überzeugen, dass Weiße böse Unterdrücker sind, indem und nachdem diese unsagbar bösen Weißen eine Zivilisation errichteten, in der, falls möglich, quasi jeder leben möchte. Wie uns die Geschichte zeigt, ist von daher stets »etwas« Revisionismus alias Propaganda vonnöten, um ihren unhaltbaren Unsinn zu validieren. Tatsächlich ist dies böse, denn auf diese Art werden unsere Kinder gelehrt, sich selbst und ihre Kultur zu hassen, was sie wiederum anfällig für linke Ideologie macht. Ein Teufelskreis.

Wenden wir uns im Folgenden einem anderen, mächtigen linken Narrativ zu, indem wir mit zwei typischen Aussagen beginnen:

»Nicht Muslime kamen aus Jerusalem und marschierten nach Europa, um die Christenheit zu attackieren, sondern umgekehrt, Christen marschierten nach Jerusalem, um Muslime anzugreifen.«

»Erinnert euch, dass Menschen während der Kreuzzüge (...) schreckliche Taten im Namen des Christentums begingen.« [440]

Vermutlich wäre ich ein reicher Mann, würde ich jedes Mal einen Cent erhalten, da ein hinsichtlich Geschichtsbewusstseins jungfräulicher Linker einmal mehr die Kreuzzüge als ein Musterbeispiel für böse weiße Europäer heranzieht, welche in diverse Ländereien friedfertiger Muslime einfielen und diese dann »im Namen des Christentums« brutal unterjochten. Wie auch das mächtige Narrativ vom bösen weißen Kolonialismus, dem ich mich bereits in der Vergangenheit widmete, hält auch das linke Kreuzzug-Narrativ einer objektiven Beurteilung nicht stand. Die Geschichtsschreibung fällt diesbezüglich ernüchternd aus. Der Islam wurde im 7. Jahrhundert in Arabien »geboren«. Kurz darauf begannen Mohammedaner eine aggressive »Expansionspolitik«, bestehend aus der Invasion des Nahen Ostens.

Der islamische »Jihad« (= »heiliger Krieg auf dem Wege Gottes«) gegen die klassische Zivilisation zieht sich seit nunmehr über 1300 Jahren durch die Geschichte. Bewohnt hatten den Nahen Osten zur Zeit seiner Gründung Christen, Juden, Zoroastrier und polytheistische Araber. In der Folge wurden christliche Hauptstädte, darunter Antiochien und Jerusalem, gewaltsam eingenommen. Es folgten nordafrikanische Städte wie Alexandrien. Ägypten wurde gewaltsam einverleibt. Daraufhin überquerten Muslime das Mittelmeer und begannen ihre Attacken auf Europa. Sie eroberten die Insel Sizilien und benutzten sie als Art Basis, um Küstenstädte zu überfallen.

Die Folge: Mord, Raub, Vergewaltigung und Versklavung. Während dieser Zeit wurden über eine Million weiße Europäer als Sklaven in die islamische Welt geschafft.

---

[440] Das Zitat stammt von niemand Geringerem als Barack Hussein Obama II, vergleiche Blake Aaron: *Why Obama invoked the Crusades – and what it says about how he views terrorism*, in: The Washington Post, 06.02.2015, URL: https://tinyurl.com/y5knalsq, Abruf am 15.05.2019.

Während der Attacke auf Rom im Jahre 846 nach Christus plünderten Muslime den »alten« Petersdom und die »alte« Sankt Paul vor den Mauern. Sie entweihten und brandschatzten die heiligsten Stätten der gesamten Christenheit. Ebenfalls drangen sie in Spanien ein und besetzten schließlich das Land. Von Südwesten aus sollten weitere Invasionen erfolgen. Der Vormarsch im Westen wurde schließlich von den Franken unter Karl Martell (dem Großvater Karls des Großen) in der Schlacht von Tours und Poitiers (Gallien) gestoppt, wobei die Franken Unterstützung von Langobarden, Sachsen und Friesen erhielten. Nicht wenige Historiker betrachten diese Schlacht als die Schlacht, welche die abendländische, das heißt christlich-europäisch-westliche Zivilisation rettete.

Der springende Punkt ist folgender: Insgesamt vollzog sich die aggressive, das heißt überaus gewalttätige islamische Invasion und Expansion **exakt 467 Jahre** (also ein knappes halbes Jahrtausend), **bevor** es zum ersten christlichen Kreuzzug kam.[441] Im Gegensatz zur brutalen Expansion der Mohammedaner, die sich in ihrem Vorhaben streng an die Vorgaben ihres heiligen Buches hielten, um einen weltweiten islamischen Staat zu erschaffen, wurde der Papst nur insofern involviert, dass er die unterschiedlichen Königreiche Europas vereinte (die wiederum oft miteinander im Clinch lagen). Er musste im Westen ausreichend Stärke bündeln, um den von Muslimen (tatsächlich!) unterdrückten Christen im Osten helfen zu können.

Die Kreuzzüge waren demnach eindeutig eine **Re-Aktion auf** sowie **Widerstand gegen** die fortwährende islamische Unterjochung. Freilich kann und soll nicht abgestritten werden, dass die Kreuzritter in ihrem Widerstand brutal vorgingen. Natürlich konnte es kein hübscher Anblick gewesen sein, als die ersten Regimente, bestehend aus 4.000 berittenen Kriegern und einer 25.000 Mann starken Infanterie, in den Osten **zurück**drangen, türkische Armeen aufrieben und Städte **zurück**eroberten.

Auch steht außer Frage, dass bei der **Rück**eroberung Jerusalems jeder getötet wurde, der kein Christ war. Gewiss sage ich nicht, dass das richtig war, aber nach einem knappen halben Jahrtausend der Gewalt gegen Europa sowie dem Verlust von drei Vierteln ihrer Kampfgefährten, die in blutigen Schlachten auf dem Weg nach Jerusalem fielen, könnte zumindest allmählich einmal allgemeiner Konsens darin bestehen, dass die viel gescholtenen Kreuzzüge nicht »mal eben so« aus heiterem Himmel erfolgten, weil weiße Christen einfach »so böse« und »imperialistisch« waren.

Da es hier um Kontext geht, ist es des Weiteren wichtig, zu begreifen, dass die Gegenüberstellung von Kreuzzügen und islamischer Expansion so aussieht:

Bedauerlicherweise beendeten die Kreuzzüge die islamische Aggression nicht. Lange nach den Kreuzzügen eroberten Muslime im Jahre 1453 Konstantinopel und beendeten damit das Oströmische Reich. Danach verwüsteten sie Osteuropa, bis sie schließlich zweimal vor den Toren Wiens aufgehalten werden konnten. Dieser »Jihad«

---

[441] Eine ausführlichere Zusammenfassung dessen, was **vor** den Kreuzzügen geschah, findet der geneigte Leser im Download-Bereich meines Blogs. Eine ausführliche Zusammenstellung der Jihad-Angriffskriege gegen die klassische Zivilisation findet man unter anderem im *Center for the Study of Political Islam* (http://cspipublishing.com/statistical/jihad.html).

gegen europäische »Kafir« (»Ungläubige«) war unbarmherzig und vollzog sich rund 1000 Jahre, bevor weiße Christen in der Lage waren, effektiv zurückzuschlagen und Teile ihrer eigenen Ländereien zurückzugewinnen.

Sowie ein neuer islamischer Sultan an die Macht kam, erforderte es die Tradition, unverzüglich neue Kriege anzuzetteln, um keinen Zweifel aufkommen zu lassen, wie gut und tapfer er gegen die »Ungläubigen« kämpfte. Zudem wissen nach wie vor die Wenigsten, dass Muslime zwischen dem 7. und 15. Jahrhundert den (afrikanischen) Sklavenmarkt dominierten. Im Zuge des Sklavenhandels florierte auch das Geschäft mit Eunuchen. Muslime kastrierten männliche Sklaven und verwendeten sie unter anderem für militärische Dienste. Jungen im Alter zwischen 8 und 12 wurden Penis und Hoden abgetrennt, was der erste Grund dafür ist, warum wir in der heutigen arabischen Welt keine Schwarzen sehen (im Gegensatz zu den »bösen, weißen USA«, wo Sklaven unter den 1,4 Prozent weißer, männlicher Sklavenbesitzer Familien gründeten).

Der zweite Grund ist der, dass die neugeborenen Babys von schwarzen Konkubinen, welche von muslimischen Sklavenhaltern geschwängert wurden, nach der Geburt getötet wurden. Dasselbe Schicksal wurde versklavten, weißen Europäern zuteil. (Es darf bezweifelt werden, dass es bezüglich all jener Gräueltaten je einen Aufschrei unter r-strategischen Linken gab oder geben wird). Bis zu dem Zeitpunkt, da schließlich Katharina die Große (1729-1796) die unter islamisches Recht gefallene Halbinsel Krim eroberte und unter russische Jurisdiktion setzte, fielen Millionen von Ukrainern, Georgiern, Bulgaren, Armeniern und Slawen dem Krim'schen Sklavenhandel zum Opfer. Die Krim'schen Überfälle sind heute den meisten Ukrainern, Russen und Polen ein Begriff, da sie integraler Bestandteil ihrer Geschichte darstellen.

Ebenso wird davon ausgegangen, dass nordafrikanische Muslime zwischen 1530 und 1790 über eine Million Europäer in Küstenstädten und auf Hoher See entführt und versklavt hatten. Sie versklavten sogar Amerikaner. Im Jahre 1788, als die Vereinigten Staaten kaum ein Land waren, wurden deren Seeleute von barbarischen Stämmen des Osmanischen Reichs versklavt. Man geht heute etwa von (weiteren) eininhalb Millionen europäischen und amerikanischen Sklaven zwischen 1750 und 1850 aus. Thomas Jefferson (1743-1826) und John Adams (1735-1826) wendeten sich an den Botschafter von Tripoli in London und fragten, warum man ihnen das antue, zumal die USA niemals Auseinandersetzungen mit der islamischen Welt hatten und weder in Kreuzzügen noch im Spanienkrieg involviert gewesen seien.

Warum also tue man ihren Leuten auf den Schiffen so etwas an, warum plündere und versklave man sie. Darauf antwortete der muslimische Botschafter unmissverständlich, dass sie, also die Muslime, durch den Koran die Erlaubnis dazu haben, weil sie, die Amerikaner, »Ungläubige« seien. Daraufhin entgegnete Jefferson, dass er in diesem Falle eine Flotte schicke, um solch barbarischem Treiben den Garaus zu machen. Und das tat er.[442] So viel dazu, dass islamischer Fundamentalismus durch die amerikanische Demokratie erschaffen wurde. Es ist schlicht und ergreifend eine Lüge, welche die tatsächlichen Kriminellen schützt.

Sklaverei ist, wie oben angemerkt, so etwas wie der Heilige Gral des Anti-Weiße-Narrativs. Für diejenigen, die sich etwas eingehender mit der Geschichte der Sklaverei beschäftigen, ist es nicht schwer, Linke in ihrem Bemühen, Weiße als alleinigen Inbegriff für die amoralische Praxis der Sklaverei herauszustellen, zu widerlegen. Selbst ein flüchtiger Blick in die Geschichte zeigt, dass Sklaverei im Verlauf der Geschichte ein allgemein akzeptierter Bestandteil des Lebens in **jeder** Kultur war. Sie hatte sich in jeder Gesellschaft vollumfänglich etabliert, wobei es unzählige Arten gab, ein Sklave zu werden, beispielsweise qua Geburt oder durch die Niederlage in einem Krieg. Manch einer war auch schlichtweg pleite und konnte seine Schulden nicht mehr bezahlen, andere hingegen wurden von den eigenen Eltern in die Sklaverei verkauft und so weiter.

Linke wollen jedoch nur über den christlichen Sklavenhandel sprechen, welcher sich in etwa zwischen 1515 und 1815 ereignete. Es interessiert sie nicht im Geringsten, dass Sklaverei in anderen »Zivilisationen« nicht nur bei Weitem **umfangreicher** ausfiel, sondern darüber hinaus **länger** andauerte (in einigen muslimischen Regionen leider auch heute noch/wieder[443]) und sich **wesentlich brutaler** zutrug (siehe oben). Zudem waren Weiße (Christen) die ersten, die sich auf ihr Gewissen besannen und die Sklaverei schließlich abschafften – zunächst in Europa, dann in Amerika. Nur durch deren Einfluss konnte die Sklaverei schließlich weltweit quasi beendet werden, wobei anzumerken ist, dass sie in China und verschiedenen Teilen Afrikas bis in die 1940er Jahre praktiziert wurde, in Saudi-Arabien bis 1962, in Peru bis 1968 und in Indien bis 1976. Unter Umständen interessiert es auch den einen oder anderen, dass Europäer im Gegensatz zu Mohammedanern nicht nach Afrika gingen, um Menschen zu entführen und zu versklaven, sondern diese stattdessen von afrikanischen Sklavenhändlern abkauften, welche die Menschen wiederum von afrikanischen Königen und Kriegsherren abkauften. Es ist ein Fakt, dass 40 Prozent aller Schwarzen in West- und Zentral-Afrika bereits Sklaven waren, **bevor** es zum Atlantischen Sklavenhandel kam. Dies bedeutet mit sehr hoher Wahrscheinlichkeit, dass Europäer nicht eine einzige schwarze Person zum Sklaven machten, die nicht bereits einer war. Während der Pha-

---

[442] Smith: Scott S.: *Thomas Jefferson Sent The Navy, Marines To Defeat Muslim Terrorists*, in: Investor's Business Daily, 2.10.2016, URL:
https://tinyurl.com/yxldyh2f, Abruf am 15.05.2019.

[443] *»Ihr sollt mich recht verstehen. Wenn ihr mich bedrängt und destabilisieren wollt, werdet ihr Verwirrung stiften, Bin Laden in die Hände spielen und bewaffnete Rebellenhaufen begünstigen. Folgendes wird sich ereignen. Ihr werdet von einer Immigrationswelle aus Afrika überschwemmt werden, die von Libyen aus nach Europa überschwappt. Es wird niemand mehr da sein, um sie aufzuhalten.«* Diese Worte äußerte der libysche Diktator Muammar al-Gaddafi (1942-2011) in einem Interview mit dem französischen *Journal du Dimanche* im Februar 2011. Als Folge der anschließenden Zerstörung Libyens durch das damalige Außenministerium von r-Stratege Hillary Clinton sowie der darauffolgenden Migrationskrise gibt es derzeit offene Sklavenmärkte im Land des Nahen Ostens (s.o.). Wo bleibt der Aufschrei hinsichtlich dieser »modernen«, real existierenden Sklaverei?

se des atlantischen Sklavenhandels wurden rund 10 Prozent der versklavten Afrikaner Teil jenes Handels und man verschiffte sie gen Westen. Rund 20 Prozent wurden in den Rest der Welt verschleppt (überwiegend in den Nahen Osten und nach Indien), und 70 Prozent der afrikanischen Sklaven blieben in Afrika. Von den genannten zehn Prozent des atlantischen Sklavenhandels kamen etwa fünf Prozent nach Amerika, der Rest landete hauptsächlich im spanischen Südamerika beziehungsweise in der Karibik.

Als der atlantische Sklavenhandel schließlich endete, verminderte sich der Prozentsatz von Sklaven in West- und Zentral-Afrika keinesfalls. Die Sklaven blieben Sklaven in Afrika. Darüber hinaus wurde die Sklaverei in Amerika mitnichten nur von Weißen praktiziert. Die »Indianer« betrieben Sklaverei, noch bevor irgendein Weißer einen Fuß auf amerikanisches Terrain setzte.[444] Später besaßen sie auch afrikanische Sklaven. Auch Schwarze besaßen Sklaven in Amerika, genauso wie sie sie in Afrika besaßen.

Laut US-Volkszählung im Jahre 1830 besaßen allein in Charleston (South Carolina) 407 Afro-Amerikaner Sklaven. Es wird gemeinhin angenommen, dass 28 Prozent aller befreiten, schwarzen Sklaven selbst Sklaven besaßen.

Die **Quintessenz des Ganzen** besteht darin, dass die Dämonisierung der Weißen aufgrund der Sklaverei, während man gleichzeitig allen anderen ethnischen Gruppen einen Persilschein ausstellt, **klarer Bestandteil der irreführenden, agendagetriebenen, linken Konditionierung** ist, die wiederum mit der oben dargelegten r-Strategie einen genetischen Ursprung besitzt. Man könnte sich darüber aufregen, dass Menschen des Informationszeitalters in den unsäglichen Chor der »weißen Schuld« mit einstimmen beziehungsweise darauf »hereinfallen«. Wer das r/K-Modell als Theorie nachvollziehen kann und akzeptiert, kann seine Nerven schonen.

Selbst **wenn** es so wäre, dass während der kompletten Menschheitsgeschichte ausschließlich weiße Europäer Sklaverei betrieben hätten, wäre es trotzdem dumm und amoralisch, sie deswegen **heute** kollektiv zu verurteilen. Es ist genauso falsch wie der Umstand, Weiße kollektiv für die harschen Arbeitsbedingungen, geringen Löhne und Kinderarbeit während der Industriellen Revolution anzuprangern. Die meisten Weißen waren damals arm und sicherlich keine Fans von niedrigen Löhnen und bescheidenen Arbeitsbedingungen, genauso wie die meisten keine Fans der Sklaverei waren (nicht nur aus moralischen, sondern auch aus ökonomischen Gründen, nachdem Sklaverei Löhne nach unten drückte).

Die Vertreter des Kulturmarxismus sind nicht notwendigerweise geistige Tiefflieger, im Gegenteil: Es gibt unter ihnen schlaue Leute. Doch wie das Mensa-Mitglied, das glaubt, den perfekten Mord zu begehen, doch dabei einen dummen Fehler macht und ertappt wird, gibt es etwas, was Kultur- und (Neo-)Marxisten in ihrer auf Zwang basierenden Gesellschaftsutopie (oder eher Dystopie) sträflich vernachlässigen. Etwas, das sie unendlich frustriert:
Die Macht des kulturellen Stolzes.

---

[444] Smith, Ryan P.: *How Native American Slaveholders Complicate the Trail of Tears Narrative*, in: Smithsonian, 06.03.2018, URL: https://tinyurl.com/y5qpjh45, Abruf am 15.05.2019.

Kultureller Stolz ist der Grund, warum Österreicher die Sozialdemokraten (Camouflage-Wort für Sozialisten) im Oktober 2017 politisch entfernten und stattdessen (zumindest vorübergehend) rechte, das heißt konservative Kräfte in Regierungsverantwortung hoben, die versprachen, Österreichs Kultur und Traditionen intakt zu halten, eben zu »**konservieren**«.

Kultureller Stolz ist der Grund, warum Parteien, die in Italien zwar seit dem 2. Weltkrieg an der Macht waren, doch damit begannen, die Kultur des Landes zu untergraben, in der Märzwahl 2018 eine Schlappe kassierten. Kultureller Stolz ist der Grund, warum eine AfD (die mit einem etwas linkeren Programm der CDU von 1998 antritt), die vor einigen Jahren nicht einmal ausreichend Stimmen erhielt, um im Parlament vertreten zu sein, mittlerweile so gut wie zweitstärkste politische Kraft ist, Tendenz steigend. Kultureller Stolz ist der Grund, warum die konservativen »Schwedendemokraten« im schwedischen Reichstag um 4,69 Prozent zulegten, Tendenz steigend. Davon abgesehen haben r-Strategen mittlerweile so viel ökonomischen und kulturzersetzenden Schaden angerichtet, dass es nicht verwundern würde, sofern sich im r/K-Zyklus (als dringend notwendiges Korrektiv) fortan immer mehr K-Strategen zu Wort meldeten beziehungsweise entsprechende Konsequenzen zögen.

Um Menschen von ihrem kulturellen Stolz zu trennen, muss man sie von ihrer nationalen und ethnischen Identität trennen. Westliche, r-selektierte Neomarxisten, die jedem nicht-weißen Land seinen nationalen Stolz selbstverständlich zugestehen, werden in Bezug auf ihre eigenen Nationen schnell zu klassischen Marxisten. Aus marxistischer Sicht, sehr gut artikuliert vom Historiker Eric Hobsbawm (1917-2012), wurden der Nationalismus und verwandte Traditionen von der »herrschenden Klasse« erfunden, um das »Proletariat« zu kontrollieren und zu mobilisieren.[445]

Mit dieser extremen Form des Konstruktivismus gibt es vielfältige Probleme. Es ist in wirtschaftlicher Hinsicht reduktionistisch, wenn man annimmt, dass Menschen nur gemäß ihren ökonomischen Interessen handeln, wenn es neben den in diesem Buch vorgebrachten Beweisen, dass sie auch von Fortpflanzungsstrategien geprägt sind, zudem Beweise dafür gibt, dass sie zumindest teilweise **dagegen** vorgehen können, um andere Statusformen zu erlangen. Verkörpert wird dieser Umstand durch Marx selbst, der durch die Befürwortung seiner Ideologie zwar gefeiert wurde, jedoch seine wirtschaftlichen Aussichten beeinträchtigte und verarmt starb.[446]

Die Ideologie geht davon aus, dass alle Phänomene die Produkte der »Geschichte« seien und somit die Geschichte effektiv »verdinglichen«. Tatsächlich kann Geschichte auf die Interaktionen zwischen Menschen reduziert werden. Diese werden, wie wir gesehen haben, durch signifikante, genetische Faktoren untermauert. Es ist auch unwahrscheinlich, dass der Nationalismus einfach als Teil einer riesigen Verschwörungstheorie erfunden wurde, anstatt zumindest eine Grundlage für frühere Denkweisen zu haben. Es gibt eine Reihe anderer marxistischer Theorien des Nationalismus. Der

---

[445] Hobsbawm (1990).
[446] Dutton & Van der Linden (2015).

amerikanische Soziologe Michael Hechter plädierte für das Modell des »internen Kolonialismus« und argumentierte, der »Kapitalismus« führe zur Ausbeutung ethnischer Minderheiten in einem Staat und der daraus resultierenden Entwicklung des Nationalismus unter ihnen.[447]

Selbst wenn dies zuträfe, kann weder der Nationalismus unter den dominierenden Ethnien noch der Grund dafür erklärt werden, warum in einigen Staaten, wie beispielsweise in multikulturellen Staaten, nationalistische Konflikte ausgeprägter sind als in anderen, wie der bereits mehrfach genannte, britische Anthropologe Dr. Edward Dutton in *Race Differences in Ehtnocentrism* eindrucksvoll belegt. Es stellt sich die Frage, wie der Kapitalismus ein Gefühl für ethnischen Nationalismus hervorgebracht hat, wenn er nicht schon existiert hat.

Es liegt in der Natur von Menschen, die nicht völlig hirngewaschen sind, gegen eine künstlich und/oder von oben diktierte Zersetzung beziehungsweise Aufgabe von nationalem Stolz (zumindest zu einem gewissen Teil) Widerstand zu leisten. Man stelle sich darüber hinaus nur die unfassbare Langeweile auf diesem Planeten vor, sofern es keinerlei Nationen, kulturelle Eigenheiten, Bräuche, Sitten und Traditionen mehr gäbe, die gepflegt und bewahrt würden, sondern stattdessen alles »irgendwie ineinander« aufginge in irgendeinem seelenlosen Sammelsurium nicht bestimmbarer Identitäten.

Wozu dann noch reisen? Wozu dann noch Gastfreundlichkeit? Wozu dann noch internationale Großveranstaltungen, bei denen unterschiedliche Nationen in einen fairen Wettstreit treten? All das wäre vollkommen belanglos, da »jeder irgendwie jeden« verkörperte, um bloß nicht als »rassistisch« oder »nationalistisch« zu gelten.

Ich sage ganz bewusst, dass es in der Natur des Menschen liegt, Widerstand gegen ethnisch-kulturelle Zersetzung zu leisten, da kultureller Stolz biologisch tief in uns verwurzelt ist. Die menschliche Natur ist stammesbezogen. Auch wenn es Linken nicht passt, aber die Menschheit lebt in Völkern. Unter einem solchen versteht man eine größere Gemeinschaft von Menschen, die durch gemeinsame Abstammung, Geschichte und Kultur und normalerweise auch durch eine gemeinsame Sprache und ein gemeinsames Territorium miteinander verbunden sind.

Andreas Vonderach legt schlüssig dar, dass die große Verwandtschaft im Volk im Phänomen des Ahnenschwundes zum Ausdruck komme. Jeder von uns habe zwei Eltern, vier Großeltern, acht Urgroßeltern und so weiter. In der zehnten Ahnengeneration, also etwa um 1700, sind es demnach bereits 1024 Vorfahren. In der 20. um 1400 schon mehr als eine Million, und zur Zeit Karls des Großen (747/748 - 814) betrage die Zahl der theoretischen Ahnen sogar schon mehr als eine Billion, also 1000 Milliarden. Da aber in dieser Zeit in Deutschland (freilich gab es zu jener Zeit den Begriff als solchen noch nicht) kaum mehr als zwei Millionen Menschen lebten, sei klar, dass wir alle sehr viele gemeinsame Vorfahren haben. Die meisten unserer Ahnen seien dies gleich mehrfach, über verschiedene genealogische Linien zugleich. So komme im Jahr 1500 jeder Vorfahr durchschnittlich etwa viermal unter den Ahnen

---

[447] Hechter (1975).

einer heute lebenden Person vor, im Jahr 1300 bereits etwa fünfzigmal und im Jahr 1000 schon mehrere tausendmal. Daraus ergebe sich, dass zum Beispiel alle Deutschen fast sämtliche vor dem Jahr 1200 lebenden Ahnen gemeinsam haben.[448]

Die Tatsache, dass immer in einem gewissen Ausmaß auch Fremde in ein Volk integriert würden, stehe nicht im Widerspruch zur Auffassung von den Völkern als Abstammungsgemeinschaften. Denn die genealogische Einheit werde ja durch die Endogamie, dem Heiraten innerhalb des Volkes, kontinuierlich hergestellt, und nach wenigen Generationen haben die Nachkommen eines in die Gemeinschaft integrierten Fremden überwiegend einheimische Vorfahren. Ob diese natürlichen Integrationsmechanismen auch noch die aktuelle unnatürliche (weil sich um ein Regierungsprogramm handelnde) »Einwanderung« von nicht deutschen und nicht europäischen Menschen bewältigen können, oder ob es angesichts der großen Zahl der »Zuwanderer« nicht zu einer ethnischen Verdrängung der autochthonen Bevölkerung durch andere Völker kommt, bleibt offen.[449]

Es ist in jedem Falle natürlich, sich mehr um die eigene Familie als die des Nachbarn zu kümmern. Es ist natürlich, sich mehr um die eigene Nation zu kümmern als ums Ausland. **Eine Nation wiederum besteht aus Individuen, die ein gemeinsames, kulturelles Erbe teilen.** Dies beinhaltet eine gemeinsame Sprache, Geschichte, Religion und Abstammung. Weder ist es Zufall noch Rassismus, dass über 85 Prozent der amerikanischen Kirchgänger in Kirchen gehen, die komplett oder so gut wie komplett von Menschen der eigenen Rasse besucht werden.[450]

Linke begreifen nichts davon und sträuben sich (zu einem nicht unbeträchtlichen Teil aus ihrer genetischen Disposition heraus) gegen kulturellen Stolz der Ingroup, gegen Stolz auf die eigenen Leute und gegen Stolz auf das eigene Heimatland. Gerne begründen sie das ungefähr so:

»Warum solltest du auf etwas stolz sein, womit du gar nichts zu tun hattest? Warum solltest du auf etwas stolz sein, das du nicht selbst erreicht hast? Warum solltest du dich auch nur damit verbunden fühlen?«

Wenn Linke derartiges von sich geben, sagt es einem im Grunde alles, was man über sie wissen muss. Es geht freilich nicht darum, die Lorbeeren für die Leistungen anderer einzuheimsen. Vielmehr geht es um die Art von Stolz, die man beispielsweise für den eigenen Vater oder die eigenen Kinder empfindet. Es ist natürlich, Stolz zu empfinden, und zwar nicht nur aufgrund eigener Erfolge, sondern auch aufgrund der Menschen und Dinge, die mit einem verbunden sind. Es ist natürlich, auf etwas stolz zu sein, das einem geschenkt wurde (da es eine Ehre ist), und mein kulturelles Erbe ist solch ein Geschenk. Nein, ich habe dieses Geschenk nicht »verdient«, aber nichtsdes-

---

[448] Schelling (2007).
[449] Vonderach (2014), S. 10.
[450] Smietana, Bob: *Research: Racial Diversity at Church More Dream Than Reality* (2014), in: LifeWay Research, 17.01.2014, URL: https://tinyurl.com/y5hvfjwe, Abruf am 15.05.2019. (Die komplette Studie kann auf der Seite heruntergeladen werden.)

totrotz ist es meins. Sofern jemand den Film »Gran Torino« von und mit Clint Eastwood kennen sollte, stellt sich vor diesem Kontext die Frage, ob Tao Walts Geschenk in Form des 1972er Gran Torino hätte ablehnen sollen, da er ihn nicht selbst gebaut oder gekauft hat? Ist es ihm nicht gestattet (falls ja, wer bestimmt das?), Freude daran zu haben und stolz darauf zu sein, ihn zu besitzen?

Im gleichen Sinne wie Tao Walt nicht für den Gran Torino danken kann, können wir unseren Vorfahren nicht persönlich dafür danken, was sie erschufen. Wir können ihnen nicht für das vergossene Blut danken, das nötig war, damit sie ihre Kultur intakt weiterreichen konnten. Es ist kein »Zufall« oder »Versehen«, dass Wien heute nicht wie Mogadischu aussieht. Und ja, dafür sollten wir dankbar sein. Wir sollten die Dinge, die uns geschenkt wurden, zu schätzen wissen und unsere Wertschätzung dadurch zeigen, **dass wir unsere Kultur künftigen Generationen ebenso intakt überreichen beziehungsweise überlassen**.

Die linke Ideologie, erwachsen als genetische Reproduktionsstrategie, ist die Ideologie der Missgunst, also eine Ideologie der mitunter schlimmsten und destruktivsten Emotionen, die ein Mensch haben kann. Man zeige mir einen Linken und ich präsentiere umgekehrt jemanden, der mit hoher Wahrscheinlichkeit für nichts dankbar ist. Natürlich verstehen sie nichts von kulturellem oder nationalem Stolz, denn diese Dinge sind die Manifestationen davon, dankbar zu sein, etwas ehren und schätzen zu wissen. Wenn ein Linker sagt, man hätte kein Recht dazu, stolz auf die Leistungen unserer Vorfahren zu sein, da man dies nicht persönlich tat, so wird seine Doppelmoral nur allzu deutlich, denn im nächsten Moment wird er Scham und Wiedergutmachung für Dinge einfordern, die man ebenfalls **nicht persönlich tat, aber die Vorfahren**.

Hat ein Linker darüber hinaus schon jemals einen Nicht-Weißen dafür kritisiert, ethnischen und kulturellen Stolz zu zeigen? Verkünde deinen schwarzen Stolz und die Linken werden jubeln. Aber weise darauf hin, dass es ok ist, weiß zu sein, und sie werden ihren kollektiv-kollektivistischen Verstand verlieren. Es gibt keine Kontroverse, sofern man »Schwarz ist wunderschön« sagt, aber sofern eine weiße Frau öffentlich verkünden sollte, weiß sei wunderschön, läuft sie Gefahr, als »hasserfüllte«, »böse« Person, als »*white supremacist*« und dergleichen mehr gebrandmarkt zu werden.

Wenn Nicht-Weiße homogen bleiben wollen, handelt es sich um (akzeptierten) kulturellen Stolz, sprechen sich jedoch Weiße gegen Dritte-Welt-Massenmigration in ihre Länder aus, handelt es sich um Nazis und Ewiggestrige. (In Wahrheit besteht in dem Umstand, dass angesichts der allgemeinen, oftmals hysterisch geführten Debatte um diverse Brennpunkt-Themen der Versuch, ausschließlich die Meinung von Weißen zu ändern beziehungsweise ändern zu wollen, die eigentliche »white supremacy« liegt, da dadurch ein borniert-rassistischer Glauben impliziert wird, wonach nur mit Weißen vernünftig geredet werden könne.)

Fazit: Da es gesund und natürlich ist, sollte jeder stolz auf sein kulturelles Erbe und seine ethnische Identität sein. Und Achtung: Das beinhaltet Weiße. Wir sind die Nachfahren von Philosophen, Forschern, Eroberern, Pionieren, Erfindern und Erbauern der großartigsten Zivilisation, die die Welt je kannte. Eine Zivilisation, die diese Welt auf schier unbeschreibliche Weise verbesserte. Für jeden! Darauf können wir stolz sein. Und dadurch sind wir dankbar.

3.5 Inbegriff einer r-Strategie oder: Der globale Migrationspakt [451]

»Wir beschließen etwas, stellen das dann in den Raum und warten einige Zeit ab, was passiert. Wenn es dann kein großes Geschrei gibt und keine Aufstände, weil die meisten gar nicht begreifen, was da beschlossen wurde, dann machen wir weiter – Schritt für Schritt, bis es kein Zurück mehr gibt.«

(Jean-Claude Juncker)

»Die Person, die alle liebt und überall zu Hause ist, ist der wahre Hasser der Menschheit. Sie erwartet nichts vom Menschen, also kann keine Form der Verderbtheit sie entrüsten.«

(Ayn Rand)

Am 10. und 11. Dezember 2018 unterzeichnete »Deutschland« in Marokko – de facto handelte es sich um ein paar nicht autorisierte Superstaat-Befürworter ohne Sinn für Ethik und Moral – mit dem »globalen Pakt für eine sichere, geordnete und reguläre Migration« (GPM)[452] den nunmehr in Gesetz gegossenen Grundstein für das von r-Strategen weiter zementierte Ende der Realität, wie man sie bis 2015 kannte, sofern K-Strategen keine ausreichenden Kräfte (mehr) bündeln können, um das implizite, sozioökonomische Debakel abzuwenden.

»Technisch« betrachtet sei dessen Inhalt für die Regierungen, die ihn unterzeichnen, »nicht bindend« und könne in internationalen Gerichtssälen nicht erzwungen werden, aber natürlich sollte mittlerweile auch der Letzte begriffen haben, dass es in Wahrheit darum geht, eine legale Basis sowie eine scheinbare Akzeptanz für die enthaltenen Prinzipien zu kreieren, um letztlich eine bindende Resolution für die Zukunft zu haben. Nicht umsonst kommt der Ausdruck *»Wir verpflichten uns«* **fünfundvierzigmal** in dem Papier vor.

Im Folgenden soll anhand von Originalauszügen schrittweise der Un- und Irrsinn dieses »Pakts« aufgezeigt werden.

Beginnen wir mit einem Ziel:

»Wir verpflichten uns, den multilateralen Dialog im Rahmen der Vereinten Nationen durch einen periodischen und wirksamen Folge- und Überprüfungsmechanismus fortzusetzen, der sicherstellt, dass

---

[451] Es handelt sich bei den folgenden Ausführungen – nach freundlicher Genehmigung – weitestgehend um eine Übersetzung von Stefan Molyneux' Analyse hinsichtlich des Paktes, die ich um entsprechende Quellen, Querverweise und nicht zuletzt zahlreiche, zusätzliche Gedanken und Informationen mit entsprechenden Quellen erweitert habe. (Vergleiche auch Stefan Molyneux: *The Terrible Truth About the UN Migragtion Compact*, in: YouTube, 16.11.2018, URL: https://tinyurl.com/ybf4knb7, Abruf am 16.05.2019.)
[452] Das gesamte Dokument befindet sich hier: UN: *Generalversammlung: Zwischenstaatliche Konferenz zur Annahme des Globalen Paktes für eine sichere, geordnete und reguläre Migration*, 30.07.2018, URL: https://tinyurl.com/y6esmy5p, aufgerufen am 16.05.2019.

die in diesem Dokument enthaltenen Worte in konkrete Taten zum Nutzen von Millionen von Menschen in allen Regionen der Welt umgesetzt werden.« (Punkt 14)

Wahrlich ein transnationaler, globaler Pakt, aus dem jedoch neben den Vereinigten Staaten zuvor auch die folgenden Länder ausgestiegen waren: Australien, Bulgarien, Dänemark, Estland, Israel, Kroatien, Polen, Österreich, die Schweiz, die Slowakei, Tschechien und Ungarn. Es ist schon einmal wichtig, im Hinterkopf zu behalten, dass demnach das »Nein!«-Prinzip an und für sich nicht allzu kompliziert gewesen sein konnte. Schwierig dürfte die Frage für (im besten Falle ignorante) Pakt-Befürworter zu beantworten sein, ob es sich bei den oben genannten Nationen durchweg um bösartige »Rechtspopulisten« handelt. Und dann gibt es auch noch Länder, die zwar unterschreiben, sich in ihrem Handeln aber nicht gebunden fühlen werden (China, Indien, Russland, Japan), sondern denen eine völlig sinnfreie Selbstauflösung oder zumindest Schwächung des Westens sogar gelegen käme.

»In der Erkenntnis, dass die Migrationsproblematik **von keinem Staat allein** *bewältigt werden kann, fördert er die internationale Zusammenarbeit zwischen allen relevanten Akteuren im Bereich der Migration und wahrt die Souveränität der Staaten und ihre völkerrechtlichen Pflichten.« (Punkt 7)*

Selbstverständlich bedeutet das die zentralstaatliche Kontrolle über Zuwanderung. Die Kontrolle darüber, wer ins Land kommt, verlässt alsdann die Befugnisse des Nationalstaats und wird an eine von niemandem gewählte Bürokratie innerhalb der UN übertragen. Das Schriftstück trägt den Titel **»Globaler Pakt für eine sichere, geordnete und reguläre Migration«**.

Es mag für viele wie ein Schock klingen, aber Migration ist nicht legal. Davon zu unterscheiden ist die Immigration. In bestimmten Extremsituationen, beispielsweise aufgrund religiöser, politischer oder sexueller Ansichten und Vorlieben verfolgt zu werden, kann man in ein anderes Land gehen und als Flüchtling Asyl beantragen. Migration ist jedoch nicht gleichzusetzen mit »Flüchtling sein«. Der Flüchtlingsstatus ist offiziell nicht erlaubt, selbst in Kriegssituationen nicht, was Bürgerkriege miteinschließt. Man hat zudem **im ersten Land** außerhalb des eigenen Landes zu bleiben, was beispielsweise Kassieren von (zwangs-)steuerfinanzierten Wohltätigkeiten sowie das Shoppen in Deutschland ausschließt. Migration als Ganzes ist also illegal, da es sich um das Überqueren einer fremden Landesgrenze ohne Erlaubnis handelt, wobei weder ein Kontext noch ein Vorwand, Flüchtling zu sein, vorliegt.

Stellen Sie sich Folgendes vor: Die UN setzen ein Dokument zusammen, welches lautet:

»Globaler Pakt für eine sichere, geordnete und reguläre Steuerflucht«.

Können Sie sich so etwas vorstellen? »Steuerflucht« ist illegal. Migration ist illegal. Doch sie versuchen, letzteres mittels einer gewaltigen, supranationalen Bürokratie legal zu machen. Bevor darauf eingegangen wird, was dieses Dokument alles beinhaltet, möchte ich auch darauf eingehen, worüber wir **nichts** erfahren, das heißt was es nicht beinhaltet beziehungsweise adressiert.

So **fehlt** unter anderem

- **jedwede Rücksprache mit den einheimischen Bevölkerungen europäischer und nordamerikanischer Länder:** 78% der europäischen Bürger wünschen sich strengere Kontrollen an Europas Außengrenzen.[453] Keiner wurde gefragt, damit einverstanden zu sein, Millionen von Menschen aus der Dritten Welt bei sich aufzunehmen und zu alimentieren. Wären die Menschen gefragt worden, wäre das Vorhaben mit hoher Wahrscheinlichkeit abgelehnt worden. 68% der Europäer sagten, dass sie eine afrikanische Massenmigration stark oder mäßig fürchten. Statistisch betrachtet haben sie, insbesondere Frauen, auch allen Grund dazu. Seit 2010 zog bereits über eine Million Schwarzafrikaner nach Europa. (Das ist übrigens nicht einmal ein Drittel dessen, was Afrika **in einem Monat** an neuen Menschen hervorbringt. Unter den 30 Ländern mit der höchsten Geburtenrate weltweit finden sich 26 afrikanische.[454])

Die Perspektive der meisten Europäer hat sich hinsichtlich der Beweggründe verändert, nachdem immer deutlicher zutage tritt, dass die Hauptfaktoren weder Krieg noch Chaos noch Labilität, sondern vielmehr ökonomische Anreize wie »Sozialhilfe«, die vermeintlich freie, also kostenlose Gesundheitsversorgung, freie Bildung und so weiter sind. In Wahrheit ist natürlich nichts davon kostenlos, denn irgendwer muss immer dafür arbeiten. *»There's no such thing as a free lunch«*, klärte schon Milton Friedman (1912-2006) auf.

Dass man Deutschen jedoch allen Ernstes erzählen kann, es würde jemand wegen des »menschgemachten Klimawandels« fliehen, zeugt von einem nicht gerade geringfügigen Grad an Hirnwäsche und Unwissenheit. Freilich würden Hundertmillionen Menschen aus überwiegend Dritte-Welt-Ländern in den Westen ziehen, sofern sie die Möglichkeit dazu hätten, beispielsweise 50% der Kenianer. Was den Islam betrifft, so halten 70% der Interviewten eine wachsende muslimische Präsenz innerhalb Europas für eine Bedrohung, 8% dagegen machen sich diesbezüglich keinerlei Sorgen.

Man kennt inzwischen das »Argument«, wonach die Reproduktionsrate in Europa mittlerweile zu niedrig sei (nachdem die tatsächlichen Gründe in Form von einer immer weiter steigenden Steuer- und Abgabenlast größtenteils nicht nachvollzogen oder erfasst werden können[455]), und man deshalb

---

[453] Williams, Thomas D: *Survey: 78 Percent Of Europeans Want Tighter Control Of Borders*, in: Breitbart, 29.03.2018, URL:
https://tinyurl.com/y62g5nop, Abruf am 17.05.2019. Ausführlich kann die entsprechende Studie hier nachgelesen werden: Századvég Foundation: *Migration, Terrorism*, in: project28.eu, URL:
https://tinyurl.com/yxs2e5rp, Abruf am 17.05.2019.
[454] CIA – The World Factbook, URL: https://tinyurl.com/y556amba, Abruf am 19.05.2019.
[455] Lesen Sie hierzu den analytischen Beitrag *»Ihre skandalöse Steuer- und Abgabenlast«* sowie *»Steuer-Mythen«* auf meinem Blog.

jede Menge Menschen aus der Dritten Welt (nicht etwa Fernost) importieren müsse, um unter anderem die Rente der Baby-Boomer, »Sozialhilfe« et cetera bezahlen zu können. Dieses »Argument« steht deshalb in Anführungszeichen, da es sowas von falsch ist, dass es nicht einmal als schlechtes Argument durchgeht. (Dennoch, so scheint es, handelt es sich mittlerweile um das vorherrschende, intellektuelle Level im öffentlichen »Diskurs«.) Schaut man sich beispielsweise die **niederländische** Gesellschaft an, so wird deutlich, dass jeder muslimische Migrant die hiesigen Steuerzahler nach Kalkulationen des amerikanischen Religionswissenschaftlers Robert B. Spencer (M.A.) etwa 1.150.000 Dollar kostet.[456]

Im Jahr 2017 gab **Italien** nach Schätzungen um die 4.300.000.000 Euro für Migranten aus[457], also ein Siebtel des gesamten italienischen Haushalts 2016.

Einem Bericht im **Vereinigten Königreich** zufolge kosteten außereuropäische Immigranten die britischen Steuerzahler zwischen 1997 und 2014 beinahe 120.000.000.000 Pfund, während Zuwanderer aus Europa (überwiegend Osteuropa) während desselben Zeitraums 4.400.000.000 Pfund zur Wirtschaft **beitrugen**.[458] Für das Jahr 2016 beliefen sich die Kosten im Vereinigten Königreich – laut Hochrechnungen des *Overseas Development Institute* – allein für die in jenem Jahr neu hinzugekommenen Asylanträge auf über 620.000.000 Pfund.[459]

Im – bevölkerungstechnisch betrachtet – sehr kleinen **Schweden** beliefen sich die Kosten für Migranten im Jahr 2017 auf 18.600.000.000 Dollar (etwa 16.400.000.000 Euro), also 9,3 Mal über dem Haushalt.[460] Pro Migranten sind das 58.490 Dollar pro Jahr. Zum Vergleich: Das durchschnittliche schwedische Einkommen beträgt jährlich 28.859 Dollar.

Blickt man zurück ins Jahr 2016, so berechnete man in **Deutschland** die Migrationskosten der kommenden vier Jahre mit über 86 Milliarden (86.000.000.000) Dollars, also rund 76.000.000.000 Euro.[461] Es müssen nach

---

[456] Voice Of Europe: *Non-western asylum seekers to cost Dutch society billions, study shows*, 12.06.2018, URL: https://tinyurl.com/y4njeztq, Abruf am 17.05.2019; Spencer, Robert: *Each Muslim migrant costs Dutch society over $1,150,000*, in: Jihad Watch, 20.06.2018, URL: https://tinyurl.com/yd5j8hc9, Abruf am 17.05.2019.

[457] Fortune: *Why European Tension Is Rising Over Migrants (Again)*, 23.06.2018, https://tinyurl.com/yxjjoovg, Abruf am 17.05.2019.

[458] Barrett, David: *Immigration from outside Europe 'cost £120 billion'*, in: The Telegraph, 05.11.2014, URL: https://tinyurl.com/y46yh5dn, Abruf am 17.05.2019.

[459] Dominiczak, Peter: *UK facing more than 40,000 asylum applications this year as migrants turn to 'covert methods', report finds*, in: The Telegraph, 16.09.2016, URL: https://tinyurl.com/y65wglc3, Abruf am 17.05.2019.

[460] Morrison, Spencer P.: *Refugees Will Cost Sweden $18,6 Billion This Year – 9.3x Over-Budget*, in: National Economics Editorial, 10.02.2017, URL: https://tinyurl.com/y2pzfy44, Abruf am 17.05.2019.

[461] Thomas, Andrea: *Germany Puts Migration-Related Costs at Over $86 Billion Over Next Four Years*, in: The Wal Street Journal, 01.07.2016, URL:

dieser Rechnung 12 Deutsche arbeiten, um einen Migranten zu finanzieren.[462] Dank der Studien von Bildungsforschern wie Ludger Wößmann vom *ifo Institut für Wirtschaftsforschung* liegen mittlerweile verlässliche Informationen über die Qualifikation und das Bildungsniveau von »Flüchtlingen« vor. Leider ergibt sich ein niederschmetterndes Bild: In Syrien schaffen 65 % der Schüler nicht den Sprung über das, was die OECD als Grundkompetenz definiert (PISA-Kompetenzstufe I). Das heißt, dass zwei Drittel der Schüler in Syrien nicht oder nur sehr eingeschränkt lesen und schreiben können und die Grundrechenarten nicht beherrschen. Sie müssen als funktionale Analphabeten und Dyskalkulaten gelten. Diese Schüler werden in Deutschland, selbst wenn sie Deutsch lernen sollten, kaum dem Unterrichtsgeschehen folgen können. Hinsichtlich des Lernstoffs hinken syrische Achtklässler gleichaltrigen deutschen Schülern durchschnittlich um fünf Schuljahre hinterher. Es ist nicht übertrieben, anzunehmen, dass die meisten von ihnen voraussichtlich nie auf dem deutschen Arbeitsmarkt Fuß fassen werden.[463]

Gabriel Felbermayr und Michele Battisti (ebenfalls *ifo Institut*) haben die in türkischen Lagern angekommenen »Flüchtlinge« untersucht. Dort liegen 46 % der Syrer unter Pisa-I-Niveau. Besser als der durchschnittliche Syrer zwar, aber trotzdem noch ein überaus schlechtes Bildungsniveau.[464]

Die Bildung von »Flüchtlingen« aus Afghanistan, Eritrea oder Somalia ist sogar noch schlechter als die von Syrern. Laut der *Handwerkskammer München und Oberbayern* haben 70 % der seit 2016 nach Deutschland gekommenen Migranten aus Krisenländern, die eine Ausbildung in Bayern begannen, diese inzwischen wieder abgebrochen. Bei Einheimischen und früheren Einwanderern liegt die Abbrecherquote bei 25 %.[465]

Gemäß einem Bericht des *Bundesinstituts für Berufsbildung* (BIBB) verfügen 59 % der nach Deutschland gekommenen »Flüchtlinge« über keine oder nur sehr geringe Schulbildung.[466]

Auch nach Auskunft des *Berlin-Instituts für Bevölkerung und Entwicklung* haben 13 % der seit 2015 als »Flüchtling« nach Deutschland gekommenen Personen

---

https://tinyurl.com/y5jn3ln7, Abruf am 17.05.2019.
[462] Voice Of Europe: *It takes twelve Germans to work and pay taxes in order to fund the cost of just one migrant*, 12.07.2018, URL: https://tinyurl.com/y6otvo5e, Abruf am 17.05.2019.
[463] Hanushek & Wößmann (2015); Wiarda, Jan-Martin: *»Zwei Drittel können kaum lesen und schreiben«*, in: Zeit Online, 19.11.2015, URL:
https://tinyurl.com/yykmv8nc, Abruf am 27.10.2019; Kirst, Virginia: Hälfte der syrischen Flüchtlinge schlecht ausgebildet, in: Welt, 27.10.2015, URL:
https://tinyurl.com/yykmv8nc, Abruf am 27.10.2019.
[464] Battisti & Felbermayr (2015).
[465] Sinn, Hans-Werner: *Migrationspolitik und das Ende*, in: YouTube, 11.11.2018, URL:
https://tinyurl.com/y56ftb2h, Abruf am 27.10.2019.
[466] Hoeren, Dirk: *59 Prozent der Flüchtlinge haben keinen Schulabschluss*, in: Bild, 21.08.2017, URL:
https://tinyurl.com/y5hjcmnj, Abruf am 27.10.2019.

nie eine Schule besucht, 12 % haben lediglich Grundschulbildung, über 75 % keine berufliche Ausbildung. Das bereits seit längerem niedrige Bildungsniveau von Einwanderern nach Deutschland scheint sogar noch weiter zu sinken. Als Voraussetzung für die Teilnahme am deutschen Arbeitsmarkt gilt das Sprachniveau B1. Während im August 2017 noch 23 % der Teilnehmer von Alphabetisierungskursen das Sprachniveau B1 erreichten, waren es im August 2019 nur noch 14 %.[467]

2019 sind 46 % aller ALG-Bezieher Migranten. Bei den erwerbsfähigen Leistungsbeziehern beträgt der Migranten-Anteil sogar 57 %. 2013 lagen diese Anteile noch bei 36 % beziehungsweise 43 %. Während die Zahl der arbeitslosen Deutschen zwischen 2010 und 2018 um 43 % zurückging, hat sich die Zahl der sozialleistungsberechtigten Einwanderer in Deutschland seit 2016 mehr als verdoppelt. Ausländer stellen in Deutschland 7,3 % der Bevölkerung, aber 25 % der Sozialhilfeempfänger.[468] Dies ist auch der Grund für die gewachsene materielle Ungleichheit in Deutschland, welche von r-Strategen für linkspopulistische Kapitalismuskritik instrumentalisiert wird. In Wahrheit ist die Ungleichheit lediglich eingewandert; ohne Armutszuzug wäre der **Gini-Koeffizient** in Deutschland seit Jahren nicht gestiegen.[469]

Ende 2019, also mittlerweile vier Jahre nach Beginn der großen (politisch gewollten) »Flüchtlingswelle«, beziehen noch immer sage und schreibe 74,9 % aller in Deutschland ansässigen Syrer Hartz IV.[470] Bei »Flüchtlingen« aus anderen Ländern sieht es nicht viel besser aus.[471]

Die Quote der Hartz-IV-Bezieher bei Einwanderern aus einigen anderen Ländern: Nigeria 24 %, Äthiopien 28 %, Ghana 34 %, Somalia 49 %, Eritrea 63 %. Von deutschen Staatsbürgern beziehen derweil nur 5 % Hartz-IV-Leistungen.[472]

---

[467] Klapsa, Katja: *Bildungsniveau der Zuwanderer in Integrationskursen sinkt*, in: Welt, 17.09.2019, URL: https://tinyurl.com/y66dqden, Abruf am 27.10.2019.

[468] Leubecher, Marcel: *Fast jeder zweite Arbeitslose hat einen Migrationshintergrund*, in: Welt, 31.03.2019, URL: https://tinyurl.com/yxsp6hcp, Abruf am 27.10.2019; Kisling, Tobias: *Leiharbeit entpuppt sich für Geflüchtete oft als Sackgasse*, in: Berliner Morgenpost, 18.06.2019, URL: https://tinyurl.com/yylf89yz, Abruf am 27.10.2019; Springer, Roland: *Integration der Asylbewerber: Was ist Dichtung, was ist Wahrheit?*, in: Tichys Einblick, 12.09.2019, URL: https://tinyurl.com/y2qnmho3, Abruf am 27.10.2019.

[469] Haas, Christine: *»Politiker und Ökonomen, die Entwarnung geben wollten, liegen falsch«*, in Welt, 07.10.2019, URL: https://tinyurl.com/y6scnuhh, Abruf am 27.10.2019.

[470] Welt: *Drei von vier Syrern erhalten Hartz IV*, 22.09.2019, URL: https://tinyurl.com/y567ofpj, Abruf am 27.10.2019.

[471] Kerl, Christian: *Sprunghafter Anstieg: 770.000 Asylbewerber beziehen Hartz IV*, in: WAZ, 03.06.2017, URL: https://tinyurl.com/y6k9hmrg, Abruf am 27.10.2019; Welt: *Zwei von drei Flüchtlingen beziehen Hartz IV*, 17.12.2018, URL: https://tinyurl.com/y8f25csr, Abruf am 27.10.2019; Frankfurter Allgemeine: *Zwei Drittel der Geflüchteten beziehen Hartz IV*, 17.12.2018, URL: https://tinyurl.com/y3aou6sg, Abruf am 27.10.2019.

[472] Leubecher, Marcel: *Afrikaner haben oft wenig Erfolg am deutschen Arbeitsmarkt*, in: Welt, 24.10.2019, URL: https://tinyurl.com/y2vhutmz, Abruf am 27.10.2019.

Andere europäische Länder machen, wie oben ersichtlich, dieselben oder ähnliche Erfahrungen. Auch über 50 % der in der **Schweiz** lebenden Eritreer, Angolaner, Iraker, Äthiopier und Kongolesen beziehen Sozialhilfe. Bei Somaliern sind es sogar über 80 %.[473]

Sowohl im Vergleich zu regulären Einwanderern als auch im Vergleich zu Flüchtlingen aus früheren Jahrzehnten haben sich die in den Merkeljahren nach Deutschland gekommenen Asylbewerber viel schlechter in den Arbeitsmarkt integriert – trotz brummender Wirtschaft und »Fachkräftemangel«.[474]

Man kann damit rechnen, dass ein großer Teil der seit 2015 mit Asyl- oder Flüchtlingsstatus eingewanderten Personen ein ganzes Leben lang Sozialhilfe beziehen und niemals einer produktiven Tätigkeit in Deutschland nachgehen wird. Wie viele Menschen schaffen es im Erwachsenenalter noch, erst eine sehr komplizierte neue Sprache zu erlernen, dann fünf Jahre fehlende Schulbildung nachzuholen, dann ein Studium oder eine Ausbildung zu absolvieren und dann karrieremäßig auch noch richtig durchzustarten? Zur Hoffnung, Einwanderer könnten eine Lösung für das Demografieproblem darstellen und einmal die Rente der alternden autochthonen, deutschen Bevölkerung bezahlen, erklären Hans-Werner Sinn und Bernd Raffel-hüschen außerdem: Selbst falls Flüchtlinge demnächst anfangen, ihrer Qualifikation entsprechenden Jobs nachzugehen, werden sie sowohl aus Rentenkasse als auch aus Gesundheits- und Pflegekassen trotzdem noch deutlich mehr Leistungen entnehmen, als sie Beiträge einzahlen. Ein Problem, das Länder mit weniger üppigem Sozialsystem nicht haben: Deutsche Geringverdiener kommen ebenfalls nur für etwa ein Drittel der Gesundheits- und Pflegekosten auf, die sie verursachen. Die restlichen zwei Drittel übernehmen andere Steuer- und Beitragszahler durch Quersubventionen. Die meisten unqualifizierten Einwanderer werden das deutsche Sozialsystem daher nie stützen, sondern auch dann ein Leben lang belasten, wenn sie beruflich tätig werden.

In **Dänemark** zeigt sich dasselbe Phänomen: Laut einer Studie vom Juli 2019 sind fast 100 % aller Einwanderer aus nichtwestlichen Ländern eine Belastung für die öffentlichen Kassen und werden das auch ihr ganzes Leben lang bleiben. Neben den Dänen selbst leisten nur Einwanderer aus westlichen Ländern einen positiven Beitrag zum Sozialsystem.[475]

In Studien zur Migrationsökonomie werden häufig positive wirtschaftliche Folgen konstatiert (»Migrationsdividende«). Solche internationalen Untersu-

---

[473] 20 minuten: *Diese Nationen beziehen am häufigsten Sozialhilfe*, 25.04.2019, URL: https://tinyurl.com/y4mqrpkp, Abruf am 27.10.2019.
[474] Fink, Alexander/Kappner, Kalle: *Arbeitsmarktintegration von Flüchtlingen: Eine Erfolgsgeschichte?*, in: Institute For Research in Economic and Fiscal Issues (IREF), 18.09.2018, URL: https://tinyurl.com/y3j322wo, Abruf am 27.10.2019.
[475] Grunnet-Lauridsen & Pedersen (2019).

chungen werden aber meist durch die Erfahrung von Ländern dominiert, die sich entweder ihre Einwanderer nach strengen Kriterien auswählen oder Einwanderern keinerlei Sozialleistungen anbieten, sodass von sich aus überwiegend Leistungsbereite und Erfolgshungrige kommen (Selbstselektion). Die topqualifizierten arbeitssuchenden Silicon-Valley-Zuwanderer sind nicht vergleichbar mit den versorgungssuchenden Armutsmigranten aus bildungsfernsten Schichten, die Deutschland zu Millionen aufnimmt.[476]

Im Bundeshaushalt waren im Jahr 2018 Ausgaben in Höhe von 23 Milliarden für Flüchtlinge vorgesehen.

Allerdings fallen die meisten Kosten nicht auf Bundesebene an, sondern bei Ländern und Kommunen. Sozialhilfe macht auch nur einen Teil der Kosten aus. Dazu kommen Kosten für Verwaltung, Kindergärten und Schulen, die Belastung für das Gesundheitssystem und Justizsystem, Sprach- und Integrationskurse sowie intensive Betreuung für Jugendliche. Die öffentlichen Ausgaben für »Flüchtlinge« belaufen sich aktuell in Deutschland auf 50 Milliarden (Berechnungen des *Instituts der Deutschen Wirtschaft* und des *Sachverständigenrats zur Begutachtung der gesamtwirtschaftlichen Entwicklung*) bis 55 Milliarden Euro pro Jahr (*Kieler Institut für Wirtschaftsforschung*). Der zunehmende Bedarf an Wohnraum verschärft außerdem den Wohnungsmangel und führt zu weiter steigenden Mieten und Immobilienpreisen. Diese Zusatzbelastung für Mieter ist erheblich, aber schwer, genau zu quantifizieren, weshalb sie in Statistiken über Flüchtlingskosten nicht auftaucht.[477] Da ein großer Teil der Flüchtlingskosten an Städten und Kommunen hängenbleibt, geht vielen inzwischen das Geld aus, obwohl die Konjunktur in Deutschland 10 Jahre lang gut gelaufen war.[478]

Prof. Dr. Bernd Raffelhüschen von der *Universität Bergen* sowie der *Albert-Ludwigs-Universität Freiburg* beziffert die Gesamtbelastung mit mindestens 450.000 Euro, die dem deutschen Staat pro durchschnittlichem »Flüchtling« in seiner Lebenszeit an Kosten entstehen. Für zwei Millionen Flüchtlinge macht das 900 Milliarden Euro. Prof. Dr. Sinn hält diese Rechnung sogar noch für zu optimistisch und geht von höheren Kosten aus, da die Integration in den Arbeitsmarkt längst nicht so schnell wie gehofft gelingen werde.[479]

---

[476] beyond the obvious: *Ernüchternde Fakten zu den finanziellen Folgen unserer Migrationspolitik*, 11.09.2018, URL: https://tinyurl.com/y2zoj6rl, Abruf am 27.10.2019.
[477] Bok, Wolfgang: *Die Flüchtlingskosten sind ein deutsches Tabuthema*, in: Neue Zürcher Zeitung, 15.09.2017, URL: https://tinyurl.com/y45kw8yj, Abruf am 27.10.2019; Welt: Bund stellt 93 Milliarden Euro für Flüchtlinge bereit, 14.05.2016, URL: https://tinyurl.com/ybvuvfav, Abruf am 27.10.2019; Bok, Wolfgang: *Kosten der Migration*, in: Tichys Einblick, 15.09.2017, URL: https://tinyurl.com/y3mu5ldn, Abruf am 27.10.2019.
[478] Bode, Torge: *Kommunen beklagen marode Haushalte*, in: zdf.de, 09.07.2019, URL: https://tinyurl.com/y2rfkxky, Abruf am 27.10.2019.
[479] Raffelhüschen, Bernd: *Rentensicherung durch Einwanderung von Flüchtlingen?*, in: YouTube, 02.08.2019, URL: https://tinyurl.com/y2xq26po, Abruf am 27.10.2019; Knauß, Ferdinand: *Die Sozialkosten explodieren*

Eine Untersuchung aus **Finnland** kam gar auf Kosten in Höhe von einer Million Euro für einen durchschnittlichen Flüchtling aus dem Irak oder Somalia.[480]

Das menschliche Gehirn kann sich unter einer Summe wie 900 Milliarden Euro nicht viel vorstellen. 100 Millionen, 50 Milliarden, 900 Milliarden. Was bedeutet das? Wer solche Zahlen hört, versteht meist nur »sehr viel Geld«. Aber wie viel genau, das bleibt diffus, mental nicht greifbar. Zur Veranschaulichung: In Deutschland gibt es etwa 15 Millionen Nettosteuerzahler. 900 Millionen Euro wären durchschnittlich 60 Euro für jeden. 900 Milliarden Euro bedeuten hingegen eine Belastung in Höhe von 60.000 Euro für jeden. Dazu kommt es, denn seit 2015 wurden in Deutschland über 1,7 Millionen Asylanträge gestellt und derzeit kommen jedes Jahr knapp 200.000 obendrauf.[481]

Nun kann jeder nachrechnen, wie lange er arbeiten muss, um 60.000 Euro Steuern und damit seinen Anteil an der Migrationsbelastung zu bezahlen. Die Faustformel funktioniert übrigens immer, wenn sich die Regierung neue Projekte ausdenkt: die Kosten durch 15 Millionen teilen, um sich klarzumachen, wieviel ein durchschnittlicher Nettosteuerzahler dafür zahlen muss.

Zwischenfazit: Zu behaupten, dass dies alles positive Auswirkungen auf die Wirtschaftslage habe (sowohl damals, heute als auch in Zukunft), ist nicht nur lächerlich, sondern (in diesem Fall sogar nach offizieller Gesetzeslage) kriminell, nachdem erarbeiteter Wohlstand ohne Rückfrage beziehungsweise Erlaubnis eingezogen und verteilt wird. Unwissenheit ist keine Ausrede mehr. Es gab keinerlei Rücksprache mit der einheimischen Bevölkerung. Mittlerweile sollte auch klar geworden sein, warum nicht. Für letztere hatte und hat das wahnsinnige Unterfangen keinen Wert. Exorbitante Kosten, eine zunehmend labilere Gesellschaftsstruktur, LKW-, Messer- und Bombenattacken, eine teilweise durch die Decke schießende Vergewaltigungsquote et cetera. Oft hört man, Migration habe es immer gegeben. Das stimmt. Aber dass Millionen Einwanderer mit einer derart galaktischen, jegliche Vorstellungskraft übersteigenden und auf Dauer unbezahlbaren Menge an Geld und Sozialleistungen überschüttet werden, das hat es in der Geschichte der Menschheit nie und nirgendwo gegeben. Man kann offene Grenzen haben oder man kann einen Wohlfahrtsstaat haben, aber nicht beides.[482]

– *und niemand handelt*, in: WirtschaftsWoche, 05.04.2017, URL: https://tinyurl.com/y6652dab, Abruf am 27.10.2019.
[480] Salminen (2015).
[481] Statista Research Department: *Asylanträge in Deutschland – Jahreswerte bis 2019*, 30.09.2019, URL: https://tinyurl.com/yac49y8v, Abruf am 27.10.2019.
[482] Siehe auch Kelek, Necla: *Flüchtling ist nicht gleich Flüchtling*, in: Neue Zürcher Zeitung, 03.07.2018, URL: https://tinyurl.com/y5fv6kv9, Abruf am 27.10.2019.

Des Öfteren ist auch zu hören, wer sich auf eine gefährliche Reise aus Afrika nach Europa begebe, der müsse offensichtlich in großer Not und sehr verzweifelt sein. Stellen Sie sich vor, Sie verdienen bei einem anstrengenden Knochenjob in Deutschland 3.000 Euro pro Monat. Jetzt erhalten Sie die Nachricht, dass Sie in Thailand 10.000 Euro pro Monat fürs Nichtstun bekommen können. Einfach so. Vielleicht müssen Sie sich als Dänen ausgeben und Ihren Personalausweis wegschmeißen. Hunderttausende haben das bereits gemacht und berichten unisono, dass es stimme und funktioniere. Es wird auch nicht richtig kontrolliert, sodass Sie diese Masche mehrmals durchziehen und 40.000 oder 50.000 Euro pro Monat »erhalten« können. Zudem werden Sie geradezu dankbar empfangen, bekommen bei Ihrer Ankunft Kuscheltiere an den Kopf geworfen und ein Haufen freundlicher Thais kümmert sich fortan liebevoll um Sie. Der Weg nach Thailand mag zwar beschwerlich und auch nicht ganz ungefährlich sein, aber wenn Sie es schaffen, haben Sie für den Rest Ihres Lebens ausgesorgt. Es ist sonnenklar, dass sich angesichts solcher Aussichten und **Anreize** Millionen auf den Weg machen, auch wenn sie in ihrer Heimat überhaupt nicht verfolgt werden.

Zur Veranschaulichung von drei Aspekten ein Diagramm für alle, die gerne grafisch denken:

Abbildung 6: [483]

Figure 188. Perceived Government Transfers Received by an Immigrant Relative to a Native, 2017

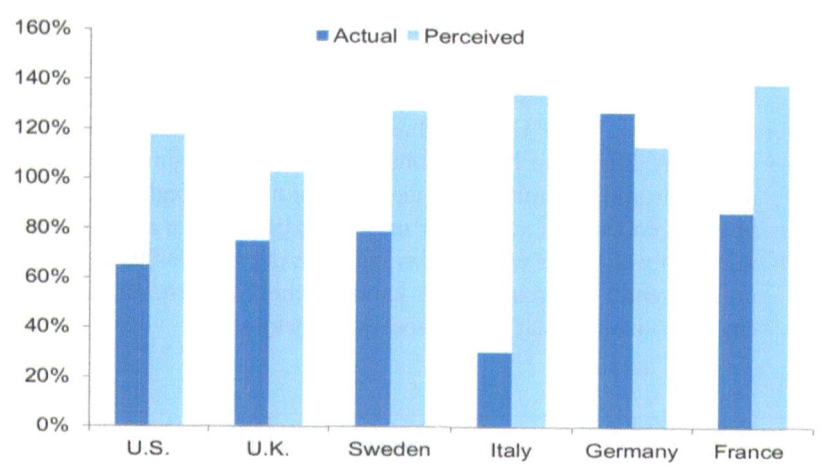

Note: Here we have included pensions in our measure of benefits received
Source: Citi Research; Alesina et al. (2018)

---

[483] Die Grafik ist hier entnommen: Goldin et al. (2018).

- Deutschland ist das Land, das Einwanderern mit Abstand die höchsten Sozialleistungen zahlt.
- Deutschland ist das einzige Land der Welt, in dem Migranten mehr als bedürftige Einheimische bekommen.
- Deutschland ist das einzige Land, dessen Bürger unterschätzen, wie viel Geld Migranten von ihrem Staat erhalten.

Soviel dazu. Darüber hinaus fehlt beziehungsweise fehlen in dem GPM-Dokument

- **jedweder, spezifischer Hinweis auf die konkrete Ausführung beziehungsweise Umsetzung des ganzen Plans:** Stattdessen liest man, wie wir noch sehen werden, eine – mit Verlaub – kindlich-naiv anmutende Wunschliste.
- **irgendwelche Entwürfe oder Modelle, wie Widersprüche aufzulösen sind:** Attacken auf die freie Meinungsäußerung sind evident. Auf der einen Seite soll man illegitime, politische Alleingänge bezüglich Migration und Einwanderung nicht kritisieren, sofern man sich keiner medialen Nazi-Rassismus-Hexenjagd ausliefern möchte, in deren Folge Online-Portale »legal« attackiert und zensiert werden dürfen, andererseits betont die Politkaste ihr Lippenbekenntnis von der Wichtigkeit der »freien Medien«.
- **irgendwelche Pläne, Ideen und Entwürfe, wie man für die Kosten der in der Wunschliste enthaltenen Punkte aufkommen soll, die sich auf Trillionen Dollars/Euros (12 Nullen) belaufen:** Jeder halbwegs wirtschaftlich gebildete Mensch sollte so viel ökonomischen Sachverstand haben, zu verstehen, dass man als Regierung, wenn man schon im Begriff ist, über 15, 20 oder noch mehr Prozent des jährlichen Haushalts irreversibel zu verschwenden, zumindest erklären müsste, dass man allerlei andere Dinge streichen wird (müssen), um den Spaß zu finanzieren. Nichts davon steht im GPM. Wie immer glauben die verantwortlichen Sozialisten an ein unendliches Geldszenario, was, wie wir wissen, typisches Kennzeichen einer r-Strategie ist.
- **der Hinweis auf den Fakt, dass die »Migra-tion« eine Einbahnstraße bedeutet,** sofern Sie nicht planen, nach Somalia oder Libyen zu ziehen, versteht sich. Es handelt sich de facto nicht um eine »allgemeine globale Migration«, sondern um eine Einbahnstraße.
- **irgendein Hinweis auf die Krankheiten, die importiert werden**[484]: Unzählige Menschen aus der Dritten Welt tragen gefährliche, insbe-

---

[484] Das Infektionsepidemiologische Jahrbuch des Robert-Koch-Instituts verzeichnet ein häufigeres Auftreten von Adenovirus-Konjunktivitis, Botulismus, Windpocken, Cholera, Kryptosporidiose, Denguefieber, Echinokokkose, enterohämorrhagischem E. coli, Giardiasis, Haemophilus influenzae, Hantavirus, Hepatitis, hemorrhagischem Fieber, HIV/AIDS, Lepra, Läuserückfallfieber, Malaria, Masern, Meningokokkeninfektionen, Meningoenze-phalitis, Mumps, Paratyphus, Röteln, Ruhr, Syphilis, Mumps, Rubella,

sondere für Kinder gefährliche Krankheiten in sich[485] und strömen ungeimpft nach Europa, allen voran Deutschland. Seltsam. Als man klein war, hörte man immer wieder, wie schlimm beispielsweise die Einschleppung von Pocken in Nordamerika war. Aber jetzt? Ein nicht endender Strom von Menschen mit diversen Erregern, gegen die sich Einheimische kaum bis gar nicht wehren können?

- **jedwedes Bedenken, geschweige denn Ideen oder gar Lösungen über grundlegende Infrastruktur-Defizite:** Wenn Millionen von größtenteils ungebildeten, teilweise (psychisch wie physisch) kranken Menschen nach Europa strömen, wie sieht es mit Kapazitäten hinsichtlich Elektrizität, Straßen,

---

Shigellose, Trichinellose, Tuberkulose, Tularämie, Typhus und Keuchhusten. Hepatitis B nahm in den letzten drei Jahren um 300 Prozent zu, Masern von 2014 auf 2015 um 450 Prozent. 40 Prozent aller neuen HIV/AIDS-Fälle werden seit 2015 bei Migranten diagnostiziert.
   Vergleiche unter anderem
- Robert Koch Institut: *Infektionsepidemiologisches Jahrbuch 2016*, URL: https://tinyurl.com/y24ytz5a, Abruf am 17.05.2019.
- Robert Koch Institut: *Epidemiologisches Bulletin*, URL: https://tinyurl.com/yyjmyu7l, Abruf am 17.05.2019. Die Jahrbücher können auf der Seite des RKI als PDF heruntergeladen werden.

Des Weiteren berichteten über dieses Thema unter anderem:
- Gesundheitsstadt Berlin: *Einschätzung von Ärzten: Flüchtlinge bringen seltene Erkrankungen mit*, 20.04.2016, URL: https://tinyurl.com/y5bka4or, Abruf am 17.05.2019.
- Siegmund-Schultze, Nicola: *Flüchtlinge: Breites Spektrum an Erkrankungen*, in: ÄrzteZeitung, 03.05.2016, URL: https://tinyurl.com/y6lcqerr, Abruf am 18.05.2019.
- Bock, Oliver: *Flüchtlinge in Hessen: Rückkehr seltener Krankheiten*, in: Frankfurter Allgemeine, 24.08.2015, URL: https://tinyurl.com/y2v3c8sh, Abruf am 17.05.2019.
- shz: *Experten: Flüchtlinge bringen »vergessene« Krankheiten mit*, 05.03.2016, URL: https://tinyurl.com/y2hlgr8a, Abruf am 17.05.2019.
- Göll, Wolfram: *Dreimal mehr Hepatitis-B-Fälle in Bayern*, in: Bayernkurier, 26.08.2016, URL: https://tinyurl.com/y3onc6dk, Abruf am 17.05.2019.
- Berger, David: *»Medical Tribune«: Bandwurmbefall in Deutschland um mehr als 30 % angestiegen*, in: Philosophie Perennis, 24.04.2017, URL: https://tinyurl.com/yylpqbc5, Abruf am 17.05.2019.
- Helmstädter, Oliver: *Flüchtlinge bringen Tuberkulose*, in: Augsburger Allgemeine, 13.09.2016, URL: https://tinyurl.com/y597gl38, Abruf am 17.05.2019.
- Focus Online: *Migration und Armut: Tuberkulosefälle in Deutschland nehmen wieder zu, vor allem in Großstädten*, 23.03.2017, URL: https://tinyurl.com/y4mfsaou, Abruf am 17.05.2019.
- Focus Online: *Deutlich mehr Tuberkulose-Erkrankungen in Baden-Württemberg*, 23.03.2017, URL: https://tinyurl.com/y5aaov5g, Abruf am 18.05.2019.
- Plankermann, Natascha: *Mehr Erkrankungen in Deutschland: Die Tuberkulose ist zurück*, in: Berliner Morgenpost, 24.03.2016, URL: https://tinyurl.com/yyy5sass, Abruf am 17.05.2019.
- RP Online: *Krätze ist in NRW auf dem Vormarsch*, 28.11.2016, URL: https://tinyurl.com/y6xugkfe, Abruf am 18.05.19.
- Klüter, Thomas: *Fast vergessene Krankheiten wie die Krätze kommen nach Bielefeld zurück*, in: Neue Westfälische, 16.01.2017, URL: https://tinyurl.com/y6ao3reh, Abruf am 18.05.2019

[485] Kern, Soeren: *Deutschland: Infektionskrankheiten wandern ein*, in: Gatestone Institute, 20.07.2017, URL: https://tinyurl.com/y3l5swxc, Abruf am 18.05.2019.

Behausung, Ärzten, Lehrern, Bildung, Übersetzung und so weiter aus? Nichts davon steht im Dokument, da sich dadurch freilich einige in praxi ergebende Einschränkungen jenseits der von unendlichen Wohltaten und Ressourcen ausgehenden, r-typischen Fantasiewelt ergeben würden, welche zentralstaatversessene Bürokraten berücksichtigen müssten. Die Taktik wird so dann nach den mit mathematischer Gewissheit eintretenden Problemen (zum Beispiel Wohnungsmangel) wie immer nicht aus Einsicht oder gar dem Eingeständnis bestehen, naiv, unverantwortlich und destruktiv gehandelt zu haben, sondern darin, irgendwelche »unsolidarischen Kapitalisten«, sprich produktive K-Strategen ausfindig zu machen, denen man den Schwarzen Peter zuschiebt, um im Anschluss unter dem Jauchzen und Jubel des r-strategischen Bevölkerungsanteils mehr desselben (mehr Staat) gesetzlich initiieren zu können und letztlich selbst über sozialistische Enteignungen nachdenkt. Dass es sich um reine Logik handelt, dass Mieten steigen, sofern man jedes Jahr eine Großstadt importiert, ohne gleichzeitig eine Großstadt zu bauen, können r-strategische Hirnstrukturen aus oben dargelegten Gründen nicht nachvollziehen.

- **jedwedes noch so kleines Bedenken hinsichtlich steigender Kriminalität und damit steigender Sicherheitskosten**, was durch Massenmigration aus weiten Teilen der Dritten Welt, wie die objektive Realität der Vergangenheit und Gegenwart bereits bewies und beweist, selbstverständlich auch fürderhin beides der (sich stetig verschärfende) Fall sein wird.
- **ein Plan, Hinweis oder Entwurf hinsichtlich einer Obergrenze:** Wie viel Migration ist zu viel Migration? Worin besteht das Oberlimit? Wie viele Migranten pro Jahr sollte jedes Land erhalten beziehungsweise was ist das maximale Level an zu erhaltenen Migranten für jedes Land?
- **jedweder Hinweis auf die Sonderlage Israels:** Was ist mit Israel, das sich mitten im Nahen Osten befindet und von Ländern umgeben ist, die sich nichts sehnlicher als die Vernichtung Israels wünschen? Logischerweise lehnt man den Pakt in Jerusalem ab, aber ist es nicht interessant, dass Israel in dem Dokument mit keiner Silbe adressiert wird? Israel wäre sicherlich ein wundervoller Ort für Migranten aus dem Nahen Osten, gleichzeitig würde sich dadurch das Risiko, weiter nach Europa zu reisen, reduzieren. Oder auch nicht.
- **jedweder Verweis auf objektive Daten:** Insgesamt wirkt es beinahe schon wie Hohn, dass der Pakt immer wieder impliziert, Debatten über Migration müssten sich auf Daten stützen, unter anderem sei eine »*faktengestützte Politik (…) zu stärken*« das »*Ziel*« (Punkt 35c), aber was geht dem Dokument vollständig ab? Richtig: **Daten!** Keine Daten über allgemeine Kosten, keine Daten über Sicherheitskosten, keine Daten über die schrumpfende Steuerverfügbarkeit bezüglich anderer Baustellen, keine Daten über Übersetzungskosten, keine

Daten oder gar die Beschäftigung mit der Tatsache, dass die Qualität der Bildung für einheimische Kinder insgesamt heruntergefahren werden muss, da enorme Ressourcen für migrationsbedingte Faktoren investiert werden müssen und so weiter und so fort.

Es muss auf K-Strategen beinahe schon wie ein geisterbahnartig anmutender Scherz wirken, dass die nicht einmal gewählte Organisation der UN gegenüber niemandem zur Rechenschaft verpflichtet ist. Warum sollte auch nur irgendein Land diesem bürokratischen Moloch die Kontrolle in Migrationsfragen übertragen?

Während der Lektüre des Dokuments schwingt ferner immer wieder der Ton einer angeblichen Unabwendbarkeit von Migration mit. Sie »passiere« eben einfach (einbahnstraßenartig in Richtung Westen), sie lasse sich nicht stoppen, man könne nichts machen, man könne sie nur »friedvoller« und »sicherer« und »besser« gestalten. Dazu passt dann auch, dass ein Vorsitzender des Sachverständigenrates der Deutschen Stiftungen für Integration und Migration, Prof. Dr. Thomas Bauer meinte, das Hauptziel dieses Paktes bestünde darin, Migration »effizienter« zu »managen« und zu erkennen, dass Migration, die immer und überall »geschehe«, eine »internationale Angelegenheit« sei. Außerdem sei er, also der Pakt, eine gute Möglichkeit, Druck auf Länder auszuüben, damit sie kooperationsbereiter würden und eine bessere Migrationspolitik verfolgen könnten.[486]

Migration »geschieht« demnach eben einfach. Richtig?

Falsch.

Migration geschah und geschieht, da Grenzen nicht oder unzureichend bewacht wurden und werden. Sie geschah schließlich nicht durchgehend im Verlauf der Geschichte, schon gar nicht auf die aktuelle Art und Weise, sondern sie geschieht **jetzt**, da neben einseitig fehlenden Grenzen (für hochgebildete, produktive und friedliche Fernostasiaten beispielsweise bestehen sie nach wie vor[487]) der »Wohlfahrts- und Sozialstaat« als gigantischer Magnet wirkt, nachdem Menschen der Dritten Welt anhand bloßer »Sozialleistungen«, also ohne zu arbeiten, das Zehn- bis Zwanzigfache dessen, was sie mittels Arbeit in ihren Heimatländern einnehmen können, zwangszugeführt bekommen.

Bauer sagte ferner, die Essenz des Paktes bestünde zudem darin, daran zu erinnern, dass Migranten grundlegende Rechte haben, von daher könne man nicht auf sie schießen. Man müsse sie medizinisch versorgen, sofern sie diesbezüglich Versorgung benötigten et cetera.

Mit anderen Worten: Die Regierung darf plötzlich keine Gewalt mehr einsetzen, das Gesetz durchzusetzen. Dies verändert die gesamte Natur des Staates grundlegend. Nochmal: Sofern jemand entgegen der Gesetzeslage Ländergrenzen überschreitet, dürfe der Staat auf niemanden schießen und keine Gewalt gegen Menschen initiieren,

---

[486] Vergleiche Forbes, *Opposition To The Global Compact For Migration Is Just Sound And Fury* (2018), URL: https://tinyurl.com/y52wndrv, Abruf am 18.05.2019.

[487] Meinungsfreiheit 2.0: *Staatlicher Willkür-Wahnsinn an den Grenzen zu Buntland*, 18.04.2018.

die das Gesetz missachten. K-Strategen erkennen in diesem Unterfangen, dass dieses Aussetzen der Zwangs- und Gewaltinitiierung vonseiten des Staates, der sich **per definitionem** durch die Initiierung von Zwang und Gewalt gegenüber unbewaffneten Bürgern kennzeichnet, nur einseitig gemeint ist. Dennoch ist die Angelegenheit spannend: Bestimmte Menschen, die das Gesetz brechen und ohne Erlaubnis in ein Land strömen, dürfen nicht nur nicht daran gehindert werden, nein, ihnen müssen sogar Leistungen »umsonst« dargereicht werden.

Hier ein Gedankenexperiment: Wenn Menschen keine »Steuern« zahlen, kann man ihnen nicht drohen, man darf sie auch nicht festnehmen und einsperren, stattdessen haben sie Dienstleistungen und Dinge gratis zu erhalten. Deal?

Einerseits erkennen wir also eine vollkommene Passivität im GPM, nach dem Motto, man könne sowieso nichts gegen Migration unternehmen. Gäbe es hingegen eine Steuerrevolte, würde nicht einer der GPM-Befürworter argumentieren:

»Nun ja, diese Steuerrevolte geschieht halt einfach, wir müssen sie nun eben unterstützen und einfacher und besser und sicherer machen, schließlich können wir nicht auf Leute schießen und sie auf ewig einsperren, weil sie ihre Steuern nicht zahlen.«

Ein weiterer Fluchtgrund sei der **Klimawandel**:

»Wir verpflichten uns, förderliche politische, wirtschaftliche und soziale Bedingungen sowie Umweltbedingungen zu schaffen, unter denen die Menschen in ihren eigenen Ländern ein friedliches, produktives und nachhaltiges Leben führen und ihre persönlichen Ambitionen verwirklichen können, und gleichzeitig dafür zu sorgen, dass Verzweiflung und sich verschlechternde Umweltbedingungen sie nicht dazu veranlassen, durch irreguläre Migration anderswo eine Existenzgrundlage zu suchen.« (Punkt 18)

Verräterisch ist das Wort »irregulär«. Gemeint ist natürlich »illegal«, aber das dürfen sie nicht sagen beziehungsweise schreiben, denn wenn sie plötzlich behaupten, eine Regierung könne keinen Gebrauch von Zwang und Gewalt gegenüber Leuten mehr machen, die das Gesetz brechen, so handelte es sich schlichtweg nicht mehr um eine Regierung.

Selbst **wenn** wir akzeptieren würden, der Klimawandel sei menschengemacht, evident, unmoralisch, zerstöre die Umwelt der Dritten Welt et cetera, so ist er immer noch kein Argument für Migration. Wenn Menschen nämlich von der Dritten in die Erste Welt wandern, verbrauchen sie das Zehn- bis Zwanzig- bis Dreißigfache an den vorgeblich kostbaren und knappen Ressourcen, die die Natur bietet: Mehr Essen, mehr Energie, mehr Behausung, mehr Straßen und so weiter. Sofern der Klimawandel also das Resultat der schrecklichen Aufwendung von Ressourcen in Industrienationen ist und die Dritte Welt beeinflusst, so wird er sich durch den Transport der Dritten Welt in die Erste Welt folglich noch **intensivieren und beschleunigen**, was die Dritte Welt wiederum noch schlimmer machen wird, dann wiederum noch mehr Menschen in die Erste Welt bewegt und so weiter.

Gesetzt den Fall, der menschgemachte Klimawandel sei real, so wäre Migration mitunter die **schlechteste** politische Strategie zu dessen Bekämpfung. (Überhaupt wirkt es mehr als bizarr, dass sich sogenannte »Klimaflüchtlinge« in Länder begeben sollen, die nunmehr flächendeckend einen »Klimanotstand« ausgerufen haben, so unter anderem das Vereinigte Königreich, Frankreich und – natürlich – Deutschland.)

Menschen, denen die Umwelt **tatsächlich** am Herzen liegt, positionieren sich gegen Staatsinterventionismus[488] und Staatsdefizite, da allein das staatsinitiierte Leihen von Geld Unmengen von Ressourcen im Hier und Jetzt aufbraucht und in der Zukunft fehlen wird. Der Großteil heutiger »Umweltschützer« ignoriert die exorbitanten Umweltkosten, die sich durch Staatsschulden und Massenmigration ergeben, da sie als r-Strategen von Ökonomie noch weniger verstehen als von widerspruchsfreier Ethik, Moral und Logik. Wurde uns nicht von Kindesbeinen an angeraten – manchmal direkt, manchmal indirekt – nicht zu viele Kinder zu haben, um die »Überbevölkerung« im Zaum zu halten und nicht zu viele kostbare Ressourcen zu verbrauchen? Und nun, da Europäer brav darauf gehört haben und (viel zu) wenig Kinder bekommen, heißt es plötzlich sinngemäß:

»Alles egal, importieren wir einfach mehrere Millionen Menschen der Dritten Welt und lassen sie die Ressourcen verbrauchen!«

Wie kann heute noch geleugnet werden, dass der Ökologismus ausschließlich mit dem Ziel konzipiert wurde, (weißen) »Westlern« sukzessive Schuldgefühle einzuimpfen und sie daran zu hindern, energieunabhängig zu werden?

Doch zurück zum GPM.

Im Wesentlichen geht es in dem Pakt um **»Souveränität«** – allerdings nicht um die Souveränität der westlichen Aufnahmeländer, was der Grund ist, warum zumindest einige Landesregierungen den Pakt ablehnen (siehe oben) – beziehungsweise um die **Verschmelzung von sogenannten »Wirtschaftsmigranten« und Flüchtlingen**.

Den Unterschied kann man in etwa dadurch beschreiben, dass es sich bei einem »Wirtschaftsmigranten« um eine Person handelt, die meinetwegen feststellt, nicht so ein schönes Haus wie Sie zu haben, und von daher zu Ihnen zieht oder ziehen will. Ein Flüchtling hingegen ist eine Person, die beispielsweise in einer Kirche Zuflucht sucht. Es handelt sich also um zwei völlig unterschiedliche Situationen. Wenn Sie beispielsweise ein Christ im Nahen Osten sind und deswegen von muslimischen Regierungen und deren Untertanen **verfolgt** werden (was in 128 Ländern der traurigen Realität entspricht[489]), können Sie den Flüchtlingsstatus geltend machen. Krieg, Bürgerkrieg, politische Labilität oder korrupte Regierungen rechtfertigen keinen Flüchtlingsstatus auf Basis der Genfer Flüchtlingskonvention (GFK), in Deutschland: Art. 16a GG und § 3 Abs. 1AsylG.[490]

Und hier liegt das Problem: Wirtschaftsmigranten geben sich oft fälschlich als

---

[488] Lesen Sie zu den Auswirkungen des Staatsinverntionismus: Mises, Ludwig v.: Kritik des Interventionismus. Untersuchungen zur Wirtschaftslogik und Wirtschaftsideologie der Gegenwart. Jena 1929. (An der Gültigkeit hat sich bis heute nichts geändert.)

[489] Junge Freiheit: *128 Länder unterdrücken Christen*, 13.06.2017, URL: https://tinyurl.com/y5koyc7x, Abruf am 18.05.2019.

[490] Flüchtlingsrat Niedersachsen e.V.: *3.1 Voraussetzungen für die Asyl- und Flüchtlingsanerkennung*, URL: https://tinyurl.com/y8zgnknj, Abruf am 18.05.2019.

Flüchtlinge aus, mit anderen Worten: Sie lügen – wobei ihnen nachweislich geholfen wird.[491] Wenn Leute demnach »nur für ein besseres Leben« anrücken – Übersetzung: für »Gratis«-Steuergeld –, dann liegt ein enormes Problem vor, da sich an das, wie gehört, de iure nicht existente Recht, sich jederzeit nach Belieben irgendwo niederzulassen auch noch das nicht existente Recht anschließt oder anschließen soll, von Steuerzahlern alimentiert werden zu dürfen. Tatsächlich entsteht dadurch ein Teufelskreis.

Strömen Millionen von Menschen aus Schwarzafrika und dem Nahen Osten zum Ziele von »Wohlfahrt« und Gratisgeld nach Europa, senden sie dieses Geld in exorbitantem Ausmaß zurück nach Hause.[492] Als Folge davon wird es höchst rentabel, mehr und mehr Kinder zu bekommen, die wiederum gen Westen geschickt werden, egal ob minderjährig oder erwachsen. So entsteht ein Kreislauf, wodurch sich die kulturellen und demographischen Konsequenzen nur immer weiter verschärfen und verschlimmern.

»(…)Kein Land kann die mit diesem globalen Phänomen verbundenen Herausforderungen und Chancen allein bewältigen (…)« (Punkt 11)

Das ist falsch. Man muss nur die eigenen Grenzen durchsetzen. Man müsste Menschen, die keinen legalen Zugang wollen, keine Papiere oder keine Art gegenseitiges Einverständnis auf individueller Ebene haben, lediglich am Hereinströmen hindern, wie es quasi überall auf der Welt und auch vor 2015 weitestgehend der Fall ist und war.

»(…) Zu diesem Zweck verpflichten wir uns, eine sichere, geordnete und reguläre Migration zum Wohle aller zu erleichtern und zu gewährleisten.« (Punkt 13)

Im Klartext bedeutet »sicher« also, Risiken zu reduzieren, so dass sich die Anzahl von Menschen, die geordnet, unchaotisch und ohne Panik nach Europa kommen, immer weiter erhöht. »Regulär« bedeutet, sich nicht endlos mit den sich gegenwärtig auf der Durchreise befindenden Leuten zu beschäftigen, sondern darüber hinaus Wege zu erstellen, die es Leuten erlauben, endlos aus der Dritten Welt nach Europa zu stömen.

Gehen wir nun etwas mehr ins Detail.

»Flüchtlinge und Migranten haben Anspruch auf dieselben allgemeinen Menschenrechte und Grundfreiheiten, die stets geachtet, geschützt und gewährleistet werden müssen. Dennoch handelt es sich bei ihnen um verschiedene Gruppen, die separaten Rechtsrahmen unterliegen. Lediglich Flüchtlinge haben ein Anrecht auf den spezifischen internationalen Schutz, den das internationale Flüchtlingsrecht vorsieht. Der vorliegende Globale Pakt bezieht sich auf Migranten und stellt einen Kooperationsrahmen zur Migration in allen ihren Dimensionen dar.« (Punkt 4)

Nochmal: **Die Termini »Flüchtlinge« und »Migranten« sollen nun legal miteinander verschmelzen oder ineinander aufgehen.** Vielleicht hilft auch noch diese

---

[491] Lauren Southern: *Undercover: Cheating the Asylum Application System*, in: YouTube, 12.11.2018, URL: https://tinyurl.com/ycjbqjgk, Abruf am 18.05.2019. Die gesamte Dokumentation *»Borderless«* (2019) von Lauren Southern ist überaus aufschlussreich.
[492] Ehrenstein, Claudia: *Migranten überweisen fast 18 Milliarden Euro in Herkunftsländer*, in: Welt Online, 30.06.2018, URL: https://tinyurl.com/ybeldca2, Abruf am 18.05.2019.

Tatsache: Menschen, die oft vor einer tatsächlichen Verfolgung fliehen: Nicht-Muslime. Migranten: Menschen, die überwiegend in (noch) überwiegend weiße und christliche Länder wollen, um Dinge »für lau« zu erhalten, da ihnen ihre Religion gestattet, genau dies zu tun (Dschizya), mehr noch, nämlich um zu versuchen, die eigene Religion mittels Macht des Staates langfristig allen aufzuzwingen.

»Anspruch auf dieselben allgemeinen Menschenrechte und Grundfreiheiten«?

Entschuldigen Sie, aber etwas verwirrend ist das schon. Jeder Mensch auf der Welt habe demnach das »allgemeine Menschenrecht« auf den Inhalt Ihres Geldbeutels? Jeder Mensch auf der Welt habe demnach das »allgemeine Menschenrecht«, in Ihre Nachbarschaft zu ziehen und das von Ihnen hart erarbeitete Steuergeld zu nehmen? Nun, natürlich kann man das so handhaben. Es bedeutet dann lediglich das Ende von Eigentumsrechten – und mittel- bis langfristig schließlich das Ende einer Zivilisation.

»Dieser Globale Pakt ist Ausdruck unserer gemeinsamen Entschlossenheit, die Zusammenarbeit im Bereich der internationalen Migration zu verbessern. Migration war schon immer Teil der Menschheitsgeschichte, und wir erkennen an, dass sie in unserer globalisierten Welt eine Quelle des Wohlstands, der Innovation und der nachhaltigen Entwicklung darstellt und dass diese positiven Auswirkungen durch eine besser gesteuerte Migrationspolitik optimiert werden können. Die meisten Migranten auf der Welt reisen, leben und arbeiten heute auf sichere, geordnete und reguläre Weise. Dennoch hat Migration unbestreitbar sehr unterschiedliche und manchmal unvorhersehbare Auswirkungen auf unsere Länder und Gemeinschaften und auf die Migranten und ihre Familien selbst.« (Punkt 8)

Migration war schon immer Teil der Menschheitsgeschichte? Das ist ebenfalls interessant. Was wohl bewusst ausgeblendet wird, ist der Umstand, dass dieser »Teil der Menschheitsgeschichte« wohlgemerkt bedeutet, **gegen** den überwiegenden Willen der Individuen einer Bevölkerung in ein Land zu ziehen. Da stimme ich zu, das war schon immer Teil der Menschheitsgeschichte.

Aber **kein guter** Teil.

Die indigene Bevölkerung Nordamerikas wollte mit Sicherheit keine pockeneinschleppenden Europäer, oder? Ich für meinen Teil habe im Zusammenhang der europäischen Übernahme Nordamerikas jedenfalls noch nie Folgendes gehört:

»Migration geschieht eben und ist einfach Teil der Menschheitsgeschichte, und sie ist eine Quelle des Wohlstands, der Innovation und der nachhaltigen Entwicklung!«

Nein. Das Narrativ lautet(e) stets:

»Diese schrecklichen weißen Europäer kamen und rotteten die einheimischen Bevölkerungen aus, töteten alle Büffel und infizierten alle mit Pocken! Schrecklich!«

Größtenteils ist das zwar völlig falsch (und Thema für ein anderes Buch), aber so und nicht anders klingt das Ganze, geht es um die überwiegend weiße Immigration Nordamerikas. Wenn allerdings »nicht-weiße« Gruppen in »weiße Länder« drängen und Abermilliarden von Steuergeldern ohne Erlaubnis erhalten, transferieren und konsumieren, dann handelt es sich schlichtweg um einen *»Teil der Menschheitsgeschichte«.*

»Dieser Globale Pakt betrachtet internationale Migration aus einer 360-Grad-Perspektive und folgt der Erkenntnis, dass ein umfassender Ansatz erforderlich ist, um den Gesamtnutzen von Mig-

ration zu optimieren und gleichzeitig die Risiken und Herausforderungen anzugehen, die sich den einzelnen Menschen und den Gemeinschaften in den Herkunfts-, Transit- und Zielländern stellen.« (Punkt 11)

Hierbei handelt es sich, mit Verlaub, um typisches *»Human Resource«*-Geschwurbel, sprich Sprechblasen aus der Personalabteilung, die tatsächlich produktive Kräfte in Unternehmen nur zu gut kennen. Beispiel gefällig? »Das Ziel dieses Unternehmens besteht darin, Leistungen dadurch zu optimieren, Kunden auf innovative und positive Weise zu dienen.« Was Sie nicht sagen! Was wissen Sie Konkretes über die Produkte? Keine Antwort. Aber: »Ich habe jede Menge positives Blabla anzubieten!«

Nicht anders verhält es sich im GPM. Positiv (wenn man so will) klingende Floskeln, positiv klingende Absichten, aber letztlich heiße Luft. Keine spezifischen Entwürfe, Pläne, nichts erkennbar Umsetzbares, keine Daten, Fakten und Zahlen. Was ist der *»umfassende Ansatz«*? Ah! Eine *»360-Grad-Perspektive«*! Heißt das nun, dass ich ein Visionär bin, nachdem ich mich einmal komplett um die eigene Achse drehe?

Punkt 11 fährt wie folgt fort:

»Kein Land kann die mit diesem globalen Phänomen verbundenen Herausforderungen und Chancen allein bewältigen. Mit diesem umfassenden Ansatz **wollen wir eine sichere, geordnete und reguläre Migration erleichtern** *und gleichzeitig das Auftreten und die negativen Auswirkungen irregulärer Migration durch internationale Zusammenarbeit und eine Kombination der in diesem Pakt dargelegten Maßnahmen reduzieren.«*

»Irreguläre Migration« ist riskante Migration, bei der man eventuell umkehren müsste. Man könnte auf dem Weg mit Menschenhändlern und Räubern in Kontakt geraten. 80% der Frauen, die von Mexiko aus irgendwie über die Grenze in die Vereinigten Staaten gelangen wollen, werden Opfer sexueller Übergriffe[493] und nehmen vorsorglich die Anti-Baby-Pille.[494] Das Problem ist nicht, dass Migration *»irregulär«*, sondern dass sie **illegal** ist. Bei keinem anderen Thema könnte man jenes Gebaren von r-strategischen, linken Globalisten erwarten. Oder können Sie sich Folgendes vorstellen:

»Da es Waffen so oder so gibt, sollten wir einfach sicherstellen, dass Waffenschieberei und Waffenhandel erleichtert werden. Jeder hat das Recht auf Waffen!«

Derartiges sagt(e) keiner von ihnen jemals.

Stattdessen: »Waffen sind böse, wir müssen sie verbieten!« – »Nun, das Betreten eines Landes ohne Erlaubnis ist illegal und wir sollten dies verbieten.« – »Nein, **diese** Illegalität müssen wir erleichtern, denn diese mögen [benötigen] wir! Von daher müssen wir sie normalisieren.«

Punkt 11 schließt mit:

»Als Mitgliedstaaten der Vereinten Nationen sind wir uns der gegenseitigen Verantwortung bewusst, den Bedürfnissen und Anliegen der jeweils anderen Rechnung zu tragen, sowie dessen, dass wir der übergeordneten Verpflichtung unterliegen, die Menschenrechte aller Migranten ungeachtet ihres

---

[493] Fleury, Anjali: *Fleeing to Mexico for Safety: The Perilous Journey for Migrant Women*, in: United Nations University, 04.05.2016, URL: https://tinyurl.com/yam7asa4, Abruf am 18.05.2019.
[494] Whitwham, Alice: *The priest helping women get birth control at US border: 'Lesser of two evils'*, in: The Guardian, 17.03.2017, URL: https://tinyurl.com/lq8u9d4, Abruf am 18.05.2019.

Migrationsstatus zu achten, zu schützen und zu gewährleisten und dabei gleichzeitig die Sicherheit und das Wohlergehen aller unserer Gemeinschaften zu fördern.«

Das Wort »Recht« ist unglaublich gefährlich, da schlichtweg alles als »Recht« erfunden werden kann. Darüber hinaus handelt es sich um nichts weiter als positiv klingen sollende Friede-Freude-Eierkuchen-Sprechblasen, die fabriziert wurden, um ein trügerisches Alles-wird-gut-Gefühl zu nähren, während tatsächlich **Ihre** Taschen geleert werden und **Ihre** Kultur sukzessive zersetzt wird.

Migration wird niemals enden, wenn sie »leichter«, »billiger« und »geschützter« gemacht wird, mit Verheißungen, alles, was **Sie** sich erarbeitet haben, ebenfalls zu »erhalten«. Die Schleusentore werden geöffnet beziehungsweise bleiben geöffnet, der Pakt wird – entgegen irgendwelcher Lippenbekenntnisse – bindend für beteiligte Nationen.

»Dieser Globale Pakt hat das Ziel, die nachteiligen Triebkräfte und strukturellen Faktoren zu minimieren, die Menschen daran hindern, in ihren Herkunftsländern eine nachhaltige Existenzgrundlage aufzubauen und aufrechtzuerhalten, und **die sie dazu veranlassen** *[sic! – Anm. d. Verf.], anderswo nach einer besseren Zukunft zu suchen (...)«*

(Punkt 12)

Wovon die kulturmarxistischen Gesellschaftsklempner des GPM hierbei im Allgemeinen sprechen, sind womöglich Faktoren wie Korruption, Umweltverschmutzung, Klimawandel, Verwüstung et cetera, allerdings bestehen die tatsächlichen Faktoren, die sich nachteilig auf das Aufbauen einer angeblich »nachhaltigen Existenzgrundlage« auswirken, an ganz anderer Stelle. Zum Beispiel in bürokratischem Irrsinn wie diesem! In fehlenden freien Märkten. Immerhin geht es auch in Afrika einigen Ländern besser (zum Beispiel Botswana) als anderen (zum Beispiel Simbabwe), da mehr freie Marktwirtschaft existiert. Man könnte also theoretisch freie Märkte fördern, was dazu führte, dass Menschen zuhause blieben und damit begännen, Dinge herzustellen.

Das Problem damit bestünde für Politiker und Bürokraten nur leider darin, dass dies eine **Minderung** der Regierungsmacht (K) nach sich zöge, wohingegen es bei diesem Pakt um eine **Erweiterung** von Regierungs- und Superstaatstreiben (r) geht. Machtjunkies beziehen ihren Dopaminrausch durch Macht über andere Menschen. Intelligente(re) Menschen gehen nicht in die Politik, da sie damit beschäftigt sind und sein wollen, wahrhaftig produktiv zu sein, sich intensiv mit ethisch-moralischen Standards auseinanderzusetzen, Dinge zu hinterfragen und zu erfinden, die mehr intellektuelle Kapazitäten erfordern als positiv klingen sollende Adjektive in schwammig-totalitären Dokumenten aneinanderzureihen, um die bürokratische Quasi-Legalisierung zur immer exzessiveren Einschnürung der Freiheit (= Selbstbestimmung + Freiwilligkeit) in Gang zu bringen.

»(...)Er beabsichtigt, die Risiken und prekären Situationen, denen Migranten in verschiedenen Phasen der Migration ausgesetzt sind, zu mindern, indem ihre Menschenrechte geachtet, geschützt und gewährleistet werden und ihnen Fürsorge und Unterstützung zukommen. Mit dem Pakt wird versucht, legitimen Anliegen von Gemeinschaften Rechnung zu tragen und gleichzeitig anzuerkennen, **dass Gesellschaften demografische, wirtschaftliche, soziale und umweltbe-**

dingte Veränderungen unterschiedlichen Ausmaßes durchlaufen, die sich auf die Migration auswirken und aus ihr resultieren können. Er soll förderliche Bedingungen schaffen, die es allen Migranten ermöglichen, unsere Gesellschaften durch ihre menschlichen, wirtschaftlichen und sozialen Fähigkeiten zu bereichern und so besser zu einer nachhaltigen Entwicklung auf lokaler, nationaler, regionaler und globaler Ebene beizutragen.« (Punkt 12)

Noch mehr faktenlose Satzaneinanderreihungen. Es ist beinahe schon zynisch, davon zu sprechen, Gesellschaften würden »demografische, wirtschaftliche [und] soziale Veränderungen unterschiedlichen Ausmaßes« eben einfach »durchlaufen«. Niemand trifft irgendeine Wahl? Rein gar nichts hat diese »Veränderung« mit der kinderlosen »Mutti« Merkel, ihrem r-strategischen Clan und den in weiten Teilen bis zum Anschlag staatsgläubigen sowie willfährigen Indoktrinationsheeren zu tun, die mal eben Deutschlands und Europas Grenzen öffneten beziehungsweise klatschend daneben standen und nach wie vor stehen? Nichts davon! »Es« »passiert« einfach und »wir« müssen das jetzt eben irgendwie managen.

»Mit dem Globalen Pakt wird anerkannt, dass eine sichere, geordnete und reguläre Migration dann für alle funktioniert, wenn sie auf der Basis von guter Information, Planung **und Konsens** *stattfindet (...)« (Punkt 13)*

Richtig. Also abgesehen von dem »Konsens« mit denjenigen, die mittels zu zahlender Steuergelder dazu gezwungen werden; mit denjenigen, deren Leben und Zukunft davon betroffen sein werden, oder mit anderen Worten: mit den einheimischen Bevölkerungen Europas und Nordamerikas.

Deutlich wird hierbei in Wahrheit nur eines, nämlich dass »Konsens« nicht die geringste Rolle spielt. Er wird von oben schlichtweg diktiert. Verschrieben. Aufgezwungen. Das ist das exakte **Gegenteil** von Konsens. Jeder Vorschüler kann so viel Ethik verstehen. Und davon abgesehen: Wieso sollte eigentlich irgendein (Super-)Staat für »gute Information« (Informationsbeschaffung) und **»Planung«** (sic!) verantwortlich sein, sofern jemand in anderes Land emigrieren möchte? Immer wieder hört man in Debatten um die Aufnahme von Migranten das Argument, ein Land wie beispielsweise die USA sei schließlich schon immer ein Einwanderungsland gewesen.

Das ist an und für sich richtig. (Falsch ist, dass die USA **seit Beginn** ein Land der Immigranten gewesen seien, denn Immigration setzt eine bereits aufgebaute Zivilisation voraus. Man immigriert in etwas bereits Bestehendes. Die USA hingegen waren ein Land der Siedler, die sich ein neues Leben aufgebaut hatten.)

Von den 70 Millionen Menschen, die in den vergangenen Jahrhunderten Europa verließen, begaben sich fast 50 Millionen in die Vereinigten Staaten[495] – allein 35 Millionen davon kamen innerhalb eines Jahrhunderts (1830-1930) an.[496] Was r-strategische Massenmigrations-Befürworter aus der Dritten Welt jedoch geflissentlich verschweigen, ausblenden oder schlichtweg nicht wissen, ist die Tatsache, dass die Auswanderer all dies selbst planten. Sie suchten die **Freiheit** (sich konstituierend

---

[495] Fleming & Bailyn (1973), S. 5 f.
[496] Taylor (1971), S. 9.

durch Eigenverantwortung, Fleiß und Selbstbestimmung), nicht irgendeinen »Wohlfahrtsstaat«, welcher freilich gar nicht erst existiert hatte.

Der nächste Satz lautet: »*Migration sollte nie ein Akt der Verzweiflung sein (...)« (Punkt 13)* Was soll die Phrase bedeuten? »Migration sollte nie ein Akt der Verzweiflung sein« – Inwiefern? Sollen jetzt selbst Emotionen reguliert werden? »Da ist wer verzweifelt.« – »Oh, das ist nicht gut, öffnet die Schleusen umgehend und verschärft die Umverteilung noch weiter! Das Resultat wird der pure Frieden sein.«

Als Nächstes beschäftigen wir uns mit **nationaler Souveränität und Zensur**.

Eigentlich ist es eine Binsenweisheit, dass Zensur Radikalisierung verursacht. Sie verbietet Menschen, im Reich der Ideen miteinander in Verbindung zu treten und auch die scharfen Enden der Meinungsverschiedenheit auf friedfertige und bisweilen produktive Weise auszuloten. Das war einmal.

»*Nationale Souveränität. Der Globale Pakt bekräftigt das souveräne Recht der Staaten, ihre nationale Migrationspolitik selbst zu bestimmen, sowie ihr Vorrecht, die Migration innerhalb ihres Hoheitsbereichs in Übereinstimmung mit dem Völkerrecht selbst zu regeln. Innerhalb ihres Hoheitsbereichs dürfen die Staaten zwischen regulärem und irregulärem Migrationsstatus unterscheiden, einschließlich bei der Festlegung ihrer gesetzgeberischen und politischen Maßnahmen zur Umsetzung des Globalen Paktes, unter Berücksichtigung der verschiedenen nationalen Realitäten, Politiken, Prioritäten und Bestimmungen für Einreise, Aufenthalt und Arbeit und im Einklang mit dem Völkerrecht;« (Punkt 15, c)*

Staaten können »ihre nationale Migrationspolitik« also »bestimmen«. Ok, gut. Dumm nur, dass dieser Punkt kurz darauf wie folgt »bearbeitet« wird:

»*Menschenrechte. Der Globale Pakt gründet auf den internationalen Menschenrechtsnormen und wahrt die Grundsätze der Nichtregression und Nichtdiskriminierung. Durch die Umsetzung des Globalen Paktes sorgen wir dafür, dass die Menschenrechte aller Migranten, ungeachtet ihres Migrationsstatus, während des gesamten Migrationszyklus wirksam geachtet, geschützt und gewährleistet werden.* **Wir bekräftigen außerdem die Verpflichtung, alle Formen der Diskriminierung, einschließlich Rassismus, Fremdenfeindlichkeit und Intoleranz, gegenüber Migranten und ihren Familien zu beseitigen;**« *(Punkt 15, f)*

Erfreuen Sie sich hier an den Wurzeln einer superstaatlichen Zensur, die im Übrigen im gesamten Dokument mitschwingt. »Alle Formen der Diskriminierung, (…) Rassismus, Fremdenfeindlichkeit und Intoleranz«? Nur für den Fall, dass man es noch nicht mitbekommen haben sollte, aber der Islam tendiert bisweilen dazu, gegenüber Nicht-Muslimen (Kuffār) »ein kleines bisschen« intolerant zu sein. Darüber hinaus existiert Rassismus in allen möglichen Konstellationen, sei es von Weißen gegenüber Schwarzen und umgekehrt, von Nah-Ostlern gegenüber Latinos und umgekehrt und so weiter. Doch natürlich weiß mittlerweile jeder, der willens ist, worin die eigentliche Botschaft besteht: »Weiße, haltet euren Rand und zahlt!« Nichts anderes.

Es bedeutet nichts anderes als die »gesetzliche« Erlaubnis, Sie – sollten Sie ein weißer Europäer/Nordamerikaner und gegen Massenmigration aus der Dritten Welt Stellung beziehen (wollen) –, als »Rassisten«, »Fremdenfeind« und »Intoleranten« diffamieren (und verfolgen) zu können/dürfen.

»Dies« muss »beseitigt« werden! Selbst wenn Sie auf der Basis von Daten, Fakten, Logik und Vernunft argumentativ aus allen Rohren schießen mögen, inwiefern Migration schlecht für Ihre Wirtschaft und Ihr gesellschaftliches Zusammenleben ist, inwiefern sie gefährlich für Ihre Kinder in der Schule und auf der Straße ist, inwiefern Vergewaltigungen, meinetwegen durch Pakistani in England [497], durch die Decke schießen, inwiefern die migrationsbedingte Kriminalität in vielen Teilen Schwedens außer Kontrolle gerät [498] und, und, und – Pech für Sie. Als Weißer werden Sie wegen eines »Hassverbrechens« *(hate crime)* unter anderem angeklagt und eingesperrt werden (können), Ihren Job verlieren, von den Medien »gefressen« werden und so weiter. Sunzi (544-496 v. Chr.) sagte bereits, lieber ein Soldat im Garten als ein Gärtner im Krieg. Viele westliche Nationen sind mittlerweile wie Gärtner im Krieg. Weil sie selbst ihr Leben lang von jeglicher Negativität behütet wurden und in ihrem Umfeld nunmehr selbst ein »Nein« als »Hassrede« gilt, ist für sie schwer nachzuvollziehen, dass es Menschen gibt, die, IQ- und kulturbedingt, beispielsweise kalten Mord an Andersgläubigen, Homosexuellen oder »ungehorsamen« Frauen als durchaus legitim betrachten. Diese Tatsache, die ihnen schwer fällt zu verstehen, gilt dann als »Hassrede« respektive »Hassverbrechen«, nicht etwa die von den konkurrierenden Individuen ihrer eigentlichen Ingroup dargelegten, tatsächlichen **Hasstaten** diverser Outgroups.

Widmen wir uns im Folgenden der **Wunschliste des Dokuments**.

Darin heißt es natürlich nicht »zum Fremdschämen lächerliche und naive Wunschliste, die man nachvollziehen könnte, sofern sie von einem eifrigen Grundschüler verfasst worden wäre, allerdings nicht, wenn sie von sich mündig nennenden Erwachsenen aufgetischt wird«, sondern stattdessen nur: »*Ziele für eine sichere, geordnete und reguläre Migration*«. (Alles unter Punkt 16)

Wünsch-dir-was beginnt wie folgt:

»*1. Erhebung und Nutzung korrekter und aufgeschlüsselter Daten als Grundlage für eine Politikgestaltung, die auf nachweisbaren Fakten beruht*«

...außer – selbstverständlich –, die Daten haben irgendetwas mit von Migranten verübten Verbrechen zu tun. Besagte »Hassverbrechen« von Migranten? Intoleranz von Migranten? Lügen? Illegale Grenzübertritte? Zerstörung von (Ausweis-)Papieren, um über Grenzen zu gelangen und keinerlei Daten erheben lassen zu können? Keine Antwort.

»*2. Minimierung nachteiliger Triebkräfte und struktureller Faktoren, die Menschen dazu bewegen, ihre Herkunftsländer zu verlassen*«

Übersetzung: »Verbrauchsteuern auf Kohlenstoffemissionen und andere Dinge, für die autochthone Europäer zu zahlen haben (werden).«

»*3. Bereitstellung korrekter und zeitnaher Informationen in allen Phasen der Migration*

---

[497] The National: *UK orders research into ethnicity of sex grooming gangs*, 26.07.2018, URL: https://tinyurl.com/y3g3ko9q, Abruf am 18.05.2019.
[498] Tichys Einblick: *Die Situation in Schweden*, 26.05.2018, URL: https://tinyurl.com/yyjtzxke, Abruf am 18.05.2019.

4. Sicherstellung dessen, dass alle Migranten über den Nachweis einer rechtlichen Identität und ausreichende Dokumente verfügen«

Bedeutet das im Umkehrschluss, dass sie zurückgeschickt werden, sollten sie diese Dokumente **nicht** besitzen?

Raten Sie mal.

»Die wurden während der Bootsreise über Bord gespült.« – »Die wurden mir von ISIS weggenommen.«

»5. Verbesserung der Verfügbarkeit und Flexibilität der Wege für eine reguläre Migration«

Hatten wir schon. Es muss unter allen Umständen sichergestellt sein, dass die Wege ins lebenslange Alimentierungsparadies »verbessert« werden.

»6. Förderung einer fairen und ethisch vertretbaren Rekrutierung von Arbeitskräften und Gewährleistung der Bedingungen für eine menschenwürdige Arbeit«

Innerhalb eines ethisch an sich widersprüchlichen, das heißt auf Zwang, Raub und Gewalt basierenden, das heißt falschen Systems kann es schwerlich ethische Fördermaßnahmen geben.

»7. Bewältigung und Minderung prekärer Situationen im Rahmen von Migration«

Kein heute lebender Europäer, geschweige denn schon jetzt heillos verschuldete, ungeborene europäische Kinder (!), ist beziehungsweise sind für »prekäre Situationen« in den Herkunftsländern illegaler Migranten verantwortlich.

8. Rettung von Menschenleben und Festlegung koordinierter internationaler Maßnahmen betreffend vermisste Migranten«

Das bedeutet, dass beispielsweise in massivem Umfang Boote der »Küstenwache« ausgesendet werden, um Migranten, die sich **absichtlich** in Gefahr begeben (oder einfach nur unwohl fühlen), aufzulesen und selbstverständlich nicht zurück an die einheimische Küste, sondern nach Europa zu bringen.

»9. Verstärkung der grenzübergreifenden Bekämpfung der Schleusung von Migranten«

Einer der großen, unausgesprochenen **Horrorpunkte** der gesamten Migrationspolitik: Dadurch, dass die Grenzen für die Dritte Welt geöffnet wurden und exorbitante »Transfergelder« ungefragt »investiert« werden, entstand logischerweise ein unwiderstehlicher Anreiz für die Tätigkeit des Schleusens. Die r-linksstaatlich bedingten, unmoralischen Umstände bewirkten, wie immer, noch mehr Unmoral, unter anderen in Form einer neuen Sklaverei, in Form von Menschenhandel und -schmuggel.[499]

»10. Prävention, Bekämpfung und Beseitigung von Menschenhandel im Kontext der internationalen Migration«

Wunschliste.

Wie? Worin besteht das Budget? Wer bezahlt? Welche Regierungsprogramme werden zurückgefahren, um den Spaß zu finanzieren? Antwort sinngemäß: »Ach, keine Sorge, immerhin haben wir eine Wunschliste mit guten Gefühlen und positiv klingenden Adjektiven!«

---

[499] BBC: *Migrant slavery in Libya: Nigerians tell of being used as slaves*, 02.01.2018, URL: https://tinyurl.com/y6buz72e, Abruf am 18.05.2019.

»11. Integriertes, sicheres und koordiniertes Grenzmanagement«
Angesichts der objektiven Realität zynisch.
»12. Stärkung der Rechtssicherheit und Planbarkeit bei Migrationsverfahren zur Gewährleistung einer angemessenen Prüfung, Bewertung und Weiterverweisung«
Angesichts der objektiven Realität zynisch.
13. Freiheitsentziehung bei Migranten nur als letztes Mittel und Bemühung um Alternativen«
»Freiheitsentziehung bei Migranten«? Was tatsächlich gemeint ist: »Fangen und laufen lassen.« Wenn jemand ohne Papiere aufgegriffen wird und ganz offensichtlich kein Flüchtling ist (siehe oben), so bedeutete das eigentlich, das Gesetz gebrochen zu haben, dementsprechend in Gewahrsam genommen und daraufhin ausgewiesen zu werden. Doch jetzt stellt das bisher völlig normale Prozedere plötzlich das »letzte Mittel« während des »Bemühens um Alternativen« dar. Und worin besteht dann eine Alternative zur »Freiheitsentziehung«? Richtig, sie laufen zu lassen. Wohin? Richtig, in eine der nunmehr vielen »No-Go-Zonen« Europas (siehe oben), wo sie nicht mehr auffindbar sind und, falls der Versuch unternommen wird, Steine auf die Polizei werfen.[500]
»14. Verbesserung des konsularischen Schutzes und der konsularischen Hilfe und Zusammenarbeit im gesamten Migrationszyklus
15. Gewährleistung des Zugangs von Migranten zu Grundleistungen«
Grundleistungen? Die Übersetzung lautet: Gratisleistungen und -gegenstände auf Basis von Steuergeldern. Ein Blick in die objektive Realität zeigt, dass es hier nicht (nur) um Essen und Trinken geht, sondern ebenso um »kostenloses« (lebensnotwendiges?) WiFi[501], alle möglichen Arten von Sprachtraining et cetera. »Grundleistungen« eben. Der unschuldige Junge, der im September 2015 vor einem türkischen Strand ertrank, wurde von seinem Vater in einem völlig überladenen Boot durchs Mittelmeer gezerrt, weil letzterer zum Ziele einer Gratis-Zahnbehandlung nach Kanada wollte.[502] Sicherlich weiß ich nicht genau, was »Grundleistung« bedeutet, aber wenn ich

---

[500] Zero Hedge: *Swedish Police Pelted With Rocks While Arresting Terror Suspect In Migrant »No-Go Zone«*, 04.10.2017, URL: https://tinyurl.com/y5f9s7kh, Abruf am 17.05.2019.
[501] Spencer, Robert: *»Refugees« arriving in Europe ask for wifi first, food and shelter second*, in: Jihad Watch, 26.01.2018, URL: https://tinyurl.com/y9a8jtcx, Abruf am 18.05.2019.
[502] Picket, Kerry: *Story Begins To Unravel About Drowned Syrian Boy*, in: The Daily Caller, 09.07.2015, URL: https://tinyurl.com/yxjrtogz, Abruf am 18.05.2019. Als ich einst zu jenem Zeitpunkt auf diverse Doppelstandards in der Berichterstattung aufmerksam machte, ebenso darauf, dass auch dieser **unschuldige Junge** Opfer einer völlig destruktiven Migrationspolitik wurde, »entfreundete« mich ein langjähriger Klassenkamerad, den ich seit der 5. Klasse kannte und mit dem ich verschiedene Länder bereist hatte, mit dem (mittlerweile leider) üblichen Emotionsgedöns bar jeder Fakten und Sachlichkeit; Argumente, geschweige denn einen Diskurs, ließ er erst gar nicht zu. Er steht dabei freilich nur stellvertretend für die sich weiter verschärfende Lage zwischen r- und K-Strategen. Das Gefährliche daran: Solche Leute sind heutzutage tatsächlich Richter. Leute also, von denen man annehmen müsste, Fakten und Argumente emotionslos anzuerkennen und sorgfältig abzuwägen. Man kann nur hoffen, niemals das Pech zu haben, vor ihnen in einem Gerichtssaal stehen zu müssen. Es sind Menschen, die ihr Leben lang unhinterfragt einen staatlichen Kadavergehorsam an den Tag legen werden (»müssen«), sich in den Dienst der gerade eben angesagten Herrschaftsclique (und Ideologie) stellen – sich dabei jedoch für »mündig« und »aufge-

beispielsweise nochmal in die Niederlande blicke, wo **ein** Migrant 1.150.000 Dollars kostet, klingt das irgendwie nicht unerheblich.

»16. Befähigung von Migranten und Gesellschaften zur Verwirklichung der vollständigen Inklusion und des sozialen Zusammenhalts«

Lehnen wir uns mal weit aus dem Fenster und stellen fest, dass es da draußen bestimmte Kulturen gibt, die regelmäßig Polygamie, die Verwandtenheirat (zum Beispiel Cousin und Cousine) sowie weibliche Genitalverstümmelung praktizieren.

Was bedeutet vor diesem Hintergrund »vollständige Inklusion«? Für diejenigen, die es nicht wissen sollten: Weibliche Genitalverstümmelung ist illegal. Theoretisch zumindest. Konsequent und streng verfolgt wird das Ganze bei einer ganz bestimmten Klientel zwar nicht, jedenfalls nicht im Vereinigten Königreich [503], aber zumindest theoretisch ist sie illegal. Polygamie übrigens auch. Die vor allem in der islamischen Welt weitverbreitete Verwandtenheirat kostet die allgemeine Bevölkerung grob zwischen 10 und 16 IQ-Punkte.[504]

Was soll »vollständige Inklusion« also heißen? Es fände (und findet) eine »vollständige Inklusion« von »Werten« in den Wertekanon diverser Gastgeberländer statt, obwohl sich die jeweiligen Werte **vollständig** widersprechen.

Ein Amerikaner, der nach Europa zieht, kommt zwar aus derselben abendländischen Kultur, jedoch genügen bereits innerhalb dieser Kultur Abweichungen in diversen Spezifika. Beispiel: Der Amerikaner entspringt einem Wertekanon, in dem Waffenbesitz ein konstitutionell verankerter Bestandteil ist (ebenso Redefreiheit übrigens – »*hate speech*« gibt es nicht. *Speech you hate is not hate speech*). Zieht dieser Amerikaner nun beispielsweise nach Frankreich, könnte er sagen: »Ich komme aus einem Land, dessen Kultur den Waffenbesitz gesetzlich garantiert. Ich will eine Waffe!« Die Antwort: »Nein, mein Lieber, du bist jetzt in Frankreich und kannst deshalb keine Waffe haben.« Es widersprechen sich also zwei Werte, die nicht mal eben »hingebogen« werden können. Deswegen wird in dem Pakt auch nichts davon konkretisiert, sondern quasi durchgehend mit unpräzisen und nicht selten kindlich-lächerli-chen Textbausteinen umschifft.

»17. Beseitigung aller Formen der Diskriminierung und Förderung eines auf nachweisbaren Fakten beruhenden öffentlichen Diskurses zur Gestaltung der Wahrnehmung von Migration«

Beseitigung aller Formen der Diskriminierung? Dazu eine Frage: Wie sieht es mit dem Islam und seiner Beziehung zu Nicht-Muslimen (»Ungläubigen«) aus? Wie sieht

---

klärt« halten und mit voller Verachtung auf unbequeme »Störenfriede« herabblicken.

[503] Summers, Hannah: *Female genital mutilation (FGM): ‚Those involved in FGM will find ways to evade UK law'*, in: The Guardian, 07.03.2018, URL: https://tinyurl.com/yaxuw9p9, Abruf am 18.05.2019.

[504] Morton (1978); Abdulrassaq et al. (1997); Al-Gazali & Hamamy (2014). Eine gute Übersicht auf Deutsch findet man darüber hinaus hier: Sennels, Nicolai: *Muslimische Inzucht: Auswirkungen auf Intelligenz, geistige und körperliche Gesundheit sowie Gesellschaft*, in: der wille, URL: https://tinyurl.com/y462rxl9, Abruf am 18.05.2019; auf Englisch hier: M.M.: *Consanguinity and mental health in Muslim*, in: z78y, URL: wp.me/papuj6-s, Abruf am 18.05.2019.

es mit dem Judentum und seiner Beziehung zu Nicht-Juden aus? Ist in diesen Glaubenssystemen nirgends Diskriminierung enthalten? Und wie!

Wie also beseitigen?

Freilich möchte sich keiner der Verantwortlichen mit derlei Fragen beschäftigen, da sie ungeheuer knifflig sind und Leute in große Bedrängnis brächten. Da nützt auch die nachfolgende Propaganda in Gestalt des »auf nachweisbaren Fakten beruhenden öffentlichen Diskurses zur Gestaltung der Wahrnehmung von Migration« nichts.

»18. Investition in Aus- und Weiterbildung und Erleichterung der gegenseitigen Anerkennung von Fertigkeiten, Qualifikationen und Kompetenzen«

Wie muss man sich etwaige Gespräche vorstellen?

A: »Ich war durch und durch Zahnarzt in Somalia.«

B: »Ja, also, dann nehme ich an, dass du auch hier einer bist!«

»19. Herstellung von Bedingungen, unter denen Migranten und Diasporas in vollem Umfang zur nachhaltigen Entwicklung in allen Ländern beitragen können«

Seltsam. Hieß es nicht, Migration sei sowas von unglaublich gut für die Wirtschaft? »Wertvoller als Gold«[505]? Doch jetzt heißt es auf einmal, »wir« müssten unglaublich viel Geld investieren und Bürokratie schaffen, um »Bedingungen herzustellen«, unter denen Migranten zur Wirtschaft etwas beitragen. Was denn nun? Entweder sie **sind** gut für die Wirtschaft (wie beispielsweise Fernostasiaten wie Chinesen[506], Vietnamesen, Südkoreaner und Japaner) oder sie sind es **nicht**. Punkt.

»20. Schaffung von Möglichkeiten für schnellere, sicherere und kostengünstigere Rücküberweisungen und Förderung der finanziellen Inklusion von Migranten«

Bitte sicherstellen, dass Migranten Ihr Steuergeld in deren Heimatländer überweisen. Nebeneffekt (tatsächlich handelt es sich um den herzustellenden Haupteffekt): Mehr und immer noch mehr Migranten werden nach Europa strömen.

»21. Zusammenarbeit bei der Ermöglichung einer sicheren und würdevollen Rückkehr und Wiederaufnahme sowie einer nachhaltigen Reintegration«

»Rückkehr«? Das gesamte Papier liest sich nicht gerade so, als gehe es kurz-, mittel- oder langfristig ausgerechnet darum, um es vorsichtig auszudrücken. Die Gründe stehen oben (vor allem unter 2.3.7).

»22. Schaffung von Mechanismen zur Übertragbarkeit von Sozialversicherungs- und erworbenen Leistungsansprüchen«

Ein sehr wichtiger Punkt: Die Übertragbarkeit von Sozialversicherungsansprüchen. Die Bürokraten haben natürlich längst erkannt, worüber ich und andere seit Jahren sprechen, nämlich dass ein Ende der Migration nur mit einem Ende des »Sozial-« beziehungsweise »Wohlfahrtsstaates« möglich ist. Das wiederum ist schier unmöglich. Frauen – allgemein, nicht generell – überstimmen Männer (Thema für sich), sie überleben Männer und sie wählen häufiger (mehr Staat) als Männer. Sie lieben »ihren«

---

[505] Riemer, Sebastian: »*Was die Flüchtlinge uns bringen, ist wertvoller als Gold*«, in: Rhein-Neckar-Zeitung, 11.06.2016, URL: https://tinyurl.com/y9rwya4c, Abruf am 18.05.2019.
[506] Heinsohn, Gunnar: *China überholt alle und Europa schaut zu*, in: Neue Zürcher Zeitung, 09.11.2018, URL: https://tinyurl.com/y7qot8ys, Abruf am 18.05.2019.

»Sozial-« beziehungsweise »Wohlfahrtsstaat«, was der Grund ist, warum wir ihn haben und auf politischem Weg nicht loswerden können. Dennoch wird er Geschichte sein, sowie die Faktoren Mathematik und Scharia ihre unausweichliche Größe und Macht durchzusetzen beginnen (sollten).

Das Problem: Wenn Länder erkennen, dass Migranten wegen sogenannter Sozialleistungen kommen, werden sie beginnen, diese, insbesondere für Migranten, zu kürzen. Wenn man Migranten also aus dem Land bekommen möchte, müssen jene Leistungen gesenkt werden, und sie gehen theoretisch irgendwo anders hin. Wenn nun meinetwegen Deutschland die großzügigsten Sozialleistungen hat, so wollen die Pakt-Befürworter ab sofort, dass sich alle Länder, in die Migranten ziehen, nicht nur ein Beispiel an Deutschland nehmen, sondern fortan ihre Sozialleistungen an die deutschen anpassen sollen/müssen. Auf diese Weise wird der »Wohlfahrtsstaat« niemals zurückgefahren und deshalb wiederum werden die Anreize für Migranten, nach Europa zu kommen, nicht reduziert.

Nochmal: Die meisten Migranten sind noch nicht einmal »Wirtschaftsmigranten«, sondern »Wohlfahrtsmigranten«. Wie viele unter ihnen arbeiten tatsächlich? In Deutschland? Schweden? Frankreich? Eben. Laut Koran ist diese Praxis übrigens Teil des Glaubenssystems. »Ungläubige« »schulden« Moslems die »Dschizya« (siehe oben). Die Situation ist nicht vergleichbar mit Vietnamesen, die Ende der 70er Jahre nach Deutschland kamen und dabei, wie eigentlich immer, vor einem sozialistischen Regime flüchteten, das nun mit einer Art »EUdSSR« in einem x-fach umetikettierten Neuversuch aufgezogen wird. Die Vietnamesen verfüg(t)en über einen hohen Durchschnitts-IQ, stellten keine Forderungen, waren vollkommen friedlich und integrierten sich schnell, reibungslos und tatsächlich produktiv in ihr Gastgeberland.

Wahrscheinlich, weil sich besagte Vietnamesen – im Übrigen genau wie ich – schäbig dabei vorgekommen wären, in ein fremdes Land zu ziehen, umgehend auf den »Wohlfahrtszug« aufzuspringen und bisweilen aggressiv X oder Y von den Gastgebern zu fordern. Aber Vietnamesen und ich hegen schließlich auch andere »Glaubenssysteme«.

Dieser Punkt 22 hat es, wie viele andere, in sich. *»Schaffung von Mechanismen zur Übertragbarkeit von Sozialversicherungs- und erworbenen Leistungsansprüchen«.* Wie wurden diese »Ansprüche« von Migranten denn verdient? Wurden irgendwelche Steuern bezahlt? Nein. Man schaffte es lediglich irgendwie ins Land. Das war alles.

»23. Stärkung internationaler Zusammenarbeit und globaler Partnerschaften für eine sichere, geordnete und reguläre Migration«

Na dann. Wie sollte es nur ohne solch einen Pakt »internationale Zusammenarbeit« et cetera geben?

Im Folgenden geht es um **Ziele und Verpflichtungen.**

»Ziel 2: Minimierung nachteiliger Triebkräfte und struktureller Faktoren, die Menschen dazu bewegen, ihre Herkunftsländer zu verlassen.

Wir verpflichten uns, förderliche politische, wirtschaftliche und soziale Bedingungen sowie Umweltbedingungen zu schaffen, unter denen die Menschen in ihren eigenen Ländern ein friedliches, produk-

tives und nachhaltiges Leben führen und ihre persönlichen Ambitionen verwirklichen können, und gleichzeitig dafür zu sorgen, dass Verzweiflung und sich verschlechternde Umweltbedingungen sie nicht dazu veranlassen, durch irreguläre Migration anderswo eine Existenzgrundlage zu suchen. Wir verpflichten uns ferner, für eine rasche und vollständige Umsetzung der Agenda 2030 für nachhaltige Entwicklung zu sorgen sowie auf anderen bestehenden Rahmenwerken aufzubauen und in ihre Umsetzung zu investieren, um die Gesamtwirkung des Globalen Paktes zur Erleichterung einer sicheren, geordneten und regulären Migration zu erhöhen.« (Punkt 18)

Siehe oben.

»Naturkatastrophen, die nachteiligen Auswirkungen des Klimawandels und Umweltzerstörung« (unter Punkt 18)

Naturkatastrophen treten auch in der Ersten Welt auf, scheint aber unwichtig zu sein, von daher werden der »Klimawandel« und die »Umweltzerstörung« als Haupttriebkräfte für Leute betrachtet, die nach Europa und Nordamerika kommen.

»Strategien zur Anpassung und zur Stärkung der Resilienz gegenüber plötzlichen und schleichenden Naturkatastrophen, den nachteiligen Auswirkungen des Klimawandels und der Umweltzerstörung wie Wüstenbildung, Landverödung, Dürre und Anstieg des Meeresspiegels entwickeln, unter Berücksichtigung der möglichen Implikationen für Migration und in Anerkennung dessen, dass die Anpassung im Herkunftsland vorrangig ist;« (Punkt 18i)

Ein wichtiger Punkt. Regierungen in der Dritten Welt, die nicht selten enorm korrupt sind und sich als r-Strategen nicht durch vorausschauendes Verhalten auszeichnen, fahren regelmäßig Regierungsprogramme, die in der Folge den übermäßigen Verbrauch von Ressourcen nach sich ziehen. (Passierte natürlich zum Ziele des Stimmenkaufs auch in der Ersten Welt; Regierungen geht es nicht um »Nachhaltigkeit«, sondern um kurzfristige Wahlerfolge auf Basis irrationaler und antiökonomischer Wahlversprechen.) Durch den Pakt werden sie nun erst recht eine Politik betreiben, welche lokale Ressourcen zerstört. Das macht aber nichts, da sie »dem Westen« hierfür die Schuld geben, welcher im Gegenzug all die »Flüchtlinge« aufzunehmen hat, die vom übermäßigen Verbrauch lokaler Ressourcen fliehen, was wiederum Anreize setzt, noch mehr lokale Ressourcen zu vernichten und so weiter. Fertig ist ein weiterer, destruktiver Kreislauf aus der Kaderschmiede uneingeschränkten, r-strategischen Regierungstreibens.

»Ziel 4: Sicherstellung, dass alle Migranten über den Nachweis einer rechtlichen Identität und ausreichende Dokumente verfügen«

Das Problem: Wenn sie dafür belohnt werden, diese Dinge zu zerstören, dann werden sie diese Dinge zerstören. Menschen reagieren auf Anreize!

»Ziel 7: Bewältigung und Minderung prekärer Situationen im Rahmen von Migration (...) Wir werden sicherstellen, dass Migranten in sie betreffenden Gerichtsverfahren, einschließlich bei jeder damit zusammenhängenden gerichtlichen oder administrativen Anhörung, Zugang zu einer staatlichen oder bezahlbaren unabhängigen rechtlichen Unterstützung und Vertretung haben, um zu gewährleisten, dass alle Migranten überall vor dem Gesetz als Person anerkannt werden und dass die Rechtsprechung unparteiisch und nichtdiskriminierend ist;« (Punkt 23g)

263

Im Klartext bedeutet dies, dass eine Situation zu arrangieren angestrebt wird, in der es billiger wird, sie einfach aus ihren Ländern gehen und in Ihres ziehen zu lassen, anstatt sie auf legalem Wege zu »bekämpfen«. Bisher war es in diesem Universum gängige Praxis, eine Grenze nur mit den dafür notwendigen Papieren passieren zu können. Das klang in etwa so: »Wo sind Ihre Papiere? Ach, Sie haben keine und bekommen auch keine? Tut uns leid, Sie haben keine Erlaubnis, sich hier aufzuhalten.«

Das ist relativ kostengünstig, zumindest kostengünstiger als jemanden einfach hereinzulassen und Ihr erarbeitetes Geld konsumieren zu lassen.

Was man hier nun allerdings beabsichtigt, besteht darin, sicherzustellen, dass Migranten alle möglichen Anwälte, bürokratischen Abläufe, Rechtsbeistände, -hilfen et cetera pp. erhalten, so dass es in der Folge zu teuer wird, Massenmigration zu bekämpfen. Stattdessen: Alle rein.

»Ziel 8: Rettung von Menschenleben und Festlegung koordinierter internationaler Maßnahmen betreffend vermisste Migranten (…)

Wir werden Verfahren und Vereinbarungen für die Suche und Rettung von Migranten erarbeiten, deren primäres Ziel es ist, das Recht von Migranten auf Leben zu schützen, und die das Verbot der Kollektivausweisung aufrechterhalten, ordnungsgemäße Verfahren und Einzelprüfungen garantieren, Aufnahme- und Hilfskapazitäten verbessern und sicherstellen, dass die Bereitstellung von Hilfe aus rein humanitären Gründen nicht als rechtswidrig erachtet wird;« (Punkt 24a)

Nun haben die Migranten also ein »Recht auf Leben«. Wer sollte da schon so herzlos sein und widersprechen? Und trotzdem: Die Rede ist nicht mehr etwa vom Recht auf Freiheit oder vom Recht auf das Streben nach Glück oder vom schuldenfreien Aktivwerden innerhalb einer freien Marktwirtschaft. Nichts von alledem. Mittlerweile ist die Rede von einem Recht auf medizinische Versorgung, einem Recht auf beliebiges Umherziehen, einem Recht auf das erwirtschaftete Steuergeld anderer und vieles mehr. Das Wort »Leben« wurde dermaßen korrumpiert, dass es nun mehr willkürlich mit Inhalten gefüllt wird, die irgendwelche sich dabei gut fühlenden Bürokraten nicht das Geringste kosten, während sie sie zementieren. Wenn sich Migrantentruppen absichtlich in ein undichtes Boot setzen und während eines Sturms über das Mittelmeer schippern, bedeutet das, dass sie ein »Recht auf Leben« haben und im Zuge dessen keine Geldsumme zu hoch sein kann und darf, sie zu retten. Die Unmoral im politischen Postulat namens »Recht auf X« besteht darin, dass konsequenterweise **immer irgendjemand gezwungen werden muss** (und wird), für dieses »X« aufzukommen, es zu erwirtschaften oder irgendwie bereitzustellen.

Roland Baader klärte deshalb völlig richtigerweise auf:

»Das einzig wahre Menschenrecht ist das Recht, in Ruhe gelassen zu werden – von jedem, den man nicht eingeladen hat oder den man nicht willkommen heißt.« [507]

»Grenzen« werden in dem Dokument natürlich auch erwähnt:

»Ziel 11: Integriertes, sicheres und koordiniertes Grenzmanagement.

---

[507] Baader (2012), S. 69.

Wir verpflichten uns, das Management unserer nationalen Grenzen zu koordinieren, die bilaterale und regionale Zusammenarbeit zu fördern, die Sicherheit der Staaten, Gemeinschaften und Migranten zu gewährleisten, sichere und reguläre Grenzübertritte zu ermöglichen und gleichzeitig irreguläre Migration zu verhindern. Wir verpflichten uns ferner, eine Grenzmanagementpolitik durchzuführen, die die nationale Souveränität, die Rechtsstaatlichkeit, die völkerrechtlichen Verpflichtungen und die Menschenrechte aller Migranten ungeachtet ihres Migrationsstatus achtet und nichtdiskriminierend, geschlechtersensibel und kindergerecht ist.« (Punkt 27)

»Irreguläre Migration verhindern«? Das ist schon wieder verwirrend. Wenn jeder das »Recht« hat, in westliche Länder zu migrieren, was ist dann »irreguläre Migration«? Weiß das irgendjemand? »Management« von »nationalen Grenzen koordinieren«, während gleichzeitig gesagt wird, alle haben aus »Gründen« wie beispielsweise dem Klimawandel »das Recht«, in westliche Länder zu ziehen? Faktisch handelt es sich also um »Menschenrechte aller Migranten **ungeachtet ihres Migrationsstatus**« – Wahnsinn.

Das bürokratische Kauderwelsch fährt wie folgt fort:

»Wir werden unter Berücksichtigung der besonderen Situation der Transitländer die internationale, regionale und regionenübergreifende Zusammenarbeit im Grenzmanagement bei der ordnungsgemäßen Identifizierung, der raschen und effizienten Weiterverweisung, der Unterstützung und dem angemessenen Schutz von Migranten in prekären Situationen an oder in der Nähe von internationalen Grenzen verbessern, unter Einhaltung der internationalen Menschenrechtsnormen, und zu diesem Zweck einen Gesamtregierungsansatz verfolgen, gemeinsame grenzübergreifende Trainings durchführen und Kapazitätsaufbaumaßnahmen fördern;« (Punkt 27a)

Man stelle sich nur einmal vor, wie unverständlich all das wäre, sofern Globalisten *»zu diesem Zweck«* nicht *»einen Gesamtregierungsansatz verfolgen, gemeinsame grenzübergreifende Trainings durchführen und Kapazitätsaufbaumaßnahmen fördern«* würden. Hat sich damit alles geklärt? Nein.

Die **»Freiheitsentziehung«** ist ein Punkt, die oben zwar bereits angesprochen wurde, aber noch eines etwas genaueren Blickes bedarf.

»Ziel 13: Freiheitsentziehung bei Migranten nur als letztes Mittel und Bemühung um Alternativen.

Wir verpflichten uns, zu gewährleisten, dass jegliche Freiheitsentziehung im Kontext der internationalen Migration einem rechtsstaatlichen Verfahren folgt, nicht willkürlich ist, auf der Grundlage des Gesetzes, der Notwendigkeit, der Verhältnismäßigkeit und einer Einzelprüfung erfolgt, von entsprechend befugtem Personal vorgenommen wird und von möglichst kurzer Dauer ist, ungeachtet dessen, ob die Freiheitsentziehung bei der Einreise, beim Transit oder beim Rückkehrverfahren stattfindet und an welchem Ort sie erfolgt. Wir verpflichten uns ferner, nicht freiheitsentziehenden Alternativen, die im Einklang mit dem Völkerrecht stehen, den Vorzug zu geben und einen menschenrechtsbasierten Ansatz zu verfolgen, bei dem die Entziehung der Freiheit von Migranten nur als letztes Mittel eingesetzt wird.«

(Punkt 29)

Man soll also erst alle anderen, potenziellen, legalen Alternativen ausschöpfen, bevor Leute in Gewahrsam genommen werden; und man hat Migranten mit einer medizinischen Gratisversorgung, Unterschlupf, Essen, Trinken sowie einer legalen Vertretung auf Kosten des Steuerzahlers auszustatten. Man bezahlt also Leute dafür, »Gesetze« zu brechen – wer ohne Erlaubnis ins Land kommt und »Wohlfahrt« kassiert, erfüllt exakt diesen Tatbestand –, und daraufhin sagt man:

»Also sie ins Gefängnis zu stecken, ist so ziemlich der letzte Ausweg.«

Wenn jemand dem Staat, sagen wir, 5.000 Euro an Steuern schuldete, aber sie einzutreiben kostete den Staat 50.000 Euro, würde er die 5.000 Euro wahrscheinlich nicht einzutreiben versuchen, sofern er kein Exempel für diejenigen statuieren wollte, die ihm noch wesentlich mehr schulden. Lange Rede, kurzer Sinn: Wenn Leute, die Gesetze auf offensichtliche Weise brechen, nicht mehr ins Gefängnis müssen und man sie stattdessen mit allem Möglichen zu versorgen hat (inklusive Rechtsbeistand), hat man faktisch keine Grenzen (mehr). Oder Gesetze.

Weiter geht es mit der **»Grundversorgung«**.

»Ziel 15: Gewährleistung des Zugangs von Migranten zu Grundleistungen.

Wir verpflichten uns, sicherzustellen, dass alle Migranten ungeachtet ihres Migrationsstatus ihre Menschenrechte durch einen sicheren Zugang zu Grundleistungen wahrnehmen können (...)«

Hier haben wir es wieder. Als Menschenrechte galten einst das Recht auf Eigentum sowie das Recht auf körperliche Unversehrtheit, sprich das Nicht-Aggressions-Prinzip (NAP) in Kombination mit Eigentumsrechten. Mittlerweile bestehen »Menschenrechte« aus dem »sicheren Zugang zu Grundleistungen«, was übersetzt bedeutet, dass das »Recht« auf die erzwungene Arbeit (Erwirtschaftung) anderer Menschen ein »Menschenrecht« wurde. Hierfür gab es einmal ein anderes Wort: **Sklaverei**. Oder: Ausbeutung. (Vorgeblich das, was für Linke die größte Herzensangelegenheit überhaupt darstellt.)

»(...) Wir verpflichten uns ferner zur Stärkung von Leistungserbringungssystemen, die Migranten einschließen, ungeachtet dessen, dass Staatsangehörige und reguläre Migranten möglicherweise Anspruch auf umfassendere Leistungen haben; dabei ist sicherzustellen, dass jede unterschiedliche Behandlung auf dem Gesetz beruht, verhältnismäßig ist und einen rechtmäßigen Zweck verfolgt, im Einklang mit den internationalen Menschenrechtsnormen.« (Punkt 31)

Auf Deutsch: Man gebe jedem alles. »Verhältnismäßig«? Beliebig definierbar. »Rechtmäßig«? Nicht nur geht es mittlerweile mehr darum, über Richtiges im Falschen zu sprechen (System Zwangsstaat ohne Austrittsmöglichkeiten an sich), nein, mittlerweile sind wir sogar noch ein Level weiter und diskutieren über Richtiges oder Falsches im Falschen (illegale Migration, illegaler Aufenthalt) des Falschen (System Zwangsstaat). »Geben« Sie demnächst nicht, werden Sie womöglich verklagt, was Sie letztlich noch mehr kosten könnte als kurzerhand alles, was irgendwie als »verhältnismäßig« und »rechtmäßig« bestimmt wird, zu »geben«.

Als Nächstes ist von **»Inklusion«** die Rede.

»Ziel 16: Befähigung von Migranten und Gesellschaften zur Verwirklichung der vollständigen Inklusion und des sozialen Zusammenhalts«

Sie sollen nun also »sozialen Zusammenhalt« mit einer Vielfalt unterschiedlicher und häufig opponierender Religionen bekommen. Doch damit nicht genug, ebenso soll dieser »soziale Zusammenhalt« unter multirassischen, multisprachigen, multihistorischen, multikulturellen Bedingungen, Hintergründen und Umwelten erfolgen. Unmengen von evolutionsbiologischer und -historischer Forschung, von der in in diesem Buch bei weitem nicht alles vorgestellt wurde, und die einen derartig utopischen »Zusammenhalt« faktisch als ein Ding der Unmöglichkeit nachweist? Irrelevant.

Und während all diese unterschiedlichen Religionen, Rassen, Gruppen, Historien und Kulturen »zusammengebracht« werden, drangsalieren Linke (in all ihren Schattierungen und Etikettierungen) jeden mit ihren glühend heißen Schürhaken des »Rassismus«, der »Fremdenfeindlichkeit« und des »white privilege«.

Es ist eine Sache, einen ganzen Haufen Menschen miteinander leben zu lassen, wobei jeder versucht, irgendwie zurechtzukommen. Eine ganz andere Sache hingegen liegt dann vor, wenn sowohl Politik, Massenmedien, der Hochschulbetrieb et cetera »bestimmte« Gruppen in einem nicht mehr enden wollenden Kult drangsalieren, mit Anklagen à la *»Diese Leute dort sind privilegiert«*, *»die Weißen sind rassistisch«*, *»die Weißen haben strukturellen Sexismus«*, *»diese Leute dort sind Opfer«* und so weiter und so fort.

Auf diese Weise ist »sozialer Zusammenhalt« nicht möglich. Selbst in den »besten« Zeiten ist dies unglaublich schwer, wie die Geschichte beweist. Selbst im 19. Jahrhundert war es kompliziert, als hauptsächlich weiße Einwanderer aus Europa nach Amerika kamen. Auf Iren wurde beispielsweise herabgeblickt. Oder auf Italiener. Allerdings gab es kein endloses sowie künstlich aufgeblasenes Geschrei von wegen Rassismus und Sexismus. Dennoch war es kompliziert genug, **selbst mit ähnlichen Historien und Kulturen** innerhalb derselben Rasse. Bringt man multi-ethnische, verschiedenrassige und verschiedensprachige Menschen auf unterschiedlichem Entwicklungsstand sowie gegensätzlicher Religiosität an einem Ort zusammen, wobei linke Egalitaristen permanent noch hinein stochern, wissen Sie, dass das niemals funktionieren kann und wird.

»Wir werden den gegenseitigen Respekt für die Kultur, die Traditionen und die Gebräuche der Zielgesellschaft und der Migranten fördern und zu diesem Zweck bewährte Verfahrensweisen im Bereich von Integrationspolitik, -programmen und -tätigkeiten, einschließlich Wegen zur Förderung der Akzeptanz von Vielfalt und der Erleichterung von sozialem Zusammenhalt und Inklusion, austauschen und umsetzen;« (Punkt 32a)

»Gegenseitiger Respekt« also. Ok. Sieht der Islam Respekt gegenüber Nicht-Muslimen vor? Ich schätze, hier bleiben nach wie vor einige Fragen offen. Und: Inwiefern hegen Menschen aus Schwarzafrika Respekt gegenüber Weißen und der europäischen Kultur und Geschichte?

Sehr häufig ist die Rede vom angeblichen »white privilege«, es gibt nunmehr sogar ein neues (absurdes) Themenfeld in Form einer Art rassenhysterischen »Intersektionalität«, außerdem haben wir nach wie vor das Narrativ vom »bösen Weißen«, der »das Land« in Südafrika »stahl« und »die Einheimischen auslöschte«. Überhaupt seien Weiße einfach »rassistisch« und »imperialistisch« und »sexistisch« und »homophob« und so weiter. Wie soll hier Respekt aufkommen?

»Wir werden nationale kurz-, mittel- und langfristige Politikziele zur gesellschaftlichen Inklusion von Migranten entwickeln, insbesondere zur Eingliederung in den Arbeitsmarkt, Familienzusammenführung, Bildung, Nichtdiskriminierung und Gesundheit, einschließlich durch die Förderung von Partnerschaften mit relevanten Interessenträgern;« (Punkt 32c)

Vor allem die »Familienzusammenführung« ist hier ziemlich wichtig. Sie bedeutet so viel wie »Nimmst du einen, bekommst du alle, bis zum letzten ausgeblendeten Teil des jeweiligen Gen-Pools«. Abgesehen davon hat das Ganze etwas unfreiwillig Komisches (sofern man keine Kraft mehr für die eigentliche, doppelmoralische Sauerei dahinter aufbringen kann): Wenn Weiße sagen, dass sie es bevorzugen, mit anderen Weißen oder unter anderen Weißen (zusammen) zu leben, ist das ein »deutliches Indiz« für deren »Fremdenfeindlichkeit« und »Rassismus«. Wenn sich jedoch Menschen aus Schwarzafrika, Somalia, Libyen et cetera alle innerhalb ihrer eigenen Communitys versammeln, ist das »Vielfalt«. Schwarze Libyer wollen mit anderen schwarzen Libyern leben? Einfach wundervoll und bereichernd. Weiße Deutsche wollen mit weißen Deutschen leben? Eindeutig Nazi. Und das ist nur ein weiterer Grund, warum dieser ganze künstlich durch den (Super-)Staat herbeigeklempnerte Multikulturalismus nicht funktionieren kann und wird.[508]

Lustig ist zudem, dass die Globalisten davon sprechen, »Arbeitsmigrant**innen**« zu »stärken« (Punkt 32e), gleichzeitig aber »Kulturen« respektieren (und zu respektieren befehlen), die Frauen auf unerträgliche Weise verunglimpfen und entwürdigen sowie deren Genitalien verstümmeln, wenn sie jung sind.

Doch kommen wir nun zum vielleicht erschreckendsten Teil des ganzen Pakts: **Das Ende der Rede- und Meinungsfreiheit.**

»Ziel 17: Beseitigung aller Formen der Diskriminierung und Förderung eines auf nachweisbaren Fakten beruhenden öffentlichen Diskurses zur Gestaltung der Wahrnehmung von Migration«

Ich habe bereits davon gesprochen, werde es aber noch etwas weiter aufschlüsseln.

»Wir verpflichten uns, im Einklang mit den internationalen Menschenrechtsnormen alle Formen der Diskriminierung zu beseitigen und Äußerungen, Handlungen und Ausprägungen von Rassismus, Rassendiskriminierung, Gewalt, Fremdenfeindlichkeit und damit zusammenhängender Intoleranz **gegenüber allen Migranten** *zu verurteilen und zu bekämpfen (...)«*

Deutlicher kann nicht zutage treten, dass sich die Globalisten einen feuchten Kehricht um angebliche »Fremdenfeindlichkeit« kümmern beziehungsweise sich nicht die Bohne dafür interessieren, **es sei denn**, sie richtet sich gegen Migranten. Mit anderen Worten: Haben Migranten irgendwelche Probleme mit Europäern, ist das kein Problem. (Beispielsweise erinnere ich mich an einen Fall, als ein muslimischer Migrant in Schweden meinte, es seien zu viele Schweden ansässig und man sollte »hier«, in Schweden, besser allein, also unter sich sein.) Oder anders: »Rassendiskriminierung« und »Fremdenfeindlichkeit«, die von Migranten ausgehen, existieren nicht. Nur umge-

---

[508] Nicht vergessen: Tatsächliches, echtes, das heißt natürliches »Multikulti« ist bis zu einem gewissen Grad möglich, allerdings nur auf Basis von Freiwilligkeit und mehrerer, anderer Komponenten (siehe Kapitel 1 und 2).

kehrt. Und was das letztendlich bedeutet, ist offensichtlich: »Haltet den Mund und zahlt.«

»Wir verpflichten uns ferner, in Partnerschaft mit allen Teilen der Gesellschaft einen offenen und auf nachweisbaren Fakten beruhenden öffentlichen Diskurs zu fördern, der zu einer realistischeren, humaneren und konstruktiveren Wahrnehmung von Migration und Migranten führt. Wir verpflichten uns außerdem, im Einklang mit dem Völkerrecht das Recht der freien Meinungsäußerung zu schützen, in der Erkenntnis, dass eine offene und freie Debatte zu einem umfassenden Verständnis aller Aspekte der Migration beiträgt.« (Punkt 33)

Sie wollen also etwas »fördern«, das einen »Diskurs« ermöglicht, der dann »zu einer realistischeren, humaneren und konstruktiven Wahrnehmung von Migration führt.«

Entschuldigung, aber ist das nicht lupenreine Propaganda? »Wir wollen für Propaganda bezahlen, wir wollen Propaganda fördern, wir wollen die Steuerzahler dazu zwingen, dass ihnen propagiert wird, wie wundervoll und bereichernd es ist, dass viele Menschen der Dritten Welt anrücken und Steuergelder kassieren.« Das führt schließlich zu: »Wir wollen schleichend und schrittweise alle Formen der Kritik an Migration eliminieren!« Gleichzeitig wollen wir aber natürlich »das Recht der freien Meinungsäußerung schützen«. Hierzu kann man nur noch sagen: Chapeau! Ihr müsst euch schon entscheiden, werte Globalisten. Und ich befürchte zu wissen, wofür.

»Wir werden Migranten und Gemeinschaften befähigen, jede Aufstachelung zu Gewalt gegen Migranten anzuzeigen, indem sie über vorhandene Rechtsbehelfsmechanismen informiert werden, und sicherstellen, dass diejenigen, die sich aktiv an der Begehung einer Hassstraftat gegen Migranten beteiligen, im Einklang mit den innerstaatlichen Rechtsvorschriften zur Rechenschaft gezogen werden, wobei die internationalen Menschenrechtsnormen, insbesondere das Recht auf freie Meinungsäußerung, zu wahren sind;« (Punkt 33b)

Sehr, sehr interessant. Zwar bin ich kein Anwalt, aber unter einer »Hassstraftat« verstehe ich beispielsweise, dass man jemanden aufgrund seiner Religion angreift. Die Rede ist wieder einmal einbahnstraßenartig. Gewalt gegen Migranten. Wie sieht es mit der exorbitant höheren Migrantengewalt gegenüber der einheimischen Bevölkerung aus? Statistisch gesehen ist es wesentlich wahrscheinlicher, dass ein Migrant einen Einheimischen attackiert als umgekehrt. Doch hier wird letztlich zu allen Migranten gesagt: »Hier sind alle legalen Ressourcen, die ihr gegen Leute verwenden könnt, die ihr als Angreifer wahrnehmt.« Freilich, wenn jemand physisch angegriffen wird, ist das illegal, vielleicht besteht sogar ein Element einer »Hassstraftat«, nur: Was hat das mit dem »Recht auf freie Meinungsäußerung« zu tun? Wenn Sie einen Migranten grundlos zusammenschlagen, ist das furchtbar. Es ist illegal und Sie sollten ins Gefängnis gehen. Aber nochmal: Was hat das mit Meinungsfreiheit zu tun?

Migranten hätten, so gebietet es der Anstand, die Aufnahme- und Gastgeberländer und deren Kultur wenigstens zu respektieren, wobei Europa bis vor kurzem noch Meinungsfreiheit besaß. England war hierbei der Urheber des gesamten Meinungsfreiheit-Konzepts.[509]

---

[509] Lesen Sie hierzu beispielsweise John Miltons (1608-1674) Traktat *Areopagitica*.

Von daher ist es nun ziemlich verwirrend, dass die Pakt-Verantwortlichen im Grunde sagen, dass eine von Nicht-Migranten ausgehende physische Attacke auf einen Migranten irgendwie mit »freier Meinungsäußerung« verbunden ist.
Ist sie aber nicht.
Es handelte sich schlichtweg um physische Gewalt. Migrationspolitik zu kritisieren, fällt unter freie Meinungsäußerung (eigentlich), aber warum sollte das miteinander verschmolzen werden, wenn es sich nicht um den schändlich-ruchlosen Versuch handeln soll, die Kritik an Migranten mit einer »Hassstraftat« zu vereinen? Natürlich bedeutete dies das endgültige Ende der Meinungsfreiheit, nicht nur deren starke Einschränkung wie bereits das maßgeblich von »Bundesjustizminister« Heiko Maas (SPD) durchgeboxte »Netzwerkdurchsetzungsgesetz« (NetzDG).

»Wir werden unter voller Achtung der Medienfreiheit eine unabhängige, objektive und hochwertige Berichterstattung durch die Medien, einschließlich Informationen im Internet, fördern, unter anderem durch Sensibilisierung und Aufklärung von Medienschaffenden hinsichtlich Migrationsfragen und -begriffen, durch Investitionen in ethische Standards der Berichterstattung und Werbung **und durch Einstellung der öffentlichen Finanzierung oder materiellen Unterstützung von Medien, die systematisch Intoleranz, Fremdenfeindlichkeit, Rassismus und andere Formen der Diskriminierung gegenüber Migranten för-dern;«** *(Punkt 33c)*
Wirkmächtige und gefährliche Zeilen.
»Berichterstattung durch Medien, einschließlich Informationen im Internet«. Meinetwegen betreiben Sie einen Blog oder einen Videokanal, irgendetwas in dieser Richtung. Im Grunde haben Sie nun »Medienschaffende« über die »richtigen« »Migrationsbegriffe«, also die »richtige« Terminologie aufzuklären, haben Sie »sensibel« gegenüber »Migrationsfragen« zu sein. Weil es »ethisch« ist, versteht sich.
Aber was hat der (von mir) fettgedruckte Teil zu bedeuten? »Intoleranz«? »Fremdenfeindlichkeit«? »Rassismus«? Quasi jeder wird heutzutage Rassist genannt. Und nun? »Einstellung der öffentlichen Finanzierung von Medien«? Im Klartext: Einem Rundfunkveranstalter, der es wagt, die Migration zu kritisieren, werden die Gelder gestrichen. Was heißt »materielle Unterstützung«? Ihr Webserver? Ihre Domain-Registrie-rung? Was bedeutet es, »systematisch Intoleranz zu fördern«?
Kein Mensch weiß das. Von daher handelt es sich um nichts anderes als einen »gesetzlichen« Blankoscheck zur Sicherstellung, dass Massenmigration zukünftig von niemandem kritisiert wird beziehungsweise werden darf.
Wer gute, das heißt logische, in sich konsistente, rationale Argumente hat, sollte in der Lage sein, mit Kritik und gegensätzlichen Betrachtungsweisen gekonnt umzugehen. Was wir jedoch hier beobachten, ist das große Eingeständnis, über keinerlei (guten) Argumente zu verfügen, warum einheimische Bevölkerungen dieses gesamte Migrations-Unterfangen überhaupt willkommen heißen sollten.
Aber alles »unter voller Achtung der Medienfreiheit«! Man stellt »Finanzierungen« ein, stellt »materielle Unterstützung« ein (was immer das angesichts irgendwelcher vagen und miserabel definierten Termini überhaupt heißen soll), aber man sei voll und ganz der »Achtung der Medienfreiheit« verpflichtet. Wieder: Chapeau!

»Wir werden Aufklärungskampagnen fördern, die an die Gesellschaften in den Herkunfts-, Transit- und Zielländern gerichtet sind und den Zweck haben, auf der Grundlage von Beweisen und Fakten die öffentliche Wahrnehmung des positiven Beitrags einer sicheren, geordneten und regulären Migration zu gestalten und Rassismus, Fremdenfeindlichkeit und die Stigmatisierung aller Migranten zu beenden;« (Punkt 33f)

Ok. Die Sache ist die: Wenn Gruppen auf gleiche Weise handeln, Sie sie aber unterschiedlich behandeln, ist das Evidenz für Diskriminierung. Wenn Gruppen jedoch unterschiedlich handeln und Sie sie unterschiedlich behandeln, bedeutet das nichts anderes als der angemessene Umgang beziehungsweise die Anerkennung der objektiven Realität.

»Wir werden Migranten, Führungsverantwortliche aus Politik, Religion und Gesellschaft sowie Pädagogen und Dienstleister darin einbeziehen, Fälle von Intoleranz, Rassismus, Fremdenfeindlichkeit und anderen Formen der Diskriminierung von Migranten und Diasporagemeinschaften aufzudecken und zu verhüten und Aktivitäten in lokalen Gemeinschaften zur Förderung der gegenseitigen Achtung zu unterstützen, **einschließlich im Rahmen von Wahlkampag-nen.«** *(Punkt 33g)*

Mit anderen Worten: Dieses gesamte Programm der Massenmigration erfordert eine Subversion der Demokratie. Oder nochmal anders: Für Sie wird es reichlich schwierig, für Grenzen zu kämpfen, denn »Fälle von Intoleranz, Rassismus, Fremdenfeindlichkeit und Diskriminierung von Migranten aufzudecken und zu verhüten, einschließlich im Rahmen von Wahlkampagnen [sic!]«, selbstverständlich beliebig auslegbar, bedeutet jede Menge Ärger für Sie (Streichen von Geldern, Verheddern mit »dem Gesetz« et cetera), sollten Sie Migration kritisieren und Grenzen zurückhaben wollen.

Genießen Sie Ihre Demokratie (oder was Sie dafür halten), von der bereits der schottische Schriftsteller und Historiker Alexander Fraser Tytler (1747-1813) gesagt haben soll:

»Eine Demokratie kann nicht als permanente Regierungsform existieren. Sie kann nur solange existieren, bis die Wähler merken, dass sie sich selbst Großzügigkeiten aus der Staatskasse wählen können. Von diesem Augenblick an wird die Mehrheit immer für die Kandidaten stimmen, die die meisten Zuwendungen aus der Staatskasse versprechen, mit dem Ergebnis, dass eine Demokratie immer aufgrund einer lockeren Finanzpolitik zusammenbricht und ihr immer eine Diktatur folgt.«

Ziehen wir ein Fazit:
Wie Ihnen an dieser Stelle aufgefallen sein könnte, handelt es sich bei diesem GPM-Dokument um ein weiteres absurdes und düsteres Werkzeug aus der r-strategischen Mottenkiste sozialistischer Gesellschaftsklempnerei. Es enthält Unmengen an Punkten, die offen und schonungslos bloßgestellt und kritisiert werden müssen. Wichtig ist, dass Sie ebenfalls tätig werden und diesbezüglich nicht müde werden.

Selbstverständlich ließ sich die deutsche Unterzeichnung unter dieses unglaublich destruktive Dokument nicht mehr aufhalten, zu weit fortgeschritten sind mittlerweile die fruchtenden r-Strategien. Doch das ändert nichts daran, auch fürderhin auf den nackten Wahnsinn aufmerksam zu machen. Es handelt sich um ein **für alle Sei-**

ten destruktives Dokument, da es keine Kapazitäten gibt, finanziell dafür aufkommen zu können. Es existieren keinerlei Vorschläge, geschweige denn sinnvolle, wie dieses gewaltige Menschenexperiment finanziert werden könnte. Stattdessen werden die Volkswirtschaften der Aufnahmeländer schrittweise vollständig zerstört, während Millionen Menschen – weit von zuhause entfernt – ohne »soziale Dienstleistungen« respektive »Sozialleistungen« in einer fremden Umgebung sitzen werden. Ein Konflikt gewaltigen Ausmaßes wird die unvermeidbare Folge sein.

Das gesamte Dokument steht den Traditionen des Westens diametral entgegen. Es wird jedwede Kapazität bezüglich Eigentumsrechte zersetzen, nachdem der gesamten Dritten Welt Zugang zu Ihrer Geldbörse ermöglicht werden wird. Es wird die Meinungsfreiheit zersetzen. Es wird die Überbleibsel Ihrer heißgeliebten Demokratie untergraben. Es wird nicht gewählten und unverantwortlichen Bürokraten, die in einer ethisch-moralisch in sich konsistenten Welt erst auf der Anklagebank und dann im Gefängnis sitzen müssten, die ultimative Kontrolle über die Zusammensetzung Ihres Landes übertragen. Ihres Landkreises. Ihrer Provinz. Ihrer Nachbarschaft. Ihrer Straße. Ihres Lebens.

Wollen Sie das zulassen?

r-Strategen antworten: Ja.

K-Strategen leisten **Widerstand**.

4. Literaturverzeichnis

4.1 Monographien

Alman, Daniel (2016): 341 reasons why Democrats and unions that support Obamacare want exemptions for themselves (E-Book). Seattle: Amazon Digital Services LLC.

Baader, Roland: Kreide für den Wolf. Die Illusion vom besiegten Sozialismus. Böblingen 1991.

Baader, Roland: Geld, Gold und Gottspieler. Am Vorabend der nächsten Weltwirtschaftskrise. Gräfelfing 2004.

Baader, Roland: Das Kapital am Pranger. Ein Kompaß durch den politischen Begriffsnebel. Gräfelfing 2005.

Baader, Roland: Geldsozialismus. Die wirklichen Ursachen der neuen globalen Depression. Gräfelfing 2010.

Baader, Roland: Freiheitsfunken. Aphoristische Impfungen. Düsseldorf 2012.

Ball, Terence: The Cambridge History of Twentieth-Century Political Thought. Cambridge 2005.

Ballestrem, Karl Graf: Adam Smith. München 2001.

Baron, Stefan/Yin-Baron, Guangyan: Die Chinesen. Psychogramm einer Weltmacht. Berlin 2018.

Barth, Fredrik: Ethnic Groups and Boundaries. The Social Organisation of Cultural Difference. Long Grove, IL 1969.

Battaglioli, Matthew S.: The Consequences of Equality. London 2016.

Beachey, R.W.: The Slave Trade of Eastern Africa. New York 1976.

Behrends, Jan C.: Die erfundene Freundschaft. Propaganda für die Sowjetunion in Polen und in der DDR. Köln/Weimar/Wien 2006.

Berntson, Gary G./Cacioppo, John T.: Handbook of neuroscience for the behavioral sciences. Hoboken, NJ 2009.

Bismarck, Otto v.: Gesammelte Werke (Friedrichsruher Ausgabe) 1924/1935, Band 9.

Blume, Michael: The Reproductive Benefits of Religious Affiliation. In: Voland, E./Schiefenhövel, W. (Hrsg.): The Biological Evolution of Religious Mind and Behaviour. Berlin/Heidelberg 2009.

Bobbio, Norberto/Cameron, Allan: Left and Right. The Significance of a Political Distinction. Chicago 1996.

Bowlby, John: Attachement and Loss: Vol. 1. Attachment. New York 1969.

Brooks, Arthur C.: Who really cares: The surprising truth about compassionate conservatism. New York 2007.

Brooks, Arthur C.: Gross National Happiness: Why Happiness Matters for America – and How We Can Get More of it. New York 2008.

Chisholm, James S.: Death, Hope and Sex. Steps to an Evolutionary Ecology of Mind and Morality. Cambridge 1999.

Clark, Gregory: A Farewell to Alms. A Brief Economic History Of The World. Princeton, NJ 2007.

Cochran, Gregory/Harpending, Henry: The 10.000 Year Explosion. How Civilisation Accelerated Human Evolution. New York 2009.

Conservative, Anonymous: The Evolutionary Psychology Behind Politics: How Conservatism and Liberalism Evolved Within Humans. Macclenny 2017.

Coudenhove-Kalergi, Richard Nikolaus v.: Praktischer Idealismus. Adel – Technik – Pazifismus. Wien/Leipzig 1925.

Darwin, Charles: Die Abstammung des Menschen und die geschlechtliche Zuchtwahl, Band I. Stuttgart 1875.

Douglas, Jack D.: Youth in turmoil. America's changing youth cultures and student protest movements. Washington 1970.

Duignan, Peter/Gann, Lewis H.: Economic Achievements of the Colonizers: An Assessment. Colonialism in Africa 1870-1960, Volume 4. London 1969.

Dutton, Edward: How to Judge People by What They Look Like. Oulu 2018.

Dutton, Edward: Race Differences in Ethnocentrism. London 2019.

Erhard, Ludwig: Wohlstand für alle. Köln 2009.

Eysenck, Hans Jürgen: Introduction. Science and Racism. In: Pearson, Roger: Race, Intelligence and Bias in Academe. Washington 1991.

Fleming, Donald/Bailyn, Bernard: Introduction. Perspectives in American History, Volume III. Cambridge, MA 1973.

Fog, Agner: Cultural Selection. Dordrecht 1999.

Fontova, Humberto: Exposing the real Che Guevara, and the useful idiots who idolize him. New York 2007.

Friedrich's von Schillers sämmtliche Werke. Haag 1830.

Goldthorpe, J.E.: An Introduction to Sociology. Cambridge 1985.

Grant, Madison: The Passing of the Great Race: Or the Racial Basis of European History. New York 1916.

Gummich, Judy: Schützen die Antidiskriminierungsgesetze vor mehrdimensionaler Diskriminierung? In: Antidiskriminierungsnetzwerk Berlin des Türkischen Bundes in Berlin-Brandenburg (Hrsg.): Queerberlin – Mehrfachzugehörigkeit als Bürde oder Chance? – Die Gesichter des QueerSeins & MigrantIn/SchwarzSeins. Berlin 2004.

Hagopian, Patrick: The Vietnam War in American Memory. Veterans, Memorials, and the Politics of Healing. University of Massachusetts 2009.

Hanushek, Eric A./Wößmann, Ludger: The Knowledge Capital of Nations: Education and the Economics of Growth. Cambridge, MA (MIT Press) 2015.

Hayek, Friedrich August v.: Wissenschaft und Sozialismus. Aufsätze zur Sozialismuskritik. Tübingen 2004.

Hechter, Michael: Internal Colonialism. The Celtic Fringe in British National Development. New Brunswick, NJ 1975.

Hellie, Richard: Slavery in Russia 1450-1725. Chicago 1982.

Hill, Anne M./O'Neill, June: Underclass Behaviors in the United States: Measurement

and Analysis of Determinants. Universität New York 1990.
Hobsbawm, Eric: Nations and Nationalism since 1780. Programme, Myth, Reality. Cambridge 1990.
Hoppe, Hans-Hermann: Eine kurze Geschichte der Menschheit. Fortschritt und Niedergang. Grevenbroich 2015.
Jensen, Arthur Robert: Straight Talk About Mental Tests. New York 1981.
Jessen, Ralph: Diktatorische Herrschaft als kommunikative Praxis. Überlegungen zum Zusammenhang von »Bürokratie« und Sprachnormierung in der DDR-Geschichte. In: Lüdtke, Alf/Becker, Peter (Hg.): Akten. Eingaben. Schaufenster. Die DDR und ihre Texte. Berlin 1997.
Kant, Immanuel: Zum ewigen Frieden. Ein philosophischer Entwurf. Frankfurt und Leipzig 1796.
Kegel, Bernhard: Epigenetik. Wie unsere Erfahrungen vererbt werden. Köln 2009.
Kelley, Kathryn (Hrsg.): Females, Males and Sexuality: Theories and Research. New York 1987.
Kisoudis, Dimitrios: Was nun? Vom Sozialstaat zum Ordnungsstaat. Berlin 2017.
Krall, Markus: Wenn schwarze Schwäne Junge kriegen. Warum wir unsere Gesellschaft neu organisieren müssen. München 2019.
Kubesch, Sabine: Das bewegte Gehirn. Exekutive Funktionen und körperliche Aktivität. Dissertation zur Erlangung des Doktorgrades der Humanbiologie der Medizinischen Fakultät der Universität Ulm. Ulm 2005.
Lattin, Don: Following Our Bliss. How the Spiritual Ideals of the Sixties Shape Our Lives Today. New York 2003.
Levin, Michael: Why Race Matters. Westport 1997.
Lewis, Bernard: The Muslim Discovery of Europe. New York 1982.
Lewis, Bernard: Race and Slavery in the Middle East. New York 1990.
Lord Kinross: The Ottoman Centuries. The Rise and Fall of the Turkish Empire. New York 1977
Löw, Konrad: Ausbeutung des Menschen durch den Menschen. Teil I und II. Frankfurt a. Main 1976.
Lynn, Richard/Vanhanen, Tatu: Intelligence. A Unifying Construct for the Social Sciences. London 2012.
Lynn, Richard: Race Differences in Intelligence. An Evolutionary Analysis. Arlington 2015.
MacArthur, Robert/Wilson, Edward Osborne: The Theory of Island Biogeography. Princeton, NJ 1967.
MacArthur, Robert H./Wilson, Edward O.: The Theory of Island Biogeography. With a new preface by Edward O. Wilson. Princeton und Oxford 2001.
MacDonald, Matthew: Dein Gehirn. Das fehlende Handbuch. Ein Missing Manual. Köln 2009.
Marx, Karl/Engels, Friedrich: Manifest der Kommunistischen Partei. London 1848.
Matussek, Matthias: Die vaterlose Gesellschaft. Berlin 2006.

Meisenberg, Gerhard: In God's Image. The Natural History of Intelligence and Ethics. Sussex 2007.

Mende, Philipp Anton: Geschosse wider den Einheitsbrei. Politisch unkorrekte Gedanken zur Hirnwäsche weiter Teile einer Nation. Grevenbroich 2017.

Mende, Philipp Anton: Die Nihilismus-Party. Eine Achterbahnfahrt im Licht des Nichts. Erweiterte Neuauflage. Münster 2018/19.

Mises, Ludwig v.: Nation, Staat und Wirtschaft. Beiträge zur Politik und Geschichte der Zeit. Wien/Leipzig 1919.

Mises, Ludwig v.: Liberalismus. Sankt Augustin 2006 (Nachdruck der Originalausgabe Stuttgart/Jena 1927).

Mises, Ludwig v.: Die Gemeinwirtschaft. Untersuchungen über den Sozialismus. Unveränderter Nachdruck der zweiten, umgearbeiteten Auflage, Jena 1932.

Mises, Ludwig v.: Planning for Freedom. And twelve other essays and addresses. South Holland 1952.

Molyneux, Stefan: Universally Preferable Behaviour. A Rational Proof of Secular Ethics. Mississauga 2007.

Murray, Charles: Human Accomplishment. The Pursuit of Excellence in the Art and Sciences, 800 B.C. to 1950. New York 2003.
(Kann als PDF u.a. hier heruntergeladen werden: https://tinyurl.com/yydzwy4s)

Murray, Douglas: Der Selbstmord Europas. Immigration, Identität, Islam. München 2018.

Patterson, Orlando: Slavery and Social Death: A Comparative Study. Cambridge, MA 1982.

Plum Williams, Hattie: The Czar's Germans. With Particular Reference to the Volga Germans. Lincoln, NE 1975.

Polian, Pavel: Against Their Will: The History and Geography of Forced Migrations in the USSR. Budapest 2004.

Putnam, Robert D.: Bowling Alone: The Collapse and Revival of American Community. New York 2000.

Rand, Ayn: Der Streik. München 2012.

Ricklefs, Robert E./Miller, Gary L.: Ecology. New York 1999.

Ridley, Matt: The Red Queen. Sex and the Evolution of Human Nature. London 1993.

Rosefielde, Steven: Red Holocaust. Abingdon 2009.

Roszak, Theodore: The Making of a Counter Culture. Reflections on the Technocratic Society & Its Youthful Opposition. Berkeley 1968.

Rothbard, Murray N.: The Review of Austrian Economics, Volume 8 (Numbers 1 and 2). Boston/Dordrecht/London 1994.

Rummel, R.J.: Death by Government. London & New York 1994.

Rushton, J. Philippe: Rasse, Evolution und Verhalten. Eine Theorie der Entwicklungsgeschichte. Graz 2005.

Sale, Kirkpatrick: SDS (Students for a Democratic Society). New York 1973.

Salter, Frank: On Genetic Interests: Family, Ethnicity and Humanity in an Age of Mass Migration. London/New York 2006.
Schacter, Daniel L./Gilbert, Daniel T./Wegner, Daniel M.: Psychology. New York 2007.
Schelling, Hermann v.: Studien über die durchschnittliche Verwandtschaft innerhalb einer Bevölkerung. Jena 1945.
Schmidt-Glintzer, Helwig: Kleine Geschichte Chinas. München 2008.
Schwartz, Bennett L.: Memory. Foundations and Applications. Los Angeles/London/New Delhi/Singapore/Washington D.C. 2014.
Segerstråle, Ullica: Defenders of the Truth. The Sociobiology Debate. Oxford 2000.
Smith, Adam: Wohlstand der Nationen. Köln 2009.
Smith, Alexander T./Tatalovich, Raymond: Cultures at War. Moral Conflicts in Western Democracies. Toronto 2003.
Sowell, Thomas: Race and Culture. A World View. New York 1994.
Sowell, Thomas: Barbarians inside the gates and other controversial essays. Stanford 1999.
Taylor, Philip: The Distant Magnet: European Emigration to the U.S.A. New York 1971.
Thompson, Willie: The Left in History. Revolution and Reform in Twentieth-Century Politics. London/Chicago 1997.
Tobin, Kathleen A.: Politics and Population Control. A Documentary History. London 2004.
Toledano, Ehud. R.: The Ottoman Slave Trade and Its Suppression. Princeton 1982.
Upledger, John E.: A Brain Is Born. Exploring the Birth and Development of the Central Nervous System. Berkeley, CA/West Palm Beach, FL 2011.
Vanhanen, Tatu: Ethnic Conflicts. Their Biological Roots in Ethnic Nepotism. London 2012.
Vonderach, Andreas: Völkerpsychologie. Was uns unterscheidet. Schnellroda 2014.
Walsham, Alexandra: Church Papists. Catholicism, Conformity, and Confessional Polemic in Early Modern England. Woodbridge 1999.
Walsh, David: Why do they act that way? A survival guide to the adolescent brain for you and your teen. New York 2014.
Warren, James Francis: The Sulu Zone 1768-1898. The Dynamics of External Trade, Slavery and Ethnicity in the Transformation of a Southeast Asian Maritime State. Singapur 1981.
Watson, George: The Lost Literature of Socialism. Cambridge 1998.
Watt, W. Montgomery: The Influence of Islam on Medieval Europe. Edinburgh 1972.
Weiß, Volkmar: Die Intelligenz und ihre Feinde. Aufstieg und Niedergang der Industriegesellschaft. Graz 2012.
Westermann, William L.: The Slave Systems of Greek and Roman Antiquity. Philadelphia 1955.
Wilson, E. O.: Sociobiology. The Abridged Edition. Cambridge, MA/London 1980.

Wilson, E.O. (1999): Consilience. The Unity of Knowledge (E-Book). New York: Vintage Books.

Zimmer, Dieter E.: Ist Intelligenz erblich? Eine Klarstellung. Reinbek 2012.

Zitelmann, Rainer: Die Gesellschaft und ihre Reichen. Vorurteile über eine beneidete Minderheit. München 2019.

4.2 Studien / wissenschaftliche Essays

Abdulrassaq, Y.M./Bener, A./Al-Gazali, L.I./Al-Khayat, A.I./Micallef, R./Gaber, T.: A study of possible deleterious effects of consanguinity. In: Clinical Genetics, 51 (1997) 3, S. 167-173.

Adolphs, R.: Emotional vision. In: Nature Neuroscience, 7 (2004), S. 1167 f.

Adolphs, R./Tranel, D./Damasio, A.R.: The human amygdala in social judgement. In: Nature, 393 (1998), S. 470-474.

Adolphs, R./Baron-Cohen, S./Tranel, D.: Impaired recognition of social emotions following amygdala damage. In: Journal of Cognitive Neuroscience, 14 (2002) 8, S. 1264-1274.

Alesina, A./La Ferrara, E.: Who Trusts Others? In: Journal of Public Economics, 85 (2002), S. 207-234.

Alford, J./Funk, C./Hibbing, J.: Are political orientations genetically transmitted? In: American Political Science Review, 99 (2005) 2, S. 153-167.

Al-Gazali, L./Hamamy, H.: Consanguinity and Dysmorphology in Arabs. In: Human Heredity, 77 (2014), S. 93-107.

Amato, P.R.: Children of Divorce in the 1990s: An Update of the Amato and Keith (1991) Meta-Analysis. In: Journal of Family Psychology, 15 (2001), S. 355-370.

Amodio, D.M./Jost, J.T./Master, S.L./Yee, C.M.: Neurocognitive correlates of liberalism and conservatism. In: Nature Neuroscience, 10 (2007) 10, S. 1246 f.

Arain, M./Haque, M./Johal, L./Mathur, P./Nel, W./Rais, A./Sandhu, R./Sharma, S.: Maturation of the adolescent brain. In: Neuropsychiatric Disease and Treatment, 9 (2013), S. 449-461.

Axelrod, R./Hammond, R.: The Evolution of Ethnocentric Behaviour, in: Midwest Political Science Convention, 3-6. April 2003, Chicago, IL. (Das Paper kann hier als PDF heruntergeladen werden: https://tinyurl.com/y542uot7)

Azadovskii, K./Egorov, B.: From Anti-Westernism to Anti-Semitism: Stalin and the Impact of the »Anti-Cosmopolitan« Campaigns on Soviet Culture. In: Journal of Cold War Studies, 4 (2002) 1, S. 66-80.

Aziz, O./Gemmell, N./Laws, A.: The Distribution of Income and Fiscal Incidence by Age and Gender: Some Evidence from New Zealand (April 30, 2013). Victoria University of Wellington Working Paper in Public Finance No. 10/2013. (Das Paper kann hier als PDF heruntergeladen werden: https://tinyurl.com/yxkrchy8)

Bacharach, V.R./Baumeister, A.A.: Effects of Maternal Intelligence, Marital Status, Income, and Home Environment on Cognitive Development of Log Birthweight Infants. In: Journal of Pediatric Psychology, 23 (1998) 3, S. 197-205.

Bales, K.L./Carter, C.S.: Developmental exposure to Oxytocin facilitates partner preferences in male prairie voles (Microtus ochrogaster). In: Behavioral Neuroscience, 117 (2003), S. 854-859.

Baskerville, T.A./Douglas, A.J.: Dopamine and Oxytocin Interactions Underlying Behaviors: Potential Contributions to Behavioral Disorders. In: CNS Neuroscience &

Theraputicus, 16 (2010) 3, S. 92-123.

Battisti, M./Felbermayr, G.: Migranten im deutschen Abeitsmarkt: Löhne, Arbeitslosigkeit, Erwerbsquoten. In: ifo Schnelldienst, 20 (2015), S. 39-47.
(Das Paper lässt sich hier als PDF herunterladen: https://tinyurl.com/y53en2pd)

Beck, A.T.: Cognitive aspects of personality disorders and their relation to syndromal disorders: a psychoevolutio-nary approach. In: Cloninger, C.R. (Hrsg.): Personality and Psychopathology (1999), S. 411-430.

Benjamin, J./Li, L./Patterson, C./Greenberg, B.D./ Murphy, D.L./Hamer, D.H.: Population and familial association between the D4 dopamine receptor gene and measures of novelty seeking. In: Nature Genetics, 12 (1996) 1, S. 81-84.

Benjamin, J./Osher, Y./Kotler, M./Gritsenko, I./Nemanov, L./Belmaker, R.H./Ebstein, R.P.: Association between tridimensional personality questionnaire traits and three functional polymorphisms: DrD4, 5-HTTLPR, and COMT. In: Molecular Psychiatry, 5 (2000) 1, S. 96-100.

Ben-Zion, B./Tessler, R./Cohen, L./Lerer, R./Raz, Y.: Polymorphisms in the dopamine D4 receptor gene (DRD4) contribute to individual differences in human sexual behavior: desire, arousal and sexual function. In: Molecular Psychiatry, 11 (2006) 8, S. 782-786.

Berridge, K.C./Robinson, T.E.: What is the role of dopamine in reward: hedonic impact, reward learning, or incentive salience? In: Brain Research Reviews, 28 (1998) 3, S. 309-369.

Berridge, K.C.: The debate over dopamine's role in reward: the case for incentive salience. In: Psychopharmacology, 191 (2007), S. 391-431.

Bhasin, S.: Secular Decline in Male Reproduction Function: Is Manliness Threatened? In: The Journal of Clinical Endocrinology & Metabolism, 92 (2007) 1, S. 44 f.

Biblarz, T.J./Gottainer, G.: Family Structure and Children's Success: A Comparison of Widowed and Divorced Single-Mother Families. In: Journal of Marriage and Family, 62 (2000) 2, S. 533-548.

Bickart, K.C./Wright, C.I./Dautoff, R.J./Dickerson, B.C./Feldman Barrett, L.: Amygdala Volume and Social Network Size in Humans. In: Nature Neuroscience, 14 (2011) 2, S. 163 f.

Blair, R.J.R./Jones, L./Smith, M.: The psychopathic individual, a lack of responsiveness to distress cues. In: Psychophisiology, 34 (1997) 2, S. 192-198.

Blair, R.J.R.: The roles of the orbital frontal cortex in the modulation of antisocial behavior. In: Brain and Cognition, 55 (2004) 1, S. 198-208.

Blair, R.J.R.: The emergence of psychopathy: implications for the neuropsychological approach to developmental disorders. In: Cognition, 101 (2006), S. 414-442.

Blair, R.J.R.: The amygdala and ventromedical prefrontal cortex in morality and psychopathy. In: Trends in Cognitive Neurosciences, 11 (2007) 9, S. 387-392.

Bouchard, T.J./McGue, M.: Genetic and environmental influences on human psychological differences. In: Journal of Neurobiology, 54 (2003) 1, S. 44 f.

Braunschweig, M./Jagannathan, V./Gutzwiller, A./Bee, G.: Investigations on

Tansgenerational Epigenetic Response Down the Male Line F2 Pigs. In: Plos One, 7 (2012), e30583.

Broks, P./Young, A.W./Maratos, E.J./Coffey, P.J./Calder, A.J./Isaac, C./Mayes, A.R./Hodges, J.R./Montaldi, D./Cezayirli, E./Roberts, N./Hadley, D.: Face processing impairments after encephalitis: Amygdala damage and recognition of fear. In: Neuropsychologia, 36 (1998), S. 59-70.

Brookfield, J.F.Y.: The evolution of r- and K-strategies. In: Biological Journal of the Linnean Society, 27 (1986) 2, S. 165-178.

Bucher, K./Myersn, R./Southwick, C.: Anterior temporal cortex and maternal behavior in monkey. In: Neurology, 20 (1970) 4, S. 415.

Carlsen, E./Giwercman, A./Keiding, N./Skakkebaek, N.E.: Evidence for decreasing quality of semen during past 50 years. In: British Medical Journal, 305 (1992), S. 609-613.

Carney, D.R./Jost, J.T./Gosling, S.D./Potter, J.: The secret lives of liberals and conservatives: Personality profiles, interaction styles, and the things they leave behind. In: Political Psychology, 29 (2008) 6, S. 807-840.

Carter, T.J./Ferguson, M.J./Hassin, R.R.: A single exposure to the American flag shifts support toward republicanism up to 8 months later. In: Psychological Science, 22 (2011) 8, S. 1011-1018.

Chia-chü, Liu: The Creation of the Chinese Banners by the Early Ch'ing. In: Chinese Studies in History, 14 (1981) 4, S. 47-75.

Chisholm, J. S.: Death, hope, and sex: Life-history theory and the development of reproductive strategies. Current Anthropology, 34 (1993), S. 1-24.

Cloninger, C.R.: A unified biosocial theory of personality and its role in the development of anxiety states. In: Psychiatric Developments, 4 (1986) 3, S. 167-226.

Cloninger, C.R./Svrakic, D.M./Przybeck, T.R.: A psychobiological model of temperament and character. In: Archives of General Psychiatry, 50 (1993) 12, S. 975-990.

Coghlan, A.: Stresses in your life may affect future generations. In: New Scientist, 217 (2013) 2902, S. 11.

Coplan, J.D./Hodulik, S./Mathew, S.J./Mao, X./Hof, P.R./Gorman, J.M./Shungu, D.C.: The Relationship between Intelligence and Anxiety: An Association with Subcortical White Matter Metabolism. In: frontiers in Evolutionary Neuroscience (2012), 3:8.

Craig, A.D.: How do you feel? Interoception: The sense of the physiological condition of the body. In: Nature Reviews Neuroscience, 3 (2002) 8, S. 655-666.

Daryanai, I./Hamilton, J.L./Abramson, L.Y./Alloy, L.B.: Single Mother Parenting and Adolescent Psychopathology. In: Journal of Abnormal Child Psychology, 44 (2016) 7, S. 1411-1423.

David, A.S./Brierley, B./Shaw, P.: The human amygdala: A systematic review and meta-analysis of volumetric magnetic resonance imaging. In: Brain Research – Brain Research Reviews 39 (2002) 1, S. 84-105.

Davies, B.: The Moralistic Fallacy. In: Nature (1978), S. 272-390.

Dawson, J.W.: Causality in the freedom-growth relationship. In: European Journal of Political Economy, 19 (2003) 3, S. 479-495.

DeAngelis, T.: The two faces of Oxytocin. In: American Psychological Association: Monitor on Psychology, 39 (2008) 2, S. 30.

DeAngelis, T.: Can Oxytocin Promote Trust and Generosity? In: American Psychological Association: Monitor on Psychology, 39 (2008) 2, S. 32.

Decety, J./Lamm, C.: Human empathy through the lens of social neuroscience. In: Scientific World Journal, 6 (2006), S. 1146-1163.

De Dreu, C.K.W./Greer, L.L./Van Kleef, G.A./Shalvi, S./Handgraaf, M.J.J.: Oxytocin Promotes Human Ethnocentrism. In: Proceedings of the National Academy of Sciences of the USA, 108 (2011) 4, S. 1262-1266.

Demuth, S./Brown, S.L.: Family Structure, Family Processes, and Adolescent Delinquency: The Significance of Parental Absence Versus Parental Gender. In: Journal of Research in Crime and Delinquency, 41 (2004) 1, S. 58-81.

Dias, B.G./Ressler, K.J.: Parental olfactory experience influences behavior and neural structure in subsequent generations. In: Nature Neuroscience, 17 (2014), S. 89-96.

Dicks, D./Meyers, R.E./Kling, A.: Uncus and amygdala lesions: Effects on social behavior in the free ranging rhesus monkey. In: Science, 165 (1968), S. 69-71.

Donsbach, W./Klett, B.: Subjective objectivity. How journalists in four countries define a key term of their profession. In: International Communication Gazette, 51 (1993) 1, S. 53-83.

Drevets, W.C.: Functional neuroimaging studies of depresssion: the anatomy of melancholia. In: Annual Review of Medicine, 49 (1998), S. 341-361.

Dutton, E./Van der Linden, D.: Who are the «Clever Sillies«? The intelligence, personality, and motives of clever silly originators and those who follow them. In: In telligence, 49 (2015), S. 57-65.

Eap, S./DeGarmo, D./Kawagami, A./Hara, S.N./Hall, G.C.N./Teten, A.L.: Culture and Personality Among European American and Asian American Men. In: Journal of Cross-Cultural Psychology, 39 (2008) 5, S. 630-643.

Eaves, L.J./Eysenck, H.J.: Genetics and the development of social attitudes. In: Nature, 249 (1974), S. 288 f.

Ebstein, R.P./Novick, O./Umansky, R./Pirelli, B./Osher, Y./Blaine, D./Bennett, E.R./ Nemanov, L./ Katz, M./Belmaker, R.H.: Dopamine D4 receptor exon III polymorphism associated with the human personality trait of novelty seeking. In: Nature Genetics, 12 (1996), S. 78-80.

Eisenberger, N.I./Lieberman, M.D./Williams, K.D.: Does rejection hurt? An fMRI study of social exclusion. In: Science, 302 (2003) 5643, S. 290-292.

Eisenberger: N.I./Lieberman, M.D.: Why rejection hurts: A common neural alarm system for physical and social pain. In: Trends in Cognitive Science, 8 (2004) 7, S. 294-300.

Elango, N./Thomas, J.W./Yi, S.V.: Variable molecular clocks in hominoids. In: PNAS, 103 (2006) 5, S. 1370-1375.

Ellman, Michael: Soviet Repression Statistics: Some Comments. In: Europe-Asia Studies, 54 (2002) 7, S. 1151-1172.

Enebrink, P./Andershed, H./Langstrom, N.: Callous-unemotional traits are associateed with clinical severity in referred boys with conduct problems. In: Nordic Journal of Psychiatry, 59 (2005) 6, S. 431-440.

Evans, Daniel: Slave Coast of Europe. In: Slavery and Abolition (1985), S. 53.

Faria, H.J./Montesinos, H.M.: Does economic freedom cause prosperity? An IV approach. In: Public Choice, 141 (2009) 1-2, S. 103-127.

Feinstein, J. S.,/Adolphs, R./Damasio, A./Tranel, D.: The human amygdala and the induction and experience of fear. Current biology, 21 (2011) 1, S. 34-38.

Feldman, R./Weller, A./Zagoory-Sharon, O./Levine, A.: Evidence for a neuroendocrinological foundation of human affiliation: plasma Oxytocin levels across pregnancy and the postpartum period predict mother-infant bonding. In: Psychological Science, 18 (2007) 11, S. 965-970.

Fog, Agner: Cultural r/k Selection. In: Journal of Memetics – Evolutionary Models of Information Transmission, 1 (1997).

Franklin, T.B./Russing, H./Weiss, I.C./Gräff, J./Linder, N./Michalon, A./Vizi, S./Mansuy, I.M.: Epigenetic Transmission of the Impact of Early Stress Across Generations. In: Biological Psychiatry, 68 (2010) 5, S. 408-415.

Franklin, T.B./Mansuy, I.M.: Epigenetic inheritance in mammals: Evidence for the impact of adverse environmental effects. In: Neurobiology of Disease, 39 (2010) 1, S. 61-65.

Frick, P.J./Bodin, S.D./Barry, C.T.: Psychopathic traits and conduct problems in community and clinic-referred samples of children: Further development of the psychopathy screening devise. In: Psychological Assessment, 12 (2000) 4, S. 382-393.

Garcia, J.R./MacKillop, J./Aller, E.L./Merriwether, A.M./Wilson, D.S./Lum, J.K.: Associations between do-pamine D4 receptor variation with both infidelity and sexual promiscuity. In: Plos One, 5 (2010) 11, e141162.

Gerlach, Philipp: The games economists play: Why economists students behave more selfishly than other students. In: Plos One, 12 (2017) 9, e0183814.

Gilbert, P.: Depression: The Evolution of Powerlessness. In: East Sussex: Lawrence Erlbaum Associates (1992), S. 244.

Goldin, I./Pitt, A./Nabarro, B./Boyle, K.: Migration And The Economy. Economic Realities, Social Impacts & Political Choices. In: Citi GPS: Global Perspectives & Solutions (2018). (Das komplette Paper kann hier als PDF heruntergeladen werden: https://tinyurl.com/y4emoe52)

Greene, J.D./Nystrom, L.E., Engell, A.D./Darley, J.M./Cohen, J.D.: The neural bases of cognitive conflict and control in moral judgement. In: Neuron, 44 (2004), S. 389-400.

Grunnet-Lauridsen, J./Pedersen, F.I.: Ny befolkningsprognose frigiver milliarder mod 2025. In: Fagligt Fælles Forbund (2019), S. 1-7. (Sofern Sie der dänischen Sprache mächtig sind, können Sie das Paper hier herunterladen: https://tinyurl.com/y6gmmyms)

Gubernick, D.J./Winslow, J.T./Jensen, P./Jeanotte, L./Bowen, J.: Oxytocin changes in males over the reproductive cycle in the monogamous, biparental California mouse, Peromyscus californicus. In: Hormones and Behavior, 29 (1995) 1, S. 59-73.

Guo, G./Tong, Y.: Age at first sexual intercourse, genes, and social context: evidence from twins and the dopamine D4 receptor gene. In: Demography, 43 (2006) 4, S. 747-769.

Hall, K.C./Hanlon, R.T.: Principal features of the mating systems of a large spawning aggregation of the Giant Australian Cuttlefish Sepia Apama (Mollusca: Cephalopoda). In: Marine Biology, 140 (2002) 3, S. 533-545.

Hamilton, W.D.: The Genetical Evolution of Social Behavior. I and II. In: Journal of Theoretical Biology, 7 (1964), S. 1-52.

Hammond, R./Axelrod, R.: The Evolution of Ethnocentric Behaviour. In: Journal of Conflict Resolution, 50 (2006), S. 1-11.

Harper, C.C./McLanahan, S.S.: Father Absence and Youth Incarceration. In: Journal of Research on Adolescence, 14 (2004) 3, S. 369-397.

Harris, C.R./Henniger, N.E.: Envy, Politics, and Age. In: Frontiers in Psychology (2013), S. 4-67.

Hatemi, P.K./Medland, S.E./Morley, K.I./Heath, A.C./Martin, N.G.: The genetics of voting: An Australian twin study. In: Behavior Genetics, 37 (2007) 3, S. 435-448.

Hatemi, P.K./Hibbing, J./Alford, J./Martin, N./Eaves, L.: Is there a 'party' in your genes? In: Political Research Quarterly, 62 (2009) 3, S. 584-600.

Hatemi, P.K./Medland, S.E./Klemmensen, R./Oskarsson, S./Littvay, L./Dawes, C.T./Verhulst, B./McDermott, R./Norgaard, A.S./Klofstad, C.A./Christensen, K./Johannesson, M./Magnusson, P.K.E./Eaves, L.J./Martin, N.G.: Genetic influences on political ideologies: Twin analyses of 19 measures of political ideologies from five democracies and genome-wide findings from three populations. In: Behavior Genetics, 44 (2014) 3, S. 282-294.

Heath, S.C./Gut, I.G./Brennan, P./McKay, J.D./Bencko, V./Fabianova, E./Foretova, L./Georges, M./Janout, V./Kabesch, M./Krokan, H.E./Elvestad, M.B./Lissowska, J./Mates, D./Rudnai, P./Skorpen, F./Schreiber, S./Soria, J.M./Syvänen, A.C./Meneton, P./Hercberg, S./Galan, P./Szeszenia-Dabrowska, N./Zaridze, D./Génin, E./Cardon, L.R./Lathrop M.: Investigation in the fine structure of European populations with applications to disease association studies. In: European Journal of Human Genetics, 16 (2008) 12, S. 1413-1429.

Heijmans, B.T./Tobi, E.W./Stein, A.D./Putter, H./Blauw, G.J./Susser, E.S./Slagboom, P.E./Lumey, L.H.: Persistent epigenetic differences associated with prenatal exposure to famine in humans. In: PNAS, 105 (2008) 44, S. 17046-17049.

Henrich, J./Boyd, R./Richerson, P.J.: The puzzle of monogamous marriage. In: Philosophical Transactions of the Royal Society Biology, 367 (2012) 1589, S. 657-659.

Henriques, G.: Depression: disease or behavioral shutdown mechanism? In: Journal of Science and Health Policy, 1 (2000), S. 152-165

Heylighen, F./Bernheim, J.: From Quantity to Quality of Life: r-K selection and human development (2004). (Die Arbeit kann hier als PDF heruntergeladen werden: https://tinyurl.com/yyvlpxym)

Hooghe, M./Reeskens, T./Stolle, D./Trappers, A.: Ethnic Diversity, Trust and Ethnocentrism and Europe. A Multilevel Analysis of 21 European Countries. In: Comparative Political Studies, 42 (2009), S. 198-223.

Insel, T.R./Hulihan, T.J.: A Gender-Specific Mechanism for pair bonding: Oxytocin and partner preference formation in monogamous voles. In: Behavioral Neuroscience, 109 (1995), S. 782-789.

Janak, P.H./Tye, K.M.: From circuits to behaviour in the amygdala.
In: Nature, 517, Nr. 7534 (2015), S. 284-292.

Jost, J.T.: The End of the End of Ideology. In: American Psychologist, 61 (2006) 7, S. 651-670.

Jost, J.T./Napier, J.L./Thorisdottir, H./Gosling, S.D./Palfai, T.P./Ostafin, B.: Are needs to manage uncertainty and threat associated with political conservatism or ideological extremity? In: Personality and Social Psychology Bulletin, 33 (2007), S. 989-1007.

Jost, J.T./Nosek, B.A./Gosling, S.D.: Ideology: Its resurgence in social, personality, and political psychology. In: Perspectives on Psychological Science, 3 (2008), S. 126-136.

Kanai, R./Feilden, T./Firth, C./Rees, G.: Political orientations are correlated with brain structure in young adults. In: Current Biology, 21 (2011) 8, S. 677-680.

Kelly, D.J./Quinn, P.C./Slater, A.M./Lee, K./Gibson, A./Smith, M./Ge, L./Pascalis, O.: Three-month-olds, but not newborns, prefer own-race faces. In: Developmental Science, 8 (2005) 6, S. F31-F36.

Kendler, K.S./Walters, E.E./Truett, K.R./Heath, A.C./Neale, M.C./Martin, N.G./Eaves, L.J.: Sources of individual differences in depressive symptoms: analysis of two samples of twins and their families. In: American Journal of Psychiatry, 151 (1994), S. 1605-1614.

Kim, B./Maguire-Jack, K.: Community Interaction and Child Maltreatment. In: Child Abuse & Neglect, 41 (2015), S. 146.

Kinard, M./Reinherz, H.: Effects of Marital Disruption on Children's School Aptitude and Achievement. In: Journal of Marriage and Family, 48 (1986), S. 289 f.

Koenig, H.: Religion, Spirituality, and Health: The Research and Clinical Implications. In: ISRN Psychiatry (2012), http://dx.doi.org/10.5402/2012/278730.

Koglin, U./Petermann, F.: Callous-unemotional Traits: Verhaltensprobleme und prosoziales Verhalten bei Kindergartenkindern. In: Kindheit und Entwicklung, 21 (2012) 3, S. 141-150.

Kosfeld, M./Heinrichs, M./Zak, P.J./Fischbacher, U./Fehr, E.: Oxytocin increases trust in humans. In: Nature, 435 (2005), S. 673-676.

Kura, K./te Nijenhuis, J./Dutton, E.: Why Do Northeast Asians Win So Few Nobel

Prizes? In: Comprehensive Psychology, 4 (2015).

Laird, R.A.: Green-beard effect predicts the evolution of traitorousness in the two-tag Prisoner's dilemma. In: Journal of Theoretical Biology, 288 (2011), S. 84-91.

Laufer, Ines: Extreme Kriminalität und Gewalt als direkte Folge der Flüchtlingspolitik: Zahlen, Fakten, Beweise. Eine Analyse und Zukunftsprognose (2017). (Das komplette Paper kann als PDF auf meinem Blog heruntergeladen werden: https://tinyurl.com/yyuh5ult)

Laurence, J./Heath, A.: Predictors of community cohesion: multi-level modelling of the 2005 Citizenship Survey, © Crown Copyright, 2008. (Die PDF-Datei kann hier heruntergeladen werden: https://tinyurl.com/y3eumxfh)

Laurence, J.: Effects of Ethnic Diversity and Community Disadvantage on Social Cohesion: A Multilevel Analysis of Social Capital and Interethnic Relations in UK Communities. In: European Sociological Review, 27 (2011) 1, S. 70-89.

Lawlor, D.A./Batty, G.D./Morton, S.M.B./Deary, I.J./Macintyre, S./Ronalds, G./Leon, D.A.: Early life predictors of childhood intelligence: evidence from the Aberdeen children of the 1950s study. In: Journal of Epidemiology and Community Health, 59 (2005), S. 656-663.

Leahy, R.L.: An investment model of depressive resistance. In: Journal of Cognitive Psychotherapy, 11 (1997), S. 3-19.

Lee, H.J./Macbeth, A.H./Pagani, J./Young, W.S.: Oxytocin: the great facilitator of life. In: Progress in Neurobiology, 88 (2009) 2, S. 127-151.

Lehnert, H./Kirchner, H./Kirmes, I./Dahm, R.: Epigenetik. Grundlagen und klinische Bedeutung. Aus der Vortragsreihe der Medizinischen Gesellschaft Mainz e.V. Berlin 2018, S. 1-23.

Levitt, M./Rubenstein, B.: The counter-culture: adaptive or maladaptive? In: The International Journal of Psychoanalysis, 1 (1974) 3, S. 325-336.

Lewontin, R.: Adaptation. In: Scientific American, 239 (1978), S. 212-228.

Loeber, R./Stouthamer-Loeber, M./Van Kammen, W./Farrington, D.P.: Initiation, Escalation, and Desistance in Juvenile Offending and their Correlates. In: Journal of Criminal Law and Criminology, 82 (1991), S. 36-82.

Lott, Jr., J.R./Kenny, L.W.: How Dramatically Did Women's Suffrage Change the Size and Scope of Government? (John M. Olin Program in Law and Economics Working Paper No. 60, 1998). (Das Paper kann hier als PDF heruntergeladen werden: https://tinyurl.com/y3z5hf6l)

Lott, Jr., J.R./Kenny, L.W.: Did Women's Suffrage Change the Size and Scope of Government? In: Journal of Political Economy, 107 (1999) 6, S. 1163-1198. (Das Paper kann hier als PDF heruntergeladen werden: https://tinyurl.com/3skcf5j)

Madestam, A./Yanagizawa-Drott, D.: Shaping the nation: the effect of fourth of July on political preferences and behavior in the United States, Working Paper 399 (2011), Innocenzo Gasparini Institute for Economic Research, Bocconi University. (Das Paper kann hier als PDF-Datei heruntergeladen werden: https://tinyurl.com/yxk2bssc)

Maes, M./Kubera, M./Obuchowiczwa, E./Goehler, L./Brzeszcz, J.: Depression's multiple comorbidities explained by (neuro)inflammatory and oxidative & nitrosative stress pathways. In: Neuroendocrinology Letters, 32 (2011) 1, S. 7-24.

Manning, W.D./Lamb, K.A.: Adolescent Well-Being in Cohabiting, Married, and Single-Parent Families. In: Journal of Marriage and Family, 65 (2003) 4, S. 876-893.

Manrubia, S.C./Derrida, B./Zanette, D.H.: Im Dickicht der Stammbäume. In: Spektrum der Wissenschaft, 9 (2007), S. 62-72.

Marsh, A.A./Kozak, M.N./Ambady, N.: Accurate identification of fear facial expressions predicts prosocial behavior. In: Emotion, 7 (2007) 2, S. 239-251.

Marsh, A.A./Finger, E.C./Mitchell, D.G./Reid, M.E./Sims, C./Kosson, D.S./Towbin, K.E./Leibenluft, E./Pine, D.S./Blair, R.J.R.: Reduced amygdala response to fearful expressions in children and adolescents with callous-unemotional traits and disruptive behavior disorders. In: American Journal of Psychiatry, 165 (2008) 6, S. 712-720.

Masuda, Naoki/Fu, Feng: Evolutionary models of in-group favoritism, in: F1000 Prime Reports (2015), S. 7-27. (Das Paper kann hier als PDF heruntergeladen werden: https://tinyurl.com/y5nop2yl)

Mazzini, F./Townsend. S.W./Virányi, Z./Range, F.: Wolf Howling Is Mediate by Relationship Quality Rather Than Underlying Emotional Stress. In: Current Biology, 23 (2013) 17, S. 1677-1680.

Michl, P./Meindl, T./Meister, F./Born, C./Engel, R.R./Reiser, M./Henning-Fast, K.: Neurobiological underpinnings of shame and guilt: a pilot fMRI study. In: Social Cognitive and Affective Neuroscience, 9 (2012) 2, S.150-7.

Miller, E.K./Freedman, D.J./Wallis, J.D.: The prefrontal cortex: categories, concepts and cognition. In: Philosophical Transactions of the Royal Society London B, Biological Sciences, 357 (2002) 1424, S. 1123-1136.

Milner, J.S./Robertson, K.R./Rogers, D.L.: Childhood History of Abuse and Adult Child Abuse Potential. In: Journal of Family Violence, 5 (1990) 1, S. 15-34.

Molet, M./Van Baalen, M./Peeters, C.: Shift in colonial reproductive strategy associated with a tropical-temperate gradient in Rhytidoponera ants. In: The American Naturalist, 172 (2008) 1, S. 75-87.

Moll, J./Oliviera-Souza, R./Eslinger, P.J./Bramati, I.E./Mourao-Miranda, J./Andreiuolo, P.A./Pessoa, L.: The neural correlates of moral sensitivity; a functional magnetic resonance imaging investigation of basic and moral emotions. In: The Journal of Neuroscience, 22 (2002), S. 2730-2736.

Morrison, D. R./Coiro, M.J.: Parental Conflict and Marital Disruption: Do Children Benefit When High-Conflict Marriages Are Dissolved? In: Journal of Marriage and the Family, 61 (1999), S. 626.

Morton, N.E.: Effect of inbreeding on IQ and mental retardation. In: Proceedings of the National Academy of Sciences of the United States of America, 75 (1978) 8, S. 3906-3908.

Naidis, Mark: The Abolitionists and Indian Slavery. In: Journal of Asian History, 15

(1981) 2, S. 147.

Napier, J.L./Jost, J.T.: Why are conservatives happier than liberals? In: Psychological Science, 19 (2008), S. 565-572.

Nesse, R.M.: Is depression ad adaptation? In: Archives of General Psychiatry, 57 (2000) 1, S. 14-20.

Noble, E.P./Ozkaragoz, T.Z./Ritchie, T.L./Zhang, X./Belin, T.R./Sparkes, R.S.: D2 and D4 dopamine receptor polymorphisms and personality. In: American Journal of Medical Genetics, 81 (1998) 3, S. 257-267.

Nyhan, B./Reifler, J.: When Corrections Fail: The Persistence of Political Misperceptions. In: Political Behavior, 32 (2010) 2, S. 303-330.

Olff, M./Frijling, J./Kubzansky, L.D./Bradley, B./Ellenbogen, M.A./Cardoso, C./Bartz, J.A./Yee, J.R./van Zuiden, M.: The role of oxytocin in social bonding, stress regulation and mental health: an update on the moderating effects of context and interindividual differences. In: Psychoneuroendocrinology, 38 (2013), S. 1883-1894.

Panizzon, M.S./Vuoksimaa, E./Spoon, K.M./Jacobson, K.C./Lyons, M.J./Franz, C.E./Xian, H./Vasilopoulos, T./Kremen, W.S.: Genetic and environmental influences on general cognitive ability: Is g a valid latent construct? In: Intelligence, 43 (2014), S. 65-76.

Patterson, T.E.: News Coverage of Donald Trump's First 100 Days. In: Shorenstein Center on Media, Politics and Public Policy, Cambridge, MA, May 2017. (Die komplette Studie kann hier als PDF heruntergeladen werden: https://tinyurl.com/l4fy2wk)

Peterson, B.E./Zurbriggen, E.L.: Gender, sexuality, and the authoritarian personality. In: Journal of Personality, 78 (2010) 6, S. 1801-1826.

Petersen, M.B./Sznycer, D./Sell, A./Cosmides, L./Tooby, J.: The Ancestral Logic of Politics: Upper-body strength regulates men's assertion of self-interest over economic redistribution. In: Psychological Science, 24 (2013), S. 1098-1103.

Pfennig, S./Foss, F./Bissen, D./Harde, E./Treeck, J.C./Segarra, M./Acker-Palmer, A.: GRIP1 Binds to ApoER2 and EphrinB2 to Induce Activity-Dependent AMPA Receptor Insertion at the Synapse. In: Cell Reports, 21 (2017), S. 84–96.

Pianka, E.R.: On r- and K-selection. In: American Naturalist, 104 (1970), S. 592-597.

Plomin, R./DeFries, J.C./McClearn, G.E./McGuffin, P.: Behavioral Genetics. New York 2008, S. 39; Mackay, T.: The genetic architecture of quantitative traits. In: Annual Review of Genetics, 35 (2001), S. 303-339.

Plomin, R./Deary, I.J.: Genetics and intelligence differences: five special findings. In: Molecular psychiatry, 20 (2015) 1, S. 98-108.

Potter, D.: Psychological Well-Being and the Relationship Between Divorce and Children's Academic Achievement. In: Journal of Marriage and Family, 72 (2010), S. 933, 940 f.

Price, J.S.: The dominance hierarchy and the evolution of mental illness. In: The Lancet, 2 (1967), S. 243-246.

Price, J.S./Sloman, L./Gardner, R./Gilbert, P./Rohde, P.: The social competition hypothesis of depression. In: The British Journal of Psychiatry, 164 (1994), S. 309-315.

Putnam, R.D.: E Pluribus Unum. Diversity and Community in the Twenty-First Century. The 2006 Johan Skytte Prize Lecture, in: Scandinavian Political Studies, 30 (2007), S. 137-174.

Rechavi, O./Minevich, G./Hobert, O.: Transgenerational Inheritance of an Acquired Small RNA-Based Antiviral Response in C. elegans. In: Cell, 147 (2011) 6, S. 1248-1256.

Regnerus, M.: How different are the adult children of parents who have same-sex relationships? Findings from the New Family Structures Study. In: Social Science Research, 41 (2012) 4, S. 752-770.

Reinemann, C./Baugut, P.: Alter Streit unter neuen Bedingungen. Einflüsse politischer Einstellungen von Journalisten auf ihre Arbeit. In: Zeitschrift für Politik, 61 (2014) 4, S. 480-505.

Reinherz, H.Z./Giaconia, R.M./Hauf, A.M./Wasserman, M.S./Silverman, A.B.: Major depression in the transition to adulthood: risks and impairments. In: Journal of Abnormal Psychology, 108 (1999), S. 500-510.

Reznick, D./Bryant, M.J./Bashey, F.: r- and K-selection revisited: the role of population regulation in life history evolution. In: Ecology, 83 (2002) 6, S. 1509-1520.

Riek, B.M./Mania, E.W./Gaertner, S.L.: Intergroup Threat and Outgroup Attitudes: A Meta-Analytic Review. In: Personality and Social Psychology Review, 10 (2006), S. 336-353.

Rilling, J.K./Glenn, A.L./Jairam, M.R./Pagnoni, G./Goldsmith, D.R./Elfenbein, H.A./Lilienfeld, S.O.: Reduced amygdala function related to cooperation: Neural correlates of social cooperation and non-cooperation as a function of psychopathy. In: Biological Psychiatry, 61 (2007) 11, S. 1260-1271.

Rubenstein, Edwin S.: The Color of Crime. Race, Crime, and Justice in America. Oakton 2016, S. 1-16.

Rule, N.O./Freeman, J.B./Moran, J.M./Gabrieli, J.D.E./Adams, R.B./Ambady, N.: Voting behavior is reflected im amygdala response across cultures. In: Social Cognitive and Affective Neuroscience, 5 (2010), S. 349-355.

Salminen, S.: Immigrations and Public Finances in Finland. Part II: Life Cycle Effects on Public Finances of Asylum Seekers and Refugees (2015). (Die Untersuchung kann hier als PDF heruntergeladen werden: https://tinyurl.com/y5ywson4)

Sanfey, A.G./Rilling, J.K./Aronson, J.A./Nystrom, L.E./Cohen, J.D.: The neural basis of economic decision-making in the Ultimatum Game. In: Science, 300 (2003) 5626, S. 1755-1758.

Sapolsky, R.M.: Stress, Glucocorticoids, and Damage to the Nervous System: The Current State of Confusion. In: Stress, 1 (1996), S. 1-20.

Saroglou, V.: Religion and the Five Factors of Personality. A Meta-Analytic Review. In: Personality and Individual Differences, 32 (2002), S. 15-35.

Schacter, D.L.: Implicit memory: history and current status. In: Journal of Experimental Psychology: Learning, Memory, and Cognition, 13 (1987), S. 501-518.

Scheele, D./Striepens, N./Güntürkün, O./Deutschländer, S./Maier, W./Kendrick, K.M./Hurlemann, R.: Oxytocin Modulates Social Distance Between Males and Females. In: The Journal of Neuroscience, 32 (2012) 46, S. 16074-16079.

Schulz, A./Levy, D.A.L./Nielsen, R.K.: Old, Educated, and Politically Diverse: The Audience of Public Service News. In: Reuters Institute Report (2019). (Das Paper kann hier als PDF heruntergeladen werden: https://tinyurl.com/y5td462a)

Schwartz, J.A./Savolainen, J./Aaltonen, M./Merikukka, M./Paanen, R./Gissler, M.: Intelligence and criminal behavior in a total birth cohort: An examination of functional form, dimensions of intelligence, and the nature of offending. In: Intelligence, 51 (2015), S. 109-118.

Sell, A./Hone, L.S.E./Pound, N.: The importance of physical strength to human males. In: Human Nature, 23 (2012) 1, S. 30-44.

Settle, J.E./Dawes, C.T./Fowler, J.H.: The heritability of partisan attachment. In: Political Research Quarterly, 62 (2009) 3, S. 601-613.

Settle, J.E./Dawes, C.T./Christakis, A./Fowler, J.H.: Friendships moderate an association between a dopamine gene variant and political ideology. In: The Journal of Politics, 72 (2010), S. 1189-1198.

Shirtcliff, E.A./Vitacco, M.J./Gostisha, A.J./Merz, J.L./Zahn-Waxler, C.: Neurobiology of empathy and callousness: implications for the development of antisocial behavior. In: Behavioral Sciences and the Law, 27 (2009), S. 137-171.

Simonton, D.: Varieties of (Scientific) Creativity: A Hierarchical Model of Domain-Specific Disposition, Development, and Achievement. In: Perspectives on Psychological Science, 4 (2009), S. 441-452.

Singer, T./Seymour, B./O'Doherty, J./Kaube, H./Dolan, R.J./Frith, C.D.: Empathy for pain involves the affective but not sensory components of pain. In: Science, 303 (2004) 5661, S. 1157-1162.

Skovsgaard, M./Albaek, E./Bro, P./de Vreese, C.: A reality check: How journalists' role perceptions impact their implementation of the objectivity norm. In: Journalism, 14 (2013) 1, S. 22-42.

Sloman, L./Price, J.S./Gilbert, P./Gardner, R.: Adaptive function of depression: psychotherapeutic implications. In: American Journal of Psychotherapy, 48 (1994), S. 401-416.

Smith, J.M.: Group selection and kin selection. In: Nature, 201 (1964), S. 1145-1147.

Smith, J.M.: Group selection. In: Quarterly Review of Biology, 51 (1976) 2, S. 277-283.

Soares, J.C./Mann, J.J.: The anatomy of mood disorders – review of structural neuroimaging studies. In: Biological Psychiatry, 41 (1997), S. 86-106.

Spruk, R./Keseljevic, A.: Economic freedom and growth across German districts. In: Journal of Institutional Economics (2017), S. 1-27. (Hier kann man die Studie als PDF herunterladen: https://tinyurl.com/yy4myl3h)

Steindl, N./Lauerer, C./Hanitzsch, T.: Journalismus in Deutschland. In: Publizistik,

64 (2017) 4, S. 401-423.

Sterzer, P./Stadler, C./Krebs, A./Kleinschmidt, A./Poustka, F.: Abnormal neural responses to emotional visual stimuli in adolescents with conduct disorder. In: Biological Psychiatry, 57 (2005) 1, S. 7-15.

Stolzenberg, E.B./Eagan, M.K./Zimmermann, H.B./Berdan Lozano, J./Cesar-Davis, N.M./Aragon, M.C./Rios-Aguilar, C.: Undergraduate teaching faculty: The HERI Faculty Survey 2016-2017. Los Angeles: Higher Education Research Institute (2019), UCLA.

Sturgis, P./Brunton-Smith, I./Read, S./Allum, N.: Does Ethnic Diversity Erode Trust? Putnam's Hunkering-Down Thesis Reconsidered. In: British Journal of Political Science, 41 (2011), S. 57-82.

Succu, S./Sanna, F./Melis, T./Boi, A./Argiolas, A./Melis, M.R.: Stimulation of dopamine receptors in the Paraventricular nucleus of the hypothalamus of male rats induces penile erection and increases extra-cellular dopamine in the Nucleus Accumbens: Involvement of central Oxytocin. In: Neuropharmacology, 52 (2007) 3, S. 1034-1043.

Sylvers, P.D./Brennan, P.A./Lilienfeld, S.O.: Psychopathic traits and preattentive threat processing in children: a novel test of the fearfulness hypothesis. In: Psychological Science, 22 (2011) 10, S. 1280-1287.

Tang, H./Quertermous, T./Rodriguez, B./Kardia, S.L./Zhu, X./Brown, A./Pankow, J.S./Province, M.A./Hunt, S.C./Boerwinkle, E./Schork, N.J./Risch, N.J.: Genetic structure, self-identified race/ethnicity, and confounding in case-control association studies. In: American Journal of Human Genetics, 76 (2005) 2, S. 268-275.

Takahashi, H./Kato, M./Matsuura, M./Mobbs, D./Suhara, T./Okubo, Y.: When your gain is my pain and your pain is my gain: neural correlates of envy and schadenfreude. In: Science, 323 (2009) 5916, S. 937 ff.

Taylor, P./Funk, C./Craighill, P.: Are We Happy Yet?. In: PewResearchCenter (2006). (Die komplette Studie kann hier als PDF heruntergeladen werden: https://tinyurl.com/y3ewny2q)

Tepfenhart, M.: Tatu Vanhanen, Ethnic Conflicts. Their Biological Roots in Ethnic Nepotism. In: Comparative Civilizations Review, 72 (2015), Artikel 16.

Tiihonen, J./Hodgins, S./Vaurio, O./Laakso, M./Repo, E./Soininen, H./Aronen, H.J./Nieminen, P./Savolainen, L.: Amygdaloid volume loss in psychopathy. In: Society for Neuroscience Abstracts (2000), S. 2017.

Tither, J.M./Ellis, B.J.: Impact of Fathers on Daughters'Age at Menarche: A Genetically and Environmentally Controlled Sibling Study. In: Developmental Psychology, 44 (2008) 5, S. 1409-1420.

Tochigia, M./Hibinoa, H./Otowaa, T./Katoa, C./Maruia, T./Ohtania, T./Umekagea, T./Katoa, N./Sasakia, T.: Association between dopamine D4 receptor (DRD4) exon III polymorphism and neuroticism in the Japanese population. In: Neuroscience Letters, 398 (2006) 3, S. 333-336.

Travison, T.G./Araujo, A.B./O'Donnell, A.B./Kupelian, V./McKinlay, J.B.: A Popu lation-Level Decline in Serum Testosterone Levels in American Men. In: The Journal of Clinical Endocrinology & Metabolism, 92 (2007) 1, S. 196-202.

Treadway, M.T./Buckholtz, J.W./Cowan, R.L./Woodward, N.D./Li, R./Ansari, M.S./Baldwin, R.M., Schwartzman, A.N./Kessler, R.M./Zald, D.H.: Dopaminergic mechanism of individual differences in human effort-based decision-making. In: Journal of Neuroscience, 32 (2012) 18, S. 6170-6176.

Trimble, M.R./Mendez, M.F./Cummings, J.L.: Neuropsychiatric symptoms from the Temporolimbic Lobes. In: Salloway, S./Malloy, P., Cummings. J.L. (Hrsg.): The Neuropsychiatry of Limbic and Subcortical Disorders. Washington, D.C. 1997, S. 123-132.

Trumble, B.C./Cummings, D./von Rueden, C./O'Connor, K.A./Smith, E.A./Gurven, M./Kaplan, H.: Physical competition increases testosterone among Amazonian forager-horticulturalists: A test of 'Challenge Hypothesis'. In: Proceedings of the Rotyal Society, Biological Sciences, 279 (2012) 1739, S. 2907-2912.

Van den Berghe, P.L.: Race and Ethnicity: A Sociobiological Perspective. In: Ethnic and Racial Studies, 1 (1978), S. 401-411.

Van Vugt, M./Hart, C.M.: Social identity as social glue: The origins of group loyalty. In: Journal of Personality and Social Psychology, 86 (2004), S. 585-598.

Van Vugt, M./De Cremer, D./Janssen, D.P.: Gender Differences in Cooperation and Competition. The Male-Warrior Hypothesis. In: Psychological Science, 18 (2007) 1, S. 19-23.

Van Vugt, M.: The Male Warrior Hypothesis: The Evolution- ary Psychology of Intergroup Conflict, Tribal Aggression, and Warfare. In: The Oxford Handbook of Evolutionary Perspectives on Violence, Homicide, and War (2012), 10.1093/oxfordhb/9780199738403.013.0017.

Verhulst, B./Hatemi, P.K./Martin, N.G.: The nature of the relationship between personality traits and political attitudes. In: Personality and Individual Differences, 49 (2010), S. 309-316.

Warren, Jim: Who Were the Balangingi Samal? Slave Raiding and Ethnogenesis in Nineteenth-Century Sulu. In: Jour- nal of Asian Studies, (1978) 5, S. 481.

Weaver, J.M./Schofield, T.J.: Mediation and Moderation of Divorce Effects on Children's Behavior Problems. In: Journal of Family Psychology, 29 (2015) 1, S. 39-45.

Wiesbeck, G.A./Mauerer, C./Thome, J./Jacob, F./Boening, J.: Neuroendocrine support for a relationship between »novelty seeking« and dopaminergic function in alcohol-dependent men. In: Psychoneuroendocrinology, 20 (1995), S. 755-761.

Williams, Kipling D.: Ostracism. In: Annual Revue of Psychology, 58 (2007), S. 425-452.

Wilson, E.O.: Science and ideology. In: Academic Questions, 8 (1995).

Winston, J.S./Strange, B.A./O'Doherty, J./Dolan, R.J.: Automatic and intentional brain responses during evaluation of trustworthiness of faces. In: Nature Neuroscience, 5 (2002) 3, S. 277-283.

Wood, T./Porter, E.: The Elusive Backfire Effect: Mass Attitudes' Steadfast Factual

Adherence. In: Political Behavior (2018), S. 1-29.

Xiao, N.G./Quinn, P.C./Liu, S./Ge, L./Pascalis, O./Lee, K.: Older but not younger infants associate own-race faces with happy music and other-race faces with sad music. In: Developmental Science, 21 (2017) 2, e12537.

Xiao, N.G./Wu, R./Quinn, P.C./Liu, S./Tummeltshammer, K.S./Kirkham, N.Z./Ge, L./Pascalis, O./Lee, K.: Infants rely more on gaze cues from own-race than other-race adults for learning under unvertainty. In: Child Development, 89 (2018) 3, S. e229-e244.

Yang, Y./Raine, A./Narr, K./Lencz, T./Toga, A.: Amygdala Volume Reductions in Psychopaths. Presented at the Annual Meeting of the Society for Research in Psychopathology, San Diego, CA 2006.

Yang, Y./Raine, A./Narr, K./Lencz, T./Toga, A.: Localization of deformations within the amygdala in individuals with psychopathy. In: Archives of General Psychiatry, 66 (2009), S. 986-994.

Yu, Y./Williams, D.R.: Socioeconomic status and mental health. In: Aneshensel, C.S./Phelan, J.C. (Hrsg.): Handbook of the Sociology of Mental Health. New York 2006, S. 154.

Zak, P.J./Stanton, A.A./Ahmadi, S.: Oxytocin increases generosity in humans. In: PloS ONE, 2 (2007) 11, e1128.

Zheng, Y./Bonde, J.P.E./Ernst, E./Mortensen, J.T./Egense, J.: Is semen quality related to the year of birth among Danish infertility clients? In: International Journal of Epidemiology, 26 (1992) 6, S. 1289-1297.

Die Nihilismus-Party
Eine Achterbahnfahrt im Licht
des Nichts

1. Aufl. 2015
3. komplett überarbeite Aufl. 2018
454 Seiten
Taschenbuch, € 24,90

ISBN: 978-3-89688-623-1

Vom Nihilismus zum Postnihilismus.

Mit diesem Buch soll der wahnwitzige Versuch unternommen werden, einen Begriff samt dahinterstehender Philosophie zu rehabilitieren, welcher in Menschen beinahe ausschließlich negative und destruktive Assoziationen hervorruft. Ein Begriff, der sowohl in fachspezifisch-philosophischen als auch allgemein-gesellschaftlichen Kreisen am häufigsten missverstanden und diskreditiert wird, so die These des Autors. Die Rede ist vom Nihilismus.

Wir Menschen sind bewundernswerte Geschöpfe. Jeden Tag bieten wir der Sinnlosigkeit des Ganzen respektive einem kollektiven Schicksal die Stirn. Wissentlich oder unwissentlich. Mit welchen Sinn- sowie Unsinnskonstrukten wir uns präventiv vor dem Hintergrund von Tod und Unendlichkeit narkotisieren, wie uns der Wettlauf mit unserem eigenen Verfall zu sowohl konstruktiven als auch destruktiven Meisterleistungen verleitet und warum der Nihilismus nicht das böse Ungeheuer darstellt, für das er in der Regel gehalten wird, davon handelt dieses Buch.

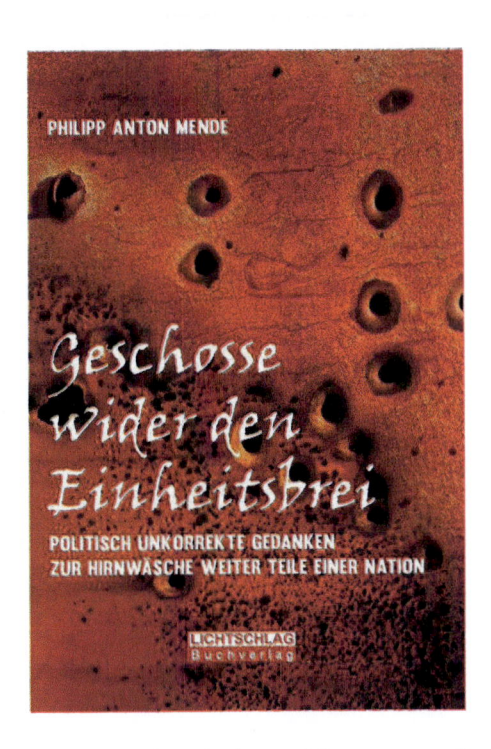

Geschosse wider den Einheitsbrei
Politisch unkorrekte Gedanken zur Hirnwäsche weiter Teile einer Nation

1. Aufl. 2016
2. erweiterte Aufl. 2017
476 Seiten
Taschenbuch, € 24,90
E-Book, € 9,99

ISBN: 978-3-939562-65-8

»Wie trennt ihr Kirche und Staat, wenn der Staat eure Kirche ist?«, fragt der Autor die mittlerweile vollends zu staatshörigen Lemmingen herangezüchteten Bürger Deutschlands in diesem Buch. Galt einstmals die Aufklärung über knapp 150 Jahre zumindest teilweise als Akt der Besinnung und Vernunft, so entlarvt Philipp Anton Mende die gegenwärtige Entwicklung als eher rückläufig und führt in diesem Zusammenhang den Gegenbegriff der Entklärung ein.

Genießen Sie ein Werk, dessen enthaltene Positionen und messerscharfe Überlegungen dem aktuell und in rationaler Hinsicht vollständig aus dem Ruder laufenden Zeitgeist so massiv widersprechen, dass es vom Großteil hirngewaschener Gutbürger nur als ungeheuerlich bis empörend eingestuft werden kann.